柳田国男以後・民俗学の再生に向けて

アカデミズムと野の学の緊張

柳田国男研究会◉編

柳田国男研究❽

梟《ふくろう》社

目次

●特集1＝福田アジオの民俗学をめぐって

●特集2＝戦後民俗学の新視点

柳田国男以後・民俗学の再生に向けて

——アカデミズムと野の学の緊張

戦後民俗学の変貌と福田アジオ——緒言にかえて

杉本　仁
永池健二

転換期の民俗学

戦後、日本の民俗学は、大きな変貌を遂げた。柳田国男の呪縛とでもいうべき大きな影響力から離れる方法へと向かって。それは、在野の「野の学」として成立した民俗学が、大学を中心とした「アカデミズムの民俗学」へと変貌していく過程でもあった。その大きな変貌の過程で、民俗学は何を獲得し、何を失ったのか。とどまることなく変化し続ける流動化社会の現実の中で、これまで民俗学が対象とした「伝統的な生活文化」は、いよいよその最後の火を消そうとし、「アカデミズムの民俗学」も、その方途を失ったかに見える。いまこの時、あえて戦後日本の民俗学の変貌の意義を問う所以である。

戦後民俗学の変貌の具体的契機となったのは、第一に柳田国男が戦後に創設した民俗学研究所の閉鎖・解体（一九五七年）であり、第二に東京教育大学と成城大学の民俗学講座の開講（一九五七年）であり、直接的には柳田国男の逝去である。また、一九六〇年代の反安保闘争とその引き起こした、政治・思想状況も、民俗学の変貌に大きな影響を与えた。そうした戦後の状況と柳田の晩年の苦闘の歩みとその逝去の中で、民俗学は確実にアカデミズムの道を歩み出したのである。

民俗学研究所の解散

民俗学研究所の瓦解・解散の導火線は、文化人類学者で、東大教授の石田英一郎によって点火された。一九五四年十月の日本民俗学会第六回年会でおこなわれた「日本民俗学の将来―とくに人類学との関係について―」(『日本民俗学』、一九五五年)が、それであった。

日本民俗学には、最初から民間在野の新興の学問としての、孤高の矜恃というべきものがあった。(略)今日なお依然として、アカデミーの圏外に立っている感がある。(略)だが、今後におけるこの学問の発展生長を慮るときには、この現状はこのまま存続すべきものとは考えられない。少なくとも日本の大学制度におけるいずれかの学部の中に、他の関係諸学科とならんでその正当な地位を占むべきものである。(「日本民俗学の将来」『日本民俗学』一九五五年四月)

「アカデミーの圏外に立つ」民俗学に対して、「不純物たるアマチュアリズム」を切り捨てるべきであると勧告し、民俗学のアカデミズム化を提唱したのである。そのうえで、「日本史の一部」ないし「広義の人類学と結合する行き方」を提言した。とりわけ、日本民俗学の本質は、日本民族のエートスの究明にあり、人類学、とくに文化人類学や民族学と共通点が多い、そこで人類学の一部として大学機関に設置して、発展をはかるべきである、と慫慂したのである。しかし、これは、戦後民俗学の拠点として発展してきた民俗学研究所が、その発足に掲げた理念を否定することであった。

これまでの学問は「象牙の塔」などといふ言葉であらはされてゐたやうに民衆の手のとゞかないところにあることを以て、むしろ誇とするやうな風潮さえありました。しかし、今は民衆自らが考へ、自ら判断を行ふべき時代であり、学問はその取捨判別の基礎を与へるといふ大きな使命をもつてゐるのであります。（略）名もなき民の過去の姿を現在の民間伝承によつて復原し、時のながれの中に正しく身を置くことによつて、今日の生活に対する反省と、未来への判断のよりどころたらしめようとする民俗学といふ学問は、まづ率先して国民の間に伍して行くべきであることを痛感するものであります。欧米諸国をみますと幾多の学会が組織され、すべての大学には民俗学の講座が開かれてゐるといふのに、日本では最近やうやく、二三の大学に講座がひらかれたにすぎません。だが、われわれはこれを大学の門に閉ぢこめて専攻の学者の手に任せて置くよりむしろ国民の間に伍さしめて、ひろく共通の知識たらしめることが、この学問にはふさはしいと思ふのであります。（「民俗学研究所発足のことば」〔『民間伝承』一九四七年六月〕）

国民に伍して、共通の知識（常識）を積み重ね、国民の「自己省察、自己反省」の学問を構築しようとしたのが民俗学研究所であった。にもかかわらず、石田の発言は、国民共通の学問育成を民間で醸成しようとした民俗学研究所の理念を否定するものであった。しかし、この石田の発言に対して反論をおこなう研究者は民俗学研究所にはいなかった。そんな「民俗学研究所ならば解散してしかるべきである」と柳田は、一九五五年一二月四日、柳田は財団法人民俗学研究所代議員・理事の合同会議の席上で、研究所の解散を表明した。翌一九五六年三月二十九日、研究所代議員・理事会は正式に解散を決議した。そして一九五七年四月七日に解散することになったのである。

閉鎖・解散の理由は、いろいろある。財政問題、学問の停滞、所員の待遇問題、理事と所員間の確執・対立、柳田家の事情などが取り沙汰されている。学問的には、民族学・文化人類学に囲い込まれ、混迷・停滞した民俗学の危機である。この状況下で研究所内では、くすぶっていた所員らの不満が顕在化し、内部抗争に進展していった。専任所員と、議員・理事との間での対立であった。研究所の改革案の一つとして、研究所移管案が進められていくが、その主体となったのは、和歌森太郎や直江廣治、桜井徳太郎らの教育大派の「代議員・理事」であった。移転先には、まず慶応義塾大学があげられたが、移管後に研究所の収集した書籍類（柳田文庫）を「いますぐ使えるように」という条件で頓挫する。つぎにあがったのが東京教育大学（新宿区大久保）で、大規模な構想案（宗教民俗学・教育民俗学・社会民俗学・民間文芸・比較民俗学の五講座、教授五名、助教授五名、助手八名）が示された。しかし人事問題で、移転推進派の代議員・理事会（多くは教育大系のスタッフ）と所員との内紛が激化し、専任の所員一同（井之口章次・鎌田久子・郷田（坪井）洋文・酒井卯作・丸山久子の五人）の官学への移管「猛反対」でこの教育大移管は廃案に追い込まれた。

以後所員は、柳田がもっとも信頼を寄せていた大藤時彦を取り込みながら教育大派と対峙し、最終的には「専任所員五人」を中心とする「反教育大派」が「教育大移管を葬る」（牧田茂「民俗学研究所」『柳田國男事典』）ことに成功したのである。しかし、この抗争はすさまじく、就職先や退職金などを要求した所員のひとり酒井卯作などは、柳田国男本人への挨拶もなく研究所を去って行く始末であった（杉本仁「財団法人民俗学研究所の解散の経緯と『柳田国男伝』の論述」『伊那民俗研究』一二三号）。さらに、この対立・抗争は、のちのちまで民俗学会に確執と陰湿な派閥抗争を残すこととなったのである。ただ、注意しておかなければならないことは、対立していた双方とも多くが「野の学」への道を断念し、アカデミズム化の方向に進むことを切望したことである。

『日本民俗学大系』の刊行

民俗学研究所の解散劇のさなか、その解体の潮流に棹を差したのが『日本民俗学大系』の企画・出版であった。第一回配本『生活と民俗（1）』が刊行されたのは一九五八年四月で、全十三巻のシリーズが完結したのは一九六〇年八月であった。編集委員は、大間知篤三、岡正雄、桜田勝徳、関敬吾、最上孝敬であった。全員、柳田の謦咳に接しながら教えを受けた研究者であった。この書は日本民俗学の方向性に計り知れない影響をあたえた。そこで少し詳しく見ることにしよう。

編集の中心人物は岡正雄（一八九八～一九八二）で、学生時代に柳田邸に下宿し、柳田から直接薫陶を受け、その後に渋沢敬三の資金援助もありドイツ（ウィーン大学）に留学し、民族学を修め、帰国後に文部省民族研究所（一九四三年）を設立し、その所員として研究をはじめた。日本の「基層文化」を多元・多系としてとらえ、とくに戦後の学界に大きな影響を与えた。『日本民俗学大系』では、「民族学と民俗学」（『日本民俗学大系1』）、「日本文化成立の諸条件」、「日本文化の基礎構造」、「日本民俗学の課題と方法―まえがき」（『日本民俗学大系2』）を書き、文化多元論を展開し、柳田の稲作単一民族論を批判した。さらに「民俗学は、民族学とともに民族（エトノス）の科学であり、その成長の動機や歴史はそれぞれ異なっていたが、今日では、一民族の、一地域の「エトノス」研究として、比較民族研究としての民族学（ethnology）の構成に参加する基礎的研究分野である」（「民俗学と民族学」『日本民俗学大系1』一八三頁）と、民俗学を民族学の基盤としての一分野として位置づけたのである。

これは柳田の民俗学研究所解散の引き金になった石田英一郎の「日本民俗学の将来―とくに人類学との関係について―」（一九五四年一〇月発表、一九五五年刊行）と呼応するもので、柳田の主張した自民族の自己認識・自己省察の学問とは相違するものであった。

さらに岡の「エトノス」論と和歌森太郎や桜井徳太郎の「日本民俗学は日本人のエートス（民族性）を探求する学問」の主張とも一致するものであった。

民俗学研究所の代議員・理事であった大間知篤三（一九〇〇～七〇）の柳田民俗学批判も見逃せない。大間知は、柳田の「民間伝承論」（一九三三年九月）の聴講を受けて以来の民俗学者で、大藤時彦とともに柳田の主宰した民俗学研究所を支えてきた民俗学者であった。その大間知が、「民俗学調査の回顧」（『日本民俗学大系13』）において、「滞在日数の少ないかけあし調査」、柳田理論に基づく「項目」による演繹的調査、数字のデータを捨象、古文書・古記録の軽視、客観性・普遍性のない古老の伝承の重視、民俗語彙中心主義などは、村の実態を把握する調査ではない、など多くの「不備」を指摘した。「語彙を主とした採集」である「語彙主義」に関しては「今日民俗学における言語主義ともいうべき安易な行き方が精算されようとしている」（「倉田一郎君の思い出」『日本民俗学大系1』月報）とも批判している。

桜田勝徳（一九〇三〜七七）も柳田批判をにじませた。桜田は、渋沢敬三の関与した常民文化研究所月島分室の後継である農林省水産庁水産資料館館長であった。学生時代に慶応大学で柳田の講義を聴き、民俗学の世界に入り、柳田邸に「百回以上もお邪魔して、その間いろいろの面で先生に接し御指導を受けて」（「柳田国男先生を憶う」『民間傳承』二五八号、一九六二年十月）、漁村調査などをすすめてきた。しかし、後年は足が遠のき、稲作農耕民一辺倒の民俗学には懐疑的姿勢を持ち続けた。『日本民俗学大系3』では「村とは何か」「村の構成」を発表し、おのおのの民俗事象が有機的につながっているムラ全体の構造を把握し、そのうえで個々の民俗事象の意味を追及することにつとめることを訴えた。福田アジオのムラ・ノラ・ヤマという村落領域論の源泉にもなった論考である。

関敬吾（一八九九年〜一九九〇）は、戦前から柳田に薫陶を得た学者であるが、『日本民俗学入門』（一九四二年）頃から確執が生じるようになり、戦時中は、岡正雄の誘いで国立民族学研究所に入所、戦後はGHQ下のCIE(民間情報教育局)に勤務し、調査に従事したあと、東京学芸大学教授に就任した。語学に長け、昔話研究と外国理論の摂取による民俗学の方法論構築に努めた。しかし、日本民俗学会第二回年会（一九五〇年一〇月）で、「民俗学の根本問題」と題し、「民俗社会（folk society)」と「民族＝種族(ethnic unit)」を問題にしたところ、柳田の逆鱗に触れ、それ以後、柳田および民俗学会とは断絶することになった。関はこの『日本民俗学大系』では「民俗学の方法は比較法が絶対唯一であるという迷蒙にとらわれ、ほとんど反省が行なわれなかった。比較法は一つの方法であるが、すべての方法ではない」(『日本民俗学大系1』二頁)と、民俗学の比較の方法論(重出立証法)を問題にし、民族学や文化地理学などの隣接諸学問との連携を唱えた。

最上孝敬(一八九九〜八三)は、統計学の日本大学教授で、その一方で生産技術や葬送・墓制の研究をすすめ、両墓制研究の先駆者であり、その代表作『詣り墓』(一九五六年)は、福田の『寺・墓・先祖の民俗』(二〇〇四年)に影響を与えた。

編集委員のほかにも有力な執筆者の一人であった宮本常一(一九〇七〜一九八一)も大間知篤三と呼応するように柳田批判を展開した。宮本は2巻に「日本民俗の地域的性格」を載せ、西日本と東日本の民俗の差異をあげ、「民族的な差がまず地域差を生みだし」(六八頁)たと、民族の出自経路から柳田の日本民族単一論を批判した。また3巻の「隣村」では、町は「農村的でないものをもち、農村とは一応区別される要素があった」と、柳田の主張した都市は農民の流入によって発展したという都鄙連続一元論を否定する見解を展開した。この主張は、のちの「都市民俗学」へと進展する端緒となった。

さらに民俗学研究所の所員として柳田のもとで研鑽に励んだ井之口章次(十一稿)や坪井洋文(八稿)、丸山久子(二稿)が、ここに力作を執筆したのは特筆される。とくに坪井は、これ以後に東京都立大学や明治大学で教鞭を取っていた岡正雄の門下に入り、『イモと日本人』(一九七九年)や『稲を選んだ日本人』(一九八二年)などを執筆し、柳田の稲作一元論に鋭い批判をすることになるのである。

しかし『日本民俗学大系』での柳田批判は、それにとどまらず柳田によって樹立した日本民俗学を「日本人の内省の学」から、民族学理論を取り入れた「日本民族のエートスの究明」としての「人類学の一翼を担う民俗学」へと舵を切るものであった。このような潮流のなかで民俗学研究所の解体と引き換えに一九五八年四月、成城大学と東京教育大に、ともに民俗学を専門に学べるコースが開講したのである。

民俗学研究所の蔵書を一括に引き受けて「柳田文庫」を設立した成城大学は、民俗学研究所から大藤時彦を教授にむかえて民俗学を学ぶ「文化史専攻（コース）」を、文芸学部文芸学科に開設した。また研究所所員の鎌田久子も柳田との連絡を密にするために設立された「柳田文庫」の職員として採用された。さらに柳田の遺訓であった沖縄研究を推進するために、民族学にも精通した野口武徳と伊藤幹治を教員にむかえて、その体制を整えていった。これは柳田が主唱したとされる「一国民俗学」を桎梏として捉え、「民族学」と「民俗学」の理念や方法上の差異を重視せず、その垣根を低くして、「民族学」との協働へと向かう方向であった。

一方、民俗学研究所の争奪に敗れた東京教育大学も、また同年度に文学部史学科に「史学方法論教室」を設置し、民俗学概説、比較民俗学、民俗学特殊研究、民俗学実習の講座を開き、民俗学研究所代議員であった直江廣治と和歌森太郎が担当し、本格的な民俗学の専門教育が出発した（福田アジオ『日本の民俗学』）。ここでは、民俗学を歴史学として捉え、史学の一方法論ないしは一ジャンルとして位置付けようとする、いわゆる「歴史民俗学」の方向をめざした。そして、和歌森や直江、桜井徳太郎らを中心に十年間にわたる民俗総合調査をおこなうことになるが、この民俗総合調査をフィールドにして福田アジオらの「純粋培養」の民俗学者が育っていくことになった。

野の学のあらたな潮流

しかし、そのような「アカデミズムの民俗学」の「主流」に対して、あらたな民俗学の「分流」が生まれていたことも忘れてはなるまい。それは六〇年安保闘を前に「アカデズムの民俗学」に対して、民衆知としての民俗学を「野の学」として再生する道の模索でもあった。とりわけ出版界においては『日本民俗学大系』に対抗して谷川健一が編集した『風土記日本』や『日本残酷物語』である。これは「飛ぶように売れ」、宮本常一ら野にあった民俗学者が人口に膾炙することになったのである。

それに呼応するように、木下順二らによって「民衆の知恵の結晶としての民話」をとおして「新しい文化の創造」をめざした『民話』（一九五八年一〇月、以後二年間、計二四号）が発刊された。編集委員は、木下順二、西郷竹彦、益田勝美、竹内実、吉沢和夫、宮本常一の六人であった。一九五二年に木下順二の「夕鶴」の上演を機会に「民話の会」が発足し、それを母胎に雑誌『民話』は生まれた。『民話』は、民話という名が付いているものの民話というものに限定せず、「新しい文化の創造」を目指し、「文化全般に対する広い視野の中に民話を置いて（略）民俗学的・歴史学的研究が重要であるとともに、民話的精神や民話的心情、民衆の知恵の結晶としての民話」（「創刊の辞」『民話』一九五八年一〇月）に光をあてようとした雑誌であった。

この雑誌には、「大衆崇拝主義批判の批判」（藤田省三、一九五九年二月）や「大衆論の周辺」（日高六郎、一九五九年三月）、「観測者と工作者」（谷川雁、一九五九年六月）などが載り、また、編集委員の宮本常一は、「対馬にて」や「村の寄りあい」などの論考を載せ、「日本型民主主義」の光景を描いた。やはり編集委員であった益田勝実（一九二三〜二〇一〇）も、この雑誌に「炭焼日記」存疑㈠〜㈢」（『民話』一四号〜一六号、一九五九年一一月〜六〇年一月）を掲載した。柳田の標榜した「国民共同の大きな疑い」「問いの科学」に対して、応えるべき「学問救世」・「経世済民」の民俗学が、戦争中にあっては現実政治とあいわたることなく「世相解説」にとどまった論理を追求した。その一方で、戦後、柳田がその反省から唱えた「現代科学としての民俗学」を益田は高く評価し、平民（常民）が蓄積した「常識」に日本人の英知を見出し、その「民俗の思想の究明は、自己発見の問題である」（『民俗の思想』一九六四年）と具体的「常識」の積み重ねと「問いを発する主体」を問題にし、柳田民俗学を「自己発見」、「自己省察・自己反省」の学問と位置づけたのである。

また鶴見俊輔らの『思想の科学』なども「アカデミズムの専門的思想家の独占する思想」に対抗して「実生活者の

思想」や「土着の思想」に着目し、「自発的に民衆の中からそだってくる思想」の育成に力を入れ、柳田国男や宮本常一を論じた『転向（上中下）』（一九五九年～六二年）を刊行した。さらには民俗学に注目しながら地域変革を志した谷川雁や上野英信、森崎和江らは、筑豊を拠点にサークル村運動を展開したのである。このことについては、後掲の川松論考が詳しい。

柳田国男の逝去

さて、このようななかで日本民俗学を創始し、進展させてきた柳田国男は、最晩年に『日本人』を編み、『海上の道』を上梓し、みずからの人生を語った『故郷七十年』を編み、また「定本柳田国男集」（全三十六巻）編んだが、その刊行中の一九六二年八月八日に八十八歳でこの世を去った。死を前に第二の故郷の地、布川のある千葉県を訪れ、「経世済民」を忘れ、「奇談・珍談に走る」「日本民俗学の退廃」を嘆いたという（高橋在久「昭和三十五年柳田國男講演『日本民俗学の頽廃を悲しむ』をめぐって」『日本民俗学』二三七号）。

アカデミック民俗学を担う福田アジオ

以上のような日本民俗学の流れの中で、成長を続けてきたアカデミズムの民俗学をその中心で、担い続けて来たのが、福田アジオである。民俗学講座（「史学方法論教室」）が開かれた翌年の一九五九年に東京教育大学に進んだ福田氏は、柳田国男によって創始されたこれまでの民俗学の方法やあり方に大きな疑問と批判を抱き、『日本民俗学大系』の影響を受けつつ、その「重出立証法」や「方言周圏説」に対して、地域を狭く区画してその民俗を構造的に深く調査研究する「個別分析法」を提示し、その後の民俗学の調査研究のあり方の一大潮流を形づくることになった。福田氏が、百年余におよぶ日本民俗学の歴史を常に俯瞰しながら科学的民俗学の方法を錬磨精密化し、自らも各地の調査地においてでも自らの方法を具体的に実践し、民俗学の理論化についても大きな視野でいかに多彩な成果を積み上げてこられたかは、後掲の論に掲示したとおりである。

そうして長年アカデミズムの民俗学を主導してきた福田は、近年一転して、度々民俗学の現状を憂い、それを「頽廃」とまで批判し、さらにまた、「野の学の復興」の必要性を提唱されてもいる。その主意はどこにあるのか。今、民俗学にとって、それはどのような意義を担っているのだろうか。本誌討論会「福田アジオ氏に聞く――アカデミック民俗学と野の学の緊張」は、こうした疑問と問題意識の下に、あえて御本人に御出席を願って企画したものである。

まず、最初に、民俗学に対する立場も考え方もまったく異なる私どもからの座談会の申し入れに対して、お忙しい中を快く引き受けてくださった福田氏に、改めて心より御礼を申し上げたい。

また、福田氏一人に対して、十人の研究会のメンバーが、それぞれの思いを込めてあれこれとぶしつけな質問や疑問をくり返したのに対して、常に穏やかな態度で、問題をそらすことなく、きちんとお答え頂いた。その誠実なお人柄と懐の深い寛容な学問態度にも、改めて大きな敬意を表したい。

座談会では、企画した編集委員の間では主要な質問の流れについておおよその打ち合わせはしていたものの、それを十人の参加者全員で共有しておく機会を持てなかったため、論点があちこちに拡散し、全体としてまとまりのないものになってしまった。福田氏にも読者諸兄姉にも率直にお詫びしたい。しかし、今回の座談会において、福田氏が追究してこられた「アカデミズムの民俗学」と、私たちが求め続けて来た「民俗学」との大きな違いが鮮明に浮き彫りになった。それが、どのようなものであったかは、四時間に及ぶ座談会の記録と、その後に添えられた福田氏をはじめとする補充の「追記」や論考を合わせ見て、御判断頂きたいと思う。

対立点以上に大きな収獲は、現代日本の民俗学の現状についての認識が極めて近く、今日のアカデミズムの民俗学の退廃などについては、同様の批判的認識を共有していることを確認できたことである。両者の間の懸隔は、なお、超えることのできないほど大きい。しかし、共有できる基盤を確認できたことによって、それを足場に、その懸隔を手探りで埋め、超えていく困難な作業の可能性をも見えてきたのではないか。それをどのような形で埋め、乗越えていくかは、私たち一人ひとりに課せられた今後の課題である。読者諸兄姉の率直な批判と御意見を期待したい。

●特集1＝福田アジオの民俗学をめぐって

座談会　アカデミック民俗学と野の学の緊張——福田アジオ氏に聞く

（出席者＝発言順）

杉本　仁（元東京都立高校教員）
福田アジオ（元神奈川大学教員）
永池健二（元奈良教育大学教員）
井出幸男（元高知大学教員）
小野寺節子（國學院大學兼任講師）
曽原糸子（鎌倉柳田学舎）
吉沢　明（柳田国男研究会会員）
景山正美（元駿台甲府中学校教員）
室井康成（柳田国男研究会会員）
王　蘭（大阪大学非常勤講師）
林　利幸（梟社編集部）

福田民俗学の概要

杉本　今日は、柳田国男以後の日本民俗学をリードされてきた福田アジオ先生をお迎えして、現在の課題、そして民俗学の今後の展望について、お話をうかがうことになりました。資料として、福田先生の年譜と業績をまとめたものをお配りしました。

福田先生のお仕事は、多方面にわたり、また刺激的なものが多く、分類することは難しいのですが、大きくは七つにまとめることができるのではないかと思います。

一つめは、「村落研究・近世史」、二つめは「民俗理論・方法論」、三つめが「柳田国男論」、四つめが「民俗誌」、五つめが「民俗学史」、六つめが「啓蒙書」類、七つめが「自治体史」などです。

一つめの「村落研究・近世史」の代表的著作は、『日本村落の民俗的構造』（一九八二年）。二つめの「民俗理論・方法論」と三つめの「柳田国男論」は、ひとくくりにしてもいいのですが、ここに福田先生の業績の最たるものがあります。その後の日本民俗学に多大な影響を与えた『日本民俗学方法序説―柳田國男と民俗学』が代表的な著作といえるのではないかと思います。ここに福田民俗学の可能性を見ることができ、また逆にそこが批判の対象にもなるかと思います。福田先生の提唱している「個別分析法」の検討も課題になります。

柳田国男論としては『柳田国男の民俗学』があります。今日の私たちの研究会が問題にしたいところです。福田先生は、柳田民俗学を三つに分けて、初期、確立、そして後期、としてとらえています。ただ独特なのが、後期というのが戦後からではなく、一九四〇年代から戦争を挟んで、戦後の『海上の道』までのスパンをとっている点です。

四つめが、福田理論（個別分析法）に基づいた「民俗誌」ということになります。『時間の民俗学・空間の民俗学』、『番と衆』、『戦う村の民俗誌』などの著作があります。

五つめは、「民俗学史」です。福田先生の後期の仕事は、この民俗学史に多くの時間を費やしています。この分野の書物としては、『日本の民俗学』、『現代日本の民俗学』、『民俗学のこれまでとこれから』等があります。学史を踏まえたうえでの民俗学研究の必要性を説いております。

六つめが、入門書とか概論書の類いで、多くの編著があります。ここに福田先生が、柳田以後の日本民俗学の中心的指導者であったことの証があります。『現代日本民俗学Ⅰ・Ⅱ』や『民俗調査ハンドブック』、『民俗研究ハンドブック』などのほか、大きな仕事としては『日本民俗大辞典』があります。

最後は、自治体史の編纂の仕事です。『勝田市史』から始まって『伊勢崎市史』『静岡県史』『四日市市史』『裾野市史』『大和市史』『山梨県史』などがあります。あまり「市町村史」は、手にとって読むことが少ないのですが、福田先生は手を抜くことなく、自らの英知を傾けて、編纂、刊行に携わっています。そのほか自治体の文化財審議委員などもつとめております。

以上、七つに分けて福田民俗学をとらえましたが、今日は福田先生をお招きして、私たちが特にお聞きしたいと思っているのは、私たちの研究会が在野の柳田国男研究会なので、一つは、野の学としての民俗学というものについて、もう一つは、福田先生が特に主張されてきた「個別分析法」についてです。

前者について申し上げると、私たちがおこなってきたのは野の学としての柳田国男研究ですが、ある時期からは野の学というものを否定するとまではいかなくても、それに対抗するような形でアカデミズム民俗学というものが提唱されるようになりました。アカデミズムのなかで民俗学を鍛錬し、理論や方法論を検証し、樹立する議論はいいのですが、むしろ対抗軸として野の学としての民俗学を否定するような動きが強くなってきているのではないか、と思います。

そのことと理論的には関わると思うのですが、福田先生が提唱した「伝承母体論」とか、「個別分析法」とか、「地域民俗学」などは、実際には野の学とは関わりがなかったのか、どうか、ということです。それと関わると思うのですが、自治体史などの編纂においては、小・中・高の教員などがかつては活躍し、そういう人たちが手弁当で、福田先生の言葉でいうと「日曜学者・日曜研究者」として、民俗学をリードしてきた。ところが、そのうちに、中央の大学に籍を置く民俗学者が中心になって、自分の弟子たちを活用しながら自治体の民俗誌を組みたてるようになってきている。その結果、福田先生が柳田一極の民俗学のヒエラルヒーを解体しようとしたにもかかわらず、柳田の代わりに、小柳田みたいなのが出てきて、いくつかの大学に小柳田国男が分散し、そういう学者が地域の自治体史を指導し、みずからの弟子をそこに投入している。そこで本来なら、地域のなかの研究者を活用し、生かしながら、その地域を研究することが重要だったはずなのに、そういう研究者がなかなか育っていない。そのため、民俗学は、底辺の広い学問であったにもかかわらず、いつのまにかそういう底辺の広がりがなくなりつつある。その結果、野の学、すなわち地域の人間が自らを知るために調査・研究をしてきた自学自習、自己省察の学問が衰退してきているのではないか。

二十一世紀の民俗学というものを構想しうるとするならば、そういう問題に対して、福田先生はどういう形で対処し、民俗学を構想しているのか、そのへんについてもお聞きしたいと思うのです。野の学としての民俗学と、アカデミズムの民俗学は福田理論ではどういう位置づけになるのか、ということです。

それからアカデミズム民俗学と関わりがあると思いますが、重出立証法とか、周圏論とか、さらには個別分析法、地域民俗学、それとアカデミズムのセオリーとか、メソッドはどう違うのか。特に地域民俗学の場合、伝承母体論や個別分析法は、どのへんに優位性があり、逆に欠点があるのか。それから伝承母体論・個別分析法のなかで、歴史というものを、どのように捉えていったらいいのか。さらに根本的には、福田先生が提唱している歴史民俗学の問題があげられます。

私たち古参の世代はマルキシズムの洗礼をうけてきていますし、福田先生の書物を読んでも、マルキシズムの影響を濃厚に感じます。しかし、民俗学を歴史学としてとらえるならば、村落を研究する伝承母体論や個別分析法のなかに歴史がどのようなかたちで存在するのか、また歴史をどういうふうに析出するのか。歴史学と民俗学の違いというものをどうとらえるのか、などの疑問があります。

私たちが、柳田国男の研究を始めたのは、七〇年安保闘争以後のことで、自分を見つめ直すため、日本社会を見つめ直すための有効な手がかりを求めて柳田国男に出会いました。柳田国男のテキストをいわゆる自己認識の学、自己省察の学としてとらえ、読みはじめたといえます。それに対して、福田先生の柳田国男論や、民俗学には、自己省察とか、自分とは一体なんなのか、というような人間的問いかけというものが、私たちからすると非常に少ない気がする。私たちは柳田民俗学を学ぶことをとおして、主体性を確立するというようなことを念頭においているところがあります。民俗学を学ぶことによって、野の学・民間学といわれるものを勉強することをとおして、自分自身を鍛えあげ、主体性を確立することができると思っているのですが、そういう主体性を確立するための民俗学の学習の仕方というようなものは、二十一世紀のアカデミック民俗学の中には見られないようです。あるいは二十世紀の民俗学のなかでなくなってしまったのだろうか。少なくとも一九七〇年代までの民俗学のなかには、自分を知るための学問としての民俗学が濃厚にあったと思うのですが、そういう課題はもう存在しなくなってしまったのか。福田先生も民俗学については、すごい危機感をもっておられると思います。その場合、現代民俗学の危機とは、野の学としての民俗学の危機なのか。そうではなくアカデミズム民俗学の危機であって、野の学としての民俗学の危機ではないのではないかとも思うのです。そういった多岐にわたる問題について、お考えをお聞きしたいと思っています。

福田　いまの問いにトータルに答えるのは大変です。どこから入るか、きっかけがほしいですね。さきにご意見と、具体的なご質問があって、それに答えられるところを私が答えるというふうにしましょうか。

野の学の可能性

永池　私たちは柳田国男の学問を野の学として捉えて、その現代的な可能性を追求するというかたちで、後藤総一郎氏の時代からやってきました。したがって、われわれとしては、まだ野の学としての可能性、柳田が民俗学に託した野の学としての可能性を追求する必要があると思っています。そもそも、日本の民俗学は野の学として成立してきたのではないかという問題意識ですね。それは官とか大学とかではなくて、在野のものが、自ら野に出て研究する、そういう学問として起こった。それが成長の過程で、方法論などが整備されてきて、アカデミック民俗学に転化していった。そのアカデミック民俗学というのは、福田先生によれば、大学で民俗学の教育を受けたものがそこで身につけた方法論や問題意識でもって、調査・研究を進めていく。基本的には、大学や専門の研究機関に身を置いて、研究のプロとして進めていくべきものである、と。野の学は必然的にそういう展開をし、成長してこなければいけなかった、と理解してよろしいでしょうか。

福田　基本的には野の学問としての民俗学というのは、それしかなかったから、野の学問としてやってきたわけです。柳田も条件さえゆるせば、大学とか、近代の公的な制度のなかで、民俗学をやりたかったんじゃないかと思います。しかし、やれる条件がなかった。それが、一九五八年に、大学の研究教育のシステムのなかで再生産されることになった。アカデミズムのなかでは、本当に弱い、取るに足らない存在ですが、民俗学としてはそれまではなかったことなんです。そうして民俗学は大学で再生産がおこなわれるようになって、今にいたっているわけです。野の学問としては勿論その理念とか、それの持つ有効な意味というのはあるわけだけれど、けっしてそれが柳田にとっても理想だったかといえば、私はそうは思っていないんですね。

永池　おっしゃるように、たしかに柳田自身も、自分の育ててきた学問を大学でもきちんと認知された、そういう公的な科学として成立させたいという強い思いはあったと思います。それにもかかわらず、柳田自身のなかには在野の学問として育ててきた民俗学の在り方みたいなものは厳然としてあった。その時に、何が柱になったのかというと、柳田にとって単に在野の者が野に出て研究するというだけではなくて、その学問を通じて、研究者自身が、対象である人々や民俗あるいは生活に触れて、自分自身が世の中の見方を変えていく、研究者自身が変わっていく。その方法を使えば、研究者ではないすべての村人や青年たちも、自ら自分を変えていくことができる。民俗学はそういう性格を持っているという見通しが昭和初期から十年くらいまでの柳田にははっきりあったと思います。それについては、福田先生はどうお考えになりますか。

福田 基本的には柳田の「おだての言葉」であったと私は思うんです。そんなことはできっこないと、柳田は思っていたと私は思います。柳田は自分と同じ学問・研究を全国各地の野にある人々が、できるとは思っていなかった、と私は思っているのです。

永池 たとえば、柳田が大正十二年にジュネーブから帰ってきて、十四年頃から雑誌『民族』の刊行を始めるわけですが、その前の段階の十三年頃に、まだ自分の雑誌が持てなかった時代に、『青年』という日本青年館発行の雑誌に「誌上談話会」という欄を設けて、諸国の青年に呼びかけて、さまざまな資料を集めさせています。それを読むと、明らかにそれを通じて、青年たち自身に自分たちの生活を見つめ直させることを、柳田は考えている。これも柳田の教育事業だと思っています。柳田は、そのあと昭和初年頃にも各地の師範学校で将来小学校の教師になる人々に講演をし、また教育会で先生たち自身にも講演をする。そういうことを通じて、子供たちにそういうものの見方を伝えていこうという思いが強くあって、それが戦後には、小学校や中学校の社会科や国語の教科書編纂事業になっていくのだと思います。私は、柳田の民俗学の理念の柱には、一人一人が自分の生の形というものを見つめ直していきながら、それが世の中をより良く変えていく変革の原動力になっていくという柳田の見通しが確かにあった。それは思想的なものをふくんできますから、科学的ではないということになるかもしれませんが、それが野の学としての「民俗学」の、柳田の構想したバックボーンだったと思います。福田さんは、そういうふうにはお考えになりませんか。

福田 多分柳田国男論をやっている方々は、そういうふうに捉えるかもしれないし、それはよくわかるんですけどね。

井出 福田先生の『民俗学のこれまでとこれから』という本は、学史を非常にわかりやすく、ここからここまではこの時代、ここからはこの時代というふうに、わかりやすく書いてくださったと受け止めています。アカデミック民俗学は一九五八年から大学に講座ができて、その時点で野の学は終わって、ここからは大学の民俗学の時代になったと、わかりやすく書いてくださったとは思いますが、柳田が育てた地方の民俗学の研究のグループ（学会という名前をつけているものもありますけど）、しかし、大学に講座ができたからといって、地方の研究会はなくなったわけではなくて、ずうっと柳田の指導を受けながら学会誌も展開してきているわけです。いまでも続いているところもあるかと思いますが、実際に野の学は、一区切り終わったというふうに福田先生は考えておられるのでしょうか。

民俗学研究所の活動

福田　永池さんの言われる野の学問としての民俗学というのともうちょっと違った意味で、柳田国男が民俗学研究所を作ってそこで直弟子を指導して全国的な調査をやるという、あれも野の学の頂点なんですね。私が言っているのは、その行き着いた先が、一九五七年なんですね。結局のところ民俗学研究所は立ちいかなくなり、解散するし、『日本民俗学』という雑誌はつぶれてなくなる。従来柳田が作り上げてきたものは、戦後、民俗学研究所という形で集約されて、活動が継続されてきたんですが、五七年には行き詰まって消えてしまう。野の学問としての民俗学の行き着く先の一つは、そこにあった。要するにそれより先は進むことはできなくなってしまった。それに代わるものとして、五八年以降、大学の中での民俗学が登場してきた。けれども、非常に力が弱い状態で、十分な発展をしないまま半世紀後の現在まで来ている。むろん日本各地にあった研究団体というのは、野の学問の大きな拠点であり、人々の拠り所であり、大きな存在であったけれど、それ自体も、一九六二年に柳田が亡くなると、褒めてくれる人もいなくなって、張り合いをなくしていくんですね。それでも各県の民俗学の研究団体には、ミニ柳田がいたわけです。われわれも知っているように各県に一人や二人はかならずいた。その人たちは、柳田と結びついていることで、指導力を発揮できていたけれど、柳田がいなくなると、その存在も弱くなった。新しい大学のシステムとは関わりがない中で、各地の研究団体は急速に弱体化していきました。私が大学に入って民俗学を始めた頃は各地にいろいろな団体があって、その方々から教えを請うかたちで接触しましたが、急速に組織が弱くなり、一九六〇年代、七〇年代には各地の団体は力が無くなっていった、という感じをもっているんですが。

井出　土佐は少なくともそうではない、と私は思っています。

福田先生の学史は一九五八年で野の学が終焉した、というふうに図式的には読めてしまうのですが、地方の事例で言えば、実際には、そのあたりから、野の学は、柳田の死後、自立してつい最近まで展開してきていますね。少なくとも土佐では。他の地域の民俗学会がどうなっているのかは、その成果をもう一度見直して、今どうなっているのかを検証しなければならないわけで、そういう意味で、一九五八年以降の野の学の展開は、いま問われているんだろうと思いますね。

福田　各地の野の学というのは、研究団体として、戦後間もなく組織されたわけですが、民俗学研究所と関連を持つことで、自分たちの位置を獲得していった。それが研究所が消え柳田が亡くなってしまうと弱体化した。団体としてはもちろんすぐに消えたところはないし、みな存続させようと頑張ってきたんです。しかし、野の学問としての民俗学としてなにか新しい成果を出し、蓄積をしてきたのだろうか、と考えると、六〇年代以降残念ながらそういうところで研究が蓄積されたとは思えないのです。皆さんそれぞれ頑張ってきたし、雑誌も出されてきたので失礼なんですが、結局その人たちの老齢化とともに野の学は消えていって、その次の世代が背負っていた団体もないわけじゃないのですが、多くはやっぱり八〇年代から行き詰まったんじゃないでしょうか。

井出　今がちょうど終焉の時じゃないかとは、私も思うところはあります。自分の地域でも、これまで担ってきた人々が八十歳代になってきて、その後を引き継ぐ人がいないという状態。終わりつつあるのではないかという気はしています。

アカデミズムか野の学か

福田　今でも各地に研究団体はあるわけですが、そのなかには県史編纂とか博物館事業だとか、そういうものに関わるなかで、新たに組織されてきた新しい顔ぶれの研究組織があって、今活躍しているんですね。かつての頂点にボスがいて、その下に人が集まってという仕組みではなくて、むしろ県史とか市町村史編纂のなかでメンバーができてきたり、あるいは組織ができてきたりする。静岡県の民俗学会などは典型的かもしれません。そこでやっているのは一種のアカデミズムなんです。県史編纂室で中心になった人がやっていたり、県史編纂に関わった研究者が重要なメンバーになったりする。あるいは群馬の民俗学会などは弱体化して、それに代わって群馬歴史民俗研究会などが新しくできてもう何十年にもなりますが、それは大学で教わり、大学と関係を持ち、そして県史や市町村史に関わった人たちがやっている研究会なんですね。むしろそういうケースが各地で存在感を示している。それに比べると、一九五〇年代前後にできた団体は、どこでも雑誌を出せるか、出せないかという状態になっている。もう解散していてもおかしくないところが多いような気がします。

小野寺　埼玉県の場合も、やはり柳田に関わる人がいたのですが、それ以上に地域的な問題があって、神社・祭祀に強い人だとか、芸能に強い人などがいたわけです。そういう人たちが、柳田民俗学が推移していく間に、自分たちの柱を立ててやっていって、その人たちを中心にして行政関係の調査、市町村史や県史だとかにも関わってきて、県内での細かい調査を立ち上げてきた。その時に関わってきた人たちは、大学で民俗学を勉強してきた人たちではなくて、別の領域にいて、たまたま行政マンになって担当者になり、それで地域に関わり、事業に足をつっこんだために勉強したというような構図があるんです。

その後、埼玉県では、「埼玉民俗の会」というのができていますが、その中心で活躍してきた方たちは、大学の教員や、かつての郷土史研究会で研究をしてきた方々ではありません。そこで発表や執筆者をしてきた方々は、あまり中央には出たがらない傾向がありました。現在、会の運営はギリギリだと伺っていますが、どうにか雑誌も継続刊行しています。しかし、地域研究をする若い人々は、会の活動を次のステップの足掛りにしています。そこで彼らにも、会にも、よい成果が蓄積されています。埼玉県内などでは、埼玉を一地域とした民俗の会が残っていますね。

杉本　論文や調査などの業績、あるいは研究の攻究がどれほどすすんだかどうか、というのは、アカデミズムの世界の尺度であって、我々が学ぶのは、自分を知りたいとか、自分は何ができるのか、あるいは社会を次の段階にのし上げていくために、自分は何をできるかを知るための民俗学があったのではないか。私たちはそういう民俗学を求めたいのであって、静岡で、群馬で、埼玉で、山梨でどのくらいの業績が積まれたのかは、あまり関係ないのです。野の学において研究したことが、そのままアカデミズムの尺度でどのくらいの大学の教授のレベルにあるかというようなことは、私たちが研究をやり始めた時の尺度ではないのです。

福田　それはわかりますし、それは結構な話なのですが、それでは民俗学はないに等しいんです。

杉本　その時に民俗学はなにかということが重要なのであって、そもそも民俗学は、郷土の中で自らを知るという学問ではなかったかということです。民俗学が対象としたものは何だったのかとか、方法論はどうなのかということはアカデミズムの世界の尺度であって、野の人間にとってはあんまり関係ないことです。だから領域はどれほど広がってもいいし、自分が知りたいと思っていることに関心がある。重要なのは民俗学においては、自分自身を知ること、自分を活かし、自分が生きている時代になんらかのかたちで関与していくことではないか。民俗学は出発点にそういうものを持っていたと思うのです。

福田　それはあったかもしれないけれど、やっぱり柳田から始まる民俗学は、学的体系を作って日本の学問研究の世界である一定の地位を占める、ある一定の存在感を示すというのが、柳田自身の願いだった、と私は思っているんです。個人的な主体的な姿勢とか、願いとか、それに伴う活動ということだけで民俗学を考えてはいなかったと思います。

曽原　私は鎌倉柳田学舎で学んできているのですが、かまくら女性史の会もやってきて、明治近代から鎌倉の女性を考えてきたわけですが、指導者がいなくて、これでいいのかしらという悩み、思いはいつもあります。

杉本　指導者が欲しいといった時に、すでに知というものにはヒエラルヒーがついてしまう。最終的には大学みたいなものに結びついて、野の研究者だってランク付けと無縁でなくなる。しかし、我々がやり始めたのは、そういう知におけるヒエラルヒーをなくしたい。そのために柳田学に出会った、というところがあるわけですよ。曽原さんの場合でも、手探りの活動の中にこそ、新しい野の学としての爆発するような何かが出てくるはずなのです。

曽原　今ではある程度同じ歴史認識をもつような勉強を、かんかんがくがくでやってきているのですが。

林　議論の展開にうまくかみあわないかもしれませんが、柳田の学問的達成を、人の生き方や思想にかかわる野の学として引き継いでいくのか、あるいはそういうものを切り離したアカデミズムの学問的成果や課題として引き継いでいくのか、という問題の立て方には、あまり生産的なものを感じられません。柳田が学問の人であり、かつ思想の人であるとするなら、柳田なきあと、柳田の衣鉢を継ぐ野の学の人とアカデミズムの人が、民俗学においてそれぞれどのような学問的、思想的な可能性を切り開いてきたかということが問われなければならないはずです。野において学問や思想をするのか、アカデミズムの中で学問や思想をするのか、という問題ではないのではないか。野の学をいう人もアカデミズムの民俗学から学ぶことは多いと思うし、アカデミズムの側からだって、野の学の蓄積に助けられることは当然ありえていい、ありえると思うんです。とすれば、問題は、野の学かアカデミズムかではなくて、民俗学におけるそれぞれの達成を問うことと、現在、その民俗学が社会的にも時代的にも柳田の時代からは大きく激変しているなかで、どのような困難に直面しているかを問うことではないでしょうか。

民俗というものを対象とする研究領域において、野の学であることを強調すれば、どうしてもその研究主体の思想とそれが現実社会に果たす役割に重点をおくことになるかもしれないけれど、しかし、その野の学を学問として蓄積していけば、その成果というか、評価というかは別にして、それがある種の学問的な体系を整えていくことは必然ではないでしょうか。そしてそれがたとえ深い自己省察を秘めたものだとしても、他者にしっかりと伝わり、知的共同性を獲得していくことで自他の相互影響が可能になるのだとしたら、それは、アカデミズムにおいて学問をやることと同じベクトルを持つことは当然ではないかと僕は思います。まして、民俗学がアカデミズムにおいて学的な体系を整えていく方向にすすんだために、野の学問としての民俗学の生命力が衰亡したという理路は成り立たないのではないかと思います。

二十一世紀の、若い人々には後期近代とさえいわれるようになった現在、民俗学はアカデミズムでそれをやろうとしても、野の学でそれをやろうとしても、いずれにおいても共通の困難に直面していることこそが重要だと思います。柳田の死後、五十余年を過ぎ、柳田国男の学問が対象とした日本の生活文化が時代を経てもある程度普遍的な歴史として考えられていた時代から、大きく、急激な変化をしいられてきたことをどう認識するかという問題です。ある意味では、だれもが感じ、認識している問題で、民俗学だけでなく他の人文科学のすべてが直面している問題です。つまりアカデミズムであろうと、野の学問であろうと、民俗学が研究対象とする生活文化の現実のフィールドは、急速に変貌ないしは解体しつつあるということです。シニカルな言い方をするとこの現実に対して、アカデミズムの民俗学は、歴史学のなかに位置づけられる学問体系の方向に逃げて少しばかり生きのびられたけれども、野の学問としての民俗学は、自身を研鑽する歴史的な生活文化のフィールドを失って、もろに時代と社会の変貌をとらえそこねて衰亡を余儀なくされてきたと言えるかもしれない。僕は自分自身、野にある存在だと自覚しているつもりですから、フィールドを失って時代をとらえる困難さは、アカデミズムより野の学のほうがはるかに大きく背負ったと思っていますが。

井出　柳田の直接指導を受けて野の学をになった第一世代の方々はお亡くなりになってしまいました。私の年齢から見ると二世代前の人々ですね。その後、私より一世代前の人々が野の学を受け継いできたのですが、その方々も八十歳代になって、いよいよ衰滅期になっているのだろうと思います。そういう現段階において考えると、地域の人々が地域を学ぶ、自分を学ぶという意識を大事にするという野の学は、民俗学研究所が解散し、大学で民俗学がアカデミックに展開されるようになる一九五八年を区切りとして捉えるよりも、むしろ、その後から現在にいたる時間のなかで、それぞれの地域の人々の学びとして、検証するべきなのではないかと思いますね。今こそ、その検証の時期になったのだ、と。

福田　どなたかも、書いたりしているし、私も、現代のアカデミック民俗学の中に再び野の学問の精神を、と書いたり、しゃべったりしているのですが、お前そう言いながら実践してないじゃないかと言われそうで、ここでは言いたくないのですが（笑）、野の学問としての民俗学という精神、それは要するに研究する人の主体の問題です。それをアカデミックに取り込まなければ今のアカデミックの民俗学は、ダメになってしまう。国学院大でもいいし、筑波大でもいいのだけれども、大学の民俗学は末期的な症状になっているように思える。それは私も考えているところなんです。

小野寺　野の学という立場でいろいろ見てきた人々にとっては、自分が何をみたか、ということの成果の報告はあっても、どういう見方をしたかとか、それはもしかしたら方法論として客観的に確立できるのか、というような発言はあまり見られないのです。また大学などで民俗学を教える立場の人々というのは、方法論的なことや、今までこういうふうにやってきたというようなことは、ある程度学生に教えるんだけれども、じゃそこでどういうことを自分が受け止めて、それを成果にすればいいのかということまで到達していない。実際にその学生たちが外に出た時に、今民俗の状況がまったく変わってしまっているので、これを見てきなさいと言っても、それと同じようなものを若い子たちは見てくることができないと、そういうこともあるんですね。若い人たちが見てきたものを、学校の中に戻すのであれば、自分はこういう方法論でみた、というそれを明らかにする必要があると思います。そうすることで乖離しているものを重ねられるような状況になってくるのではないか、と感じています。

福田　野の学問をというかたちで言うとすれば、それは個々にやっている人が主体的に、別の表現で言えば恣意的に、民俗学に入っていくことになります。それを一定の作法に従って、一定の手順に従ってやるようにと、大学は教えているわけです。しかし、そうやって再生産されていく民俗学は、この先夢も希望もないのではないかと思います。自分の主体的な認識だとか、立場だとか、思いだとか、というものを恣意的に研究していくことがこれから先は期待されたり、要求されるのではないかというのが私の立場です。問題は、その恣意的なという自分の思い込みや、自分の自由な考えでいくのをどのように批判し、あるいは検討して、客観化していくかということがアカデミック民俗学としての役目ということになってくるのですね。

永池　今の先生のお話しもそうですが、この本『民俗学のこれまでとこれから』でも、前の現代民俗学でのお話しでも、とても興味深く読ませていただいたのですが、先生の問題意識、危機意識がよく伝わってきます。野の学のある種の精神みたいなものをもう一回とりもどして、生かしていくことが必要だということを言われています。それはその通りだと思うのですが、「野の学の精神」というものに触れる時、先生は「主体的」という言葉を、「恣意的」にと言い直されています。

福田　あえて言いました。

永池　すると、その反対側に「客観的」という言葉があるのかと思います。先生がアカデミックの民俗学で追求されたのは、その「客観的」なある種の資料の収集と整理に基づいた精密な研究法みたいなものがバックボーンとしてあると思うのですが、となると、先生が捨てられた野の学のなかの、何を恣意的なものとして切り離し、野の学の精神の何を今のアカデミズムの民俗学の現在の状態には欠けている、とお考えになっているのでしょうか。

福田　恣意的とあえて言ったのは、別の言い方をすれば、自分がどういうふうに社会なり文化なりを捉えて、どう主張していくか、ということだと思うんですね。学問の流れとかいうような客観的な課題としてではなく、アカデミックな世界で与えられた課題というのではなくて、自分が課題を見いだすことが大事だということなんです。

永池　野の学とアカデミズムの一番大きな違いは、野の学では、先生は恣意的とおっしゃいますが、主体的な関心をもって対象に入っていく。対象である野の人の生活など、対象の在り方に触れることによって、主体の側が自らそれを分析する方法を鍛えていくというような相互往復的なものがかつてはあって、それぞれの土地の人たちが自分の方法を鍛えていった。その結果、昭和の初年あたりのさまざまな地方での、さまざまな民俗誌などは非常に生き生きとしている。今読んでみても面白いものがたくさんあると思います。それは、その人自身がもっている経験、今でいうと、私は野本寛一先生の本がとても好きなんですが、野本先生は外から学んだ方法ではなくて、自分の方法を対象によって鍛えられていったと思います。私はそれが野の学だと思うのです。だから野の学は死んではいないし、野本先生もどんどんお仕事をなさっている。それに対してアカデミズムの民俗学というのは、大学で教わった方法を身につけて、その方法をもって野に入っていく、対象に入っていく。それを使いながら客観的なデータと、それに基づいた研究を個人でおこなっている。福田さんの理想はそうだと思うのですけれども、私から見ると、それは主体である研究者と、対象である野の人たちの生活とを分離して、対象に外から入っていって、場合によっては上からそれを眺めて整理することによって分析をする。福田さんの御論にはつねに「分析」という言葉が出てくるんですね。「分析」のないものは、研究じゃない、と。そういう形でやっていってつくられたものは、その主体たる人の成果としては客観的なものをもっているかもしれないけれど、その地元の人たちにとっては、その人の研究というものは、ひょっとすると自分とは何の関係もないということになりかねないのではないでしょうか。

福田　ある意味では、そうですね。でも、あえて言えば、それが学問だと思うのです。たとえば、柳田の『北小浦民俗誌』は、北小浦の人にはどこのことが書いてあるのかわからないと思います。しかし皆さんは、『北小浦民俗誌』を素晴らしいと高く評価する。北小浦の人々の生活なり意識を、内在的に把握している、と。だけど、北小浦の人たちからみればさっぱりわからないと思う。そして、それだから野の学問としての意味があると私は思うのです。要するに、調査する、研究する、把握する人の思いがそこに入るし、思い込みがそこに入る。まさに恣意性が入っているんですね。それはそれでいいと思うんだけれども、それをどのように批判し、検討し、客観的に蓄積にしていくかということが、実は民俗学の重要な問題なんじゃないかと思うんです。

小野寺　その時、多分民俗学以外の領域から方法論も入れないといけないのかな、と感じるんですね。歴史学の方法論もあるでしょうし、社会学の方法もあるでしょうし、統計的なものもあると思うのですが、民俗学のなかだけで方法論を確立するのは難しい気がするんですね。

吉沢　それに関連することですが、福田さんが強調している、学際的というか、マルキシズムの問題に対して、杉本さんと永池さんがおっしゃる主体的営為としての野の学問の意味合いはすごくよくわかるし、共感をもてるのが大前提ですけれど、しかし、その思想的格闘というか、それを当人たちが、民俗学のなかにどう学として受け入れていくのかということですね。逆に言うと民俗学はそういう学としてのあり方をそれほど厳密には形成できえなかったのではないだろうか。中間的な領域だしね。だから福田さんは、その意味合いをむしろ逆にあきらかにするために、マルキシズムということを盛んに強調して、領域との学問を強調されているのではないかと僕は理解したのですが、それはどうでしょうか。

福田　話を最初に戻して、私がなぜ民俗学についてこんなことを言うようになったかと言うと、大学では民俗学を専攻したんだけれど、歴史学もやったし、社会学もやった。いろいろなものを学んだけれど、そういう学問から言うと、なぜ民俗学だけが、野の学問とか、在野の学というようなことを言わなくてはならないんだろうかと思った。地理学ではそんなこと一言も言わない、社会学だって言わない、と。だからそれと同じに横並びの民俗学というものをつくらなくてはならないんではないか。そういう必要性が民俗学にはあるんだろう、と思ったのです。そもそもそれが出発点なんです。そして、その上で、そこに野の学としての精神をもう一回組み込むというのが、その次の課題だったのです。客観主義といえば客観主義だけど、たとえば、地理学や社会学ではそんなこといわない。少なくとも野の学問たるべしなどと地理学で主張する人はいないし、社会学でもそうです。欧米から入ってきたアカデミックな学問の体系に安住しているから、なにも言わないわけだけれど、それと同じように日本で内在的にできた学問である民俗学も、同じような形の展開をしてそこに対等な位置を占めるべきなのだ、というのが私の大学院時代の考えなんです。

杉本　そうであるなら、歴史学とか哲学なんかと同等な形で民俗学を位置付けたらどうなのでしょうね。福田先生は歴史民俗学ということをおっしゃっておられますが、では歴史学というのは何を目的としているのでしょうか。

福田　私なんかが学部から大学院に入ったのは、みなさんと近い頃ですけど、その頃の歴史学は自信にみちた歴史学でしたよね。

杉本　私たちは亡霊のようなものにとりつかれていると言われるかもしれないけれど、歴史学というのは、社会変革とか、社会の発展に寄与する学問だと思っているわけです。そして民俗学のなかにもそういう精神が流れている。だから、民俗学というのは民の、もちろん自分もその一角なのですが、その生活の中から変革のエネルギーみたいなものを引き出すこと、なんらかのかたちでそこに変革の萌芽を見つけ出すこと、私たち（初期の柳田研究会）はそういうものを民俗学に求めてきた。ことに柳田民俗学にもとめてきた。だから、福田先生が歴史民俗学と言ったときに共鳴したのは、その歴史民俗学のなかには、柳田の言うところの経世済民、社会の発展のためにつくす、そういうエネルギーをなんらかのかたちで、ひきだす学問であると考えてきたからです。民俗学は、やはり変革の学問ですね、私には。

影山　アカデミズム民俗学と野の学の民俗学というのは、本当は対立するものではなくて、柳田なども日本の社会が総体として賢くなる、というような言い方をしていたと思うんですよ。その使命・役割・方向はさまざまであって、全体としては対立するものではなく、相互に刺激しあうものとしてとらえるべきではないか。私が大学に入ったときには、すでに柳田の民俗学ではないアカデミズムの民俗学だったのですが、私はそれが柳田の民俗学だと思い込んでいたところがあった。柳田を読むことなく民俗学を始めた。そして、山梨県で教職につき、休日を利用しながら民俗調査をやってきた。

特に力をいれたのが山梨郷土研究会の活動で、民俗の分野では土橋里木さんや後藤義隆さん、山寺仁太郎さん、山梨大学に籍を置いていた服部治則先生などがいらしていたのですが、山梨郷土研究会の活動を普及し維持するか、というようなことはほとんどされていなかった。しかし、その中で何としてでも会を維持していかなくてはならないということで、私は機関誌の編集の仕事を中心に取り組みました。年によっては出ないような、出せないような年もありましたが、なんとか定期発行を軌道に乗せ、次代につなぎました。

そのほかに、山梨県史や自治体史・誌の民俗分野などにも数多くかかわりました。杉本さんに言わせると、それもアカデミック民俗学を地方で実践しているにすぎないということになるのかもしれません。しかし、私にいわせれば、今まで埋もれていた、調査されなかったものを、おもてに出してきたということに関してしては、それなりの役割を果たしたかなと考えています。

中央のアカデミズムの民俗学からみれば、こういう山梨郷土研究会の活動は、野の学に近いといえるのではないでしょうか。杉本さんがおっしゃる野の学としての民俗学については、いまひとつはっきりしないところもあります。杉本さんが考える野の学を、山梨でどういうふうに実践されたのか、よく見えないところもあります。

一方、福田先生がアカデミック民俗学の育ての親で、同時に野の学問の精神は大切だ、とおっしゃることもよくわかります。大学に籍を置かれていた時代から、かれこれ二十年以上になりますか、いまだに小さな研究会に頻繁に足を運ばれている。地道だけれども一つの野の学の精神を、福田先生は福田先生なりに心がけていらっしゃると、私は受け止めています。地方でほそぼそと活動をやっている者にとって、大きな励みであるし力にもなる。

私自身の例をあげましたが、そういう地方での活動も、やはりプチ・アカデミックと言うことになるんでしょうか。

杉本　研究会の構造の問題でしょうね。私が山梨で山梨県史民俗部会グループとつながりがないのは、イデオロギーの問題で、私をその研究会や調査から退けたい人物がいるようで、そのこともあり誘われたこともありません。しかし、それなりの調査は、山梨でも手弁当でしておりますし、小論も書いております。ただ、後藤総一郎のように山梨県内で常民大学のような組織は立ち上げておりません。だが、この半世紀近い私たちの柳田国男研究会の活動も、野の研究会ではないでしょうか。

プチ・アカデミズムの構造といえば、地方には中央の権威者とつながった権威的なプチ・ボスがおり、行政全体の仕事の差配をしております。山梨県なども例外でなく、その翼下に入らない私などは「危険分子」というレッテルを貼られ、行政の関係の仕事から排除されています。そこで、影山さん達の山梨・福田県史グループなどとは、縁遠いのです。

しかし、影山さんが『山梨県史民俗編』などに書いた「ほうとう」の問題なんかは、読み、勉強させてもらっておりますし、それが福田理論に基づいて展開されているだろうなと思うところもあります。そのときにひっかかっているのは、少なくとも山梨県内のもっと小地域で完結するのが、地域民俗学であるというふうに私は思っているのですが、影山さんは、それをさらに山梨県から長野県とか、群馬県と比較しながら『ほうとう』の歴史を考察している。そうしたときに、地域民俗学というのは、郷土と関係があると思いますが、地域とは、どこまでの領域を指すのでしょうか。山梨県内でしょうか、甲信越でしょうか。私はもっと小地域の山梨県内で言うと郡内地域（南北都留郡）ほどだと思いますが。

福田　あえて言うと、地域民俗学という言葉を私は一度も使っていないんですよ。

杉本　そうですか、申し訳ありません。個別分析法と言い換えます。その研究領域はどのへんまでをカバーするのでしょうか。

個別分析法、伝承母体論をめぐって

福田　対象はさまざまで伸縮自在なのではないでしょうか。個別分析法というのは、たとえて言えば柳田の重出立証法、比較研究法に対して言っているわけで、比較をしなければ答えが出ないという研究法にたいして、比較をしなくてもその対象に対してさまざまな研究をしていけば答えは出るのだ、という意味で使っているのです。

杉本　では伝承母体といったときには、どこを言うのですか。

福田　伝承母体もさまざまだとどこかに書いたと思うんですが。

杉本　民俗事象ごとに伝承母体が変わるのですか。たとえば小さな市町村史などをやるときには、その領域が個々の民俗の伝承母体ということになるのですか。『四日市市史』とか。

福田　自治体史とは関係なく、あくまでも民俗を伝承している母体ということです。だからそれは、部落とか村落とか、町でもいいわけだけれども、民俗を実際に担い、行い、伝えている単位という意味です。

杉本　領域を区分するときに、いわゆる村は、それがさらに他の村と連合して地域を作って、さらに県を作って、中部地方なら中部地方から日本全体へという、どこまでも福田先生の領域論というのは、母体論というのは広がっていくわけですか。

福田　いや広がっていかないでしょう。民俗を伝承していって、たとえば個々の村落で祭りをやったり、行事があったりする。また広域的なところでやる祭祀みたいなのもありますね。そういう形で民俗を考えていくんです。だから県を伝承母体だなんて私は考えないわけです。まして日本列島全体を伝承母体としては考えないわけです。

杉本　民俗語彙などというとき、民俗語彙の根本にあるのは日本語ですから、日本列島も伝承母体になるのかな、と思ったのですが。

福田　それが柳田流であるわけですよ。だから私は民俗語彙を研究の中心におかないのです。民俗語彙を中心におけば、まさに日本語の世界なのです。日本列島で一つでいいじゃないか、という話になる。

杉本　日本語を操る人々の領域ってあるわけですよ。それが伝承母体だと思います。そこには日本語だけではなくて、その言葉が共同性を作るとか、そのまとまりが日本文化になると思うのですが。

林　個別の伝承母体の問題を分析していくときにある種の普遍性に到達するとしますね。その普遍性は、日本大の分析の普遍性に通じるものですよね。

福田　それが柳田の時代からある、明治時代以来のナショナリスティックな日本というものを固定観念で考える枠なんですよ。多くの人はその中で捉えられる。中国で調査するとき、日本語はそこでは使ってないわけですよ。だけど中国でも民俗の伝承があり、伝えているものがあるのはあたりまえのことで、それは研究調査の対象として十分なりうる。

杉本　類型化はできないのですか。

福田　そうでもないでしょう、類型化の指標をどうたてるのか、という問題になる。

永池　先生の伝承母体というのは旧村落、氏神さんを中心にして家々が集まって生活をしている。そこで生活する人々と家と、さまざまな講だとか、さまざまな隣組などを含めて共同の伝承を作っているものを全体として伝承母体としてとらえる。その限られた範囲の中で、その村落、生活世界の構造を分析するのが個別分析法だと、理解していいのでしょうか。

福田　分析して、歴史的な認識、歴史的な過程をそこですくいとるということですね。

永池　確かに一方で、先生は民俗学が歴史科学であるとおっしゃっている。そういう閉じられた区画された中で捉えられる「歴史」というのは、どういう歴史になりますか。

福田　それは我々が普通に学んできた歴史学と同じです。

永池　村落の近世史とかいうような歴史ですか。

福田　近世史というか、現代に至る地域の歴史的展開ということになるでしょうね。

永池　村落におけるということですね。その限られた区域の中での歴史ですよね。その歴史は誰にとっての歴史ですか。

福田　その地域の人にとっての歴史です。

永池　その地域の歴史を外から入ってきた専門の研究者が、描き出してあげるという……。

福田　あげるのではなくて、提示するんです。

永池　そこにアカデミズムの主体と客体が分離した構造の問題性があるような気がします。地域の歴史が一番必要なのは、地域の人なのだから、地域の人が参加した歴史叙述なり、地域の人の視点に立った歴史把握という、そういう視点があるべきだと思うのです。先生の民俗学の中にはそれがないのではないか、と。

福田　それは基本的にないですね。もちろん、地域の人が個別分析として、自分の世界を研究するのはいいことですし、望ましいことです。

永池　アカデミズムの民俗学を全面否定はしないし、自分もアカデミズムの中に生きていますので、否定もできないのですが、あくまで科学として民俗学を追究されていく、そういう先生の捉え方の中に、野の学を排除する思考法というのが厳然としてあるような気がするのです。野の学の根本のところには、そこに暮らしている人たちが、学問を通して、自ら目覚めるんだというのが、柳田の思想の根本にはあると思うのです。先生は、それをするのは専門の研究者だと……。

福田　いやそうじゃないんです。その地域に住んでいる人が、その地域を個別分析法で研究することは一向に禁止されてるわけじゃないし、むしろ、それによってその地域の歴史を自ら描き出すことはできるわけです。

永池　でもそのためには、大学に行って専門の民俗学の研究法を勉強しなくてはいかん、と。先生ははっきりそう書かれています。

福田　そういうことではないんです。それを再生産してやっていこうとするなら、プロとして、なんらかの形で受け継がないことにはできないということですね。

吉沢　それじゃ永池さんは、地域に入った民俗学的な対象研究の場合における知の構築というのをどのように考えているのですか。つまり、知の構築をする場合、どうしても専門家の分業ということになってしまいますね。そこにあまり人々を入れるということを強調しすぎてしまうと、知の構築としての学が成り立たなくなるという面もあるでしょう。そこはどう考えるのですか。

永池　基本的にアカデミズムの民俗学として福田先生が追究されてこられたのは、主体と客体を分離することによって、データや研究の客観性を保証していくという学のスタイルですね。

福田　柳田国男から奪い取って、地域にいる人にそれを返せばいいのだ、というのが私の立場です。ある面では、民俗学は柳田が全国から集めて、組み立てた。柳田国男が全国から集めて組み立てたものを壊して、個々の人間がそれぞれ自分のところで検証するということです。

永池　それについては先生には誤解があるかと思います。柳田が築き上げようとした民俗学の形成過程に関わるそうした構図が誰によって示されたか申しあげると、雑誌の『民族』の時代に、柳田がさかんに投稿を呼びかけて編集整理して誌上に載せる。その過程でデータを記録するときと、自分の意見とか研究を書くときは、別々に書きだせということを柳田は厳しく戒めた。実際に、当時の報告の中には、客観的に記すべきデータの記録の部分と、それについての自らの考察や意見とを区別しないままゴッチャにかくような例が少なからずあった。柳田はそれを具体的に指摘して訂正を促しています。そういうものをそばでみていて、批判したのはどんな人たちかというと、当時東京大学などで、海外の最先端のエスノロジーや社会学を勉強していた『民族』の若い同人たちなんですよ。そういう若いエリートたちにとっては、調査と研究は何より自分自身のものだった。だから一体になる。けれど、地方の人たちにとっては、まずデータを調べて書き送る。そのときに、データの処理の仕方を知らない人たちに柳田は、記録と意見とを区別することを求めたのです。決して柳田は研究をしてはいけないとは言っていない。

福田　だけどそうはいっても結局、柳田は各地のそういうことに関心もつ人たちから、頭でもって考え、考察し、答えをだすことを奪い取ってしまったのです。データの提供だけを要求した。

井出　僕も（その考えは）違うと思いますね。そこまで厳密に、柳田がやったかどうか。あなたたちはデータをあげ、私がそれを整理するといったかもしれないけれど、しかし地方の人々はデータを出しながら、やっぱり自らも学んで考えているわけですよ。

福田　それでもね、指導はしていないと思いますよ。

井出　実態として知りたいのですが、大学で民俗学を勉強した人は、地域に入って当然地域の人と交流するわけじゃないですか。地域で野の学をやってきた人と一緒になって勉強して、成果をめざすということがあったと思うのですが、その中でさっき対立という言葉が出たと思うけれど、大学でやってきた民俗学と地域で勉強した人々の民俗学が対立するものではない、という視点があるのではないか、というような話もでましたね。そこでうかがいたいのは、実態として全国的な視野でどうであったかということです。そんなに截然と学問の成果は大学が担い、地域の人の学問というのは柳田の死後、衰退していったのだ、と截然と分けて考えることはできないのではないでしょうか。

福田　それはできませんね。残念ながら大学の研究者にそれだけの能力はない。

井出　具体的に交流しながら、お互いに学び合うという歴史はなかったのですか。地域の民俗学は、民俗学が大学にひきとられた段階で、もう発展を止めてしまった。地域の民俗学の学びというのは、そこで線がひかれて、あとは大学の時代だと。

福田　展開としてはそういうことですね。

井出　反省すべきは、大学の民俗学と地域の民俗学の人の学び合いがなかった、ということですか。

アカデミズムの民俗学と地域の民俗学

福田　要するに大学がアカデミーの世界として民俗学の世界を把握したようにみえながら、実はその能力がなくて、ほとんどそれができてこなかった。アカデミック民俗学がそういう点では、本来確立すべき体制を作り得なかったということです。学び合うということも含めてね。そんなこと言うから、大学の教員から私は怒られるんですが。

永池　この『民俗学のこれまでとこれから』でも一九九〇年代から二〇〇〇年の世紀末にかけて、そして二十一世紀に入ってからの民俗学は退廃だ、と福田先生ははっきりと指摘されていますね。その時の新しい流行りの現象を取りあげて、データを資料として蓄積するプロセスもなく、提示する努力や工夫もないまま、あれこれいろんなことを言ってしまう。先生は、それを「分析なしの現象記述」と言われていますが、そのようなものは研究とは言えないのではないか、というふうに理解していいでしょうか。私もちょうど同じ頃、九〇年代から二〇〇〇年代にかけて、民俗学に関心を持てなくなってしまったのです。自分の考えていた民俗学とは違う若い人たちの仕事が一杯でてきて、その時に感じたのは、先生は「分析」がないと言われましたが、私はむしろ「解釈」の過多だと思ったのです。自分はこう解釈する、私はこう読み解く、現代をこう解き明かす、と。現代の風俗もふくめて、恣意的な解釈の自己主張の場に民俗学会がなっているという、感じがしました。それを強く感じたのは、室井くんが韓国から帰ってきて最初に民俗学会で発表した時で、彼の発表は韓国での具体的な事例を踏まえていて、それなりに面白かったのですが、ほかの人の発表を聞いていてびっくりしました。どういうふうに民俗学がなればこうなるんだろう、としみじみ思って、痛切に感じたものです。あれは二〇〇五年ですか。ひょっとすると、先生とことば遣いは違うのだけれど、同じような状況を感じたのかと思ったのですが、違いますか。私が感じたのは個々人に方法がないという以前に、研究の態度において、それ以前の対象に向き合う態度において、何か欠けているものがあると痛切に感じたんですが、それは先生がおっしゃる退廃とつながる問題があるのではないかと思うんです。それというのもアカデミーの民俗学が、ここ何十年間、五十年間、歴史の中で作り上げてきたもので、そういう意味では先生にもかなりの責任があるのではないかと……（笑）。

福田　責任がないとは申しませんが（笑）。

永池　そこでは、野の学的な可能性を、先生の個別分析法というか、画地的研究法、あるいは先生はつかわれてはいませんが、地域民俗学的なものというのが、可能性をしめだした、ということに繋がっているところがあるのではないか。われわれはそう考えています。

福田　私は、逆に、可能性を作るために、地域を限定することで、個別にだれでも研究できるようにするんだと考えたんです。

永池　われわれはあとから始めたこともあるかもしれませんが、柳田民俗学の中に、むしろ素人でも入っていけるような学問の可能性を見て、その現代的な可能性を追究しようとしてきたのですが、一方でそういうものを排除するかたちでアカデミズムの場で民俗学がある種の客観性と科学性を追求していったということではないか、と。

林　アカデミズムの民俗学を擁護するつもりはないけれど、民俗学における野の学の衰亡の遠因を、アカデミズムに求めるのはどうでしょうか。

永池　いや私は、「野の学の衰亡」なんて言っていない。それは福田先生流の戦後民俗学発達史の理解です。今の民俗学の若い人たちの仕事の中に、なにか現代的な問題に触れるようなものが消えているというか、まったくなくなっていたので、それにショックをうけたのです。

林　現代的な問題に触れえていないという言い方はわかります。まさに問題の核心はそこにあるのだと思います。民俗学に限らず、歴史学もそうだけれども、それがアカデミズムであろうが、野の学問であろうが、私たちの近代の諸科学は、現在という時代の本質をリアルに捉えることがすごく困難な時代に入っているように思います。民俗学の場合はかつての共同体というか、伝承母体をフィールドとして、そこに歴史を読み取っていこうという学問だと思いますが、その伝承母体たるフィールドそのものが、柳田以後、ものすごいスピードで変化している。

たとえば、私は、父の代に地方の町を出た出郷者の二代目です。十八歳まで田舎で暮らしましたから、私はある程度はその共同体に伝承されてきた生活文化を体現して生きてきたといえます。しかし、出郷した先の東京という大都市で、私は小さな行政区の中に生活の根を下ろしました。大都市から地方の小都市も含めて、戦後社会においては、ほとんどの人々が私のような存在ではないかと思います。私たちはその行政区の中のアトム化された一人です。とすると、民俗学が研究対象とするフィールドには、そのような出郷者をのぞけば、ほんの一握りの生活文化を生きる人々しか残っていないことになります。アカデミズムの民俗学も野の学としての民俗学も、研究姿勢や方法、思想、主体、倫理、こころざしのいかんを問わず、この現実を眼前にしていること、その現実に対してどのように自らの学問を立たせうるのかという問いなしには、未来は見通せないような地平にさしかかっていることをぼくは強調したいのです。

井出 でも具体的な問題としては、対立とか排除という考え方は、大学で学んだ人々の中にはあったという理解でいいですか。

民俗学の危機とは

林 いやいやそうじゃありません。アカデミズムの方法が良かったとか、野の学問たるべきであったとか、というような問題じゃなくて、両方とも学問と思想の両面で危機に直面しているという認識です。民俗学だけじゃなくて、歴史学だって、その学問は現代という時代の生活文化を生きる人々にとどいているのか。調査や分析の対象たる人々の生活文化から、現代を生きる人々の生活文化から乖離していないのか。たとえば卑近な例ですが、最近の社会的事件として、神奈川県の座間市で自殺願望を持った女性を何人も殺すという事件が起こりました。猟奇的といえば猟奇的ですが、その背景には毎年三万人を超える自殺者を生みだしている日本社会の現実があります。自殺というのは、言うまでもなく現代社会を生きる人間の関係意識のありかたに根ざすもので、柳田国男がわが国の親子心中事件に注目したように、それは私たちの社会の共同的なありかたに関わる問題です。そして、その若者の自殺願望の背景には、毎年七万人を超える若者の失踪事件がよこたわっているといわれます。これも現代の私たちの関係意識のあり方に関わる問題です。

私たちの社会は、近代以前の共同的な生活文化の歴史的な累層から、近代社会へといやおうなく解き放たれて、公的な行政区の中でフィジカルな生活を送りながら、いまや人によっては後期近代などと言われる時代に向かって地滑り的に移行している。この現実に学問や思想がうまく言葉をとどかせられていないことが、私たちのもっとも重要な問題だと思うのです。

室井　僕もずっとアカデミック民俗学を学んできましたが、方法論らしきものは、福田さんの方法論しか教わりませんでした。少なくとも学部レヴェルでは教えられない。しっかり教えられたのは個別分析法です。種本は、福田さんたちが編まれた『民俗調査ハンドブック』だというのは、後になってから気がつきました。誰でも学べば民俗学ができるということを提示したのが、福田さんの功績の一つだと思います。それが、学問が一般化するための一つの要因であったのではないか。ただ、民俗語彙が福田さんの研究の中では重視されなかったことと、重出立証法を排除したことが、世間の人の関心が民俗学から離れた大きな原因だと思います。個別分析法の場合は、その地域の具体的な地名が示されますので、そこに関係のない人からは関心をもたれない。博士課程の院生でも、テーマが「○○県○○市○○地区の事例について」ですから。それが個別分析法の難点ではないかと指摘しておきます。でも、方法論さえ学べば誰でもできるんですよ、としたことが個別分析法の功績だったし、その点は評価したいと思います。

民俗学はイコール農村研究か

室井　福田さんが、僕のようなアカデミック民俗学を学んできた人間に与えた印象は、やはり福田さんのは、基本的には農村研究だということです。柳田は当然、都市の問題にも関心をもっていたので、民俗学の対象はそれを含むわけですが、福田さんの場合は、どうしても民俗学イコール農村研究というようなイメージがある。僕の周りの人たちも農村の文化に関心がある人が多かったですね。少なくとも、柳田の時代にはあったいろいろなトピックが農村研究に収斂されてしまったことが、個別分析法による民俗学については言えるだろうと思います。

僕は大学院生の時に、福田さんは「柳田以降の民俗学を十年進めて二十年止めた」という評価を聞きました。個別分析法がアカデミック民俗学に定着したということですね。柳田が死ぬ前に民俗学研究所が解散し、その後は民俗学の受け皿がなくなったけれど、大学のカリキュラムに取り入れられることで延命した。そこで福田さんは、新たな方法論を一生懸命考えて提示された。それによって民俗学の学生を再生産できるようになったのですが、全部福田さんに依拠してしまった。しかし農村だって、今と四十年前とは違うと思います。昔は情報の格差が、都市と農村の差だといわれたけれど、今はもうないし、景観的な違いはあるかもしれないけれど、そういう時代に即応する民俗学が展開しにくくなったのではないかと感じています。僕が習った先生の一人に倉石忠彦さんがいるのですが、倉石さんは都市民俗学ですね。福田さんもご自分で地域民俗学とは言ったことがない。福田さんをそう評したのは宮田登さんだそうですが、しかし福田さんの個別分析法で研究をする民俗学は、イコール地域民俗学というように広まっていますね。僕も、福田さんにそう説明してもらうまでは同じものだと思っていました。倉石さんも、自分では都市民俗学だと言ったことはないといっています。僕は都会の生まれ育ちなのですが、あの都市民俗学を見て、失礼ながら自分の実感が湧かなかった。基本的には、生活暦とか、農村のライフスタイルとの共通性を都市の民俗の中に見いだすわけで、基本的には、田舎出身で都会に出て来た人の生活なんですね。だから農村研究の亜種というか、その延長線上に都市民俗学が位置しているので、実際に都市で生活してきた人にとっては、全く実感がもてないわけです。あれも基本的には個別分析法を意識して出された研究成果ですよね。その結果、農村研究というところに関心を閉じ込めてしまった。そこが福田さん以後の民俗学を考えてゆく上で重要な問題だと思います。

大学での研究方法

永池　話題を少し変えさせて下さい。福田先生の本を読ませていただいて、いろいろなところでハッと思ったことがあるのですが、大学で最初に民俗学の講義を受けられた時のことを書いておられますね。その時に、重出立証法だとか、周圏論だとか、これが唯一の民俗学の研究方法だという形で教わったと書かれていて、私はびっくりしたのです。当時そういうことが実際におこなわれていたのでしょうか。

福田　当時、私は東京教育大学に民俗学専攻科ができて、二期生でした。それまでも東京教育大学は、民俗学の授業をずっとやっていて、専攻学生はいないけれども、蓄積はあったはずなんですが、私たちが入った時には、非常に素朴な民俗学の方法を教えていたのです。柳田がどこかで書いていますが、比較すれば自ずと答えが出る、というようなそれをそのまま教えていたんです。ちょっと綺麗にするために、重出立証法ということで、例の図式だとか、周圏論だとか。

室井　和歌森太郎さんが担当ですか。

福田　和歌森さんではなく、それをやったのは直江広治さんです。当時、民俗学の専攻の教室ができた時、史学方法論という名前でしたが、史学方法論教室は一講座だったのです。一講座の中に、考古学と民俗学がありました。教授が考古学、助教授が民俗学で助手が民俗学、教務補佐員が考古学で、二、二だったのです。それで民俗学の助教授が直江さん、民俗学の助手が竹田旦さんでした。この二人が、われわれの指導教員で、和歌森さんや桜井徳太郎さんは有名ですけど日本史の教員でした。そういうわけで民俗学そのものについては、直江・竹田でやっていたんです。

直江さんは、非常に素朴な方で、本人は疑うことなく、比較をすれば歴史が明らかになるんだ、という話をして、黄色くなってしまっている古い原稿用紙を毎年同じように読みあげる授業をやっていました。一年生の時は感心して聞いていますが、二年生になったらもう飽きちゃったという感じでした。

影山　私は筑波大の一九七六年入学生ですが、私たちの時代もそうでした。

永池　それは、直江先生は罪が大きいですよね。

福田　それに対して疑問を持ったということは、反面教師としては大変素晴らしい。

永池　それを痛切に感じられたんですね。それが福田先生のトラウマなんだ……。あまりにもくだらなかったので、別の民俗学を構想された。柳田の本をきちんと読めばわかることですが、柳田の民俗学の成果は、重出立証法だとか、そんな単純な方法で生み出されたものではない。並べれば、変化が見えてくるなんていうのは……。周圏論だとかの方法で結論が引き出されていると感じることはほとんどありませんよね。

福田　だけど、概説で民俗学の方法とか、研究法とか説く時には、やはり柳田の文章を、内在的に解析して析出した方法で説くなどという余裕も力もなかったのではないですかね。ですから表面に出てきた言葉を『民間伝承論』とか、『郷土生活研究法』に出てくるもので説いたのですね。

永池　大分前に先生がお書きになった『柳田国男の民俗学』という本では、とても勉強させて頂きました。当時、少し繫がりのあった大阪の『部落解放研究』誌に依頼されて、御本の寸評程度の短い紹介を書かせて貰ったことがありますが、そこでは、ああこういうことだったのかと、改めて眼を開かせて頂いたことばかりが印象深くて、先生の柳田批判に対しては、ほとんど反批判できなかった。しかし、たとえば、柳田の重出立証法と方言周圏論とを方法として一括りにして、それを民俗の地域差を時間差に置き換えて行くもの、として批判されたのなどは、実にスマートで見事だと思いはしましたが、やはりそれをそのまま受け入れるわけにはいかない。「周圏論」について申し上げると、あれは、ある種の方言について顕著に見られる周圏的分布を説明するための作業仮説であって、もともと民俗学の方法論などではない。『蝸牛考』の中で柳田が一番にやりたかったことは、方言一つ一つの言葉がどのように生み出されてくるのかという、その新しい言葉の生成のメカニズムを明らかにすることにあった。ところが、その作業の中で、偶然、あえていいますが、ほんとにたまたま、方言の分布の周圏的な拡がりに気がついて、その見事さに柳田自身が有頂天になって、後に単行本にする時に、それが結論であるかのように強調して書いてしまった。それが実状だと思います。

それと、重出立証法について、福田先生は、それを「比較研究法」として痛烈に批判されていますが、比較研究法はその中身が問題で、比較自体は科学的方法としてさまざまな分野でやられているんで、比較することは悪いことではないですよね。

福田　比較研究法一般はそうですね。柳田のいう比較研究法は、あくまで変遷過程にならなければいけないのです。

重出立証法について

永池　私なども、古典文学の研究で専ら比較をやってきました。同類の歌ばかりをたくさん集めてきて、比較し、整理したりするわけで、比較は学問研究の基本だいうことを学生にも教えて来ました。比較研究法は、学問の手続きとして今でも客観的に十分耐えうるものだと思います。けれども、重出立証法を問題にする場合には、後年、『民俗学辞典』などで図式化して単純化されたような説明によらず、もう少し、柳田自身が書いたものに即して丁寧に見ていく必要があるのではないでしょうか。柳田が重出立証法を実際使ったと思われるものは、先生も指摘されたように、ほとんど全て、民俗語彙なんですね。同類の民俗語彙をたくさん集めて、並べ重ね合わせて、その意義を再構成していく。生活事象の歴史的変化を、AからBへ、BからCへとあたかも一本の直線のように単純化して説明したのには、柳田自身にも責任はありますけれども、実際に柳田がやった研究は、そんな単純なものではなくて、さまざまな言葉とそこに込められた民俗の多様な様相を、言葉と言葉の意味の差やずれのごときものに着目して昔の人たちの生活の姿を再構成していく。それから現在のあり方を見ていくと、現在の生活の形がどのようにして移り変わって来たかが見えてくる。それが柳田の方法です。それ自体は複雑な過程を柳田が頭のなかでやっているので、先生がおっしゃるように誰でもがやれるわけではないけれども、柳田の重出立証法を単純化したもので批判しても、柳田自身の方法の批判には、本来なり得ないのではないでしょうか。

福田　それはその通りですね。重出立証法批判というのは、柳田批判というよりは、われわれが教わった民俗学を批判しているのですね。

永池　もう一つは、重出立証法批判が元になって先生が提示された民俗学の方法の中には、比較というものが一切排除されている気がするのですが、比較してもいいのではないでしょうか、画地研究法というか、個別分析法のなかで……。

福田　いや、私が個別に書いた文章なり本は、比較をしているのです。『番と衆』など、比較の典型です。その他いろんな個別の研究をするときは、伝承母体論で対応しているのですが、伝承地域というのも用意しているのです。同じような伝承が見られるような広がりを伝承地域と称して、そのなかにおける比較、伝承母体の比較をする。

永池　伝承母体をまた大きな地域に……。

福田　伝承母体としては個別だけれど、そこに見られる民俗事象がある共通性をもったり、ある傾向性を示すものがあると、その時は伝承地域という枠組みを用意したんです。

永池　伝承母体のなかにあるものと、別の伝承母体のなかにあるものとを、共通の伝承を持っている伝承地域のなかで比較するのですか。要するに、さきに先生がおっしゃったように、ある種、伝承母体の広がりみたいなものがあって、最小の生活世界から広がっていくから、そのなかで影響を受けやすい民俗伝承と、孤立的な民俗伝承とがありえるし、それがなければ柳田がやったような東北・青森の民俗と、九州の民俗とが一致するなどというようなことは起こりえないですよね。つまりある種、生活の共同性があってはじめて、そういう現象がおこるので、結局、そういう類似した伝承のある種の分布のなかに比較可能な根拠というものがあると思うのです。

福田　それはあります。ただ私は比較が唯一の方法であるかのようにいうことに対して、それを否定したのです。比較しなくてもいいし、比較する必要はないんだ、と主張した。

永池　そこにみなさんの誤解があるように思います。柳田が郷土研究の必要性を訴えた大正から昭和初期にかけてなぜ比較することの重要性を強く主張したかというと、当時地域のことだけを見て、これはこうなんだと、お国自慢のようなことを調べてそれをすぐ書くような郷土史研究の風潮が、大正時代から昭和初期にかけてあって、それをすぐ郷土誌としてまとめたり「郷土教育」として小学校の教材化してしまうような風潮が、根強くあった。そうした風潮に対して、柳田は強い批判を持っていて、それを戒めるために、他地域との比較や全国レベルでの比較を強く主張したのだと思います。そこのところが問題なので、先生自身がやられてきた画地研究法、個別分析法の成果をどんどん他地域と比較していって、より大きなある種の全体というものを作り上げていって、それが結局どこに行くかというと、日本という枠組みにいかざるを得ない、と私は思うのですが。

福田　理論上は、日本という枠組を取っ払うということに、意味があるというふうになっていますから。

「日本」という命題

永池　先生は、『現代日本の民俗学』というご本の中でも、地域で深く考え世界に、というようおっしゃっていますね。その前に「日本」というものがあるだろうと思うのですが。

福田　日本を外すことで新しい可能性を考えたいと思っているんです。

永池　それがずーっと気になっていまして、前に山梨でのシンポジュームでご一緒させていただいた時にも、「日本」という命題を投げかけたつもりだったんですが、残念ながら、先生には全く相手にして頂けなかった。今の民俗学のなかでも、日本という命題はテーマにならない、という状況がずーっとあって、先生は意識的に避けられているのでしょうが、もっと若い世代には、もうそういうことを考える発想すらないようですね。今の民俗学会では、一国民俗学というのが一つのトラウマのようになっている。私は、柳田の「一国民俗学」は民俗学の可能性を日本という一国の枠に押し込めてしまうような閉鎖的なものではけっしてない、ということを繰り返して主張しているのですが、なかなか理解してもらえない。柳田は、昭和の初め頃の一時期、「民俗学」の語を、今日のような「フォークロア」の意でなく、ヤカラの民族学、エスノロジーの意味でつかっている。ドイツ語の用語だと、エスノロジーにあたるフェルカークンデを多国民俗学、ないしは比較民俗学と訳したのに対して、自国を対象とするフォルクスクンデを「一国民俗学」と訳し分けて見せた。「一国民俗学」の語には、さまざまな生活のあり方や、文化の様式を他所の国から入ってきて他者の眼差しで記録するようなエスノロジー的な研究方法を、自国の文化を自国民自身が内側から捉えかえすような新しい学問に組み替えるという意図がはっきりと込められていた。一方、先生は、国家だとか日本だとかいう枠組を取り外すことに終始こだわっておられるように感じて、そこがどうしても気になります。そこで、ちょっと変なことを伺ってもいいでしょうか。先生は、「マルキシズム」をどのように考えられるのでしょうか。

福田　基本的には影響を受けているし、そういう意味では素晴らしい認識の一つだと思っています。

永池　実際的にマルキシズムの運動とか、学生時代に関わっていたことはありませんか?

福田　学生であった頃は、デモに参加するという形で学生運動に関わったけど、組織に加入したことはなく、ほとんどやってないですね。マルクス主義そのものの運動とか組織とかにかかわったことはないです。それほど理解もしていない。有名なものは読みましたが、マル・エン全集は持ってない。でも、一九五九年に入学して六〇年代を大学で過ごしていますから、マルクス主義に親しみを感じています。その頃の学部の学生の大半はそうだったんじゃないですか。

永池　われわれもその後にきて、そうですから。一国民俗学に対する、先生のある種の反発なり、国家という枠組みをあえてとられないのも、それと関係があるのではないかと思ったんですが……。

吉沢　去年、柳田研究会で、私は安丸良夫さんからみた柳田像について報告をしました。そこでの話とも関連しますが、私は若干左派的な立場という前提でお話しするわけですが、安丸さんは、日本の民俗学者の非マルキシズム的な態度について、宮田登氏もふくめて、非常に批判的です。それは基本的に天皇制に対する認識の問題で、近代国民国家の形成に伴って日本の天皇制があるのだ、と。だから彼は近代天皇制は、あくまでも明治時代からの人為的な産物である、という。それは日本の資本主義の発達と不可分で、日本の近代天皇制はそういう文脈のなかにある。しかしながら、柳田は日本の近代国民国家の形成という問題意識をなに一つ持っていない。そういう言い方を安丸さんはしていませんが、ぼく自身は安丸氏の言説の延長上において柳田に対してそう感じているわけです。だから、柳田の固有信仰論を含めた神道論は、日本の近代天皇制イデオロギーに回収されてしまった。そういう欠点を持っていると思う。本来、日本の民俗学者は、そういうことをふまえて神道論を論じてしかるべきなんだけれども、それを全くやっている形跡がない。この問題はどこからくるか。一つは、イデオロギー的な立場の問題もあるけれども、マルキシズム的な視点の欠如が非常に大きいからじゃないかと推測するわけです。それが一点。

そのことに関連して、この本の一五一ページに、菅豊さんが、「さまざまな深読みが柳田にはできるわけですね。たとえば、私が柳田を批判するときによく出す言葉がこの言葉です。柳田は労働問題を言うときに、『私たちの知らうとしてゐる労働問題は、今日の所謂労働問題ではない』と言います。そこで扱うのは、ユイやモヤイなんだと。今日の労働問題というのは、いわゆる資本主義の拡大によって生まれた近代の問題です。切実な労働争議とかが起こった時代の問題です。民俗学が取り扱うのは、そういう問題ではない。と柳田は現実的な問題を排除するのですね。柳田みずから言うのですけど、農業ですら、もう古い形を見ることは困難になっているような形骸化した残存の問題を取り上げ、意図的に矮小化しているわけです。柳田が取り上げるのは、結局、目の前の今日のいわゆる労働の問題ではないというわけです」と言っている。当然勤労というような歴史観ふうな、抽象的な用語をもって、労働の営為があったことを描き出す。問題は常民とか、常識というのも、社会の文脈から生成されるもので、常民にしても、常識にしても、すべて社会的な関係の中にある。たとえば、常識というのは、日本で考えると良識みたいになるけれども、実際は「コモン・センス」で、その共通の感覚は、社会の文脈の中で生成される時代が共有する感覚だったというふうに理解できる。そういう社会の中から言説が生成されてくることを無視している、という感じがある。無視して全ての問題を、神道の問題もふくめて、問題をたてていることは、僕にとっては非常に抵抗感があります。それが、一点です。

ついでに言うと、杉本さんから『民俗選挙のゆくえ』という著書をいただいて、前作同様とても面白かった。民俗学的な考証によって、選挙のあり方がよく描かれている。マルクスと関係することですが、選挙といえども、今回の自民党の圧勝、実際に圧勝かどうかは別にしても、選挙というのは、マルクス的な用語でいうと、（僕はマルクスの著書『ルイ・ボナパルトのブリューメル十八日』が好きでいつもそこからものを考える）全て人間関係というものが地域の共同体を含めて存在しているとしても、すべて利害関係が転倒した人間関係です。しかし、それだけではいかにも単なる経済主義的な理解で、杉本さんが描く、金丸とか田中角栄の手法ですよね。民俗的に残っている人間の機微を、転倒した利害関係の中に巧みに取り入れて、自分たちも本当に自覚的にやっているのかどうかわからないけれど、自然とできちゃう。杉本さんに申し上げたのは、問題は、転倒した利害の人間関係が地域の共同体をふくめて崩壊している。それを再建する手がかりとして柳田の地域共同体的な仕事から何かすくいだせないか、汲み取れないか、ということで柳田に依拠して手がかりを探ろうという試みで、そのこと自体はよくわかる。しかし、そうはいっても、転倒した利害関係、人間関係は、厳然として資本主義の発達の過程によこたわっている。民俗学というのは、他分野と隣接していく領域なので、そこをどう描くか。ちなみに、杉本さんの本では論敵の室井さんのことが、言及されている。その室井康成さんは、その著作で、柳田は「公民、良き選挙民の育成を企画した政治学」と言っている。問題は「公民」という言い方です。「公民」というのは、「市民社会で、市民権を獲得した人々」のことを指します。それは規範的な意味です。柳田がもしそういう用語を使うのであれば、当時の社会の状況のなかにおける、「公民」のすがたを描き出した上でのことであるべきだ。はたして、柳田は「公民」という概念をそういうふうに使ったのか。そのへんの柳田の社会的文脈に対するセンスというか、それについて、福田さんはどのようにお考えになっているのでしょうか。まず、民俗学が近代天皇制の問題にどう接したのかということですが。

民俗学と天皇制

福田　多分私をふくめて、民俗学そのものとして、近代をどう捉えるかということは、最近は話題にはなるけれども、もともとはないのです。個別事象をどう了解するか、という研究ばかりやってきました。それをどう大きく把握するかとなれば、ちょっと知恵のある人は柳田國男の論をもらってきて言うぐらいのものですね。基本的には民俗学だけで独立して、近代でも、前近代でもいいのですが、総体として把握することはできないだろうと、私は思っています。民俗学は全体を把握するような方法は少なくともいままではつくってこなかった。特定の事象、特定のものについての変遷について明らかにする。そして全体像としては、それは歴史研究としての成果の中に位置づけ、組み込む以外にないのではないか、と私は考えているのです。

吉沢　そうすると、歴史研究と密接な共同作業をしていく必要があるということですね。安丸さんも、そこを問題にして、タコツボになってしまっていると批判しているんですね。

室井　僕の理解している限り、宮田登さんは天皇制を大きな問題だと考えていたと思います。もともと生き神信仰論も擬似的天皇制というか、小さいレベルの神格の問題を扱っているし、弥勒信仰論だって、僕の言葉でいえば事大主義的な事象を扱っているわけですよね。後藤総一郎さんの著書『天皇神学の形成と批判』にも、宮田さんに対する評が書いてあって、宮田さんにとって、天皇制という問題は多分大きな研究課題であるだろうと。安丸さんの宮田さんに対する批判というのは、どういうものですか。

吉沢　つまり、自分が言っている近代国民国家の形成という天皇制の産物という問題意識は、生き神信仰を評価する場合、重要な視点なのに、そういうことをやっていない、と言っている。自分たちがいくら呼びかけても、なかなか応答してくれない、とそういうふうな言い方ですね。

室井　王権論とか、そういう問題に宮田さんは、現在の資料を使わずに近世以前の限られたもので色々やるわけですよ。近代天皇制の、丸山真男流に言えば、遅れたナショナリズムを生み出した素地が民間の中にもあるわけで、その虚構性というものに宮田さんは関心をもっていた。一九八八年から八九年のあたり、昭和天皇の病状が重篤になって自粛騒ぎが起きた時、宮田さんは講演をしています。そこで宮田さんは、天皇家の正統性というのは血筋の継続ではなくて、聖（ひじり）という、カレンダーを管理するのが本来の天皇家の役割であって、別に実の子じゃなくてもいいのだと。職掌を継ぐことが大事であるというようなことを言っている。あれは当時、政治的に問題にならなかったのかと思いましたが、そのようなレベルでは問題にしていますね。

福田民俗学の出発点

ところで、今日福田さんにうかがいたいのは、福田さんが、なぜ民俗学を専攻しようとしたのかということです。以前、東京都多摩市の連光寺地区に思い入れが強いとおっしゃっていましたが、福田さんが調査地を選ぶ基準は、おそらく地方文書が多い場所だということ、それが個別分析法と密接に関わるフィールド選択の基準なのではないかということですね。先ほど永池さんが指摘したのは、柳田が比較が重要だと言った時に、重出立証法という言葉自体、『民間伝承論』くらいでしか言ってないですよね。同じ時期に『国史と民俗学』に入っている論考などで、郷土教育批判をしています。偉人の顕彰ばかりが郷土教育でやられているけれど、偉人がいないような地域は、隣の郷土と比べて、うちはよくないというような考え方をさせては困るから、他の地域との比較ということを言ったのだと思います。しかし、福田さんの方法でやると、やはり近世の地方文書がない地域では個別分析法ができない。必ず近世文書を持ち出してくるのが作法になっている気がしますが。

福田　そういうわけじゃなくて、そこに私の研究関心があるからです。私が書いたもののなかでどれが個別分析法によって書かれたものかは、私にもよくわからないのですが、必ずしも、近世文書とか近世資料があるところでやったとは限らない。たまたま重点的にやったところが連光寺というところで、近世初頭からの文書がやたらとあって、文部省史料館、いまの国文学研究資料館にはいっていて、それを毎日通って読んで、ということがあって民俗調査をやっているのです。それは確かに文書がなければ、それはやらなかった。ただその場合、連光寺村というのは、近世の村としては大きいんです。私がやったのは，その中の馬引沢というところで、連光寺の本村につぐぐらいの大きさの村です。馬引沢村の家の形成過程と、結果としての社会関係を明らかにしたのが、本来の私の研究の出発点なんです。

室井　今おっしゃったのは、初期に出された『日本村落の民俗的構造』のあたりに入っているのですか。

福田　いえ、その後の『近世村落と現代民俗』ですね。連光寺の事例は私にとって貴重だから、いろいろなところで書いています。

室井　どういうきっかけで、そこに入ることになったのでしょうか。

福田　それは文書があったからです。近世史のほうの研究で、分厚い連光寺を分析した本があるんです。慶応大学の安沢秀一さんの書いた『近世村落形成の基礎構造』という本で、これがとても面白いし、興味深いことがいっぱい書いてある。だけど私の関心があることは何も書いていない。家の形成過程とか、形成過程からできた社会関係とか、そういうことにはまったく関心がない。それで私は、自分でやろうとしたわけです。

永池　その地区で個別に調査、研究をされてきたわけですが、そこの歴史的な形成過程、家の形成もそうですが、それは民俗調査のデータから出てくるのですか、近世文書の方を主体として出てくるのでしょうか。

福田　私の資料操作からいくと、家々の形成過程は、近世成立の検地からはじまるんです。あとは年貢に関わる帳面とかさまざまな材料で、家々の形成を押えるのです。それで家の形成過程はわかるのですが、文書からはその人たちがどういう関係を作ったのかがまったく出てこない。民俗の調査で、聞き書きの調査で、付き合いとか、贈答関係とか、親戚関係とか、冠婚葬祭とかがわかって再構成できるんです。それが私の一般的な、素朴なやりかたです。

永池　先生の個別分析法のなかで、歴史性というものが、なにを根拠としてとらえられるのか、ということが疑問だと思ったのでうかがったのですが、その時、個別のとらえられた民俗は、歴史性を本当は担っているはずだけれど、そこは比較の資料がないと、歴史性は見えてこないのではないでしょうか。

福田　比較ではなくて、その地域の歴史的な形成過程がいまの社会関係に示されている。

永池　一つの民俗が歴史性を担っているというか、その伝承母体の中で形成されてくるわけですね。その民俗が担っているものだから、その民俗を研究することによって、ある種、歴史的なあり方だの、過去がわかるんだというのが、歴史民俗学の立場からの福田先生の主張だと思います。先生は現在の生活から過去を明らかにする、と書かれている。それは柳田の主張に近いと思うのですが、それは一つの民俗の中から出てくるのでしょうか、それとも近世文書を使うことによって、初めてみえてくるのですか。

福田　近世文書がなくても、できると思っています。要するに、現在おこなわれていることは、歴史の累積の結果としてやっているのだ、という前提ですね。累積過程のなかで現在やっていることをときほぐすことで見えてくる。

永池　柳田のいう「現在」というものは常にそうで、過去をふくめてわれわれは今を生きているのだから、今を見ることによって過去が見えてくるんだというのが、柳田の主張の基本で、先生も同じことをおっしゃっている。そうなんですけれども、それを見えるように、可視的にするためには、一つのデータだけでは十分に見えてこない。同じ地域のなかでもたくさんありますから、この家も、この家もやっているということは、それを集合するのは比較ではないでしょうか。

福田　自分は比較とは言わないような気がします。事例が重なっていたからと言って。

永池　一つの地域に同様の事例がたくさんあれば、それがその地域の民俗としてあったことが見えてきますし、ちょっと離れているところで少し違うことをやっていたら、伝承の多様性の中から初めて気がつくことが見えてきます、それは比較ではないのでしょうか。同じ伝承母体の中で、さまざまな伝承が同類の民俗についてありうるとすると、それは並べて比較することによって見えてくる。

福田　そうですけれど、それは比較という必要はないような気がするんですが。

永池　伝承母体の中で、隣にも同じような伝承母体があり、同型のものを少し広い範囲でもっているところがあるとする。伝承地域ですね。そうすると、伝承母体同士の間の整理された民俗事象を比較することは可能ですよね。そうすると、さらに形成過程が具体的に見えてくる。それをずーっと広げていきますと、関西とか、近畿地方とかに広がっていく。比較可能なものを広げていくと、だんだん歴史性が明確に見えてくる。そういう可能性というのはあるんじゃないでしょうか。

われわれは農村で生まれても、町場で生まれても、町場の生活だけではなくて、ある広がりのなかで生きていますよね。先生が調査された村落も一九七〇年代、八〇年代の段階ではすでに崩壊過程にはいっている、共同体としては。その過程のなかで孤立して自立して生き続けられる村落などなかったでしょうから、当然お互いのつながりがあるでしょう。するとどうしてもある種の共通性を、広がりを想定せざるを得なくなる。そういう方法的な可能性というものに、先生の地域を限定した個別研究は、どう関係してきますか。

福田　そこをやっていくと、歴史性はうすまっていくと私は考えますね。そういう比較のなかではね。歴史は、個別の地域で人々が個別にやっているから、累積しているのだという考え方です。

永池　小さな地域から出発しておいて、やがて世界に行く。世界にまで広げていこうとしたら、ますます薄まるような気がしますが。

福田　個別の研究を、追跡・累積しているわけですから。だから中国の村落の研究があって、そこには一定の理論があり、日本の村落にもある。それをあわせることによって、そして東アジアの何かがわかってくる、という考えです。だから、中国の村落と、日本の村落を比較するわけじゃない。

杉本　そこには類型化というのは出てこないのですか。

永池　類型化された地域には、ある種の歴史性が広がりをもって見えてくる。伝承母体をこえた広がりですね。極端に言うと、東日本と、西日本で類型化ができると。東日本の歴史的発達と、西日本の歴史的発達という類型化ができる。

福田　それはできます。私の『番と衆』はそういう本ですからね。

永池　そうすると、民俗事象においては、日本という広がりのなかでとらえられるものは、成立してくるのではないですか。

福田　それはありえます。ありえるけれども、それを第一番の優先にはしないということです。それでは柳田になってしまうから。

永池　なってもいいと思うんですが（笑）。

小野寺　いまの話は、縦軸の話だとしたら、地理的な意味でのひろがりというのがあって、山梨県史のまとめなどについては、民俗のまとめには広がりがあるという設定があったのか、結果的にできたのか、はいかがでしょうか。

福田　山梨県というのは、甲斐一国のなかがいろいろ分かれていますよね。分かれたところによって、たしかに民俗の傾向、特色の違い、地域差があったという認識はあります。なぜその地域差があるのかということについて、答えは出せなかった、というか、そこまではできずにおわっていますね。なかなか答えを出すことができない。

小野寺　ここと、そこと、あちら、みたいな関係性、歴史のなかでそれぞれ違っていて、その広がりの認識のところに差異がある。自分が中心になって見るものと、主体が中心になって見る見方……。

福田　客観的な地域あり、ということだと私は思いますので、自分がどこに立っているから見えるというのではなくて。

室井　僕は大学に入るまで民俗学というものを知りませんでした。知っていることは、柳田国男が『遠野物語』の著者だということぐらいで。高校の教科書に、柳田の書いた文章がいくつかありましたので。

福田　「清光館哀史」などですね。

室井　そうです。それくらいの認識しかありませんでした。大学に入ってから驚いたのは、世の中には、民俗学を学びたくて進学してくる人がいるのだ、ということでしたね。僕は高校生の時まで、大学にそういう学科があるということさえ知らなかった。例えば経済学とか、物理学などのように、学校で習っている教科の延長としてあるものだったら想像しやすいのですが、民俗学なんて科目があるとは知らなかった。福田さんが東京教育大に進学したのは、最初から民俗学を志望していたからですか？

福田　はじめは歴史学をやろうと思っていました。高校三年のとき、担任の先生が日本史専攻の人だったのですが、世界史を教えていました。暗記ものでない歴史を教えていて、何故こうなるのか、何故こういう結果が出るのかということを常に考えていた。ああ、歴史というのは面白いな、研究する価値があるなと気になっていました。それで、史学科をうけるつもりでいたのです。当時の東京教育大学の史学科というのは日本史、西洋史、東洋史、史学方法論で、史学方法論には考古学と民俗学の講座がありました。最近、『日本古書通信』に書いたのですが、高校三年の時に、『史料としての伝説』という本を、神田のゾッキ本で十円だか、二十円で買ったのです。柳田のもので、中身は難しかったのですが、伝説が歴史研究の素材になって、山の中にこういうことがあるとか、こういうのも研究になるんだ、と知った頃に、担任の先生が、教育大にこういう学科があって、君に合っているのではと勧めてくれて受験したんです。もともと歴史学を勉強したいと思っていたのですが、柳田の『史料としての伝説』で、木地屋さんなんて面白いものがあるな、なんて知って、それで史学方法論をとったんです。

室井　僕は、杉本さんや永池さんから、東京育ちだから田舎の民俗にあまり共感できないのではとよく言われ、それが辛かったんですが、たしかに僕の大学時代も、民俗学を専攻する人は、地方出身の人が多かったですね。あまり都会育ちはいなかった。これは私が誰かから聞いた話ですが、「日本民俗学二十年周期説」というのがあるらしく、つまり民俗学者はたくさんいるけれど、後世に参照されるような研究業績を残せる人は、二十年に一人だと。それは、一八九六年生まれの渋沢敬三、その二十年後に千葉徳爾が生まれていて、その二十年後に宮田登、その二十年後に岩本通弥が生まれている。ちなみにその二十年後に僕が生まれているんですけど（笑）。これを見ると、みんな都会育ちですよね。

福田　なるほど（笑）。

室井　福田さんは基本的に客観視するということを盛んにおっしゃいますが、私も科学としての民俗学を学んできたと思っているので、それは納得するんです。そして、他者として記述するというのが、野の学問のそこで生活をしている人たちが、自分とは何かということを問うことであることから逸脱をしているという話が、先ほどから出ているんですが、やはり僕などは生育環境は影響があると思うんですよ。だから、福田さんが話しているほうが学問的だなと思ってしまう。福田さんも東京育ちですけれども、共感というよりも、村に入っていく態度というか、そういう場合にはご自身の生育環境は関わっていませんか。

福田　態度にかかわるかどうかはわかりませんが、民俗学をやった人は、だいたい都会育ちですね。渋沢敬三さんを出すまでもなく、われわれの世界では和歌森さんも完全に都会育ちで、戸山中学です。直江さんでさえ八戸出身だけれども、東京育ちだし、純粋に地方で過ごして、東京に進学してきた人は少ないと思うのです。だから田舎にたいする憧れのようなものがあるかもしれないですね。

室井　私が習った先生たちは、地方出身のかたが多かったです。

福田　教育大のほうが、都会出が多いかな。和歌森さん、直江さんたちは、東京の旧制中学校出です。

個別分析法の利点

吉沢　先の問題にもどると、個別分析法における、型の抽出ではないわけですよね。問題は統計学の考え方を用いた時に、サンプルが多いほうが、対象とする母集団がえられやすいわけです。すると個別分析法でやる利点というのは、そのサンプルの特性をより進化させるために、いろんなエレメントを付き合わせるというところに主眼があるのですか。べつに永池さんの言うように、福田さんの言うことと、矛盾するとは思えないのですが、個別分析法の最大の利点はどういうことなんでしょうか。

福田　それは単純に事例です。

吉沢　その事例を対象として進化させるのに優れているから、という判断が働いているのですか。

福田　事例の中に本質が見える、という考えです。一般論で言うと、社会学は統計を使いたがるし、文化人類学は統計を使わずに、特定の社会を調査する。その違いみたいなもので、数量化して答えが出るのと、社会関係とかを事例的に把握して答えを出すのとの違いではないでしょうか。民俗学にも統計を使うべきだという人が出てきています。

私も、数量化は好きだったからやってはいましたけど、基本は事例分析です。

室井　上野和男さんなどは前から言っていましたね。

福田　あの方は本来、民俗学ではないですよね。社会学、いや人類学かな。

永池　基本的にどんな育ちかたをしても、いろいろな人がいるし、時代によっても、都会生まれでも、そういう生活環境、家のなかの環境もあるから、一概には言えないですよね。さまざまな人がいていいと思います。

曽原　私は地元の鎌倉で、明治初年の日記を読んでいますが、日記っておもしろいなと思います。しかし、日記を読み下したとき、わからないことだらけで、それを聞いてもわかる人はいないんです。例えば、畑仕事にしても、畑をやっている人がもうこんなことしないなあと言うし、昔の絵巻物などを見て、これではないかと思っていたところ、福田先生のご本で、これでいいのかもしれないという思いで、読むことがありました。

福田　民俗学にこだわらなくてもいいわけです。いろんなものを動員することで歴史像を結ぶということで問題はないと私は思っています。ただそれぞれの基礎にあるデータの性格の違いはどうしても考えなければいけない。最近は、そういう日記の発掘と、読み解くということが盛んですよね。どんどん増えています。日記、特に明治以降の農民の日記とか。

室井　農事日記は、福田さんは影響されていますね。

福田　定型化された農事日記は、あまりおもしろくない。ノートというか帳面に書いているものなどはおもしろい。

曽原　農事が中心ではありますが生活の記録、地続きの親戚関係とかが全部日記のなかにあって、おもしろいけれどもわからないこともありますね。

思想としての柳田国男と民俗学者としての柳田国男

王　民俗学を知らないで柳田の本を読もうとしている私なんですが、どうしても手に取る柳田関係の本は、民俗学者ではない思想家、評論家などのものが多いように思います。その前提で申しあげるのですが、福田先生は、私の印象としては、戦後日本の思想家たちが論じていたのに比べると、かなり禁欲的かなという思いがあります。福田先生は民俗学者としての柳田についても、こうだ、こんなことを言っていたのだと言うにとどめていて、ほかの日本の戦後の思想家たちが展開していたようには柳田については、あまり言及していない気がするのですが、いかがでしょうか。私の印象では、戦後、柳田は民俗学以外の分野の人々に、読まれていて論評され続けているのですが、そういう柳田については、どういうふうにお考えでしょうか。

民俗学について知るために私は柳田の本を読もうとしていて少し驚いたのは、手に入る柳田関係の本の多くが、民俗学者によるものではなく、評論家や思想家たちによって書かれたものだったということです。福田先生は、戦後日本の思想家たちが展開してきた柳田論に対してだけでなく、民俗学者としての柳田についても、彼がこんなことを言っていたという程度にとどめているように思います。戦後、柳田が民俗学分野以外の人々に読まれ続けてきたこと、そういう柳田について、どうお考えでしょうか?

福田　私にとって柳田は、民俗学の先達としての柳田国男であり、柳田のものを読んだり考えたりしているのは、あくまでも民俗学の研究を豊かにするため、問題点を指摘し、乗り越えるためのものですから、柳田国男それ自体を評価するということはしていないのです。

王　全体的に見ると、思想家や評論家たちの柳田論の問題点はどこにあると思われますか?

福田　時々は皮肉めいて書きますが、柳田国男をバンザイ、バンザイとする柳田国男論の立場の人たちが圧倒的だったから、柳田国男の弱点、欠点、問題点を把握したうえで理解しなくてはいけない、そのように柳田をとらえないといけないのではないか、というのが私の立場ですね。もう一つは、民俗事象を柳田がほんとうに適切に理解していたのか、とらえていたのか、検討する必要があるのですが、それをしないまま、柳田の言ったことを鵜呑みにして、柳田はこう言っていたとか、こうとらえていたとか、多くの柳田国男論のかたは説いているのではないか。そういうことを、どこかで言ったり、書いたりしていますけど。

王　思想家としての柳田を、福田先生はどう思われていますか。

福田　それは私の守備範囲を超えますね。私は柳田国男論をやっているわけではないので、あくまでも民俗学の仮説なり、研究を提示した柳田国男として把握しています。柳田の言ったことは、私は仮説だと思っています。その問題点を把握するという立場です。半年前『柳田国男入門』という本を出しました。講演録ですが、一応柳田国男の生涯を辿るかたちで、それぞれの時期における柳田国男の民俗学の見方、考え方を書いています。多分柳田国男論をやっている方々から言えば、つまらないと思うかもしれませんけど。

永池　福田先生は「思想」ということに、とても禁欲的ですね。思想家としての柳田は、評価するかどうかというのではなく、一つの存在としてあるのですね。でも、柳田のなかに思想というものを認めるということは、見方はさまざまですけれども、可能だと考えていいのですよね。

民俗学は現代社会にかかわるリアルな手応えを感じられているか

林　今日の研究会のテーマでもある「二十世紀民俗学を超える」という問題にもう少しこだわってみたいと思います。そこで重要なのは、「民俗学」という学問をどうとらえるかという学問の定義に関わっています。福田先生のご本のなかでも触れられていますが、代表的な定義には三通りあって、それは大藤時彦さん、和歌森太郎さん、そして福田先生のものということになります。しかし、福田先生の定義には明らかに大藤さんや和歌森さんと違うところがあります。大藤さんや和歌森さんの定義では、民俗学は一般的に「人々の生活文化を説明する学問」としているだけなのですが、福田先生の定義では、「現代の生活文化を説明する学問」というように、あらためて「現代」と言いおかざるを得ない時代のなかでこの定義を提示されていると言えるのではないでしょうか。それがなにを意味するかというと、大藤、和歌森両先生の時代には、民俗学は意識しなくても現代の生活文化につながるというか、それ自体というか、そのことが前提としてあった、と思われる。それに対して、福田先生は「現代の生活文化を説明する学問」とわざわざ「現代」を強調せざるを得なかった。それは言いかえれば、六〇年代から七〇年代を経た二十一世紀の現在、民俗学がアプリオリに学問のフィールドを地域の村や町の人々の生活の中に求められた時代から、あらためてそれを求めようとしなければ、民俗学のフィールドはどこにも見いだしにくくなっている時代を私たちが生きていることを示すものではないか。私はそう考えます。それはいうまでもなく、民俗学の学問的な危機でもあると思うのです。

見方を少し変えて考えてみます。私たち近代人は、柳田の時代に比べれば、はるかに自然な生活、自然な人と人との共同的な生からは遠い生活をいとなむようになっています。自然から遠い生活とは、民俗学が研究対象とし、研究のフィールドとした村の共同的な生活から解かれ、私たちが一人一人の人間として自立し、孤立もした、ある意味では自然を離れた、人為的な都市生活の生を生きる存在になったことを示しています。しかし、私たちは、私たちの自然性から追われ、人為的な環境のなかで生きれば生きるほど、私たち人間がこれまで生きてきた共同的な生の本質を考えることが重要であるような時代を生きているのではないかと思います。つまり、私たちは、どこまで私たちの自然なありかたを離れた存在として生きていけるのか。私たちは、どこまで私たち人間の共同的な生のありかたから離陸した存在として生きていけるのか。

現代というのは、そういう問題を私たちにつきつけているのだと思います。民俗学は、ある意味では、私たちの共同社会のありかたを歴史にたずね、その到達地平である今を問いつづけてきた学問だと思います。私たちの共同性の本質を追究する学問であるといってもよいかと思います。私たちは、今こそ、この学問の原義に立ちかえらねばならない時にあるのではないか。

この問題を柳田研究会に引き寄せて考えれば、杉本さんや永池さんは、柳田研究会において一九七〇年前後から柳田国男に関わってこられ、みずからの柳田研究の立脚点を野の学においてこられた。近代の民主主義やマルクス主義の戦後二十数年がさまざまに問われはじめた時代に柳田を研究すること、民俗学をやること、それを野においてやることが、現代の人々のリアルな生活文化にタッチする方途だという確かな手触りを感じながら研究活動を開始したのではないかと思います。しかし、それから四十年、五十年をへて二十一世紀に突入した現在、そのリアルな手触りには変化はないのか、ということをお聞きしたいです。アカデミズムと野の学という対比で、問題提起がなされているので、民俗学の未来、野の学そのものの将来への展望にも関わる実感、お考えを聞くことができればありがたいです。

福田　定義についてお話しすれば、『民俗学辞典』とか『日本民俗辞典』などにおける、大藤さん、和歌森さんの定義には、「現代」とかがない代わりに、あるのは「民族文化」なのですね。それを私は消したわけです。日本社会の民族的特質みたいなことを明らかにするのは民俗学だとするのを、私は意図的に消して、そのかわりに、現代のわれわれの生活についてなんらかの役に立つ学問というようにしたのです。ですから前の時代は当然だったというのではなくて、あまりそういうことを考えなかったのではないかと私は思うんです。どうしても民族文化という、当時民族性があると当たり前に言われていた時の定義との違いだと思うのです。

林　戦後のさまざまな思想家たちは、柳田を読むことで、みずからの思想的営為や実践において、強力な媒介を手にすることができるのではないかと考えたと思います。また、そのことによってそれまでの自分がとらえきれなかった、民衆の生活とかその時代の本質についての考察を深めることができるのではないかと考えた。そのようなかたちで柳田および民俗学に接近した人々は多かったと思います。柳田研究会の方々も七〇年代初期において、そういう柳田への関心、柳田学への入り方をしたのではないでしょうか。しかし、それから五十年、そのときの手触りというか手応えというか、それと今の手触りとは違うのではないか。柳田を媒介にして未来が開けるみたいな、変革ということを杉本さんはおっしゃいましたが、柳田研究会の方々も柳田を介して世界を変えることができる、現実に働きかける実践的で有効な方法を獲得できるのではないかという期待や展望を、多分七〇年代くらいには持っていたと思うんです。けれど、五十年前と現在の間の社会や人々の生活の変化はとてつもなく大きいものがあるのではないか。その時の手触りのようなものによりかかり、求めつづけていたら、現代という時代をとらえそこなってしまうのではないか。また、アカデミズムの民俗学も、現代への応答という緊張を欠いた学問構築にとどまるなら、現在から未来への生き生きとした学問たりうることはたいへん難しいのではないかということなんです。

室井　僕も、その時代の空気は知識として理解しているのですが、やはり動機としては違うのです。その話を受けると、やはり柳田国男の存在感というものを感じざるを得ないんですね。逆に言うと、その後の民俗学の先細りを認めざるを得ないのです。しかし、柳田の言説というのは現在でも若い研究者の中で再説されています。例えば社会学者の宮台真司さんは、はじめて書いた論文が柳田民俗学に関するものだったというんです。今はその学部時代の問題意識に戻っているようですね。宮台さんの教え子で、鈴木謙介くんという関西学院大学の社会学者がいるんですが、学部時代は私と同級生で、倉石忠彦先生のゼミ生でした。彼は最初民俗学出身ということをあまり公言していなかったのですが、今は言っているようです。問題は、柳田のようにその後の時代にまで訴えかけるような研究成果を民俗学がなかなか出せないことなんですね。

吉沢　宮台真司は確かに卒業論文で柳田を書いているらしいですね。八重山に行って、稲作文化について考えたらしい。それをどこまで信用していいかはわかりませんが、何が言いたいかと言うと、彼が言説としてそれを繰り出すとき、TPP交渉とか、日本の農業にかかわる問題を、自国の利益を守るというかたちにおいてどうやっていくかという一つの参照例にはなる。そういう意味での柳田の使い方の有効利用はもっとあると思うんですけれども。

室井　商店街の研究をしている新雅史さんも、柳田のことをやっていますね。

吉沢　柳田が農務官僚だった時の政策提言とか、そういうところに注目しても良さそうなものだけど、それはあんまりやらないんだね。

福田　柳田国男を研究している方々は、それを武器にして社会にたいして発言をするというのは、当然やらなきゃいけないのだろうと思いますが、ただそれは民俗学とは違いますよね（笑）。民俗学においては柳田は、絶対的な存在になってはきたけど、生身の人間の世界をフィールドワークというかたちでやって、そこから組み立てるのが民俗学だと思っていますから、そのときの参照としての柳田という感じなのです。最近の若い人は参照もしない。

室井　大学では柳田を教える必要はないと言っていますね。

福田　私も柳田国男をいちいち引用しなくてもいい民俗学の研究にならなくてはいけないんだと言ってきましたが、しかし、こんなにきれいに柳田を読まなくて済む民俗学になっても困るんですよね。

林　宮台さんの話などを聞くと、社会学の方は少し柳田や民俗学に近づいて考えようとするけれど、民俗学のほうの人や柳田に関心を持つ人が、社会学に近づくかというとそうではないんですね。近づかなくても問題意識を交流するということがあるといいと思うんですが。

室井　それは、やはりアカデミック民俗学の教育が失敗したからだと思います。なぜかというと、柳田とは関係なく個別に研究しているような民俗学の研究は、社会学の人たちが注目して必要とされることもあるのです。だけど民俗学では、メタレヴェルで議論できるような訓練を全然していない。ディスカッションだって、演習だって、自分の事例報告で終わってしまう。福田先生は、新潟大学や神奈川大学で、どういう授業をされてきたかわかりませんが、僕の経験で言うと、そういうことになります。そのあたりは反省すべきことだと思います。だから、『現代日本の民俗学』という本のなかで、最後は福田さんが、野の学問の精神を注入しなくてはいけないとおっしゃっていますが、その前提となるのは、大学で言えば、民俗学のカリキュラムの抜本的な作り直しですね。その意味だと永池さんの問題提起からは離れるのですが、もっと民俗学が学問化しても僕はいいと思います。なのに逆に、今は野の人に寄り添うというスキルがまったく大学教育の中で培われない傾向になっている。逆説的ですけれども、もっと学問化しなければいけないと思います。

学芸員と民俗学

永池　「野の学」と言った時も、それは「野」の「学問」なんですよ。野の学問を鍛えて「学問」をめざしているわけです。私は、アカデミズムを全然否定してません。アカデミズムといったとき、一番問われるのは、先生のお言葉では「客観性」だとか「実証性」だとかが問題でしょうが、私は大事なのは、「普遍性」だと思うのです。普遍性は、大きなものを目指しつつ、「全体性」と常にかかわるべきものです。学問は「条件」を限定して実証的な厳密さというものを求めるけれども、しかし、その向こうには、もっと広い範囲で全体的なものを摑むという方向性なり、思想がなければいけないと思う。そこを今のアカデミズム民俗学のこれからの担い手の人たちが、持っているかどうかという強い危惧があります。

室井　福田さんも民俗学の教員を長くされてきたので、その展望はどうなんでしょうか。僕は一つには、学芸員養成とあまりにも密接に関わりすぎていることが、問題だと思うのですが。

福田　本来学校教育と民俗学は深く関わっていたはずなんですけれども、いつの間にか、日本の民俗学の中から消えたんですね。今はもう学校教育とか、歴史教育とか、民俗学教育とかは、ほとんど議論されない、話題にならない。あるのは、おっしゃるように博物館展示などのどう展示するかというようなノウハウというか技法みたいなものが多くなってしまって、あまり原理的な議論がなされない。そこが民俗学の力を弱くしていると思います。

３・11以降、民俗学は何をやっているのかと問われて、胸を張って言うのは文化財レスキューなんです。もちろんレスキューも大切なんです。文化財レスキューで文化財を守っている。しかし、民俗学が本来貢献すべきことはレスキューではなくて、なにかもっとほかに、災害あるいは復興に対して、民俗学の蓄積でなにか提言できることがあるんじゃないかと思うんですが、ほとんど提言されていない。

室井　先ほど言及した新雅史さんという社会学者は、津波で被災した商店街復興のプロジェクトに関わっていますね。彼は柳田の所見が役に立つと著書の中で言っています（『商店街はなぜ滅びるのか』）。民俗学は、物質文化に重点がおかれて、モノ学化しているというか、そこが一つの大きな問題ではないか。民俗学の教員は、博物館学の科目を担当できなければ採用してもらえない。

福田　純粋な民俗学のポストはほとんどなくなってしまって、学芸員課程のポストで民俗学をあわせてやるということだから、どうしてもそうなりますね。

室井　先ほどの問題にからめて言うと、少し抽象的な話になるかもしれませんが、杉本さんが言っていたような、「自分とは何者か」という問題は、アカデミック民俗学の課程では全然出てこない。知識を放り込むだけです。千歯こきがどういう道具だとか、そういうことばかり教えている。これでは野の学問も何もないですよ。要するに、行政官を目指すような教育がイコール民俗学だというのは、片腹痛いというか、違うと思います。

小野寺　日本民俗学という科目があるんだけれど、その中でやることというのは、民俗学はこういうことをやりますよ、とかこういう学史がありますよ、という知識を学生に教えていくのがせいぜい、というのが実体ですね。それを講読だとかいって、いくつか重ねていって、最後に演習をやるときに、具体的な事例を示し、それについてあなたはどう考察しますか、というようなことになります。

そのコースが、国学院の場合ですけれども、四つぐらいに分かれている。そこで似たような授業をやっていて、自分の専門のすごく狭いところだけで教える立場の先生がいます。それこそ、民俗事象なのか、民俗学理論なのか、方法論なのか、事例紹介なのか、明確でない授業があります。そこで、実社会に出たときに、学芸員の仕事で今年の年中行事を組んでください、などということになっても何をやっていいかわからないわけです。大学授業の中身にも、システムにも問題があります。

室井　今の文系の大学に共通して言えることですけれど、役に立つという即物的な成果が求められるじゃないですか。それが民俗学のカリキュラムにも反映しているんだと思います。僕が国学院大学の学生であった頃は、今の学芸員養成を中心にするような授業の内容じゃなかったですね。僕がいた時は、民俗学関連の科目は多くの非常勤講師の先生が担当していました。例えば大林太良さん、岩本通弥さん、篠原徹さん、田中宣一さん、常光徹さんなどです。あと高桑守史さん。高桑さんからは授業中に、福田さんが、いつかは重出立証法で自分は研究したいと言っていたという話を聞いて、その自信の表れはすごいなと思いました。僕は三週間前に福田さんとお会いした時、そういうことを二十年前に聞いたと言ったら、そうだとおっしゃっていましたね。二十年前は、国学院では外部から偉い先生が講師として来ていたので、いろいろなエピソードが聞けた。福田さんとは数回しか会っていないのに、昔から知っているようにお話ができるのは、その時のおかげなんですね。今、そういう機会が学生に与えられていないのは、かわいそうだなと思います。

福田　あの頃、重出立証法を、私に同調してくださってみんなが批判するものだから、じゃあ、私は擁護のほうにまわるか、と。でもやらなかったわけです。

自前の調査の必要性

杉本　愚痴っぽい話で申し訳ないけど、青森や岩手、秋田、山形などに調査に行ったりしますね。大学の研究者なんかも一緒にいるわけですが、自前で調査しているのは自分一人ぐらい。あとの人は科研費での調査とか、県史など自治体の調査とか、そういう人が多すぎる。みなヒモ付きの金できている。柳田を読むにしても、まずは柳田の精神を読まなくてはいけないのに、そうではない。大学教員や学芸員だって、自分でなにか面白いことをしたいというときには、自腹で調査しなくちゃいけないし、その志も必要ではないでしょうか。

福田　大学教員は身銭を切ることを忘れたのです。最初はそうじゃないんだけれど、研究室の旅費が足りないから、科研費をとる。それが当たり前になってしまう。そして、旅費の範囲内でしか調査に行かない。

井出　科研費や学芸員の話題と関係するのですが、問題だと思うのは、私たちが行政と関わるところでしか生きていないということだと思いますね。僕が一番感じている問題点は、行政のお手伝いというか、自分も無形民俗文化財保護などに関わっているのだけれども、行政では文化財は保護する対象になっていて、その中に組み込まれて仕事をする。学芸員もそうですし、科研費も、行政の手続きを取ってもらうということもみんなそうですよね。僕から見ると情けないと思います。そんなことで勉強してるんですか、と。それがあたりまえのように思っていて、民俗は昔から変わらず今もあって変化もしない、保護すべきものとして、文化財としてあるみたいな認識ですね。そのへんの意識が、その程度の意識しかもっていないというのが、情けないという思いです。大学で勉強された方は、そんな意識さえもっていないのではないか。ずーっと昔から民俗というのがあって、それを今は文化財として行政で位置付けられていて、それを学び、そして展示したり保護したりする。そういう意識しかもてないということですね。このことが民俗学の抱えている大きな問題ではないのか、課題ではないのかなという気がします。それさえも気づかずに、民俗学が当たり前のように行政と繋がってある、ということが、行政と繋がってある程度の科研費をもらったり、学芸員になったりする、それについて疑問も持たないでいるというのが、情けない。まったく自分と関わらないところで、生活の一つとして、業績の一つとして、また肩書きの一つとしてしか、民俗、民俗学というものがない、ということですね。

杉本　実際にそうだと思うのですが、調査に行ったときに何の肩書きもなく、家の系譜や同族組織などのことを調べたりするときには何らかの形でプライバシーに関与することになりますね。そのとき行政のお墨付きがなかったら、無名のわれわれが行ったって調査できないわけです。

井出　それはその通りで、われわれも名刺も使えば、行政のお手伝いをすることになったりするかもしれないんですが、それも情けないなと思っている。それを情けないと思わないといけない。自分のやっている対象が、全く昔から変化しないで今もその通りにあるわけはない。昔生きていたものがそのままあるわけがないわけで、無形民俗文化財なんて言っても、穴だらけですよ。自分の体験でいうと、文化庁が、変容危機に何とか事業というようなかたちで、ひどいことをやっているわけです。外の人は、中まで見ないから、立派なものができましたね、なんて言うけれど、できあがったものを見ると、自分の記憶しているもので言えば、よくこんなものを出しましたね、というのが正直な思いです。自分もまたその中の一人ですが、そういうものを見ると、民俗学は死んだとかいうけど、このままでは僕はそうだなと思う。行政と繋がって、肩書きをもらって、しかも自分の関わる対象は文化であり、文化財である、と。歴史の中で今も変わらずにあるものとして、こんなに価値があります、みたいなことを平気で提出して疑わない現状がある。それを情けないと思わない。自分の経験として、それが一番問題だな、と思いますね。

杉本　私は、紐付きの民俗調査など、肩書きのない小物なので依頼はありませんので、身銭で貧しく、そして気楽にできますが、それゆえに見えるものもあります。例えば、祭りや選挙運動などの調査に行くと、その喧噪のなかにある初原的なもの、野性的思考を見てしまいます。神意を借りて、日頃の怨念や情念を爆発させる。反乱の発生は、このようなきっかけだろうな、などと想像し、楽しくなることがありますね（笑）。祭りのなかには、大太鼓による吶喊があり、飛礫《つぶて》があり、大筒があり、抜刀もあり、渡御（行幸）などはムラ人の武装訓練だと錯覚する、そんな祭りもありますね。

井出　そんなことを考えながら行くわけ？

福田　夢想ですか？（笑）

井出　夢想か幻想か知れないけれど、杉本さんはそういうモチベーションを持ってやっているわけね。

アカデミック民俗学という議題に結びつければ、それが行き着くところまできてしまっているという問題意識なんでしょう。そこで何が欠けているかといえば、福田先生の本では、いわゆる志みたいなことが書いてあったと思いますけど、志が行政とどのように繋がるかというと、「疑問はない、当たり前だ、行政と繋がって仕事をするというのは」、それはどうなのでしょうか、という思いになるわけですね。

杉本　行政の仕事で、膨大に集積されたものを中央の民俗学者は、どのように学問的に処理し、理論化したうえで、地方の民俗をどのように位置づけるのか、福田先生以後の研究者の仕事を知りたいですね。

井出　今、具体的に、私がかかわっていることで自戒をこめて言うと、文化庁はそういう仕事をしているわけですよ。文化財の調査報告書とかね。

たとえば、アカデミズムがになう仕事にしても、ある調査をして記録にし、形式（一定のマニュアル）通りにできあがれば、年中行事のようにして終わるわけです。そのやり方自体に、やっている人のほとんどは疑問を持っていないのではないか。それで一体生きた人間の何を明らかにし、何を伝えることができたかのか、を問い返したいと思います。

そもそも、民俗学を出た人の就職先は、行政に関わることしかない。とすれば、志なんていらないのですよ。ある意味では大学の民俗学っていうのは、科研費をもらってやるか、学芸員や文化財行政みたいなところにしか今生きる場所がない。大学で民俗学をやった人の仕事は、行政と関わっていくしかない、自分の志なんか求められていないということになる。

室井　民俗学を専攻をした人で、専門職に就けるのは、百人いたら十人くらいじゃないですか。大部分の人は会社員や公務員になるわけです。専門職になるための養成はしているのですが、全員がそうなれるわけではないし、なりたくない人もいます。ただし専門職になった場合は、アカデミック民俗学とは不可分ですから、協業していくわけです。ところで、民俗学の調査にそれぞれの関心を持っていく時に、そこに住んでいる人々になんらの関心を払わないのはまずいのではないか、という話もありました。僕はそれでもいいじゃないかと思っていたんですが、今、自分がフィールドのほうに巻き込まれているのです。

その話をすると、ＮＨＫの大河ドラマで『おんな城主・直虎』（二〇一七年）を放送していますが、その番組にまき込まれていました。私は学生の時、城の縄張り図を描くのが好きで、井伊直虎に関する城の図も書いた。それが静岡古城研究会の雑誌に載っているんです。地元の人たちは、城跡の上まで私有地で畑になっているから、以前は遺跡を保存しようなんて気持ちはあまりなかったと思います。私はその縄張り図を作って地元の人に渡したんです。十九歳か二十歳のころでした。それから二十年間、年賀状の交換くらいはやっていたのですが、その地に赴くことはなかったんです。だけど、今度大河ドラマになったことで、城の縄張り図なんて僕が描いたものしかなかったから、僕に許可をとらないまま看板に描いてしまった。しかし僕も調査の時に民家に泊めてもらい、お金も払っていなかったから、それくらいだったらいいですよと言った。ところが実際行って見たら、その縄張り図が弁当のパッケージとか商品になっているんです。

大河ドラマが決まってから、あの場所でもう三回も講演しています。ドラマでは井伊直虎は「女城主」となっていますが、実は男だったという説もあって、これは僕もそう思っていたんです。具体的には井伊直虎と「女城主」は別人だという説に立っています。なので、講演を依頼された時、先方から何を話してもいいけど、直虎が男だという話だけは、あまり強調しないで欲しいという雰囲気を感じました。それで、結論から言えば、僕は相手に話を合わせるというか、迎合するようにしたんですね。

そういうわけで、フィールドにおける知識生産というのは、偶然だけれども、僕の中ではできています。けれど心の中では葛藤があって、客観的に言えば、地元の人が紡いできた歴史認識は史実と合致しているとは言えないんですね。しかし、その時に、それを心の拠り所として地元の人が生活に潤いを得ているのなら、それを否定するようなことは言ってはいけないのではないかという葛藤もある。その場合、客観的に今の学問というのは方法さえあれば、誰でもできると思っているので、その作法でやっていくのがいいのか、それとも地元の知識というか、歴史観を大切にするほうに寄り添うべきなのか葛藤はあるんです。そういうことはそれまで考えたことはなかったんですよ。

また、井伊直虎のお墓の写真を撮ってきたんですが、地元ではそれを前年に決めたっていうんですよ。お寺の中にあった適当な五輪塔を直虎の墓にすることにしたと（笑）。僕はそんなこと聞いたことがない。今、直虎の墓とされる石塔は、僕が二十年前に調査した時には、誰の墓かわからないと教えられたんです。けれど、今、そんなことは言えなくなってしまった。そういう場合、研究者の立場性というのはどうあるべきなのか。僕はほとんどフィールドワークをしないのですが、フィールドワークしている人は、常にそういう葛藤を抱えていますよね。研究者としてどうするかは、僕は結論が出ていませんが、今はそっちに寄り添うというか、迎合しています。

永池　講演では触れないでおく、違うのになと思いながら、会話で控えておくというのはあるかもしれないけど、論文でかくときには、どう表現するかというのは、研究者として問われるでしょうね。

影山　昔はね、民俗学者だったら、多少デタラメなことでも許されたんじゃないか、歴史のことだったらね。史実ではなくても、伝説をあたかも史実のごとく言うことは歴史学者だったら許された？

井出　そういうふうに言った人がいたとしても、自分が作り上げるのは、やめたほうがいい。

室井　自分が想像で言ったことを、史実として定着させる例があるんです。「一説には」ではなくて、直虎は女として実在したと言って本にしている人もいます。伝承としてではなくて、そういうふうに考えなければ、この資料の空白は埋められないと。歴史学だったら、それはわからない、という結論を出さなければいけないのに、こうであったはずだというのを定説にしているわけです。その場合、○○大学の××先生が言っているのだから、これはそうですよ、という結論になっている。僕は、それはおかしいと思うけれど、それを言うのはなかなか厳しいものがある。

公共とは何か

永池　話を少しもどしましょう。「実践」ということに関してですが、民俗学においては、公共的な機関や行政と、私だったら「結託」と言いますか、要するに「協力」をして仕事をするということがありますね。協力して調査や民俗学的な仕事をすることが、ある種の公共的な行為であるとか、「公共民俗学」の一環だ、みたいなことが言われている。

室井　公共というのは、パブリックの直訳だと思いますよ。しばらく前、民主党政権だった時に「新しい公共」とか、そういう言い方が結構されましたね。しかし、公共という言葉は深く考えられてなくて、多分、地域社会が崩壊しているから、それに代替するような何かを考えなくてはいけないということが政策的な話題になっていたと思います。

永池　行政がやるべきことを手助けしたり、肩代わりしたりする、それを「公共」だという言い方は、ちがうと思う。

室井　それは違うでしょう。

永池　それが公共民俗学だったら、その行方はつらいなと思いますね。地域のお国自慢的なことに、行政が関わっていてもいなくても、地域の人たちと一緒にするのが、そのまま「公共」ではない。少なくとも、公民を育てるという柳田が目指したものではない。

吉沢　公民とは、シヴィックということで、市民社会における市民権を得た諸個人という意味だから。あくまで社会関係の中で定義されなければいけない存在なのに、そのことを踏まえないで、公民という言葉を無制限に使うのはダメだということ。それは、公共も全く同じことですよ。

林　永池さんが、柳田国男を通して「官」や「行政」からの自立にアクセントをおいて「公共」ないし「公民」のありうるべきイメージを模索しようとする姿勢について言及したことは理解できます。ぼくらの戦後思想は、そこに「権力」や「お上」に対する常民というか民衆の立脚点を求めてきたから。しかし、戦後も七十年を経て、人によっては「後期近代」を生きているとさえ言う人も出てきている現在、「公共」の機能を現実的に担っている「行政」という問題については、あらためて考える時期にきているのは否定できないのではないでしょうか。なぜなら、私たちの社会は、柳田が生きていた時代のようなインティメートな人間関係と共生の生活が担ってきたさまざまな側面、たとえば人が人と生きていくための相互扶助や共同労働などの負担を、「行政」のクールな機能にゆだねるようになってきました。近代社会は、私たちにそういう現実を強いている。私たちは、この「行政」や「公」なるものをそれだけで否定するところに立つのではなく、いかにこれを自分たち自身が求めるものに近づけるか、という課題に向き合うことのほうが現実的になっている。「行政」や「官」から距離をおくことでは、「公民」や「公共」のイメージは、現実的な基盤を欠いてしまいます。

　言い方は適当ではないかもしれないけれど、「権力」や「官」は、われわれ自身のものとして使いこなさなければならない。その方向がさぐれるとき、「権力」や「官」は、はじめて「公的」、「公共的」なものになる。

今日のテーマに引き寄せていえば、そのとき民俗学には何ができるか。ぼくは、柳田以降五十年、民俗学が人々の生活現実であり、研究対象であった「共同社会」が、どのような歴史的な変化を強いられて、現在から未来へ移行していくか、それを、共同社会の歴史的な変貌のプロセスとして丹念に記述すること、過去から現在への変化、そして未来にいたる道すじを明瞭に示していくことを民俗学に期待しています。もし「変革」というなら、それは「つくりだす」ものというより、変化の先に「発見していく」ものではないかと思うんです。

曽原　私たちは「協働」と言っています。「公共」ではなくて、一緒にやっていきましょう、と。

永池　結局、協働しながら、行き着く先をどういうふうに見つけていくかということで、その内実が問われると思うのです。一緒にやったからといって、公共なんじゃない。土地の人たちと協力して何かを生み出していく。その時、行政と一緒にやっていくことはあり得るし、考えていかなくてはいけないでしょうが。

井出　しかし、結局は行政に取り込まれてしまう。

曽原　取り込まれないように頑張るということです。

井出　民俗学が対象にしている民俗というのは、行政と関わることでしかないのか。保存とか、調査にしても、研究にしても、それはそういうふうになっていくわけですよね。

室井　僕は経験がないので、実感がありません。あるとしたら、埼玉県吉川市で市史の調査をしたくらいで、行政が自分の研究や調査に関与してくることは僕自身にはない。だから、民俗学自体が行政と関わらなくては生きていけないと思ったことは一度たりともありません。ただ、大学はしようがないと思いますけど。

井出　ただ室井さんのような研究の仕方をしている人は、はずれているのではないでしょうか（笑）。

小野寺　今から三十年前くらい、民俗学の中村俊亀智《たかを》先生は『日本の民具』という本を書いた時に、民具などのフィジカルな民俗遺産の保存という問題は、個人や小さいところでは無理だ、とおっしゃっていましたね。公共的な、行政的な支援が必要になるんだと、指摘されています。

杉本　宮本常一だって、昭和十四年に、島根県の鹿島町片句に調査に行ったんだけれど、その時何の肩書きもなく、そこへ行って調査したと思うでしょう。だけどそうじゃないんですよ。その村へ行った時、渋沢敬三の名を語り、その渋沢の後ろ盾で調査している一面もある。そんなことを宮本は言わないし、宮本の書いたものには、そういう権威を使ったという痕跡もとどめていない。けれど、彼が次から次へと民家に泊めてもらう、その裏には渋沢の権威の利用や直接の紹介状がある。そういう権威の後ろ盾がなければ調査できない、という側面が日本のムラにはあることも事実です。

市町村史の編纂、行政とのかかわり

井出　それを当然のこととしていること、それに対する意識がなくなっていることが、いま問題だと言っているわけです。行政からお金をもらったり、国から研究費もらったりしてやっている人は、ね。

福田　そういう人は批判的精神がないんです。行政に関わることに躊躇するとか、これにどういう問題があるかとか考えない。批判的にそういうものに関わるということが全くない。もちろん行政だとか、いろんな社会的なあり方に関わること自体は仕方がないのですが、関わる以上はそれについて何か責任をもつような、自覚とか反省を、もう少し表明すべきだと思います。ほとんどそれがないですね。

　市町村史とかを引き受ける時、私はいつも後ろめたさがありました。自分が市町村史をやっていることもあまり出さないし、それをやったとか、やっているとかは出さなかった。卑怯ですね。

杉本　学問というのは、デカルトを例に出すまでもなく、ありとあらゆるものを疑うところから出発しているはずです。福田先生が教育大の中でみんなから嫌われたということは、そういう懐疑・批判精神があったからで（笑）。

室井　でも福田さんは、あちこちで市町村史の編纂をやっていますよね。勝田方式というのがあるじゃないですか。あれも福田さんが考えたものですよね。それまでは市町村史とかは項目に統一性がなかった。那珂湊市と合併してしまいましたが、まだ勝田市だった頃の勝田市史を福田さんはおやりになったんですが、精緻に項目を作ったりして、勝田方式は、その後の市町村史のモデルになりました。その意味でも、福田さんの影響は大きいと思うのです。

福田　あの時は、宮田、平山、私、と地元の佐藤さんと四人でやったんです。そういうことをアイデア的に考えるのがすきでしたね。大江志乃夫さんが、勝田市の総務部長と同級生で、大江さんが引き受けてきたんです。こっちは、大江さんとは対立関係にあったから、まあ政治の論理で対立していて、仲はよくなかったんだけど、キャップは大江さんで、民俗は四人。当時はまだ私は大学院生で宮田さんは助手だったかな。向こうから言わせれば、非常に若いのにやらせた、ということです。

室井　福田さんは教育大の授業や教育方針にかなり辛辣じゃないですか。ということは、同じ時期に学んで、福田さんは直江さんに対しても疑問を持って行動しましたが、それを従来のままやっている人もいたのではないですか。

福田　われわれの学年はほとんど離れました、直江さんからみんな離れた。二年生で終わり、三年生で全く離れた。

室井　同じ環境で、同じ時期に学んだ人もいるんじゃないんですか。宮田登さんなんかはそうですよね。

福田　私が一年生の時、宮田さんは四年生だったのですが、宮田さんは日本史専攻でした。われわれは民俗学専攻の二回生で、三回生は比較的素直に学んでいましたね。それでも、われわれが反乱を起こしたので、次の次の学年あたりから、日本史教室の和歌森さんが演習に出てきて、一緒に指導することになりました。

杉本　直江先生は、民俗学研究所の解散の時の資料とか、柳田を手伝ってつくっていた教科書の原稿なんかを私にくれたんですよ。拙著『柳田国男と学校教育』は、直江先生の資料と教示が大きいのですが、直江先生がなぜ、私が聞き書きに行った時に資料を渡してくれたのか、わかるような気がします。柳田教科書の「中学の教科書」は検定に不合格になってしまったのですが、そのゲラを持っていたのも直江先生で、それを私たちに渡してくれたのです。勤め先の清泉女子大へ行ったら、歓待してくれましたね。本来は弟子に渡すはずですよね。何か、事情がわかったような気がします。

福田　直江さんには、教え子というか弟子がいないんですよ。卒業論文の指導は、集団指導の形式だから、ハンコなどは押してくれましたけどね。

福田氏の掛川での体験、水利の問題など

杉本　掛川市のことも少しお話しください。掛川市は、全共闘時代の高校生運動の発祥の地だと言われますよね。

福田　私は、掛川東高校の教員になったんです。三年間で辞めてしまったのですが、その頃、中遠工業（現・掛川工業）高校の社会科の二人の教員ががんばっていたんです。私が辞めるころに、中遠工業の教頭は、平教員になってわれわれの高校にやってきて、校長のほうは辞職した。そんなことがあったのです。その二人の教員は、その時は首にならずに済んだけど、激しい運動で有名でした。二人が組合を作ったので、その責任を中遠工業の校長と教頭はとらされたんですね。新設高校だったんですが、組合を作るのを許してしまったということで。その後、生徒たちには影響を与え、相当激しく運動がおこなわれた。私がいた掛川東高校は、当時女子校だったんで、激しい動きはなかったように思います。私は三年間で掛川を離れたので、その後の運動のことは知りません。

杉本　赴任した高校をやめて、再び大学院に帰ってくるわけですが、掛川での体験は、その後の福田先生に影響はあったのでしょうか。

福田　たった三年間でしたけど、大きかったですよ。掛川の教員時代に調査したものを、初めての論文としてまとめました。「村落の統合と水利」という題で。

杉本　先生のモノグラフを見ると、その地域に入っていくときに、水路とか、村の周辺みたいなものに目がいっているような気がするのですね。そこからは環境などの問題が出てくるのでしょうけれども、その反面、そこに住んでいる人間の生活観みたいなものは二義的になってしまうということはありませんか。どっちかというと、調査の仕方というのは二通りあって、具体的にはそこの家に行って聞き書きをする。するとそこから家とか、家の連合体とかに広がっていくのですが、先生のモノグラフを見ると、一番先に、村の周辺がどうとか、水路がどうとか、外縁から調査をはじめている。

福田　水利については学生時代から大変興味もっていました。水利秩序とか、水環境とか、水利施設とか、私の一つの調査のテーマなんです。もう一つ、そんなことを言うと笑われちゃうんだけど、聞き書きは苦手なんです（笑）。ふらりと訪ねて、戸を叩いて家に入るのができなかった。だからウロウロしていたんです。なにかきっかけをつかんで、やっと家の人と話をさせてもらう。だから水路を歩くとか、道路を歩くとか、墓地に行くとかいうのが、あたりまえの私の調査方法だったんです。

杉本　時代、社会状況みたいなものに特化するような仕事とか、もうひとつ、環境みたいなものについての業績が素晴らしいと思うのですけれども。

小野寺　環境民俗とか、そういったことについてはいかがですか。

福田　肯定的にそういう言葉をつかって、それに関わることをもって、新しい民俗学だと思っている人が結構いるじゃないですか。それはおかしい。屋敷取りとか、屋敷の前の田んぼがどうだとか、水路がどういうふうに走っているかとか、周囲の山の樹相はどうなっているのかとか、そういうのは、聞き書きではなかなか出てこないが、民俗学での重要な課題です。

杉本　福田先生の連光寺村の調査以後、それは村落調査、村落の歴史の捉え方、研究スタイルのような気がしますが。

福田　続いていますね。でもゆっくりと長時間やることは、やらなくなりましたね。

室井　上がってきた資料は連光寺が多いですよね。

福田　滋賀が圧倒的に多い。

室井　滋賀県の水口あたりとか、三重県四日市とか。

杉本　その場合も、景観を見ると、山と扇状地みたいなところに先生の視線がいっているような気がします。水路が関係する……。

室井　福田さんの描く村は自己完結型で、変遷にしても、縦軸は文書を利用して精緻に描いています。しかし、横から入ってくる情報によって変化が促されることがあると思いますが、そのへんを福田さんは描いていないという批判がありますね。そこに関心がないという言い方はできるのですが、どこかで触れていてもいいのではと、読んでいて思いました。福田さんが調査した多摩市馬引沢は、今は連光寺から独立してますね。連光寺は、多摩川の南ですよね。

福田　連光寺村は多摩川の北にもあったのです。府中市にそこの部分だけ引き渡して、多摩川が市境になった。多摩川が蛇行していた近世のある時期まで多摩川の南側の領域だったのです。

室井　近世史では、連光寺村の話はよく出てきますね。

福田　資料が豊富だから、いろいろな人が書いていますね。

「日本」という問題

杉本　最後にお聞きしたいのは、領域論についてです。領域を区切る時に、「日本」という領域を日本語を母語とする区域としてとらえ、日本民俗学の研究領域として完結するという問題ですが。

福田　私は、日本語をしゃべるという枠組みでは、日本列島と言っているのですが、当然、日本列島には多様な人々が暮らしていて、日本語という前提はとれない、ということなんです。

杉本 日本という命題について、福田先生は避けていますよね。避けているということは福田先生のものの考え方、イデオロギー（価値判断の基準）の中に、そういう国家というものについての、こだわりがあるということなのでしょうか。

福田 日本史というものがありますね。日本史というものは、日本が歴史形成の単位なんですが、民俗学はそれをそのまま無反省にうけとってきたと思うんです。しかし、民俗というのは、かならずしも、そうでなくていいのではないか。日本列島を超えて、もう少し領域を広くとってもいい、という考え方ですね。日本の民俗学は言葉の民俗学ではなくて、行為の民俗学であると私は書いています。欧米は語り・言葉の民俗学ですが、柳田国男や、さらには源流の国学をふくめて仕草・行為の民俗学ととらえてきた。それは大きな特色ではないか。民俗学をそのようにとらえれば、日本列島を超えていってもいい。もし言葉に民俗学を限定すれば、それは日本語の世界、日本列島とか日本人とかになってしまう。

小野寺 私が関わっている領域は無形文化の芸能とか、歌や踊りなんですけれども、その場合には日本列島とか、日本という枠がないのですね。音の繋がりというところでは、列島も大陸もかかわるし、音楽的な意味では、もっと広がっていくんです。

吉沢 しかし言葉の問題というのは、非常に重要ですよね。永池さんなどは、そこを強調したいのでしょうけど、柳田国男の一番おもしろいところは、言葉のミクロの意味から、マクロの意味を抽出していく、あの力業が一番魅力的なところですよね。言葉を抜いて民俗のあり方を追求できるかと言えば、なかなかむずかしい。

福田 中国で、いま柳田国男の著作の翻訳がすすんでいるのです。北京師範大の出版社で出すらしいんですが、苦労しているのが民俗語彙を含んだ文章で、これが中国語にうまく翻訳できなくて、四苦八苦しているとのことです。

室井　僕は韓国に三年住んでいたんですが、まだ日本語世代の、日本語をわかる年寄りがたくさんいました。僕がいた南部は、日本語の語彙が韓国の方言として、たくさん残っていました。けれど、日本語イコール日本という政治的範囲に合致するかというと、そうでもない。僕が植民地時代を知っているおじいさん、おばあさんと日本語でコミニケーションしていたら、それだって日本語の言語交渉ということになるわけだから。確実に政治的範囲と合致するわけではないでしょう。

永池　もう一度、「日本」という問題にこだわらせて下さい。枠組みとしての一国民俗学の「日本」という、拘束的ではない、われわれの生活世界の全体的な拡がりというものが想定できると思うんです。広がりの一番には、世界とか人類があるのですが、そういう世界人類というような核のないフワフワしたものの前に、もっと形としてわれわれが全体としてとらえられるもの。日本という言葉に置き換えられる広いなにかがある。歴史をとらえる時、少しずつ広がっていく、われわれの世界をとらえる視点として、手ごたえの確かなもので、具体的なもので広げていく、すると「日本」というわれわれの生の広がりをとらえるということがあるべきだと思うのですが。

福田　たしかに日本はわれわれの大きな意識をとらえている実体ですよね。だけど、それを消すことによって新しい視点が見えてくるのではないかというのが私の考えなんです。

杉本　一方で、菅豊さんとか、あとの世代の人にはむしろもう日本という命題そのものがない。先生の世代にはあると思うのです。ナショナリズムと言ったら、限定的、否定的な意味をわれわれの世代は持っていますが、先生の国際的という言葉には、インターナショナルという言葉が裏側にあると感じるんですが、それを逆手にとって、われわれの生の広がりを下から、生活の場である地域社会から広げていって、ある種の現代性に到達していく民俗学なり、生活の学問というのは、先生の方法からは出てこないのでしょうか。

福田　歴史形成単位として、日本だけを考えないというのが、前提なんです。

永池　だけど、われわれは日本に住んで、日本という枠組みの中で生活していて、無自覚の中に、規制され、拘束されたり、時には保護されたりして、生きている。それは否定的に、超えていかなければいけない、国家は権力ですから否定的に超えなければいけないと思っているんですが、しかし現実として、そこで息をして生活しなければいけない、さまざまな恩恵を享受しながら拘束されている。だから、見ないことにしてもあるんですよね。見ないことにしても乗り越えられない。結局、ナショナリズムを越えるためには、ナショナルなところを徹底して突き詰め、そこを突き抜けてしまわなければいけないと思うのです。ナショナルなものを見ないことにして、インターナショナルなものに行けるかというと、やはり行けないような気がします。そういう意味では、歴史学よりむしろ民俗学のほうが生活の場から、全体に広げていくことができるかな、できる可能性をもっている学問ではないかと、私はいまだに思っているのですが、どうでしょうか。

福田　私もそうだとは思いますが、誰かが一回日本という枠組みを無視することで、出てくる可能性を考えてもいいのではないでしょうか。私がそれをできているわけではないのですが、少なくとも、東アジアとして、考える。日本と中国を比較するのではなくて、それをふくめて東アジアの問題として考える。そうすると、言葉ではなくて、人々のやっていることでの研究だということになるんですね。

永池　ある程度、極限といいますか、私たちの「生」の全体の広がりを極限までとらえてしまわないと、その先はないような気がします。世界国家、人類国家みたいなのが、いつになるかわからないのと同じで、学問としては、まず目の前の生活自体の広がりを、全体として具体的にとらえることが必要だと思うので、こだわるのですが。

柳田は晩年には「日本」という言葉を盛んに使って、「日本人」だとか、『日本民俗学研究』とかの本を出すわけですが、しかし、ある時期にはそんなに日本という言葉を出さない時期があります。そして、生活世界をとらえながら、もう少し広い範囲をとらえる時には、社会という言葉を使わずに、「世相」とか「世の中」という言葉を意図的につかっている。世相というのは、上から見た社会とか、外から見た社会の構成をとらえるとらえ方ではなくて、生きている人たちの生活世界の具体的体験を超えた広がりを、一つの全体としてとらえるときに、柳田は世相という言葉を使っていた。だから『明治大正史世相篇』なども、日本という言葉を使わなくても、ある種のわれわれの生の全体像をつかまえようとした試みだろうと考えています。私は先生の個別分析法は、広がっていって、もっと大きな全体的なものに、進んで行ってもいいだろうと思うのですが。

福田　個別は、個別ですね。一人の人間の能力は限られていると言っても、その能力の許すかぎり無数に個別研究がおこなわれることが必要だ、と。

永池　個別の研究の集積がいずれはもっと大きなところに、というのは学問としては当然ありますよね。その大きな広がりの中に、柳田の『世相篇』のようなものもある。柳田は、村落というものを中心には描いていなくて、個々人の共同的な体験をもとに、世相というものの大きな変化を描きだそうとした。先生の方法でもやっぱり、私は日本的な広がりをとらえることができるところに……。

福田　私もそうだと思う。しかし学問的にはそう簡単に一般化はできない。私自身の能力から到達させていないです。

王　ナショナルな単位で見ない、というのは、民俗学だけではなく、人文学全体の傾向ですよね。しかし、現実社会で起きていることは、ちょうど逆の方向です。私から見ると、アカデミズム人文学の中で、正しい姿勢として、国家の枠を意図的に外そうとしているが、一方、現実社会で生きている庶民、アカデミック世界の住民ではない人々は、悪い意味でのナショナリズムになっています。適切ではない言い方かもしれませんが、学者たちは国家を外そうとすればするほど、普通の庶民は一層国家にすがりつく。そんな構図が見えています。学者たちは、国家という枠をきちんと考えることが重要ではないでしょうか。地域から一気に国家を超えようとしていますが、飛び越えることはむずかしくて、飛び越えられないのがわれわれの現状です。にもかかわらず、人文学の傾向として、正しく飛び越えられるかのようにふるまっています。それは一種の逃げではないかと思いますが。

福田　無反省、無前提に、日本というものをおいてやってきた民俗学にとって、それを反省するために、一回日本というものを外すということなんです。

王　それは間違いなく必要です。しかし、そういうようなアカデミズム人文学の戦後七十年にわたる努力の結果、逆にナショナリズムにすがりつくような社会的傾向になっています。もちろん学問のせいだけではなく、社会的歴史的な状況の生み出した結果ですが、それでも、人文学の学者たちも、今までの姿勢に対して、反省する必要があるんじゃないかと私は思います。

福田　民俗学、人文学というより、日本の人文社会科学がその点では弱かったということだと思うんです。民俗学は、ほかの学問と比べて逆に、日本とか、日本民族とか、日本列島とか、日本人とかを当たり前にしすぎてきました。そういう点ではもっと反省すべきで、そのためにもいったんそれを無にするということなんです。

王　もう少し福田先生にお聞きしたいんですが、先生は中国の民俗と日本の民俗をいろいろ見られてきた中で、民俗を行為としてとらえる時に、言葉の要素、民族的・国家的な要素を、それらの民俗行事の中に実際に感じられたことがありますか。

福田　もちろんあります、中国の場合はとくにね。民俗を個別の地域でとらえようとする時、国家の力なり、国家が人びとへ及ぼす作用が、どうあるかということは把握しなくてはならないことはまちがいないでしょうね。

王　私がここでお聞きしたいのは、国家の権力とか体制とか、そういうことではなくて、言葉の問題です。もっと具体的に言うと、同じ民俗の行事であっても、日本語を話す日本人の行事と、中国語を話す中国人の行事と、何か違いはありますか。

福田　当然あると思いますが、こちらが中国語をちゃんと解して調査できるわけではないですから、自信をもってはっきりとは言えないですね。しかし、そのことが言葉にとらわれないとあえて言う、私の根拠でもあるわけです。

王　永池さんのこだわっているのはそこだと思います。同じ行為であっても、例えば、葬式とか、神様を祭るとか、そこにどうしても言葉が入るんですね。その時、言葉の要素は、どの程度でとらえたらいいでしょうか。

永池　中国の場合、少数民族の人たちがたくさんいて、それぞれが独自の言語を持っている。そうすると、言語単位での民俗世界の広がりがある。言葉もふくめて生活世界が、少数民族ごとに成立している。われわれは「日本民族」という言葉をもう使いませんけれども、しかし、日本列島に共同に生活している人間たちの生活世界を、ある拡がりで捉える視点が、やっぱり必要だし、可能だろうと思います。私たちの個的な体験に根差した共同的な生活世界の拡がりを大きく撚り合わせていく、その共同的世界の拡がりの究極の全体を、仮に「日本」という呼称で呼んでおく。それを国家としての「日本」に対して「対置」し続けていく、ということが必要だと思います。

杉本　結論のようなところでしょうか。まだまだ聞き足りないこと、討議したいことは多いのですが、長時間になりましたので、このへんで終わりたいと思います。福田先生、長時間どうもありがとうございました。

地域で深く、世界に広く——座談会後記

福田　アジオ

今回の座談会に参加させていただき、いろいろと学ぶことが多く、また反省することも少なくなかった。参加者の皆さんは、事前に私の執筆した文を読んで検討しておいて下さった。それに対して、私は気軽に昔懐かしい方々にお会いできるという楽しみで参加したため、自分の考えを整理しないままの出席だった。そのため鋭いご意見やご質問に適切にお答えできないことが度々あった。張り切って出てこられた皆さんには申し訳ないこととお詫び申し上げたい。そして、この座談会記録を読んで同じことを感じる読者も少なくないと思う。ここでは、私の考えについて整理し、補足的に説明したいと思う。

座談会のなかで皆さんから集中的に批判をいただいた話題は、ほとんどが「地域で深く、世界に広く」という私の主張に集約できるように思う。「地域で深く、世界に広く」は私が『現代日本の民俗学』（二〇一四年）の最終章で吊り見出しとして使用し、出版社がそれを帯のコピーとして用いた表現である。「地域で深く」は私の言う個別分析法を指し、「世界に広く」は研究の単位を日本に限定せず、より広く研究することを提案したものである。

比較研究法と個別分析法

個別分析法は柳田国男の重出立証法に対する言葉として使用した。それは日本列島の各地から民俗事象のデータを

集め、それを比較することで変遷過程、あるいは歴史を明らかにするという方法を批判するなかで、違いを明確にするために用いたものであった。柳田国男が主張した比較研究を否定するという私の主張について皆さんに誤解があるように思われた。皆さんは私が科学の基本的方法である比較を完全に否定していると理解されているように感じられた。しかし、私は比較研究一般を否定したことはない。批判し否定しているのは、日本各地から類例を集めて比較することで変遷過程を明らかにするという比較研究である。それが柳田国男の言った比較研究であり、『民間伝承論』で表明した重出立証法であった。比較の結果が変遷過程、すなわち歴史になるという非常に限定的な比較研究に対して私は素朴な疑問を提出し、否定したのである。このことについては早くから指摘してきたことである（「歴史学と民俗学」『民俗学評論』八号、一九七二年、『日本民俗学方法序説』一九八四年）。各地の類例を比較しての変遷過程は虚構の歴史を描くことになる。そのような比較研究の代わりに提示したのが個別分析法である。

個別分析法は、個別地域、個別地方で民俗を把握し、民俗事象の相互関連を把握し、分析することで歴史過程を明らかにしようとする立場である。それぞれの地域、それぞれの地方の現代生活はそこでの長い時間の歴史を累積していることを前提にしている。その累積した現在で、相互に密接に関連して存在している民俗を解きほぐし、関連性を明らかにしていけば、その民俗の生成、変化、衰退の過程が明らかになり、過去からの歴史課程が把握できると考えるのである。そして、その結果、改めて現在の生活が過去からの歴史的蓄積の上に存在していることを認識することになる。すなわち、歴史の深みから現在の生活を説明することになる。

個別分析法が閉ざされた地域社会での歴史を明らかにする狭い方法だという批判も聞かれる。それは、地域・地方における歴史の累積過程は、その地での内的な変化・変遷だけを意味していると考えているからであろう。そうではない。地域・地方における変化は内部の要因だけで起こるのではないし、単独で起こるとは限らない。外から入ってきた力が影響して変化が起きることは常にあり、政治的には上位の支配権力や国家が大きくあり方を規制することで生起する変化もある。経済においては自給自足的なあり方は古くからほとんど存在せず、広域的な流通のなかで地域・地方の生産が行われ、消費も行われてきた。地域の生産や消費は常に広域的な動向と密接に関係していた。それらが地域・地方における民俗の変化として出現することを個別分析法は捉えようとする。また個別地域が単独で民俗を行っているのではなく、広域的に地域を結んで、その大きな単位で行っているものも少なくない。それらを個別分析法が把握できないというのは甚だしい誤解である。

なお、私は科学的認識の基礎には比較があると考えており、研究法としての比較を否定しているわけではないことを改めて表明しておきたい。否定しているのは比較の結果として変遷を出す比較研究法である。民俗学においても比較研究が有用なことは、民俗学の概説書である『日本民俗学概論』（一九八三年）の「民俗学研究法」のなかで基本的な二つの方法として地域研究法と比較研究法を提示していることで示した。

歴史と個別分析法

福田の個別分析法による研究は、近世の歴史を明らかにするもので、民俗学の研究法として一般化できないという意見がある。また個別分析法は文字資料が残されているところでの研究法であり、そうでない普通の地域での研究はできないのではないかという意見も聞かれた。確かに私の研究論文は近世村落の形成過程に関わる社会関係や社会組織を論じたものが多い。だから個別分析法が近世史研究のための方法だということではない。たまたま目につく論文が近世に関係する問題をテーマにしているだけのことである。私の興味関心がそこにあるからに過ぎない。近世であれ、近代であれ、また現代についても、個別分析法はその時代的条件をも把握して、民俗事象の歴史性を析出する。時代をまったく把握せず、様式的な順序のみを説いて変遷とか歴史という重出立証法の比較研究とはその点で大きく異なるのである。

また、福田の研究は文字資料が豊かに残っている地域で、その文字資料から歴史性を把握し、地域の民俗事象をそれに対応させて説明するものであり、民俗そのものから組み立てた研究ではないという批判があるようである。そのことを表明しなくても、そのような印象を抱いておられる方は多いように思える。確かに私の研究には、文字資料が豊富な地域を調査対象にして行ったものがいくつかある。皆さんの印象に残っている東京都多摩市連光寺馬引沢の地親類の研究などは、近世の文字資料が村落と家の形成過程を詳しく教えてくれることで可能になったものである。その場合は、文字資料の存在を前提にして、調査地を決めて、調査を行った。文字資料の活用を民俗学が否定する必要はないと思っているからである。

しかし、文字資料の存在が不可欠なわけではない。私の場合も、文字資料のない地域、柳田のいう「無記録地域の無記録住民」の調査研究のほうがはるかに多いのである。むしろそれが基本である。個別分析法などという用語を言うよりも前になる、学部を出て赴任した静岡県の掛川東高校在職の三年間に調査をして発表した論文は、未だ不勉強で文字資料の存在を知らなかったという弱点を露呈していることになるが、文字資料を用いず、民俗調査の結果を分析して記述した。それは二つの論文で、一つはニソの杜で有名な若狭大島の社会組織を論じた「若狭大島の村構成と親方子方制度」（和歌森太郎編『若狭の民俗』一九六六年、所収）であり、もう一つは勤務校の生徒が居住するムラで調査をして、いくつもの小集落が一つの村落として存在していることの条件を論じた「村落の統合と水利」（『日本民俗学会報』四七号、一九六六年、もっともこれは掛川東高退職後に掲載された）である。いずれも個別地域で民俗を調査し、民俗相互の関連を把握し、論を展開したものであり、後に言う個別分析法での論文だと言って良い。

「野の学問」と個別分析法

個別分析法は「野の学問」である民俗学とは相容れない方法だという指摘があった。これはまったくのお門違いの論だと言わねばならない。私が個別分析法を世に問うたのは、それとは逆で、「野の学問」としての民俗学を目指すためのものであった。柳田国男の民俗学は「野の学問」とされる。「野の学問」は、野にある人が野において研究する学問という二つの野によって特色づけられる。確かに近代日本の大学その他の学術体制の中には位置付けられず、柳田国男はじめほとんど大部分の民俗学研究者は研究職にはなく、本業・本務の余暇に身銭を切って調査をし報告を執筆した。また研究も柳田を筆頭に野にある人によって推進された。そして、その研究の場は野であった。柳田国男が論文タイトルを「野の言葉」としたように、文字資料に依拠せず、各地で行っている民俗を表現する言葉と共に把握して、その言葉を窓口にして比較した。文字で記録されたものは政治権力や知識人の残したものであり、それは漢字・漢文の大きな影響下にある。各地の生活のなかで人々が日常的に使用している言葉、すなわち野の言葉こそが自らの歴史を伝えているという認識である。

このような「野の学問」が採用したのは、何回も述べてきたように、比較研究法であった。日本各地から資料を集めて比較して変遷を明らかにするというものであった。これは偏狭なお国自慢的な郷土史の間違いを克服しようとした点では高く評価できる。しかし、各地から断片的な個別事象を集めて比較研究をおこなうことは、草原から草を一本引き抜いて、それを比較するようなものであり、どのような条件の下でどのように自生しているのかを忘れてしまっての比較に陥ったのである。そして、比較研究法の採用は研究する者と資料報告する者とに別けることになった。

言うまでもなく、当時、そのような日本各地から資料を集積して比較研究できたのは柳田国男ただ一人であった。敢えて広げても、柳田からその方法を教えられたごくわずかな直弟子たちだけであった。各地にいる民俗に興味関心を抱いた人々は、雑誌の読者として、あるいは民間伝承の会の会員として組織されたが、研究方法を教えられることもなく、民俗を採集して報告することが期待された。自分の住む地方で調査をして、その結果を雑誌に投稿したり柳田に直接手紙で報告した。自らが調査した材料を日本全体の資料群のなかに入れて自分で比較することはまず不可能であった。自己の問題関心から民俗学に近づいたが、それを研究として展開することはできなかった。すなわち、民俗学は、地方で民俗調査をする人と「中央」で研究する柳田及びその弟子たちに別れていたのである。

この点は、折口信夫が、民俗学の研究体制の確立を示す一九三五年の日本民俗学講習会で「地方に居て試みた民俗研究の方法」と題して講義し、早くも指摘しているし、一九三八年には山口麻太郎が『山村生活の研究』(一九三七年)を批判し、地域民俗学を提唱するなかでも述べている。岡正雄の「一将功なりて万骨枯る」という表現の採用は厳しすぎ、必ずしも当たっていないが、そのような面が強かったことも否めないであろう。重出立証法とも呼ばれる柳田の比較研究法は以上のような研究体制によって支えられていたのであり、柳田自身が在野にいることによって「野の学問」であったとしても、その文字通りの「野の学問」の研究法を日本各地で民俗に興味関心を持ち研究を志した人々に指導しなかったのである。自らの問題意識から民俗学に近づき、民俗学に入った人々が、その主体的な問題意識を研究において発揮することはできなかった。しかし、真の「野の学問」は、このような日本各地で自らの主体性で民俗学に課題を発見し研究することを意味しなければならないであろう。

個別分析法は、分離していた調査と研究を一つに統合しようとする。そして各地で民俗調査を行う人間が主体的に研究をおこなえるようにするのである。これは研究を独占してきた「中央」の民俗学研究者から特権を奪い、各地の民俗学に従事する人間が研究の主要な担い手になることを意味する。それぞれが自分の関心地域や地方で民俗調査を行い、その調査の過程で分析を進め、解答を獲得して提示するのが個別分析法である。各地で民俗学を研究しようとする人間が主体性を発揮して調査し研究するのである。まさに「野の学問」としての民俗学がようやく姿を明確にするのである。

個別分析法で獲得された解答はその事例限りのことではない。解答は当然のことながら仮説を含んでおり、それは他の事例研究に際して参照されると共に、また検証される。研究が個別地域、個別地方での研究で出発するのが個別分析法である。各地からの資料の比較から研究が始まる重出立証法という比較研究法とは大きく異なる。個別分析法は研究の出発において特定地域、特定地方での研究を行うが、それで完結するとは限らない。そこで提出された解釈や仮説は、それに続く他の地域、地方での個別研究に際して参照され、検証される。

大学教育と「野の学問」

一九五八年を起点にして日本の民俗学は大学で研究教育が行われる段階に入った。アカデミック民俗学と呼んでおくが、アカデミック民俗学は大学等の公的機関ではほとんど取るに足りない弱い存在であったが、民俗学としては画期的なことであった。大学で民俗学を学んで社会に出て、民俗学に関係する職業に就くということが、数は少ないながらも、次第に増えてきた。ちょうど博物館・資料館が各地に設置され、人文系博物館には民俗展示が設けられた時期であった。もちろん、座談会で指摘があったように、大学での研究教育が始まったからと言って、日本各地で活動していた研究団体がなくなったわけではない。一九五七年に民俗学研究所が解散し、一九六二年に柳田国男が亡くなることで頼れる存在がなくなり、急速にその活動は弱くなっていったが、もちろん活発に活動を続け、機関誌を発行したり、調査報告書を刊行し続ける団体も各地に存在したことは承知している。

大学での初期の民俗学教育は、その前の段階の研究方法を踏襲して教えていた。すなわち重出立証法とその解釈の仮説である周圏論である。それに対して、一九七〇年代に入ると疑問が出され、種々議論がされることとなった。そして地域民俗学とか個別分析法が唱えられ、日本列島全体から資料を集めて比較するという方法は急速に弱まった。大学の卒業論文でも、各地の類例を集めて比較研究しなければいけないという指導は消えて、個別地域や地方での調査研究が一般的なあり方となった。『日本民俗学』などの学術雑誌においても比較研究による研究はほとんど完全に姿を消し、個別事例研究が基本となった。それは私の言う個別分析法というわけではなかったが、調査研究の単位を個別地域、個別地方に限定するという点では共通していた。

アカデミック民俗学は大学において再生産される。そこではすでに大きく地歩を固めていた既成の学問分野と同じような研究スタイルを採用しなければならなかった。自己の研究課題は研究史の延長上に設定され、指導教員の示す方向性のなかで研究を行うこととなった。研究課題を指導教員から与えられたり、研究室の活動のなかで与えられたりすることも珍しくなかった。主体的に自己の問題意識を研究課題にして研究を展開することは少なかった。その点では、比較研究法が唱えられなくなり、各人が個別地域、個別地方で調査研究することが一般化しても大きな変化はなかった。大学教員の指導性は弱まったが、研究史とか学界の研究動向とか話題に縛られたり、影響を受けての研究はむしろ大きくなった。主体的に研究するという「野の学問」の精神は欠如していた。自己の問題意識を起点にして、自らの考えた方法で研究を展開し、それによって社会に対して何らかの発言をしようとする意志は見られなくなった。

自己の問題意識から出発して、自分なりの方法で調査研究して、自らの納得した解答を獲得して世に問う研究を行うのが「野の学問」である。それは、大学その他の研究機関に属する者も、あるいはそこで訓練を受けて博物館や学校で活動する者も、そしてまったく大学等では民俗学を学ばなかったが機会があって民俗学に興味を抱き研究を始めた者も同じ地平に立って研究ができるのである。もちろん研究のレベルは人によって異なるし、経験によっても異なる。しかし、同じ地平にあることで相互に学び、相互に批判し、研究を深めることができるのである。ところが、今でもまだ大学等の研究機関に属する研究者は「野の学問」の精神を持って主体的に調査研究する姿勢が弱い。これからの緊急の課題である。

個別分析法は研究を研究機関に属する研究者が特権的に独占する方法だという発言もあったように思うが、個別分析法はそれとはまったく逆の方法である。研究機関に所属するかどうかに関係なく、民俗学に関わるだれでもが同じ地平に立って、同じように自らの問題意識と方法によって研究し、相互批判のなかから研究を深めていくことを可能にするものである。

世界に広く

座談会では、日本という枠組みを否定するかのように私の考えを理解され、それに対して強い批判が出された。旧来無前提に日本が歴史形成過程の外枠だとしてきたことに反省を促すために、単純化して日本という枠組みがないかのような印象を与える表現をしてきたかも知れないと反省をしたが、日本という外枠で総てが収まるという前提は一度考え直すべきだという考えは変わらない。

柳田国男は一国民俗学を標榜した。もちろん、周知のように、一国民俗学が最終目標なのではなく、それぞれの国、地域で一国民俗学が成立した後には世界民俗学を創り出すことを大きな目標として掲げていた。しかし、世界民俗学の内容も方法も示すことはなく、日本における一国民俗学の完成に専念した。従って、一国民俗学が前提であり、民俗学ではわざわざ一国民俗学という表現は行われてこなかった。一国民俗学は主として柳田国男論で取りあげられ、使用されてきた。

日本を研究の外枠として、日本での人々の歴史を明らかにするのが一国民俗学であるが、それには言葉を重視し、民俗語彙という言葉を窓口にして比較する方法が対応していた。日本語のなかでも漢字・漢語の影響のない大和言葉を重視し、地域で人々が使用している表現を把握し、それを民俗語彙として、比較するのである。日本語を使用する範囲が必然的に民俗学研究の範囲になる。一国民俗学である。しかし、日本列島の総ての地域、すべての人々がその対象ではなかった。列島内に住んでいてもアイヌの人々は対象ではなかった。また在日コリアン、華僑も対象ではなかった。日本列島でも、日本国でもない一国民俗学であったが、それは日本語のなかの民俗語彙によって研究するということに規定されていた。古い言い方であるが、国語・国文学や国史と同じ日本の研究であった。

この固い枠のなかで研究をおこなうのが一国民俗学である。これは日本史が中央の政治権力によって支配され、統治される範囲を日本と考えて専ら研究し、日本史を構成してきたことに対応する。他の地方は、その支配に関わる限りで取りあげられてきた。このような日本史的な先入観が民俗学も支配していたと言える。ほとんど反省することなく、柳田国男から現在まで、日本を前提にし、日本という外枠を強固に設定し、そのなかでの変遷、歴史を明らかにしようとしてきた。一国民俗学は鎖国の民俗学であった。

それに対して、一九七〇年代頃から比較民俗学が提唱され、海外へも目を向けることが行われ出した。しかし、その比較民俗学は、その一国民俗学を前提にして、他の文化の民俗事象との比較を行うものであった。具体的には、中国、朝鮮半島、モンゴルなど、日本とどこかで関連がありそうな地域の民俗を取りあげ、それらとの比較を行った。解説としては、日本の民俗文化の特色を明らかにするために比較をするという説明がなされた。一国民俗学を壊さず、それを強化するための比較民俗学であった。言い換えれば、自民族中心主義の比較民俗学であった。このような比較民俗学は、対等な比較ではないという点だけでも否定される存在であった。近年には比較民俗学を標榜する研究がほとんど見られなくなった。なお、敢えて言えば、比較民俗学の比較の意味と重出立証法である比較研究の比較の意味は大きく異なることも忘れてはならないであろう。前者は比較によって相違と共通性を発見しようとし、後者は比較によって変遷という時間を獲得しようとするのである。

個別分析法によって民俗事象から描き出される歴史は個別的であるが、そこから導き出される仮説は他の事例研究で参照され、検証され、一般化する。それを日本に限定する必要はない。特に、歴史形成単位を日本に限定する必要はない。日本列島よりも広い世界が歴史形成単位になっていた可能性も考えなければならない。日本列島から朝鮮半島や中国大陸にまたがっての広い地域が一つの歴史形成単位であった可能性も考えてもよいはずである。それは比較民俗学の比較をすることではない。一時流行した照葉樹林文化論は必ずしも承認できるものではないが、その試行は高く評価して良いであろう。照葉樹林地帯のセンターとして東亜半月弧を設定し、それとの関係で日本列島も考えるのは、歴史形成単位が日本列島で完結するのではない可能性を追究することになり、試みとしては大いに評価できる点である。

日本の民俗学は、柳田国男の「海上の道」に示されるように、大きな枠組みの設定は柳田に頼り、もっぱら個別の問題についてその変遷を明らかにしようとしてきた。しかし、柳田国男が亡くなってからすでに半世紀以上も過ぎているのであるから、個々の研究者が主体的に取り組むなかから大きな展望を獲得して表明するようにならなければならないであろう。いつまでも亡き柳田国男に頼っているわけにはいかないのである。個別地域、個別地方での民俗の調査分析を通して個別事象の歴史性について仮説を提示することで満足するのではなく、個別研究を総合し、広域的な歴史形成単位の問題として論じるようになるべきであろう。

なお、敢えて付け加えれば、以上の考えは今まで絶対的枠組みであった日本を相対化するためのものであり、日本そのものを完全に解消することではない。日本語で表現しコミュニケーションする社会は厳然として存在しており、そこに民俗で知る歴史的世界の一つがある。民俗学が日本研究の有力な方法であることは間違いない。しかし、そこで閉ざしてしまい、歴史形成単位が大きく展開する可能性をなくしてはならない。

最後に一つ追加情報を記しておきたい。座談会で私は、現在中国で柳田国男の主要な著作を中国語に翻訳して刊行する準備が進んでいるが、その作業のなかで民俗語彙を多く含んだ文章の訳出に苦労しているようだと述べた。その後、精力的に作業が進められ、二〇一八年七月から『柳田国男文集』として北京師範大学出版社から刊行が開始された。計画としては全部で十五巻構成になるというが、七月にはそのうちの五巻が第一期として出された。第一期の書目は、『海上の道』、『木綿以前の事』、『食物と心臓』、『一つ目小僧その他』、『狐猿随筆』である。本年には第二期としてやはり五巻が刊行されるとのことである。主編は北京大学の王京氏、翻訳にあたっているのは長期日本留学経験がある若手研究者とやはり長期中国留学経験がある日本人研究者で、一人で一巻を担当している。日本の民俗学は世界に広くということに無縁でない企画と言える。

福田氏との〈対論〉を終えて
ふたたび「野の学」へ——民俗学は誰のものか

永池 健二

はじめに

本稿は、巻頭に掲げた福田アジオ氏と本研究会のメンバー十人との「対論」の不備を補うための個人的な覚書である。

四時間余に及ぶ討論では、様々な問題が提起され、討議を通じて、改めて福田氏と我々一人ひとりとの学問の立場や方法の差異が浮彫りとなった。しかし、この座談を企画した編集担当の間では、事前におおよその論題や議論の進め方について打ち合わせてはいたものの、それを参加者全員で共有することがかなわなかったため、議論が百出し、目まぐるしく話題が転じて何れも未消化のままで終わるという結果になってしまった。あえて蛇足ともいえる本稿を付して、個人的にも議論の不備を補いたいと考えた所以である

日本の民俗学は、戦後、一九五〇年代後半から六〇年代にかけて、柳田が構築し築き上げてきた民俗学から離脱する道を選択した。それは、在地の根生いの民俗学から脱皮し、アカデミズムの民俗学へと姿を換えて行く過程でもあ

った。それから半世紀以上を経て、いま、社会生活の急速な変貌によって、民俗学がその拠り所としてきた「伝承的」な生活世界は急速に失われ、民俗学はその方途を失っているかに見える。現代の民俗学は、福田氏自身によってその「退廃」が指摘されるような混迷の只中にあるといってよいだろう。民俗学は、アカデミズムの道を歩むことによって、はたして何を獲得し、何を失ったのか。今改めて厳しく問われる必要があろう。

一　「野の学からアカデミックの学へ」という民俗学発達の図式

福田アジオ氏こそ、「アカデミズム民俗学の申し子」といってよいだろう。学科としての「民俗学」が正式に大学で講ぜられるようになった一九五〇年代の末期に東京教育大学に進んで最初期のアカデミック民俗学を学び、以後五十有余年にわたってアカデミック民俗学の方法的精緻化、体系化と実際的調査研究の成果を積み重ね、その実践と普及に努力を重ねてきた。二十一世紀を迎えて、民俗学の現実に大きな危惧を抱き、その「退廃」を厳しく糾弾するその姿勢にも、これまでアカデミズムの民俗学を先頭に立って切り開き担い支えてきたという、自負と責任感とを見てとることができる。

福田氏の描き出す民俗学発達の図式は、「野の学」から「アカデミック」の学への展開を一方向的で必然的な歴史的展開とみる直線的な発達史観である。そうした福田氏の図式に従ってその主張をわかりやすく図式化したら、およそ次のようになるだろう。

野の学
- ・官製でない在野の学
- ・専門家でない素人の学
- ・地方で生活する野の人の生活を探究
- ・研究方法の未熟

⟸

アカデミズムの学
- ・大学で民俗学を学び、方法を身に付けた専門の研究者による研究
- ・方法・技術の客観性・科学性

このように簡略化した図式を一瞥しただけでも、福田氏の描き出す野の学からアカデミズムの学へという民俗学の発達史観が一方的で、偏ったものであることは明らかであろう。

そもそも「野の学」と「アカデミックの学」とは、福田氏のいうように対立的で相容れないものであるのか。アカデミズムの学問の本質が、その担い手が大学という教育機関で民俗学を学び修得すること、専門の研究機関に身を置いていることや、全国的な学会に所属しているといった外形的な条件に拠るものでないことは改めていうまでもあるまい。その学問の価値や意義は、まず第一にその方法の妥当性や達成された学問成果やその意義によってこそ位置付けられるべきものであろう。戦後、東京教育大学を中心にして「アカデミズム」化した「大学」の「民俗学」は、果たして、福田氏のいう「野の学」の成果をはるかに越えるような大きな価値ある成果を生み出すことができたのか。これこそ今、問われているのだといえよう。

二　福田氏の地域民俗学＝個別分析法について

福田氏の「野の学」批判の第一の基礎となっているのは、柳田が提示した方言を中心とした周圏説と「重出立証法」という「方法」である。しかし、柳田の「蝸牛考」に見る限りその「方言周圏説」が、民俗学の「方法」などではなく、方言の周圏的分布についての仮説であることは、すでに繰り返し論じられていることであり、方法としての「重出立証法」の理解についても著しく問題を抱えていることは、私自身も指摘したことがあるから、ここでは繰り返さない。問題は、それに替わって福田氏が提示した「個別分析法」の内実である。

福田氏の主張する個別分析法とは、研究調査の対象となる地域を狭く限定し、その内部において資料操作の緻密さや立論・行論の厳密性を志向するものであろう。その方法は、伝承された民俗はそれを生み出した地域社会（村落）の内部においてのみ生きており、その内部における民俗相互の関係や社会組織との関わりを追究することによって地域の民俗の総体を総合的に把握することが出来るという「伝承母体論」によって支えられている。そうした伝承母体論の主張は、本書の加藤秀雄論文にも詳論されているように、「民俗」のより深い考察にとって歴史的に意義あるものである。

しかし、対象の限定を前提とした方法は、それ自体として「抽象化」の作業に根ざしたものである。抽象化された条件の下で追究された「客観性」とは、その条件の下でのみ保証されたものであるから、それ自体としては、どのような意味でも「普遍的」なものとは見做すことが出来ない。もし、個別＝画地分析法において追究される学問的な「客観性」が、より大きな全体性や普遍性へと向かう志向性を欠落させていたら、その「客観性」や「科学性」は、常に装われた「緻密性」や「厳密さ」に堕し、見せかけの「客観性」に陥ってしまう危険性を孕むことになろう。

西洋において構築された近代諸科学は、研究の主体である人間と客体である自然や社会とを明確に分離し、限られた人間の知性によって総体としての自然や社会を把握するために、諸条件の下に対象を限定し、抽象と分析によって、対象の性格を一面化して分節的に把握する方法にその根拠を置いてきた。明治末年から昭和の初年にかけて、新しい人間科学としての「民俗学」を手探りで求めてきた柳田の試みは、そうした欧米的な客観的科学のあり方に対する根源的な違和に根差したものである。柳田が追い求めた民俗学の方法は、欧米的な主体と客体の分離を超えようとする志向を内在させており、また、常に「全体」や「普遍性」への志向を孕んでいる。人間の営みは、それがどのような小さな、ささやかなものであれ、それ自体として、当人一人ひとりにとって、常に具体性を担った全体であり、他に置き換えることの出来ない唯一無二のものであり、普遍的なものであることを、柳田は、何よりも知悉していたからである。

福田氏の地域民俗学＝個別分析法の提唱は、そうした民俗学の初発の契機を見据えることなく、その方法的、思想的意義を切り捨ててしまったために、ある意味で歴史の歯車を百年以上も逆行させた負の側面を否応なく抱えたことになろう。

三　個別（画地）分析法と「日本」の欠落

福田氏が推進する「アカデミック民俗学」には、「日本」という命題が存在しない。そこでは、「日本」あるいは「国家」という存在が、私たちを抑圧したり、規制したりするような権力構造や政治的、社会的機構という視点だけでなく、私たちが共有している生活の様式や文化といった「生」のあり方の全てにわたって、「日本」という枠組での志向や把握のすべてが、意識的かつ巧妙に排除されている。

今回の対論において、福田民俗学におけるそうした「日本」の排除が、意識的自覚的なものであり、かつ計算された戦略的なものであることが、一層明確になったと思う。福田氏のそうした志向が果たしてどこから来ているのか。若き日のマルキシズムの思想の影響か、はたまた、著名なエスペランチィストであった父福田正男氏譲りの、コスモポリタニズムの思想に拠るものか、残念ながら、今回の対論では、定かに聞き出すことができなかった。

「一国民俗学を超える」という、今日多くの民俗学研究者が声を揃えて合唱する主張は、「一国民俗学」の語の当初の意義についての無知と誤解に基づいた不毛な議論であるが、福田氏のそれは、単に「一国」という枠組を、「民俗学」の世界史的な拡がりを制限し妨げるような桎梏として捉えるだけでなく、私たちの生のあり方の全てを、「日本」という大きな拡がりの中で捉えようとする試みや思考法そのものに対する反発に根差しているように見える。

一村落を対象とした画地研究による調査によって収集された民俗のデータとそれに基づく考察とは、普通に考えれば、さらにその上に近隣の諸村落やより広い地域のデータとの比較研究によって、鍛えられ積み上げられて、より広い普遍性と、客観性を獲得していくべきものであろう。この列島に生きる私たちの「生」の拡がりを、比較研究によって一つの「全体」として再構築していく。民俗学にとって「日本」とは、そうした私たちの「生」の「全体像」に対して仮に与えられた呼称と見做すべきものであろう。しかし村落内部のデータをあくまでその内部でのみ意義あるものとして、比較研究を認めない福田氏の立場は、何処まで行っても大きな全体へと志向する契機を持つことはないのである。

「日本」あるいは「国家」という命題の欠落は、福田氏だけでなく、その後に続く若い世代の民俗学研究者の多くにも共通して見られる顕著な傾向である。しかし、福田氏における「日本」の排除が、意識的、自覚的であるのに対して、若い現代民俗学の研究者たちのそれは、ほとんど無意識のものであり、無自覚であるところに、問題の根の深さが、いっそう顕著に現れている。私たちが、自分たち自身の生活の拡がりを一つの「全体」として希求する時、もし、

「日本」という枠組がそれを妨げたり阻害したりする場面があれば、その枠組を超えてより広い全体を構想することは、根拠のある事である。しかし、最初から、自分の足下の生活をより広い全体として総合的に把握しようとする問題意識も試みもないところで、一部の様々な「現代風俗」を取り出してそのまま海外の新しい風潮と呼応させて、それを「国際化」と称するような試みのどこに、学問としての普遍的な意義を見出すことができるのか。

「日本」という存在は、どのような意味においても、私たちの観念が歴史的に作り上げたものであり、幻想である。「国家」としても、この列島に生きている私たちの「生」の地域的な拡がりとしても、私たちの内面的な生活文化の呼称としても、「幻想」であることは変わらない。客観的な実体あるものではない。しかしその観念は、「国家」としては、生々しい実体あるものとして私たちの生活を根拠付け、規制し、ある時は保護したり、ある時は、抑圧したり弾圧したりする。一方、私たちは内面的に「日本」を生きてもいる。前代の人びとの暮らしのやり方や、ものの感じ方、言葉遣いの一つ一つを我が物として生きることによって、「日本」を生きている。そうして「日本」を生きることによって、また、「日本」を再生産している。私たちは、現在において「過去」を我が物として生きることによって、共同の「生」のあり方としての「日本」を未来へと投げ掛けてもいるのである。

私たちの「生」は、良かれ悪しかれ、「日本」という眼に見えない存在に、外形的にも内面的にも否応なく深く関わり、それに根拠付けられている。現代の民俗学における「日本」という命題の欠落が問題なのは、そうした事実に、若い研究者たちの多くが、無自覚で、無反省であることに根差している。「一国民俗学」の超克を叫び、「日本」の欠落に無自覚な人びとが、サッカーのワールドカップの観戦でニッポンチャチャチャなどという埒もない声援に大声で同調している様を想像することは、笑うに笑えない現代日本の戯画であろう。

四　「伝承母体論」と「歴史民俗学」

福田氏の民俗学の第二の特徴は、「民俗学は歴史学である」「歴史学であらねばならない」という主張である。「アカデミック民俗学」の草創期に、東京教育大学で民俗学の洗礼を受けた福田アジオ氏は、一貫して「民俗学」は「歴史学」たるべき事を主張してきた。近年の講演「二〇世紀民俗学のこれから」においても、民俗学は、「現在のあり方を手がかりに、あるいは現在の事象を資料にして歴史的な世界を組み立てる」ものだと、重ねて強調している。民俗学を「史学」あるいは「国史」として捉える見方は、柳田国男以来のものであるから、この点においては福田氏の民俗学は、「野の学」以来の民俗学の伝統を忠実に継承しているように見える。しかし、柳田の民俗学が、個人の生の「いま・ここ」という原点から発して、より広い生の全体性を、歴史的なものとして希求してきたのに対して、あくまで一村落の内部に限って「歴史」を捉える福田氏の「歴史性」は、柳田のそれとは似て非なるものである。

かつて、東京教育大学を中心として、民俗学のアカデミズム化が推進された時に、和歌森太郎を中心として展開された「歴史民俗学」は、柳田によって提示された「民俗学」の独自の「歴史」認識の意義を十分に理解することなく、従来の歴史学の歴史認識と安易に接続してしまったために、結局の所、民俗学を歴史学の補助学化する道を開いてしまった。福田氏の「歴史学」としての「民俗学」の主張も、やはりそうした狭隘な「歴史民俗学」の延長上に構想されたものであり、民俗学独自の歴史認識を欠落させたままのものである。福田氏の民俗学の個別(画地)分析が、近世村落史研究の民俗学の側からのアプローチであり、その補完のごとく見えてしまうのは、ひとり私だけではあるまい。

「伝承母体論」の功罪

「日本」という命題の排除と民俗の歴史性の主張。福田氏の個別研究法に内在する、一見相容れないようにも見える二つの主張を方法において根拠付けているのが、その「伝承母体論」である。伝承母体論は、必ずしも福田氏だけの主張ではないが、その全体としての意義や問題点、可能性については、本書において加藤秀雄氏が具さに論じているから、そちらを参照して欲しい。ここでは、福田氏の伝承母体論が、民俗の伝承性の根拠を、その民俗を保持し伝える村落やその内部の宮座や講などの社会組織に求めることによって、一方で、「民俗」を、一村落という生活単位において自己完結的に考察可能とする根拠を提示すると共に、その歴史性、伝承性の根拠をも、伝承母体論の存在によって理論的に「保証」されていることをまず確認しておきたい。

「伝承母体論」とは、「民俗」の本質を「歴史性」「伝承性」として捉え、それを保持し伝える担い手を、村落を中心とした小規模な様々の社会集団・社会組織に求めるものである。そうした理解がいかに大きな問題を内に孕んでいるかは、たとえば福田氏自身による次のような定義を一瞥するだけで明らかであろう。

> すなわち、民俗とは超世代的に存在している社会組織が構成員に対し一定の規制力を持って保持させている事象と定義できる。このような社会組織を伝承母体と呼べば、民俗とは必ず伝承母体を持つということになる。(『日本村落の民俗的構造』第一章)

ここでは、「民俗」を生きているはずの一人ひとりの個人の主体的契機がものの見事に斬り捨てられていよう。わたしたちの生活の歴史的形態としての「民俗」は、それがどのように変化のない静態的なもの、固定的なものに見えようとも、それは一人ひとりの個人のその場その場における無意識の選択に基づいた主体的行為の繰り返しによって造り上げられてきたものである。それは同時に、個人によって生きられている「生」の核を形造る具体的実質でもあった。「伝承母体論」は、そうした「伝承」に本質的に内在する個的な契機や主体的契機を見事に捨象し、消去することによって、伝承の持続性の根拠を母体としての社会組織に置き換えたものである。そうした把握では、「民俗」は、常に外側から個人の「生」を束縛したり拘束したりするような「過去の陋習」といった負の側面だけが際立つことになってしまう。

また、「伝承母体論」は、民俗の歴史性の根拠を長期的な時間の持続性に求め、その根拠を、母体としての社会組織に求めている。そこでは、「歴史」とは、伝承の時間的な持続という、無変化な時間の経過へと置き換えられているのである。柳田国男は、人びとの生活のあり方を「変化」の相の下に捉えることを常に意識し、自らの民俗学をしばしば「世相史」や「生活変遷史」として描き出そうと試みてきた。しかし、福田氏の「伝承母体論」では、そうした「変化」を捉える視点が、決定的に欠落している。それは、民俗の担い手である一人ひとりの個人の存在が捨象されていることと、まさに相補的な関係にあるといってよいだろう。

「歴史民俗学」の陥穽

すでに見てきたように、福田氏の個別分析法は、民俗の調査地域を狭く限定し、区画された地域の内部において資料の収集やその歴史的意義を追求するもので、同時に、個別の民俗事象を、広い範囲で他地域の資料と比較検討する比較研究を排除するものであった。とすれば、そうした自己完結的な画地的研究法によって明らかにされるべき「歴史」とは、一体なんなのか。それは果たして誰のための「歴史」なのか。それを明らかにすることにどのような意義があるのか。これこそが、問われる必要があろう。

狭く画地された小地域の内部での民俗の探究によって明らかにされた「歴史」が、仮に、そこに住む住民たちの過去の「歴史」を明らかにするものだとして、それは他地域に暮らす人びとにとって果たしてどんな意義があるのか。そもそも、地域に暮らしながら、他地域との否応ない交流の中で、絶え間なく流動する世相の激変に翻弄されて生きている現代の私たちにとって、画地された一地域の過去の歴史は、私たちの生の歴史としてどのようなリアリティを持ち得るのだろうか。そもそも、私たちにとって必要な「歴史」は、私たちの「生」の全体に関わるものであり、私たちの「生」の全体をこそ明らかに示してくれるものでなくてはなるまい。

柳田国男によって打ち樹てられた民俗学は、その初発から「史学」として構想されてきた。それが民衆の過去の歴史を明らかにするものだからではない。私たちの「生」のあり方そのものが歴史的なものであるからである。長年にわたる柳田の民俗学草創の営為は、先行する既成の歴史学のあり方に対する根本的な疑義や違和によって支えられてきたものである。大きな出来事の連鎖や偉大な英雄の事跡に終始し、過去から現在へと一方的に経流する直線的な時間意識によって作り上げられてきた既成の「歴史」の中に、真の意味での「歴史の欠乏」を見た柳田は、民衆の「生」の具体的なあり方をこそ明らかにすべき学問を求めて、人びとの今の生活の只中へと分け入っていく新しい学問を構想したのである。その結果獲得したのが、「歴史」を過ぎ去った「過去」のものとしてではなく、今に生きるもの、今に生きる人びとの「生」の中に過去の人びとの様々な営為を生きたものとして捉える新しい「歴史」認識であった。そこでは、「歴史」とは、私たちの「生」のあり方そのものにほかならなかった。だから、民俗学は、私たちの今現在の生の姿を明らかにする学問、即ち現在科学でなければならなかったのである。

福田氏の個別分析法は、一方で民俗学が歴史学であるべき事を標榜しながら、民俗学の初発の契機と「歴史」についての深い洞察を等閑視し、その意義を見落としてきたものといわねばなるまい。だから、福田氏は、二十一世紀を迎え、これからの民俗学を危機意識をもって論ずるにあたって、あえて次のように述べざるを得なかったのである。

そのためには第一に、結局歴史認識を鍛え直さねばいけない。（中略）要するに歴史的な蓄積過程を経て現在の我々の生活がある。それを分析することによって、歴史的な蓄積過程、あるいはそのなかでの変遷とか、積み重なってきていることをもっと明らかにする方法が開拓されなければならない。（「二〇世紀民俗学のこれから」）

長年にわたって歴史学としての「アカデミック民俗学」を領導してきた当の福田氏が、今日になってあえてこのように言わねばならない所に、アカデミックの民俗学の不毛が透けて見えるような気がする。

五　「世紀末民俗学」の〈退廃〉

福田アジオ氏は、二〇一〇年三月、女性民俗学研究会六〇〇回記念例会における特別講演「二〇世紀民俗学のこれから」において、二〇世紀末から二十一世紀初頭における民俗学の現状に大きな憂慮と異議を表明し、その状況を「退廃」とまでいって批判している。

氏が「退廃」として攻撃する世紀末の民俗学に共通して見られる傾向とは、まず第一に「分析なしの現象記述」あるいは「把握」であり、第二に、民俗の中に「歴史」を認めることを否定する「歴史よ、さようなら」という、歴史主義への否定、反発という著しい傾向である。

福田氏による民俗学の現状に対する批判は、私にとって大きな驚きであると同時に、極めて共感を伴うものであった。なぜなら私自身も、ほぼ同じ頃「民俗学」の名の下に量産される若い研究者の発表や論文を瞥見して、まったく同じような、違和と不満とを痛切に感じていたからである。しかし、同様の情況を眼の当たりにしながら福田氏が

「分析」の不在、欠落を見出したちょうど同じ所に、私はむしろ「分析」の〈過多〉を見出した。「解釈の過多」といいかえてもよい。幾つかの特徴的な事象を恣意的に取りあげて、私はこれをこう読み解く、こう意味付けると、自己の解釈の巧みさばかりを声高に喧伝するような論の多さにただただ辟易し、そのあり方と、自分が求め続けてきた民俗学のあり方とのあまりの懸隔に、ただただ茫然としたのである。

生活世相の新しい局面に光を当て、そこに何らかの意義を見出そうとする試みそのものが誤っているとは思わない。しかし、彼らの「対象」を見る眼差しの中には、「共感」もなければ、「同情」もない。ただ、同時代を共に生きる人びとの生活を、採取した微生物の生態を顕微鏡で覗き込む自然科学者のように、「よそもの」「よそごと」として見るがごとき、「他者」の眼差しばかりが見てとれるだけである。

その他者性の眼差しの中に、私は、なぜか、かつて「民族学」の草創期に、征服者や統治者として植民地へ赴いて、自分たちとは異質な異世界の住民たちの生活を「異人」たちの特殊珍奇な習俗として書き留めることに終始した、あの「外から」の、あるいは「上から」の特権的な眼差しと同質のものを見る思いがする。柳田国男によって「野」の学問として創成された民俗学は、そうした当初の、外からあるいは上から、他者の生活を読み解く学としての民族学の「他者」の眼差しを反転し、内側から自分たち自身の生活を対象化し、生のあり方を認識することによって生活をより良く変えていく実践的な現実科学として組み替えていくところから出発した。「野の学」としての「民俗学」が初発において担っていたそうした最も本質的で重要な契機を斬り捨て、研究の主体を「民俗学研究者」という一部の職業的な専門家に特化し、研究の主体と対象とを明確に分離し、さらに対象を限定して、方法を精緻化し、客観的科学としての装いを整えようとした「アカデミック民俗学」のあり方そのものの中にこそ、福田氏のいう「民俗学の退廃」は根差していたというべきではないか。なぜなら、研究の主体を一部の特権的な職業的「民俗学者」に特化し、研究の主体と客体を分離し、特権化された研究主体が、上から、あるいは外からの眼差しをもって他者たる研究対象を恣意的に分析してよしとするような「よそ事」としての眼差しは、まさに、そうした「アカデミック民俗学」そのものの中に胚胎し、助長されてきたものにほかならないからである。

結び――再び「野の学」へ

二〇一〇年七月、福田アジオ氏を囲んで行われた現代民俗学会第六回研究会における討論会の記録『二〇世紀民俗学』を乗り越える』は、アカデミック民俗学の現状と問題点を浮き彫りにした貴重な記録である。おそらく、同年三月の福田アジオ氏の講演「二〇世紀民俗学のこれから」の厳しい現状批判を受けて企画されたと思われるこの討論会が、きわめて真摯な現状認識と危機意識の下に、おそらく現代アカデミック民俗学の最も真摯な担い手たちによって企画されたものであることは、疑いあるまい。しかし、私は、この長大な討論の一部始終を読みながら、終始、大きな違和を感ぜずにはいられなかった。なぜなら、福田氏を囲んで民俗学の現状に対して危機を叫ぶ論客たちの「危機」とは、常に「アカデミック民俗学」の「危機」にほかならないことが、露骨に透けて見えたからである。そこに見て取れるのは、伝統的な民俗事象が急速に失われていく中で、「歴史性」を担うという「民俗」の拘束の中で新しい世相風俗に「民俗」を見出せない苛立ちであり、「日本民俗学は世界的に本当に孤立」しており、このままでは、民俗学がアカデミックな世界から退場する」という危機感なのである。そこには、「民俗学」そのものが何のために必要なのか、その学問をしていくことにどんな意義があるのか、という根本の問いかけが見事に欠落しているように思われた。こうした現状こそが、まさしく今日の民俗学の危機を余すところなく体現しているのではないか。

大学で民俗学を教え学び、プロとして研究を進めていくこと自体に問題があるわけでは、けっしてない。野にあろうと官にあろうと、それによって生計を樹てていようといまいと、学問の価値は、その研究の中身によってのみ評されるべきものである。今回の対論において、林利幸氏が的確に指摘しているように、民俗学の歴史や現状を、「野の学」と「アカデミズムの学」の対立という図式によって捉えようとする思考そのものが、ある意味では至って非生産的不毛なものであろう。

しかし、いま、私たちにとって問題なのは、現代の民俗学が「アカデミズム」を標榜し、「客観科学」や「国際化」といった空虚な掛声の下で、一個の人間として、自らの生きる社会の歴史や現実ときちんと向き合うことを忌避しているように見えることだ。アカデミズムの民俗学は、そこに「思想」が関与することを排除しようとする。しかし、「思想」とは、何より「人の生き方」に関わるものではないか。人の「生」のあり方、即ち人の生き方を追究する学問としての民俗学が、「思想」と関わりなく成立しうることが、果たして可能であろうか。

だから、あえて改めて問いたい。

民俗学は誰のものか。

柳田国男によって構想された日本の民俗学は、一人ひとりの生活者が、その生活の現場で自らの生を凝視め直し、そこで培ったささやかな疑問や好奇心を大きな問題として育て、世の中のあり方を問い返していく、そんな実践的な学問として出発した。そうしたすべての人びとに開かれた実践的性格こそ、民俗学の「野の学」たる所以の第一義であろう。

近年の福田氏は、「野の学問の精神」の復権を主張する。アカデミズムの民俗学が、民俗の担い手としての個人への視点を欠落させ、眼前の現実的諸問題に対して危機意識を持って対峙するという実践性と批判的精神を失ってしまった、という反省に基づくものであろう。しかし「アカデミック民俗学」に内在する根本的な問題性に対する反省を欠いたままの提言では、「民俗学」の「退廃」を克服する道を見出すことは難しかろう。

今日、世の中のすべてが混沌として絶え間なく変転し続ける「流動化社会」において、民俗学は現実に相渉る方途を見失ったまま、混迷の只中にあるように見える。しかし、社会がどのように絶え間なく変転、流動しているように見えても、私たち一人ひとりの生活が、「いま・ここ」という原点を基点にした体験的拡がりの中にあるという、基本的な事実は、変わることがない。このような変転極まりない世相であるからこそ、生活の原点を凝視め直し、その拡がりの中に現代の世相の意義と問題とを問い直すような視座と方法とが、「生活の学」としての民俗学には求められているのではないか。

福田アジオ論——アカデミック民俗学の堡塁

杉本　仁

福田アジオは、柳田国男以後の日本の民俗学をリードしてきた第一人者である。その日本民俗学に及ぼした影響は計り知れないものがある。とりわけ福田が主導した「アカデミック民俗学」は、かずかずの業績を生んできた。しかし、その民俗学は柳田国男が普及させようとした民俗学運動とは違い、「経世済民」の本願を忘れ、客観性を重視したスタティックな学問であった。そのために、福田アジオの民俗学の視野から消え去ったものも少なくない。「野の学」もその一つである。在野で、方法論も持たず、手探りで勉強・研究を重ねてきた「自己認識・自己省察」「主体形成」の民俗学（運動）は、ペーパー上の「業績」という尺度によって、等閑視されてしまったのである。そのことに福田アジオほどの碩学が苦悩しなかったはずはない。それでも福田は、アカデミック民俗学の要塞を築く道を進まねばならなかったのである。

一、生い立ち

福田アジオ（一九四一〜）は、三重県四日市市生まれで、命名はエスペランチストの父親・福田正男による。エスペラントでアジアの意味であった。父親は、カタカナであったため憲兵から咎められ、改名を命じられたが、自分の子どもの命名は自由であってしかるべきだとの信念ではね返した（「憲兵と赤ん坊」『朝日新聞』夕刊、一九八七年五月一五日）。戦時下には、空襲で家が全焼し、逃げ惑った。小学校三年のときに東京都杉並区に引っ越し、その後、公立中学、都立武蔵丘高校と都内で生活を送った。

一九五九年に東京教育大学文学部史学科史学方法論専攻に入学し、そこで本格的に民俗学を学ぶことになった。民俗学・考古学を専攻する課程で、一九五八年四月に文学部史学科に「史学方法論教室」として設置され、福田は二期生であった。この教室は、柳田国男の高弟であった和歌森太郎や直江広治、桜井徳太郎、それに院生の宮田登らが学生指導にあたり、名実ともに日本民俗学のメッカとして発展する途上にあった。

しかし、当時の史学科全体の雰囲気は、アカデミックの権威主義が蔓延していたようで、「野」にあった宮本常一の民俗学に対しては、宮本と親交があった史学科教授・津田秀夫（一九一八〜一九九二）さえ、「あれはエッセイだから役に立たない」などと「野の学」には冷淡であった（宮田登・網野善彦・塚本学「民俗的世界の構図—坪井洋文の仕事をめぐって—」『列島の文化史』6号、一九八九年九月）。

福田は、一九六三年四月、学部卒業後に静岡県掛川市で女子高校教員（県立掛川東高校）になり、三年間勤める。東京に長く住んでいた福田には「掛川に居住したのはわずかに三年間であったが、その印象は甚だ強烈」（『民俗学に学んで六〇年』一五頁）で、福田の処女論文「村落の統合と水利」（『日本民俗学会報』四七号、一九六六年九月、『日本村落の民俗的構造』所収）も、この体験をもとに、水利秩序と氏神社の関係性を論じたものであった。

一九六六年文学部専攻生として大学に戻り、翌六七年四月に大学院（東京教育大学文学研究科日本史学専攻修士課程）に入り、研究生活をすすめた。しかし、教育大は筑波移転問題で大きく揺れ、福田は直接の指導教官であった直江広治と袂を分かち、和歌森太郎や桜井徳太郎らとともに「国家管理の大学」移転反対派のなかに身を置いたが、その教育大は一九七八年三月に廃校となった。

福田は、一九八〇年代前半に『日本村落の民俗的構造』（一九八二年）と『日本民俗学方法序説―柳田国男と民俗学』（一九八四年）を刊行し、柳田国男民俗学の批判者として注目され、以後半世紀近くにわたって「純粋培養」の民俗学者として、「アカデミズム（講壇）民俗学」の提唱者、推進者として、その中心で活躍している、柳田国男以後の日本民俗学を代表する学者である。著書（単著）は二十冊をゆうに越え、共著や編著となるとその数はさらに増え、小文・解説・解題・書評・調査報告・講演記録・座談会・対談・インタビューなどになると数え切れないほどの膨大の量になる。それらを概観すると、「村落研究・近世史」、「民俗理論・方法論、および柳田国男論」、「民俗誌」、「民俗学史」、「啓蒙書類」に腑分けすることができよう。

二、村落史・近世史

まず福田の研究は、近世村落史から始まった。東京教育大で木代修一（一九二六～一九八八）の指導を受け、その出発は地方文書を主にした南関東（東京都多摩市）のムラとイエの研究であった。木代は民俗学に理解があり、教育大「史学方法論教室」の提唱者でもあった（「史学方法論教室のことなど」『和歌森太郎著作集月報9』）。木代の学風は、同じく教育大で学んだ芳賀登が指摘するように「学問・思想にせよ、文学・芸術にせよ、それぞれの文化の創出には、すぐれた個人の独創的な能力や蓄積に負うところが多い」（芳賀登「木村先生の学問」：「知識人の生き方にかかわる本質的な学問姿勢」『木代修一先生喜寿記念論文集2―日本文化の社会的基盤』有斐閣、一九七六年）という歴史観をもっていた、「幅広い日本文化史の研究者で」、福田は講義では「日本金石史」を学んだ。また「肥後和男が行った宮座調査について知ったのも」（福田『戦う村の民俗誌』九〇頁）、さらに福田の結婚式の仲人も木代であった。福田の柳田国男個人史への関心・研究も、この木代につながるものであろう。

福田の最初の著書『日本村落の民俗的構造』は、その木代の指導にもとづく近世村落の研究であった。だが、人物史の研究ではなく、福田の高校教員赴任先の掛川体験がいきているムラの耕地所有形態をもとにした近世史であった。目に見えるムラの領域に焦点が合わされ、その組織と運営、なかんずく水利慣行などが、研究のテーマであった。これはのちに福田が主張する「地域民俗論」や「個別分析法」の基底をなしている研究で、福田の「民俗学は歴史学」（「歴史学と民俗学」）である、という主張の底流を形づくるものであった。

その研究をさらにおしすすめたのが『近世村落と現代民俗』（二〇〇二年一〇月）で、福田の村落研究と民俗学研究がクロスした研究で、近世から現代まで受け継がれてきた家連合や年中行事、氏神祭祀、御霊信仰などのさまざまな「制度としての民俗事象」を通して、近世成立期から現代までの生活の実態を描き出した歴史書である。

そして、その福田近世史と民俗学の合体が、福田の代表的著作『戦う村の民俗誌』（二〇〇三年）である。この著作は、古文書（文献）を使用しつつも、民俗をたくみに援用し、村の長老組織である「十五人衆」に注目しつつ、村の総意（民主主義）による解決の方法を追及・解明した論考である。福田の「個別分析法」による歴史書といえよう。

（「三、個別分析法」で論述）

三、柳田国男論

以上のような村落史、近世史研究をベースにして、民俗理論・方法論の検討と柳田国男批判論がある。福田の民俗学の中心に置かれているもので、柳田民俗学批判を理論と方法の両面から展開し、柳田民俗学の主要な方法や概念である「重出立証法」や「周圏論」、「語彙主義」などを批判し、民俗学の研究対象である「常民」や「ハレ・ケ」などの概念の検討、さらには柳田の「野の学」としての「組織論」や目的である「経世済民」までおよんでいる。そしてその主張は「柳田国男から離陸して、独立した民俗学を築く」（福田アジオ「ポスト柳田時代の終焉へ」『民俗学に学んで六〇年』一六四頁）ことで「脱柳田民俗学」の樹立にあった。

このジャンルの出発点が『日本民俗学方法序説―柳田国男と民俗学』（一九八四年）で、『柳田国男の民俗学』（一九九二年）、『民俗学者柳田国男』（二〇〇〇年）、『日本の民俗学者―人と学問』（編著、二〇〇二年）、さらには民俗誌研究を軸にした『北小浦の民俗―柳田国男の世界を歩く』（二〇〇二年）や『柳田国男の世界―北小浦民俗誌を読む』（福田編著、二〇〇一年）をはさんで、直近の『歴史と日本民俗学』（二〇一六年）や『柳田国男入門』（二〇一七年）にまで及んでいる。

その福田の柳田論は、柳田の生涯を描くにあたって、幼少期の「日本一貧しい家」や「兄嫁の悲劇」などの辻川での故郷体験や、「徳萬寺絵馬」や「川舟」などの布川での異郷体験などを描くことが少なく、大学時代の文学体験や農政学から稿を起こすことが多い。そして、柳田の学問全体を「野の学」から「アカデミック民俗学」への行程としてとらえる論が多い。

先ず一九〇八年に民俗学の研究を始めるきっかけがありました。それから昼間は役所に勤めて毎日夜勉強する、休みにいろいろな所に出かけるという形で勉強を開始しているのです。一九三〇年朝日新聞を辞めるまでは基本的に勤めを持っている人でした。（略）彼は大学で民俗学を研究したのではありません。彼は他の職業に就きながら民俗学を開拓し、研究したのです。大学の先生になったのは第二次世界大戦後、民俗学の大家として有名になってからのことです。それは民俗学の特色で、ふつう民俗学のことを「野の学問」とよく言います。要するに国立の大学などでやる学問でなく、在野の学問だということを盛んに言いました。しかし野の学のままでは発展をしないということで、第二次大戦後はむしろ大学で民俗学を研究できるようにするために努力しました。（福田アジオ『民俗学

者柳田国男』七〜八頁）

柳田は、職業に就きながら独力で民俗学を開拓した人物で、大学で民俗学を学んではいない。「野の学者」で、大学教授（国学院大学）になったのは、大家になった戦後のことである。そして、野の学としての発展が心細いので、大学で民俗学が勉強できるよう最晩年は考え、努力した。これが、福田の柳田理解である。

その福田は、柳田の学問（民俗学）を三期に分けて把握する。第一期が、「初期柳田学」で、一九〇八年に九州の宮崎県椎葉村へ旅し、さらに一九〇九年に岩手県遠野に旅し、『後狩言葉記』（一九〇九年）と『遠野物語』（一九一〇年）を書き上げた時期である。近代天皇制が確立し、国民国家「単一民族国家日本」として出発する時期にあたる。ここでの柳田の中心テーマは、「山人」などの移動する人々であった。

第二期が「確立期柳田学」で、文字どおり柳田民俗学が確立する時期である。一九二〇年代から一九三〇年代で、世界恐慌や昭和恐慌で、とくに農村が疲弊し、社会問題化した時代で、柳田の著書では『明治大正史世相篇』（一九三一年）、『郷土生活の研究法』（一九三五年）や『民間伝承論』（一九三四年）が刊行された。その民俗学の目的は「経世済民」で、対象は稲作定着民の「常民」であり、その方法が「重出立証法」と「周圏論」である。ここで柳田民俗学は、確立・体系化された。

第三期が「後期柳田学」、一九四〇年代から死去する一九六二年までである。書物では、『国語の将来』（一九四〇年）、『日本の祭り』（一九四二年）、『先祖の話』（一九四五年）、『海上の道』（一九六一年）などである。敗戦を区切りとせず、太平洋戦争を挟む時期としているのが特色で、その柳田学の主題は「日本」で、対象は「日本人」であったと把握する。だが、柳田は「日本民俗学の退廃を悲しむ」を残して死去してしまった。

その柳田学全体を貫いている理念は「経世済民」の「歴史学」であり、その方法が「重出立証法」であると概観する。「経世済民」とは、学問の目的を世のため人のために役立たせる「学問下僕」・「学問救世」である。そのための学問が、「人を賢くする」歴史学であり、その方法が「重出立証法」である。

「重出立証法」とは、比較方法で、その比較資料にしたのが、主にことば（民俗語彙）で、このことばの変化を比較検討（重ね合わせれば）すれば、新旧がわかり、歴史の変遷が解明できる。さらにそのことばの新旧は、文化の中心から周辺に同心円状に広がっている。これが周圏論であり、その伝播の横軸を縦にすれば時間の変遷がわかり、歴史解明につながる。それゆえ柳田民俗学は、ことば（民俗語彙）を基本においた「語彙主義」であり、「ことば／言語の民俗学」で、さらには日本列島に限定された日本語による「一国民俗学」である。

しかも、柳田民俗学は、調査者には「分析」や「解釈」を許さず、柳田本人の下にその採集資料が一極的にあつまる柳田一極頂点の資料集約主義であった。さらに注視すべきは、「重出立証法」は学問的方法だけではなく、その内部に理論者柳田と資料提供者地方の民俗研究者というヒエラルヒーをも含んだ方法だ、という指摘である。そのために柳田は、研究者育成のために研究会「木曜会」（一九三三年）をつくり、彼らを動員し「山村調査」（一九三四〜三六年）や「海村調査」（一九三七〜三九年）を行ない、さらに研究者を糾合する全国組織の「民間伝承の会」（一九三五年八月）を発足させ、『民間伝承』誌を発刊（一九三五年九月）し、地方の研究者の資料を収奪した。

戦後も、民俗学研究所を自宅に設置（一九四七年）し、資料収集と研究者の育成につとめ、また社会科教科書などを編纂したが、柳田個人中心の民俗学には変わりなかった。その研究所は、一九五七年に閉鎖され、同時に成城大学と東京教育大学に「民俗課程」が設置され、脱柳田民俗学のアカデミック民俗学がやっと出発した。

以上が福田アジオの柳田国男理解である。

四、個別分析法

この柳田把握にもとづいて、福田の柳田批判が展開する。その福田が提唱したのが、「アカデミック民俗学」であり、その民俗学の方法が「個別分析法」であった。「アカデミック民俗学」とは、大学などの研究機関で専門の研究者による恣意性を排除する民俗学研究であり、その普及を目的とする。「個別分析法」とは、「民俗学は重出立証法を破棄すべきである。そして、民俗をそれが伝承されている地域において調査分析し、民俗の存在する意味とその歴史的性格を伝承母体および伝承地域において明らかにすることが民俗学の主要な方法」（『日本民俗学方法序説』一九八四年、一七五頁）である、とする。

これは、福田が柳田民俗学の方法として批判した「重出立証法」や「周圏論」の基になっている日本全国を一律、一元化した日本語による「語彙主義」の「一国民俗学」に対して反措定したもので、それぞれの民俗は個々の地域の文脈に即して理解されなければならないという、一定地域内で調査・分析を完結する方法であった。この方法に基づいて、地域を類型化し、比較、分析し、そこから法則性と歴史性を見出そうとしたのが、福田民俗学であった。この過程で生まれたのが、ムラ・ノラ・ヤマという村落領域論で、ここには完結した小宇宙が想定されていた。

同様の主張は、宮田登（一九三六〜二〇〇〇）によってもおこなわれていた。宮田は、学部、院生時代から福田がもっとも親しく接し、また学問的にも多大な影響を受けた民俗学者である。その宮田が提唱したのが、民俗学の立場から地域社会の特性を解明しようとする「地域民俗学」で、後述するように関敬吾が提起した「民俗社会（Folk society）」と「民族＝種族（Ethnic unit）」を分離する理論を継承するものであった。

これは、宮田や福田の東京教育大の師であった和歌森太郎や桜井徳太郎が唱えた民俗理論、「民俗学は、日本人の民族性（エートス）を明らかにする学問である」を否定するもので、「地域社会の民俗を地域を構成する一つの文化要素として考える」「個別民俗文化論」の民俗学であった（「民俗学の新しい課題」『宮田登日本を語る1—民俗学への道』二〇〇六年、一五四頁）。宮田は、さらにこの「地域民俗論」の考えを推し進め、ムラとは違う都市独自の民俗が再生産されているという考察をもって「都市民俗学」を提唱するに至った。これは都市が、ムラの拡張によって成立・発展したという柳田民俗学の「都鄙連続論」を否定するもので、都市をムラから切り離して、都市独自に生成するという民俗文化を探るものでもあった。福田の個別分析法は、この宮田の「地域民俗論」を継承する、より地域に限定した調査研究法であった。

五、「民俗誌」

福田は、みずからが提唱した「個別分析法」により、限定された個別集落に即した民俗誌を叙述することになる。このジャンルには、『時間の民俗学・空間の民俗学』（一九八九年）、『可能性としてのムラ社会—労働と情報の民俗学』（一九九〇年）、『番と衆—日本社会の東と西』（一九九七年）、『北小浦の民俗—柳田国男の世界を歩く』（二〇〇二年）、『戦う村の民俗誌』（二〇〇三年）、『寺・墓・先祖の民俗学』（二〇〇四年）、『歴史探索の手法—岩船地蔵を追って』（二〇〇六年）などがある。

福田は、これらの本でまず柳田国男の民俗学の方法の批判を行ない、みずからの歴史的世界を構築するために「個別分析法」にもとづく民俗誌を展開する。その福田の行った調査場所は、「公的」な自治体史などの仕事としては日本全国、および韓国、中国におよぶが、「私的」な場所、すなわち福田自身が興味関心をもって自ら選んだ「自前の場所」は、菅浦・若狭大島・水口など琵琶湖周辺が多く、そこは近世文書が残り、惣などの「自治」が活発だった集落である。

その代表作が『時間の民俗学・空間の民俗学』で、福田が「機能主義」と「歴史主義」の融合を試みた意欲作であった。その具体的事例が、近江の北桜と南桜であった。南北両桜（現野洲市）は、滋賀県の湖南平野に位置する両集落であるが「この二つの村落では嫁や婿のやりとりは古くからまったくなく、現在でも見られない。」（『時間の民俗学・空間の民俗学』二二二頁）

もちろん、この開発伝承（祖先が兄弟）は史実ではないであろう。しかし南北両桜の人々にとっては歴史である。その意識としての歴史は毎年一回初午講の場で再確認されるものであり、そのときは馬頭観音を祀るというよりも、子孫が祖先を祀るというべきかもしれない。古くから両村落間に通婚がないのも、このような伝承と関連する。（略）すなわちエクソガミー（外婚）の規制が働いているのである。（略）意識としての歴史と現実の行為としての民俗事象との間にはかくされた関係が存在し、その全体が村落の形成と展開を今に示しているのである。民俗学はその関連構造を把握することで民俗的世界を明らかにする独自の学問になりうるのである。（『時間の民俗学・空間の民俗学』二二四頁）

ここで、福田がもちいている方法は、聞書が可能な所与の伝承であり、目に見える有形の所作やしぐさ、ムラの長老支配構造などであり、さらにそれに規定される人びとの（歴史）意識である。福田は、個別分析法の適用によって、歴史（歴史主義）と村落構造（機能主義）の合一を試みたのである。そのうえで歴史学よりも拡張した「意識」（心意）の領域をも扱う「歴史民俗学」の構築を目論んだ挑戦的論考となっている。

そこで、まず福田の資料収集（採訪）や活用方法を見ておこう。福田の調査・観察の多くは、目に映ずる形あるものに向けられている。柳田民俗学の「資料分類」でいうと、「生活外形」である。柳田は、民俗資料を三分類した。一つめが目に見える「生活外形」・「有形文化」・「異郷人の採集」、二つめが耳で聞いてわかる、記録できる「生活解説」・「言語芸術」、そして三つめが目や耳ではわからない心の採集「生活意識」・「心意現象」である。三つめの心の採集を柳田は重視した。そして、その採集者の研究主体を「旅人の採集」、「寄寓者の採集」「同郷人の採集」と分類し、柳田はまた「同郷人の採集」を高く評価した。

福田の民俗誌は、柳田に同調せず、みずからを「旅人の採集」・「異郷人の採集」と位置づけ、「生活外形・有形文化」、目に見える領域を重視する「景観の民俗学」の色彩が強い。そこで福田の調査は、ムラの外形としての景観から入り、ムラ内部の水路、家並み、などへとすすむ。だが、個々の家に入り込み、生活実態を家人から聞き取り、個人の内面の襞に触れるような調査には消極的である。恣意性を排除し、より資料を客観的にしようとした福田のこれが研究姿勢であった。

そして、福田の代表作といわれる作品『番と衆―日本社会の東と西』（一九九七年）が刊行される。福田の民俗誌のエッセンスがつまった著作である。目次で示しておこう（章番号は筆者）。

一、関西と関東
二、村落類型論と関西・関東：村落構造類型論の形成／村落類型論の新展開
三、村落景観の特質：資料としての景観／集落の色と形／屋敷と屋敷神・墓地／苗代の配置
四、西の衆・東の番：「衆」組織の発見／「衆」組織の事例／東の「番」組織／「衆」と「番」の特質
五、東の民俗・西の民俗：祭りの東西／年中行事の東・西／農耕儀礼の東・西
六、歴史のなかの東と西：惣村の展開と「衆」／東西の境界／東京と大阪

この本も、柳田民俗学批判からはじまる。

第二次大戦後の民俗学研究は、戦前の研究を継承する面が強く、相変わらず全国的な比較研究によって、日本全体としての変化、変遷あるいはそのなかでの本源的なものを追及する傾向が強かった。そのため、地方の特質とか地域性というべきものに視点を置いた研究はそれほどの進展を見せなかった。そして、柳田国男の認識を継承した日本単一社会、単一文化論が支配的であった。（『番と衆』三二頁）

柳田の重出立証法や周圏論、さらにその民俗学論は、日本の単一民族・単一社会、単一文化論を前提にした、全国一律の比較方法であり、日本民族のエートス論である、と批判する。そして自説の「個別分析法」による「地域民俗論」を展開する。まず、学説をふまえる。家の出自・系譜に力点を置いた有賀喜左衛門の「家連合」や福武直の「同族結合型」（東北日本型）と「講組結合型」（西南日本型）などを検証し、福田はみずからの「村落史・村落構造論」の研究をふまえ、ムラ内部の「制度」に視座を設定して「東の同族結合」と「西の講組結合」を村落運営の原理的な方法・技術として析出し、東の家々の「番」と西の人々の「衆」という組織類型を導き出した。

ここでも、福田は「異郷人（外部者）」でも観察・理解できるムラ運営のあり方を通した比較方法をもちいる。柳田の「ことば」・「心意現象」に対し「外形」・「景観」・「ムラの運営の仕方」「行為」などを対比させて論じる。そのうえで柳田以後の民俗研究者も「村落の姿や形を資料として活用するという努力はほとんどされることがなかった」（『番と衆』四九頁）と断罪し、みずからの方法を展開する。その福田の「目に映ずる」光景は、色彩を基準にして、東は垣根の緑色、西は垣根がなく黒色と、また墓地区画を基準にして、東の戸別（屋敷）墓地、西の寺院境内墓地と、東西の日本区分論を展開する。

さらに論考は深められ、東と西の墓地の景観を扱った『寺・墓・先祖の民俗学』（二〇〇四年）がある。これは「個別分析法」によって描いた個別村落の類型を対比する「比較民俗学」を試みたもので、墓制、とりわけ「両墓制」に研究の焦点を合わせている。

まず、日本全国の両墓制の分布から柳田の周圏論を批判する。「柳田の周圏論説に従えば、中央で発生した新しい事象は時間の経過のなかでしだいに周囲に広がっていくが、中央から遠い地点はその到達が遅くなるので、当然より古い姿が残っている。その仮説に従えば、両墓制は近畿地方に濃厚に分布し、東北地方や九州は原則として両墓制はなく、埋葬地に墓石を建立する単墓制であるから、単墓制が古く、両墓制は新しいという結論になる。そして、沖縄・奄美の洗骨改葬との連続性がないことは、その直接の関連性が弱いことを示している」（『寺・墓・先祖の民俗学』二〇四頁）。その結果、伝播ではなく、「全国的に見た場合の両墓制・単墓制の相違の意義は、死体埋葬地としてどこがふさわしいかということの地域差にあると言えよう」（『寺・墓・先祖の民俗学』二五〇頁）と締めくくる。

福田は、祖型・原型論を取らず、伝播論より立地条件を重視した機能主義の立場をとり「個別分析法」を展開する。となると、西日本の領域内においても機能主義をあてはめると、個々別々の地域に個々別々の民俗事象が存在することになり、「周圏論」のような文化の中心地から同心円状にその文化が波及するという伝播論が成立しなくなる。

さらに、「周圏論」を否定するために福田が著したのが『歴史探索の手法―岩船地蔵を追って』（二〇〇六年）であった。岩船地蔵は、栃木県下都賀郡岩舟町の高勝寺の地蔵であるが、この地蔵巡行信仰の流行は、十八世紀（享保年間）に武蔵・相模・甲斐・駿河にかけて流行したもので、本元の高勝寺から発生し伝播し流行したのではなく、遠隔地で突然発生し流行伝播し、西関東や甲斐、駿河へ広がっていったという論考である。これは構造論（機能主義）と伝播論（歴史主義）を融合させつつ、柳田の文化の高い地域から地方へ同心円的に波及するという「文化周圏論」への異議申立と、機能的要件による伝播論が結びついた福田理論の象徴的著作である。そして、その結実が『戦う村の民俗誌』（二〇〇三年）であった。古文書（文献）を使用しつつも、民俗をたくみに援用し、村の長老組織である「十五人衆」に注目しつつ村の総意（民主主義）による紛争解決の方法を追究・解明した論考である。福田の「個別分析法」による歴史叙述であった。

相論に際してはこれら（山の神の祭祀（オコナイ）・月待ち・熊野講・観音祭りなどの年中行事）の民俗を根拠として持ち出し、相手に対して自分たちの正当性を主張している。戦いが絶えず続く緊張の中で民俗が維持され、さらには自覚された。単なる過去から引き継がれた遺習でなく、今現在の生きた民俗であり、自分たちの結集の基礎だった。」（『戦う村の民俗誌』八六頁）

民俗は、生活のなかで維持され、いまに生き、ムラのアイデンティティーを成し、あるときはムラを守る戦いの礎であった、とムラに持続する民俗の力を評価するのである。これはムラ共同体を批判した福田の二律背反の論理に見られるが、近世のムラと今日のムラを比較し、現代のムラを封建遺制と見る福田の歴史意識によるものである。そのうえ、この論理には、内側からムラやムラ人の心の襞に入り込む方法ではなく、外側に存在する制度や組織という事象からの考察である。これも民俗学の方法をより客観的に構築しようとする福田の方法であった。

ここで注意しなければならないのが、福田がもちいている方法である。資料は、目に見える有形のもの（このなかには文書資料も含まれる）や、目に見えるしぐさの動態などで、それらは「旅人の学問」でも比較検討することが可能な領域であるという点である。その結果、郷土人による郷土の観察の中心である「心意現象」などの部分は必要性が薄れる。ここにアカデミズムで調査の方法的訓練を受けた研究者が出向き、この外形を比べる民俗学の方法を適用すれば、ことば（母語）や地域心性や主観の障壁を超克した民俗学が可能になり、国境を簡単に越える民俗学が可能になり、「無国籍の民俗学」としてのコスモポリタニズムの「（世界）民俗学」が成立することにもなる。福田の民俗学は、この可能性を追究し、みずからも（日本）列島から（朝鮮）半島へ、さらに（中国）大陸へと、アトランダムに個別村落の調査を断行し、普遍的な研究方法を探求していった。

六、民俗学史

柳田国男批判と個別分析法による民俗誌をふまえ、福田がさらに柳田国男の民俗学を相対化、超克するために着手したのが民俗学史であった。『日本民俗学の開拓者たち』（二〇〇九年）、『日本の民俗学―「野」の学問の二〇〇年』（二〇〇九年）、『現代日本の民俗学―ポスト柳田の五〇年』（二〇一四年）、『民俗学のこれまでとこれから』（二〇一四年）などが、それである。

一九九〇年代の「先行研究への無配慮や無知、数理社会学的方法のみが調査の方法であるかのような錯覚の横行、流行的学説や流行的社会現象への評論風コミットなど」（福田アジオ『これまでとこれからの民俗学』三〇頁）がまかり通る「退廃の世紀末民俗学」を受けて、二〇〇〇年代に多くなった領域で、福田の歴史学者としての側面が、学史を通して日本民俗学の問題点を洗い直す作業に着手させたといえよう。

その出発点が『現代日本民俗学Ⅰ・Ⅱ』（野口武徳・宮田登・福田アジオ編、一九七四年・一九七五年）で、これは福田が野口武徳・宮田登とともに編んだ民俗学論集である。ここでは柳田国男からの自立を説き、岡正雄や石田英一郎などの論考を取りあげ、民族学と民俗学の融合を説き、「進化主義に対する反進化主義者、あるいは歴史主義民族学に対する機能主義者達の反論という民族学の学史をひもとくことはこんごの新しい民俗学の展開・発展のためにはおおいに参考になるかと思う」（「解説」二五九頁）と民族学の方法論の摂取とその検討を要請している。これを引き継ぎ、福田の「学史」が展開する。

注目すべき著書は、『日本の民俗学―「野」の学問の二〇〇年』と『現代日本の民俗学―ポスト柳田の五〇年』である。アカデミズムの世界に君臨していた福田の浩瀚な蘊蓄に基づいた民俗学史で、福田の史観が明瞭に現れている書物である。学史の中心は柳田国男で、日本民俗学の成立過程上当然であるが、柳田の死を区切りに柳田以前の「野の学」と柳田以後の「アカデミック民俗学」に分けている。「野の学」としての民俗学は、その端緒を他者・異郷を知ることとし、起稿を「他者の民俗への関心」として織豊政権の「兵農分離と都市の成立」からはじめる。他者の生活への興味関心から日本民俗学がはじまるのは、西洋人がアフリカ、アジアなど外国への関心から民族学が発生したことをふまえての起筆であった。そして近世の田舎興味の文人を扱い、明治に入ると欧米人類学の影響、それによる民俗学の萌芽、そして柳田国男の出現で民俗学が確立する。その柳田国男の民俗学を福田は三期（初期「民俗学の登場」、中期「民俗学の確立」、後期「戦後の民俗学」）で把握する。柳田亡き後は、「アカデミック民俗学への行程」となる。

　柳田國男は一九六二年八月八日に八八歳で死去した。（略）民俗学研究はいよいよ柳田を頼りにすることができなくなった。柳田が築いた調査と研究の分業体制を、研究レベルで継承することは不可能であった。各地に居住し、民俗に興味をもって、周囲の民俗を調査して報告しても、もはやそれを評価して活用してくれる人がいないのである。この事態はすでに一九五〇年代末には生じていたが、柳田の死でそれは動かしがたい事実となった。各地の民俗学研究者は励みになる目標を失った。この点からも野の学問としての民俗学にアカデミック民俗学が取って代わることは必然であった。（『日本の民俗学』二九六～七頁）

柳田国男が死んだから、その研究体制は瓦解し、地方の野の研究者は評価、活用される方途がなくなった。そこで野の研究者の存在価値がなくなり、お払い箱となる。それに代わって「アカデミック民俗学」が台頭する。これが福田の柳田国男までの民俗学史である。そして、後編の『現代日本の民俗学―ポスト柳田の五〇年』（二〇一四年）の冒頭は、「アカデミック民俗学の成立」から稿がはじまる。

日本の民俗学は一九五八年（昭和三三）から新たな段階に入った。前年の五七年に民俗学研究所は解散し、そして日本民俗学会は機関誌『日本民俗学』を刊行できなくなり、活動を停止した。柳田国男が築いてきた野の学としての民俗学の研究体制は終わった。その結果、それまでの在野で研究する学問から大学などの公的研究機関で研究が行われるアカデミック民俗学となった。もちろん一九五八年に専門教育を開始し、また研究を展開したのはわずかに東京教育大学と成城大学の二つに過ぎなかったが、それに続いて小規模ながら各地の大学に民俗学の講義が開講され、また制度的でなかったが民俗学を専門的に学び、卒業論文を民俗学的な内容で執筆して提出できる大学も見られるようになった。学会の運営も大学の研究室によって担われるようになった。事務局は学会の代表理事が属する大学に置かれることが原則となった。民俗学研究所の解散と日本民俗学会の活動停止によって、「野」の学問の到達点としての姿を示していた研究体制が消え去り、何らかの形で新しい研究体制が消え去り、何らかの形で新しい研究体制を必要とする時期になっていたことに呼応するものであった。そして、この状況に対応するかのように、世界的にも類を見ない民俗学の全体像を示した『日本民俗学大系』全一三巻が刊行を開始した。その内容には柳田国男の民俗学からの自立が意図されていた。（『現代日本の民俗学』一〜二頁）

民俗学研究所の解散で野の学としての民俗学は終わり、アカデミック民俗学の到来を告げるように教育大と成城大に民俗学の専門講座が開かれ、さらに民俗学で卒論を提出できる大学も増えた。そして柳田民俗学に鉄槌を下すかのように『日本民俗学大系』が刊行され、柳田国男の民俗学からの「自立」が可能になった。その「自立」（離反）過程を示すかのように、『現代日本の民俗学』は、柳田以後の五十年を、アカデミック民俗学の出発からアカデミック民俗学の進展と停滞、さらにはその展望と任務を説いている。

目次では「Ⅰアカデミズムのなかの民俗学」、「Ⅱ批判と反省の民俗学」、「Ⅲ新しい民俗学研究の形成」、「Ⅳ制度の中の民俗学」、「Ⅴ社会の変化と民俗学」、「Ⅵ落日の民俗学と現代民俗学」、「Ⅶ二一世紀の民俗学」となる。徹頭徹尾アカデミック民俗学中心の記述に終始している。巻末は「民俗学のこれから」で締めくくるが、「柳田からの離陸」「世界のなかの民俗学へ」「地域に深く・世界に広く」「他の科学との協力・共同と競合を」、そして「再び野の学問へ」で終わっているのである。これは民俗学史であるが、福田みずからがたどってきた半世紀にわたる「アカデミック民俗学」の道でもある。ということは、福田自身がみずからの学問を総括する意味合いもあるのである。その最後が、「再び野の学問へ」で、その実践性を強調している。

近年、再び民俗学の実践性が強調される傾向にある。（略）しかし、その実践は政府の施策を前提に、実績を挙げて、結果として地域社会の発展に貢献するという側面が強く、批判の目がほとんどない。（略）人文科学や社会科学の多くは政策や制度に直接結びつくために成立してきたのではない。むしろ、地域や地方に足場をおいて国家や地方自治体の行政施策や制度化がもたらした問題を批判的に検討することで形成されてきた。柳田国男の民俗学もたえず彼の抱いた危機意識に基礎を置いて成立したということができる。批判的な姿勢や問題意識をもって現実に対処することが学問であり、特に野の学の使命である。

野の学としての民俗学は、野にあって、野を研究することを理念とするが、そのことでこの五〇年間成長してきた制度としてのアカデミック民俗学を否定することではない。大学などの研究機関において再生産されるあり方を否定するところからは未来への展望は開けない。アカデミック民俗学に野の学問の精神を注入し、野の学問としての実践性を獲得し、現実に貢献することを構想しなければならない。(『現代日本の民俗学』二八五〜六頁)

民俗学をふくむ人文科学は、国家権力や行政への批判精神をもって形成されてきた。野の学として発展してきた柳田民俗学も同様であるが、近年(一九九〇年代)の民俗学には、その批判精神が薄らいで、「退廃の世紀末民俗学」(『民俗学のこれまでとこれから』二八頁)と化している。そこでアカデミック民俗学は、野の学の伝統である「批判精神」を取り戻し、さらに野の非職業的民俗学研究者の「実践」の成果を取り込みながら民俗学を再構築すべきである。野の研究者もアカデミック民俗学を否定しては、明るい未来はない。これが福田民俗学の総括である。あくまでアカデミック民俗学に軸足を置いた主張である。

七、『民間伝承』誌

アカデミズムに主軸を置いた福田アジオの「民俗学史」には、理論や方法などを論じた書物は網羅されているが、反面、個々人の体験にもとづく資料や運動として展開された地域の民俗学は取りあげられることが少ない。また地方で刊行されたガリ版刷りの雑誌や、その発行元の研究会組織への言及も少ない(佐藤健二『柳田国男の歴史社会学』二〇一五年、参照)。それればかりではなく「中央」でも無視された民俗雑誌に『民間傳承』がある。『民間傳承』は、福田らが「お国のため」(坪井洋文)に尽力した国立歴史民俗博物館が、開館した同時期の一九八三年にしずかに消えていった雑誌である。

その『民間傳承』は、「民間傳承の会」の機関誌として、小さな事実、小さな問題の登録、それによる民俗学上の諸問題の登録、知識交易、研究者の相互連絡などを目的に一九三五年九月に創刊された。そして、戦中・戦後と続いたが、一九五二年十二月号をもって、民俗学研究所および日本民俗学会から離れ、六人社の戸田謙介に引き継がれた雑誌である。そして『民間傳承』は生まれ変わり、一九五三年五月(通巻一七五号)に「これまでよりも一層大衆性を帯びた民俗学普及の月刊誌」として刊行されるに至った。雑誌刊行の世話人には浅野晃、大間知篤三、桜田勝徳、中平解、駒井和愛の五人がなり、戸田の死の直前の一九八三年六月(通巻三三四号)まで刊行された。

掲載記事は、旧『民間傳承』の「民俗学の成果を国民の常識にまで広めること」を引き継ぎ、ハガキサイズの民俗報告や民俗学研究の調査動向などを載せる一方、大間知篤三や桜田勝徳、宮本常一らの本格的民俗学論考を載せたが、多くは福田アジオらのいうところの「分析なしの現象記述」の報告であった。だが、その報告は、研究者が体験・経験した伝承であり、事象であり、柳田のいうところのみずからが体験した「実験の民俗学」で、まさに研究主体と研究客体が一致した「具体事象」あふれるものであった。

にもかかわらず雑誌は当初から赤字経営で、そのため少しでも経費を切り詰めようとせっせと広告を載せ、そのなかには誌面内容とは似つかない「日清製粉」や「三井銀行」などの企業名まで見られた。これは、よりアカデミックの装いに衣替えした日本民俗学会の機関誌『日本民俗学』とは大きな差を見せていた。雑誌の有力支援者である「維持会員」には、政財界の渋沢敬三、藤山愛一郎、水野成夫のほか、大宅壮一、伊藤整、海音寺潮五郎、長谷川伸、山岡荘八、横溝正史、吉川英治などのジャーナリストや文学者も名を連ねていた。そのほか浅野晃、雨宮庸蔵、駒井和愛、中平解、林房雄、石田英一郎、大間知篤三、関敬吾、桜田勝徳、宮本馨太郎、宮本常一など、戦前から民俗学に注目してきた「オールドマルキスト」、「転向マルキスト」、あるいは「オールドフォークロリスト」などもみられた。その彼らは、柳田が提唱した「学問救世」の理念と志を持つ「心情的なナロードニキ」であり、「野の学」への親密感を深くもっていた人びとであり、また雑誌への投稿者でもあった。さらに、この雑誌を支えたのが、地方の研究者であった。新潟県の『古志路』編集・発行者の小林存や三宅島の浅沼悦太郎（浅沼稲次郎社会党書記長・委員長の兄）などは、読者であるとともに熱心な投稿者でもあった。

その小林存が、高齢で病に伏すと「同志相寄ってささやかながら療養の資を差し上げたい」と呼びかけ、「小林先生を守る会」を一九六〇年六月に設立し、「毎月百円ずつ拠出すること。先生の御存命の限り継続すること」などと援助を呼びかけた（「小林先生を守る会」『民間傳承』二四八号、一九六〇年七月）。このようなムラ的、同志的な人びとの小さなつながりやオテンマ（扶助）的な支援援助をもとにした雑誌であった。にもかかわらず、赤字経営は解消されることがなく、戸田の死去（一九八三年五月二八日）とともに『民間傳承』誌も廃刊（通巻三二四号、一九八三年六月）に追い込まれてしまったのである。

だが、アカデミズムから分離したこの『民間傳承』誌は、「小さな事実」にこだわりつつ民俗事象の採集につとめ、「真の学問は身体を良くする為にする衛生学や生理学のように、世の中を良くする為のものではなくてはならない」（「編集後記」『民間傳承』一九五四年一月号）という柳田の掲げた「経世済民」の志を継承し、「野の学」であることの矜恃を一貫して曲げることなく三十年間、「ヴ・ナロード」を叫び、そのなかでみずからを成長させようとした人びとに支えられながら刊行し続けた雑誌であった。ここには戦前「思想が空回り」した体験を持つ人びとが集まり、「常民」としてみずからを位置づけ、小さな事柄に配慮しながら、みずからを律する生き方を求めた民俗学の一つの在り方があった。これも民俗学ならではの営みであろう。しかし、このような体験や主観に基づいた「実験の民俗学」（柳田国男「実験の史学」『柳田国男全集⑱』）は、客観性を求めた福田の民俗学には不似合いなもので、福田が『現代日本の民俗学』で言及することはなかった。

八、民俗学の普及

福田は、一九七七年三月に教育大の文学研究科博士課程を修了し、同年十一月に武蔵大学人文学部助教授に就任し、以後一九八四年三月に国立歴史博物館教授、一九九三年四月に新潟大学人文学部教授、一九九八年四月に神奈川大学外国学部教授、そこを二〇一一年三月に定年（七〇歳）退職するまで大学などのアカデミズムの学者として過ごしてきた。

この間、福田は、非常勤をふくむ大学で学生を指導し、フィールド調査を実施している。その報告書は、武蔵大学、都留文科大学、東京女子大学、新潟大学、神奈川大学などにおよび、その調査場所も「フィールドの軌跡」（福田アジオ『民俗学に学んで六〇年』二〇一八年）に掲載されているだけでも、三十一ヶ所を数えることができる。そのうえ調査では必ず報告書を仕上げ、その調査地に報いる姿勢は、教官の身分を超えたものといえよう。

その一方で、福田は、研究機関を離れ、数多くの自治体史民俗編の責任者を引受けている。この背景には、高度経済成長期によって日常生活が急速に変化するにともなって、民俗事象の変貌や消滅が意識されるようになったことがある。この危機意識は、地域の文化財や民俗事象を保存・維持するための行政の民俗調査や自治体史の民俗調査・民俗誌の刊行を生むことになった。福田はこれにもよく応え、自治体史・誌の「民俗編」の監修者・責任者を引き受けることになった。その数は膨大におよぶ。管見の限りでも「勝田市史」（一九六八～一九七五年）を皮切りに、「伊勢崎史市」（一九七八～一九八九年）、「和光市史」（一九七八～一九八三年）、「新座市史」（一九八〇～一九八六年）、「四日市市史」（一九八九～一九九五年）、「大和市史」（一九八九～一九九六年）、「裾野市史」（一九八七～一九九七年）、「静岡県史」（一九八五～一九九五年／宮田登部会長・福田は専門委員）、「山梨県史」（一九九〇～二〇〇三年）などにおよんでいる。ここをフィールドに、アカデミズム育ちの研究者や初心者をつぎつぎに投入し、民俗調査を実施し「純粋培養の民俗学者」を育て上げていった。(注1)

それにともない調査のマニュアルも必要になり、福田は辞書や調査マニュアル、教科書、基本文献集成などの作業を進めた。編・共著だけでも『現代日本民俗学Ⅰ・Ⅱ』(野口武徳・宮田登と共編著、一九七四・七五年)、『民俗調査ハンドブック』(上野和男・高桑守史・宮田登と共編著、一九七四年)、『民俗研究ハンドブック』(上野和男・高桑守史・野村純一・宮田登と共編著、一九七八年)、『民俗学文献解題』(宮田登・山路興造・宮本袈裟雄・小松和彦と共編、一九八〇年)、『日本民俗学概論』(宮田登と共編著、一九八三年)、『日本民俗学』(赤田光男・天野武・野口武徳・福田晃・宮田登・山路興造、一九八四年)、『新版民俗調査ハンドブック』(上野和男・高桑守史・宮田登、一九八七年)、『講座日本の民俗学』(赤田光男・香月洋一郎・小松和彦・野本寛一、一九九六年〜二〇〇四年)、『図説日本民俗学』(古家信平・上野和男・倉石忠彦・高桑守史と共編著、二〇〇九年)、『図解案内日本の民俗』(内山大介・小林光一郎・鈴木英恵・萩谷良太・吉村風と共同編集、二〇一二年)、『知って役立つ民俗学』(板橋春夫・岩野邦康・小熊誠・斎藤弘美・佐野賢治・関沢まゆみ・萩谷良太・古家信平と共同編集、二〇一五年)、『はじめて学ぶ民俗学』(市川秀之・中野紀和・篠原徹・常光徹と共編著、二〇一五年)など、おびただしい。そして、民俗学の集大成と言うべき『日本民俗大辞典上・下』(新谷尚紀・湯川洋司・神田より子・中込睦子・渡辺欣雄、一九九九・二〇〇〇年)では、六〇〇名を超える執筆者を糾合しての刊行であった。

これらの刊行物は、日本民俗学に多大の貢献をしたことは、言を俟たない。だが、その一方で、それまでの民俗調査が先輩や先学の横で、その手法を個人的に学ぶことが多かったものが、「マニュアル本」による画一的な調査になり、さらにフィールドも自治体の指定した場所へと化していった。そして、採集した民俗事象は、「事実」として提出されるのではなく、「分析」と称して解説書や辞典によって画一的な解釈が施され、類似した「民俗編」がつぎつぎと刊行されるようになっていった。にもかかわらず刊行された「民俗誌」が、アカデミックの民俗学者によって全国レベルで比較や検討がおこなわれた例も管見の限りではない。さらに市町村内で住民によってテキストとして読まれ、活用された事例も多くない。(注2)

このような市町村史への関与に疑問を懐いた、民俗学者は少なくなかった。そのことを一番よくわかっていたのは、その本人たちであった。

ところが実際は、教育委員会の仕事を傍らに置いておくと（略）いつのまにか似たような報告書が、本当に役に立っているのかどうか判らない状態で、ただ山積みされていってしまったんです。かえって、行政の中でやってゆく時には一つの簡便なスタイルが固まってしまって、そこから逸脱しにくくなってしまったことは確かですね。（略）今の民俗学では、実際、文化財保存という形で、行政や文化庁とタイアップして……それで報告書作ると満足しちゃって、それを抽象化してコンセプトなり仮説なりを提示していくことを怠っていても、民俗学者として通用してしまうんです。資料集めて、お定まりの分類をして……。そうして、民俗資料を保存してゆくということだけでも、民俗学の価値があると考える人も居るわけですが、（略）市町村史の仕事が忙しくなってくるようななかで、私たちも仲間同志、本来の調査はどうあるべきかってことで、自前の調査をしなくてはいけないと話していたこともありました。福田アジオさんとか亡くなった野口武徳さんたちとね。（『宮田登日本を語る1民俗学への道』一六～七頁）

鋭い時代感覚を持っていた宮田は、自治体史編纂が、研究者の関心優先の自前の調査をなおざりにした結果、民俗学本体を蚕喰しはじめ、質の悪い民俗学者をつぎつぎと生み、理論低下を招きはじめたことに、すでに一九七〇年代後半には気づき、福田らに相談し警鐘を鳴らしていた。また、少壮の研究者からも内部批判が噴出した。大月隆寛や小川徹太郎、佐藤健二、重信幸彦、小池淳一、山田厳子らのことばによる共同性の構築を模索していた世間話研究のグループであった。

次から次へと新たに繰り出される『市町村史』編纂の波に乗り、そのような波からつむぎ出されることばがどのような効果とどのような現実をひきずり出してゆくのかについて何ひとつ足もとからの反省をしないですむような速度に自分を隠蔽し、現地を飛び回っては弟子を叱咤激励するだけの日々に何かをやっている錯覚に安住する手合いがいる。（略）膨大にいる。」（大月隆寛『民俗学という不幸』一一頁）

このような批判にもかかわらず、福田は、自治体史編纂事業への参与を辞めることがなかった。むしろ福田は、その先導者として積極的に関与し、推進に努めた。そして、中央の「権威ある学者」—地方の自治体史請負人の研究者ボス—アカデミック研究者—地元研究者というヒエラルヒーを築き、その自治体史編纂で「業績」を積み上げた研究者は、自治体の博物館などの学芸員などを経て、大学や研究機関の研究者としてステップアップしていくアカデミズム研究者育成システムの回路を作りあげた。そこで「一九八〇年代以降は民俗学も大学と博物館によって担われるアカデミックな学問となった」（福田アジオ『日本民俗学の開拓者たち』一〇二頁）のである。

九、政治性の民俗学

そのアカデミズム民俗学の頂点に君臨しようとしたのが、国立歴史民俗学博物館であった。国立歴史民俗博物館は一九八一年四月に設置され、一九八三年三月に千葉県佐倉市の旧帝国陸軍歩兵第二連隊の駐屯地であった佐倉城址の一角に開館した。目的は、「国立歴史民俗博物館は、大学における学術研究の発展及び資料の公開等一般公衆に対する教育活動の推進に資するための大学共同利用機関として、（略）我が国の歴史資料、考古資料及び民俗資料の収集、保管及び公衆への供覧並びに歴史学、考古学及び民俗学に関する調査研究を行うこと」にあった。それに適応するように、「お国のためを標榜した坪井洋文」（宮田登「坪井洋文論」『宮田登日本を語る15民俗学を支えた人びと』二〇〇七年、一九八頁）と「都市民俗学、世界民俗学」を主張した宮田登、それに「アカデミック民俗学」を推進しようとした福田アジオの三人が民俗学部門の中心になり、展示計画、研究組織、研究計画をすすめていった。そして人事も「権威」あるものであった。

成立期の民俗研究部は坪井洋文、山折哲雄、高桑守史、上野和男、福田アジオなど大部分のスタッフが大学教員からの移籍であった。もっとも大学に基盤を置かない学問を基礎にした民俗研究部がもっともアカデミックな姿をとり、大学と同じような研究中心の活動を行った。専任教員に加えて客員教官の仕組みが採用され、各研究部には大学などの教員が客員として併任され（私立大学からの場合は非常勤―福田注）、研究に従事した。」（福田アジオ『現代日本の民俗学』一四七～八頁）

そして、私学より官学、その官学の上位に位置する「お国」の歴博という、大学よりももっと権威ある歴博民俗研究部を「日本を代表する民俗学研究機関として、海外との交流・協力の窓口にならなければならないと考え、具体化し」（福田アジオ『現代日本の民俗学』一五四頁）構築したのである。そこで実施した「共同研究」も、地方の大学や学芸員など「全国の研究者を組織」する「権威」あるもので、その結果「一定の成果を挙げることができた」という。そのうえ、共同研究に参加することは、研究者として評価され、位置づけられることを意味したためである。参加した研究者は、共同の研究のメンバーになることを名誉と考え、研究会に出席することに喜びを感じていたといってよい。無償労働としての共同研究という側面に疑問を発することはなかった。（福田アジオ『現代日本の民俗学』一五二頁）

国や中央の権威ある組織、歴博によって行う調査研究は、研究に箔がつくので、次のステップを考えれば「無償労働」でも喜びが大きかったというのである。だが、このもの言いは、知のヒエラルヒーをあからさまに肯定するもので、かつて福田が、柳田国男のもとに地方から集まる民俗資料を一極集中の知の収奪として批判した、それではないか。

柳田の弟子たちは柳田の指示にもとづいて資料を集積する役割を果たすことになった。彼らには実践的な課題も歴史研究としての民俗学という方法論もあまり関係がなかった。それらはすべて柳田個人にとっての課題であり、方法であった。弟子たちは民俗事象を調査し資料化するだけの役目であり、しかも何を民俗とし、何を非民俗とするかはほとんどすべて柳田の判断によっていたのであり、自ら主体的に思考して把握することはできなかった。（福田アジオ『柳田国男の民俗学』五〇頁）

これは『柳田国男の民俗学』（二〇〇七年）のなかで福田が、柳田民俗学の知的構造を、確立期の民俗学としては致し方なかったといいつつも、批判をむけた柳田民俗学の研究体制や姿勢そのものではないか。歴博も同じ轍を踏んでいたのではないか。さらに歴博の民俗研究部は、アカデミック民俗学構築のための「厳格」な人事をも行っていた。

筆者（松崎憲三）が国立歴史民俗博物館から成城大学へ転任するに際しては、一悶着あった。（略）歴博の当時の民俗研究部長は坪井洋文先生であり、そのブレーンの一人が筑波大の宮田登先生であった。ある時坪井部長に呼ばれ、「武蔵大へ移らないか」と言われた。突然のことに驚きを隠しえず、とりあえず「考えさせて下さい」とお答えした。後でわかったことは、当時武蔵大にいたF・A氏を歴博に迎え、私と交替させたいということだったらしい。さらには、やはり歴博にいたT・M氏をM・K氏と交替で筑波大へ送り込み、そのM・K氏は成城大へと遠大（?）な二人の構想が背後にあった模様である。たまたまT・A氏と雑談している中でそのことが発覚し、「歴博は自分達のことを必要としていない」、「人を駒ころがしみたいに」と、二人とも怒り心頭に発した。（『民俗学がめざすもの』松崎憲三、成城大学文芸学部松崎研究室、二〇一八年、一〇九頁）

もちろん「F・A氏」は、いわずもがなである。歴博の民俗部会をつくった坪井、宮田、福田の三人による歴博およびその周辺人事の掌握・支配ということである。この三人の思惑どおり、アカデミズム民俗学界の人事は展開し、松崎は私学の成城大学に追いやられ、その後釜として福田は私学の武蔵大学人文学部教授から、開館一年後の一九八四年三月に国立の歴史民俗博物館民俗研究部の教授に就任することになった。

だが、その福田らのアカデミック志向の民俗学者の多くが主張したことは、柳田一極に集まる研究体制（「知の収奪」）への批判と、新たな制度構築による民俗学の進展であったはずである。とくに坪井は、野の学の研究所として柳田邸に設置された民俗学研究所の解散・解体劇を演じ、とりわけ研究所の東京教育大移管を「官学」であると批判し、民俗学研究所の存続を葬った所員五人組の一人であった（牧田茂「民俗学研究所」『柳田國男事典』）。

福田もまた柳田への一極集中の民俗学と、その組織、さらにはその方法である「重出立証法」を「地方の民俗学者を単なる資料報告者として位置づけた」（「民俗学と重出立証法について」『季刊柳田国男研究』六号、一九七四年七月）と批判し、ひらかれたアカデミズムによる「志」を持った指導体制の構築を主張した人物ではないか。であるならば、福田アジオの任務は、「閉鎖されたムラ人事」によるアカデミズム支配ではなく、アカデミズムによる民俗学理論・方法論の先鋭・深化、さらにその先にある「知」の独占やヒエラルヒーの解体にあったはずである。

しかし、そのようにすすまなかったのは、アカデミック民俗学を志向するあまり、福田アジオの民俗学から「日本という命題」（永池健二）が削ぎ落とされ、さらには民俗学を通しての「自己反省・自己省察」という主体形成とその実践的な生き方が、その視座からは消えてしまったことに由来するのである。

（注1）たとえば「大和市史」では、関沢まゆみ・古家信平・竹本康博・浜田弘明・鈴木通大・山崎裕子／「裾野市史」では新谷尚紀・杉村斎・斎藤弘美・岩田重則・松田香代子・宮村田鶴子・菊池邦彦／「山梨県史」では、服部治則・宮本袈裟雄・新谷尚紀（以上専門員）、中込睦子・菊池邦彦・池上真理子・堀内眞・山田厳子・影山正美・高山茂・浅野久枝（以上専門委員）である。／地元の研究者より大学関係の他県の研究者が多いのが特徴である。

（注2）その例外の一つに、宮田登が後藤総一郎とともに刊行した『南信濃村村誌・遠山』（一九八三年）がある。その村誌をもとに後藤総一郎が、住民と読書会を開く過程で「常民大学」構想が生まれた。それが「遠山常民大学」で、一九七七年に創設された。この学舎は、のちに全国に十数カ所設立される常民大学運動の先駆けになったものである。後藤は、柳田のテキストを恒常的に十年間、読むことを通して、①地域に根ざし、そこから問題意識を養う「在地主義」、②郷土の歴史を系統的に学ぶことを通して、研究主体と伝承の担い手（客体）の分離・固定化を止揚すること、③その学習を通して、研究する特権化の否定と地域住民への同化を掲げて、自己省察→自己変革→地域改革のための主体確立を求めた学習運動を展開した（後藤総一郎『郷土研究の思想と方法』一九八一年）。講義には、当時の村の人口約三千五百人中、延べ五二一人、平均一回三

十七人が集まった。住民は、一回千円の「身銭」を支払い、後藤の掲げた柳田国男の民俗学を中心に「近代日本の思想と民衆」の講義に耳を傾けた。

その運営方法もユニークなもので、後藤は四つの運営理念を掲げた。①身銭主義による自己教育の実践、自己の内面は自己の力でつくる。②主体性と内発性にもとづく参加、序列意識や付き合いでの参加を拒否。③長期展望をもって学習を続ける、一年間を区切りとしながらも一〇年くらいの長期展望をもって学習を進める。④運営は世代縦断的構成で委員会によって行う。そして実践され、各地の常民大学をつなぐ合同大会も開かれるようになった。

参考文献（福田アジオの著書および直接の引用については文中に記した）

岩本通弥・菅豊・中村淳編著『民俗学の可能性を拓く――「野の学問」とアカデミズム――』青弓社、二〇一二年。

川森博司「中央と地方の入り組んだ関係―地方人から見た柳田民俗学」（岩本通弥編『ふるさと資源化と民俗学』吉川弘文館二〇〇七年）。

小池淳一編『民俗学的想像力』せりか書房、二〇〇九年。

真野俊和『日本民俗学原論』吉川弘文館、二〇〇九年。

杉本仁『柳田国男と学校教育』梟社、二〇一一年。

鶴見太郎『柳田国男とその弟子たち―民俗学を学ぶマルクス主義者』人文書院、一九九八年。

永池健二『柳田国男・物語作者の肖像』梟社、二〇一〇年。

室井康成『柳田国男の民俗学構想』森話社、二〇一〇年。

ヨーゼフ・クライナー編『近代〈日本意識〉の成立』東京堂出版、二〇一二年三月

『国立歴史民俗博物館研究報告第27集―共同研究「日本民俗学方法論の研究」』一九九〇年。

『国立歴史民俗博物館研究報告第43集――「民俗の地域差と地域性1」』一九九二年。

『国立歴史民俗博物館研究報告第52集――「民俗の地域差と地域性2」』一九九三年。

『国立歴史民俗博物館研究報告第132集――共同研究「民俗学における現代文化研究」』二〇〇六。なかでも岩本通弥「戦後民俗の認識論的変質と基層文化論」。

『国立歴史民俗博物館研究報告第178集――開館三〇周年記念論文集I』二〇一三年。

●特集1＝福田アジオの民俗学をめぐって

「主体化」の問題をめぐる柳田国男民俗学と福田アジオ民俗学の科学認識論的比較

フレデリック・ルシーニュ

はじめに、柳田の「ロマンティック」な魅力とこの小論文の問題提議

この論考には、「心意現象」を研究対象と設定した柳田国男の民俗学と、「伝承母体」を研究対象と設定している福田アジオ先生（以下は福田アジオと記す）(注)の民俗学を、住民による民俗学知識の再利用と「主体化」の問題をめぐって比較して、方法論上の相違点と類似点を検出した上に、世界規模の「主体性の民俗学」の可能性を考察してみたい。

柳田国男の思想のなかにもっとも魅力的な部分と思うのは、柳田の、主観性を対象にする独特な方法論である。人間の主観性を規定する精神上の法則を生活の場から検出して、社会科学の実証的な方法でそれを客観的に検討しようとする。そのアプローチによって、せめて非合理的な事象でもその意義を尊重して客観化する。簡単に言うと、主観性の客観化による主体の活性化、つまり一種の「主体化」論である。

柳田民俗学の「主体化」の理論を整理しておくことが簡単ではない。あえて、福田アジオ民俗学の方法論との比較を通して、その作業を試みたい。日本の民俗学には他の優れた研究者が居られることを無論承知しているが、リーダーとして日本民俗学に及ぼした影響の側面から考えると、柳田国男と福田アジオの業績がもっとも著しいと思われる。それは偶然ではなく、二人の研究の理論、方法や目的は、それぞれの時代性を対照的に表しているからである。まず、

時代や世代の点からみると、戦前・戦中・戦争直後の柳田の世代と、柳田死後の「戦後」から現在の福田の世代、という二つの、断然と異なっている時代を代表している。方法論的にいうと、柳田が一九三〇年代にリードした「エクステンシブ[extensive]・広範囲」調査の研究方法に対して、福田が一九七〇年代に「インテンシブ[intensive]・一極集中」調査の研究方法を導入したのも対照的なコントラストである［福田など 1974 :28］。

また、二人の研究方法の精神においても、根本的に異なる二つの方向性を見出せる。福田アジオ自身の見解であるが、私も基本的に賛成しているから参照したい。福田アジオによれば、民俗学の基本的な研究アプローチとして「オールソドックス」なやり方と、「ロマンを重視する」ロマンティックなやり方の二つがあって、柳田国男民俗学や谷川健一などの民俗学研究法方はロマンティックであるのに対して、他方、福田アジオ自身や関敬吾などのアプローチはオールソドックスだと自負している［福田 2002 :53］。多くの著書や入門書のなかにも、福田アジオは柳田国男の主観的な思い込みや偏見を批判したり［福田 1992 :164］、若手研究者に対して柳田の「危機感」を十分理解して柳田民俗学独自の問題意識を相対化できるような自主自立的な姿勢を唆したりした［福田 1989 :38］。この福田アジオの批判の的は、戦前・戦後の柳田民俗学のみならず、現在でも柳田民俗学を継承しようとする様々な日本の民俗学研究を特徴付けているロマンティックな研究方法一般だが、特に実証性が欠けている、「日本のエートノス」や「民族性」にこだわる民俗学研究に対して厳しい［福田 1998-1 :100］。

今見たように、若いころ「根拠の福田」というニックネームまで付されたらしい福田アジオ［福田 2002 :53］の実証性の倫理は徹底的でシステマティックであった。それだけに、「ロマンティック」なアプローチに甘えがちな日本民俗学の方法論上の発展に画期的な影響を与えたといえる。それでも、次世代の四十〜五十年代の民俗学者の間には柳田民俗学の魅力はまだ消えておらず、逆にここ十〜十五年前から柳田民俗学への感心が蘇っているようである。その現象はいかなる理由によるものだろうか。ロマンティックだからこそ、柳田の思想や民俗学が魅力的なのだろうか。

それならば柳田民俗学の「ロマンティック」な側面自体はどのような意味や機能を持っているのだろうか、というような疑問がわいてくる。主観性の操作の問題や、「野の学問」としての日本民俗学の目的の問題に深く関係していると思われる。

日本人らしさの表現としての「心意現象」を対象とした柳田国男の民俗学と、現実社会に迫ろうとする「伝承母体」研究の福田アジオ民俗学のコントラストは、研究対象や研究方法のみならず、研究の精神・スタンス（オールソドックスかロマンティック）、または必然的にそれぞれの目的においても顕著となっている。福田アジオが指摘したように、民俗学の目的を検討した論考が意外と少ない［福田 1998 :100］。幼稚な批判を避けて、冷静に考えることが中々難しい問題かもしれない。「社会貢献」、「人のため世のため」＝「経世済民」、「実践の学問」、「野の学問」等々、スローガンめいた表現が目立ってはいるが、少し理論的な整理が必要と思われる。「主体である人間への回帰［山下 2008 :73］と求めても、主体性の操作はそう簡単にはかどらない。また、学問をもって社会に役に立てようという希望は誰でも持っているだろうし、それに向けて何らかの形で取り組んでいるから、色々な形の「社会貢献」があって、学問のための学問さえも、ある意味では長いスパンでの「社会貢献」だと、このような無意味な議論に陥る可能性がある。しかしその逆に、理論的な整理が完成すれば、現に社会のニーズにどれほど民俗学が応えるかという素朴な質問に即した「社会貢献」の現実的課題に取り組むこともできるだろうし、民俗学が社会科学系の分野のなかにより中心的な立場を占めることもできるだろうと、私は確信している。

柳田国男民俗学の認識論と「主体化」の理論

柳田民俗学の研究対象となっている「心意現象」といえば、人々の「心」に潜んでいる「現象」、つまり個々人の精神活動でありながらも、個人を超える社会共通の世界観や集団の法則という「現象」でなければならない。そもそも「個人」と「集団」の接点に置かれているから、デュルケーム Durkheim などのフランスの社会学者がよく使う「représentations collectives」という用語と似ているが、柳田の考え出した用語にはよりプライベート、つまり主観的な含意がある。柳田は心意現象に「内と外」の理論を取り入れて［柳田 1958 :6］、「内」の人でないと分からないという、個別主義的な視点を示した。閉鎖的に見えるが、桑山敬己も指摘したように、この個別主義的な視点の平地には、普遍的な理論があって、人類学の分野で議論されているエミック論、またはネイティヴ人類学の先駆的な先例と認められている［桑山 2008 :109-133］。同じく「グロカール」なアプローチが柳田民俗学に習ったのも、柳田民俗学が方法論としての「心意現象」の主観性に傾倒した故という事実もよく知られている。といっても、学問論的に言うと、柳田の考え方は、本当に個別主義的普遍主義なのか、それとも普遍主義を装う閉鎖的な個別主義なのか、また福田アジオの区別を引用すれば、オーソドックスな実証的学問になりうるか、あるいは根本的にロマンティックな主観的「学問」なのか、という問題提起に戻ることにしよう。

人間の主観的な精神活動を学問・科学を以て研究しようとした柳田の発想は、平田篤胤などの国学学者に影響されたとしても、多くは一九世紀のドイツの精神学から習ったことも確かである。残念ながらその点について先行研究があまりないようである。一九世紀のドイツの心理学はどのような形でローマン主義と啓蒙主義の両方から影響されて発展したかという経緯をここでまとめる枚数はないが、柳田国男民俗学のロマンティックな傾向との比較自体は一論文の課題とする価値があるだろう。柳田の文献を読むと、随所に「民族心理学」という表現が目につくにもかかわらず、面白いことに柳田はいつもドイツの民族心理学の極端な結論から少し離れて自分の立場を据えているようである。その距離とは、ドイツの心理学の方法的前提を認めても、主体による己の運命の変化を妨げない「自己省察」、つまり革新の可能性としての「主体化」を育てていこうとする考え方を表しているのでないだろうか、と私は見ている。

その研究課題をさておいて、柳田は、明らかに意識と無意識の働き、また社会科学における方法論上の主観と客観の関係性に気づいていたといえる。代々継承されている集団的「民俗」・「民間伝承」は一人ひとりの人間の精神のなかに内在化されており、その内在化された「民俗」を、行為、知識、観念の三種類に分類しても、その精神上の存在としては、大幅に人間の無意識に潜まれているものである。そのせいで、主体としては必ずしも透明になっていない。柳田民俗学の「自己省察」による「心意現象」の究明とは、主体にとって不透明で無意識に潜められている主観性を客観的に認識できるようにする認識上の作業というふうに解釈してもいい。そのプロセスとは、主観性を客観的認識に変換する、つまり「主観性の客観化」という認識論的作業として理解していい。

柳田がよく「約束」という言葉を使っていたのもまた認識論上の理由があったからであろう。社会のそれらの「約束」を明らかにしようとする柳田民俗学は、民俗学の研究対象がいくら「民俗」や「民間伝承」だとしても、社会的動物としての人間の精神における無意識的・主観的部分を規定している「約束」を明らかにすることによってこそ、人々がより「自由」(それも柳田が頻繁に使う言葉である)になり、そしてその効用として人間の生活が物質的にも精神的にもより豊かになるだろうと、という「経世済民」＝「世のため、人のための学問」＝「学問救世」のビジョンがあった。

なぜならば、「主観性の客観化」というプロセスが一旦完成したところで、次はその客観的認識を元に主体は自分の社会問題を改良し、自分の未来を変えていくことができる、と柳田が構想していたからである。その第二段階の過程は、客観的認識を主体の行動に移るというモメントとなっている。「客観性の行動化」と定義してもいいが、その行動の時の精神活動において、客観的認識が主体の信念に変換し内在化されていくから、認識論上には「客観性の主観化」のモメントと理解したほうが相応しい。第一段階のモメントの「主観性の客観化」の対となっている。

そして、第一段階のモメントの「主観性の客観化」と第二段階のモメントの「客観性の主観化」を合わせて考えれば、結論として、その全過程を正に「主体化」のプロセスに辿り着くのである。

簡単にいうと、「主体化」は、認識から実践まで、意識の客観的認識に基づく動機や、無意識の主観性に基づく動機などをも合わせもつ自主自律的な認識と活動というふうに理解されてきた。フランスなどではフーコーの科学認識論から出発して、「主体化」のいろいろな理論が多くの研究者の注目を引いてきた。日本では戦後の「主体論争」が一時的に議論されたことが広く知られている。現在、世界中の多くの人文社会科学系の研究者によって模索されている「主体化」の謎は、柳田民俗学の「自己省察」の理論のなかに潜んでいたのではないだろうか、と。言い換えると、柳田民俗学の「自己省察」の理論とは、「主体化」のメカニズムを考察するための有意義な前例であると認めていいのである。

柳田国男民俗学認識論の扱い方における注意点

今概説した柳田国男のビジョンや認識論は、柳田の日本文化についての偏見で特徴付かれて、また日本民俗学方法論において実証性・科学性が欠けていた、という問題を無視していけない。正しく検討し批判する必要がある。しかし、そのビジョンのなかには、認識論から見ると、先駆的な方法論があったと強調したいだけである。

また、この科学認識論的な評価は全く新しいものではない。アプローチや結論が違っても他の先行研究にも見受けられる。例えば、最近、佐藤健二が、柳田の思想における現象学的なアプローチの側面を指摘した［佐藤 2015：161］が、過去には鶴見和子が柳田の思想の特徴に注目して「自発的発展」の可能性を見抜いたこともよく知られている。列挙すれば切りがないほど、主体の自己認識を拠点とする「柳田国男論」はきわめて多い。ただ、柳田民俗学を主体の認識論として考える見方は、福田アジオがよく批判したような、観念論としての「柳田論」に陥る傾向がある。そのハメを避ける注意点も大事であろう。

処方箋として忘れてならないのは、今述べた柳田民俗学流の「主体化」のメカニズムは「自己省察」の全過程に当てはまる、という注意点である。柳田民俗学の「自己省察」過程の一部ではなく、その全過程である。厳密にいうと、柳田民俗学のビジョンがまだ実現されていないとすれば、「可能性としての自己省察の全過程」、と明記にしておくべきである。つまり、第一段階のモメントの「主観性の客観化」と第二段階のモメントの「客観性の主観化」という、両モメントを合わせて、また区別した上での全過程が大事である、という注意点を最後に述べたいのである。

注

二〇〇三年から二〇一一年まで神奈川大学大学院歴史民俗資料学研究科に留学した八年間ほどの間に、福田アジオ先生の授業やゼミを受講して、先生の実習講義の枠のなかで四年間も現地総合調査のご指導をいただいた。大学の授業や現地調査の場で福田アジオの「学問一筋」の精神にふれた思い出がたくさん心に貯めており、また、神奈川大学の「非文字資料研究」のCOEプログラムの時に私がRA（Research Assistant）として、つづいてCOEプログラムが「非文字資料研究センター」となった後、今度は「協力研究者」として、それらのCOEプログラムとセンターの「リーダー」であった福田アジオの恩恵を被った経験が数えられないほど多かった。ここで改めて、福田アジオ先生、指導教授の佐野賢治先生をはじめ、「神大」の歴史民俗資料学研究科で教わった先生方に深く感謝の念を述べたい。

参考文献

関敬吾・村武精一・伊藤幹治・中井信彦・福田アジオ・後藤総一郎・桜井徳太郎・谷川健一・宮田登「座談会　民俗学の方法を問う」『季刊　柳田國男研究　第六号』一九七四年
福田アジオ「政治と民俗　民俗学の反省」、桜井徳太郎編『日本民俗の伝統と創造』弘文堂、一九八八年

福田アジオ「第二章　民俗学の方法論」、鳥越皓之編『民俗学を学ぶ人のために』現代思想社、一九八九年
福田アジオ『柳田国男の民俗学』吉川弘文館、一九九二年
福田アジオ 1998-1「II　民俗学の目的と方法」、赤田光男・小松和彦・福田アジオなど編『講座日本の民俗学 1　民俗学の方法』雄山閣、一九九八年
福田アジオ 1998-2「経世済民・学問救世」『柳田國男事典』勉誠出版、一九九八年
福田アジオ「歴史を繙く民俗学」『理戦 71 号　特集　民俗学って何だ』二〇〇二年
福田アジオ「柳田国男研究の現状と課題」『柳田国男誕生 130 年・山梨県博物館記念シンポ　21 世紀の民俗学を問う　資料集』、山梨郷土研究会・帝京大学山梨文化財研究所、二〇〇五年
桑山敬己『ネイティヴの人類学と民俗学：知の世界システムと日本』弘文堂、二〇〇八年
佐藤健二『柳田国男の歴史社会学―続・読書空間の近代』せりか書房、二〇一五年
山下裕作『実践の民俗学―現代日本の中山間地域問題と「農村伝承」』農山漁村文化協会、二〇〇八年
柳田国男「日本における内と外の観念」『講座　現代倫理 5　内と外の倫理』筑摩書房、一九五八年
Michel Wieviorka, *Du concept de sujet à celui de subjectivation/dé-subjectivation*. FMSH-WP-2012- 16, juillet 2012.

重出立証法の可能性——福田アジオ理論の誤謬的受容とその影響に関連させて

室井　康成

はじめに

本稿の目的は、かつて日本民俗学の唯一の方法論として、柳田国男によって提起された重出立証法の意義を再確認し、それが柳田以後の民俗学において忘却されたことにより生起した問題点を明確にすることである。

かつて神島二郎が指摘したとおり、私は柳田の民俗学研究の目的が、日本人の「島国性と事大主義」〔神島　一九九一　五六頁〕の解明にあったと考えているが、これは戦後の一時期、柳田に親炙した一政治学者の個人的感慨ではない。神島と同じ時期に柳田の膝下に学び、やがて民俗学者として大成した坪井洋文も、「柳田国男でさえ、五〇年間の研究活動をふりかえって、日本人の特色について聞かれれば、事大主義と渡り鳥根性の持ち主だということくらいだと言った」〔坪井　一九八二　二六頁〕と述べている。

柳田の学問のみならず、その思想面での継承者でもあった二人の先達が、日本民俗学の創始者の長期にわたる学究生活の目的と結論を、揃って「事大主義」だと述べている事実は重い。とくに神島は、これが柳田の社会構想とも関わる一貫した課題であったとし、すでに柳田の在世時、その学問には「封建的な割拠主義と事大主義とを克服して真に国民的な統一を達成しようとする要求が暗黙にはたらいていたのではないか?」〔神島 一九五七 二三頁〕との見方を披瀝している。だがこの点が、これまで民俗学において深く考慮されることは、まったくなかった。それは事大主義が、斯学の対象である「民俗」とどう関係するのか、あるいはそれを、いかなる方法で明らかにできるのかという点について、柳田を含む斯学の先学たちが明言してこなかったからだろう。

本稿で議論する重出立証法は、柳田が日本民俗学の確立期である一九三四年に、著書『民間伝承論』の中で明らかにした「民俗」の比較研究法である。柳田は、日本各地にみられる類似した「民俗」について、「其事象を集めて並べて見ると、起源或は原始の様態はわからぬとしても、其変化過程だけは推理することは容易である」〔柳田 一九三四 六一頁〕とした。だが今日の民俗学研究で、これが方法論として積極的に採用されることは、まずありえない。それは一九七〇年代に、重出立証法が「日本」という政治的範域を自明の前提としており、その閉じられた枠内で各地域の「民俗」を比較するという素朴な資料操作では、「民俗」の変遷は明らかにできないとする主張が出されたからである。

その主唱者である福田アジオは、これに代わる方法論として、調査対象地域を大字や集落に限定し、同地に残された種々の文字資料を援用しながら、「各個別の社会において相互連関して存在している民俗事象をその当該社会において調査分析して、その社会の歴史的世界を再構成し、その結果として現在そこに民俗事象が存在することの意味を明らかにする」〔福田 一九七四b 七六頁〕ことを目指した「個別分析法」を提案し、まもなくこれが日本民俗学の主流となる。事実、二〇〇〇年前後の時期に大学で民俗学を専攻した私も、それ以外の具体的な方法論を学ぶ機会はなかった。

個別分析法は、宮田登が提唱した「地域民俗学」の主たる方法論として大方に理解されたと考えられるが、福田によると、同法は地域民俗学とは本来無関係であるという。(1) しかし、両者が渾然一体として理解・受容されてきたことは福田も否定していない［福田　二〇一四　九四頁］。そのうえで福田は、地域民俗学が、地域の抱える問題を解決する手段にはなりえなかったとし、これが民俗学の「先細り」を予測させるものだったと指摘する［同上　八五頁］。これは極言すれば、個別分析法や地域民俗学が「役に立たなかった」と言っているに等しく、福田が長年取り組んできた民俗学研究の自己否定にもなりかねない重大かつ悲観的な見方であるが、この福田の発言を、後学の民俗学者はどのように受け止めたのだろうか。

私も、個別分析法や地域民俗学が、結果として民俗学全体を郷土史研究レヴェルの狭い時空間に押し込めることになり、その「先細り」をもたらした一面はあると思うが、むしろ民俗学が重出立証法を放棄したことのほうが、より大きな影響を与えたと考えている。これにより、民俗学は「大きな物語」を描くことができなくなり、アカデミズム内外での支持を喪失したとみる。個別分析法や地域民俗学が描き出す世界は、当該地域と関わる人々以外の大多数にとっては無関係の事柄であり、それゆえ民俗学の研究動向に、大方の関心が向かなくなったのは当然の成り行きであろう。また、わずか数箇所の事例しか論じていないのに、これを「日本文化」のように即断する牽強付会も現れたため、その言説全般に対する信頼度の低下を招いたのではないか。同法に拠っては、「日本文化」と言いえるほどのデータは得られないはずである。

ここで私がいう「大きな物語」とは、たとえば「事大主義」のことである。私は、柳田が事大主義を把握するために考えた手法が重出立証法であったという立場であり、この点を念頭に置きながら、柳田がこの方法論に込めた意図を読み解いてゆきたい。

一、日本民俗学における重出立証法の提起と誤解

(一)「近代批判」としての個別分析法

柳田国男研究会では、二〇一七年一一月一二日、福田アジオ氏を招いてインタビュー形式での座談会を行なった(以下、敬称略)。席上、福田は、重出立証法の最大の問題点が、その語彙主義にあると指摘した。私見によると、この点が、福田が重出立証法に代わる個別分析法を提起するに至った主要な動機の一つとみられるため、以下、少しく検証したい。

柳田は、類似する「民俗」の地域差に着目し、これを全国レヴェルで相互に比較することで、当該「民俗」の変遷を理解できるとし、この資料操作方法を重出立証法と呼んだ。その地域差を知るうえで容易な手段が、個々の「民俗」の呼称である民俗語彙の比較であった。そのため柳田は、よろず民俗事象にまつわる語彙を収集し、これを重出立証法の素材として供するために、各種の民俗語彙集を編纂していった。その集大成が一九五五年(昭和三〇)から刊行が開始された『綜合日本民俗語彙』[柳田監修・民俗学研究所編 一九五五]である。ただし注意しておきたいのは、民俗語彙の相違への着目は、あくまでも研究の端緒となるものであって、その比較のみによって「民俗」の変遷がわかるわけではないという点である。

私は自然史上の偶然の産物だと理解しているが、一部の例外はあるものの、日本語を主たる母語としている人々の集住するエリアは、政治的範域としての「日本」とほぼ合致する。そのため福田は、前述の座談会において、語彙主義に立脚した重出立証法では、研究対象が「日本」以外に拡大しないと説明した。たしかに福田の研究の中心は広義

の村落構造であり、狭義には、その構成要素である年齢階梯制・水利慣行・労働慣行・墓制といった個別の民俗事象の外形的な部分に関心が傾注されているようにみえ、当該民俗の呼称として民俗語彙に言及することはあっても、その意味についての考察や比較が前景に出てくることは、ほとんどない。

つまり、いかなる言語で説明されても理解可能な事象が福田の研究対象であり、それゆえ言語圏と国家的領域とが一致した「日本」という枠組みを難なく超越する可能性があるのだろう。福田の研究対象が中国大陸へと展開したのも、上記の理由から説明可能である。そうなると、福田の個別分析法の提起は、のちに思想史学者の子安宣邦が行なった「一国民俗学」批判〔子安　一九九三〕に先んじたものであり、この点に福田の慧眼を認めることができるが、それは集落や大字といった局所的・限定的な空間から、いきなりインターナショナルに飛びうるという視座であり、その中間にある「日本」という存在は無化される。

あらゆる国民国家は、ベネディクト・アンダーソンが指摘した「想像の共同体」という近代起源の人為の代物であったとする所論は私も首肯するところだが〔アンダーソン　一九九七〕、福田の研究は、そうした国民国家の認識枠組みを含む近代的価値観を乗り越えようとする理念に支えられていたと思う。このことは、たとえば「近代の資本主義的生産が、生産と人間の直接的な関連を奪い、いわゆる人間疎外を生み出したが、同様のことが現代の情報社会においても生じている」とか、民俗学の役割を「近代社会あるいは現代社会が失ってしまった、あるいは無くしつつある人間性を回復するための機会を作ることである」〔福田　一九九〇　一三〇頁〕とした福田の歴史観・民俗学観からも窺い知れよう。こうした問題を解決し、よりよい社会の未来を見晴るかすために福田が参照するのが、近世段階で確認できる民俗事象の現代的痕跡であるという点は、私はにわかに得心できないが[2]、福田の学問が柳田国男並の「経世済民」の志に裏付けられていたことには、後学として率直に敬意を表したい。

ゆえに福田が、「柳田国男も、いかに非凡な人物だったとはいえ、自己の生活体験を基底にもって思想形成をしてきた一人の研究者であり、そこには時代の子としての制約をうけていたことは明らかである」〔同上　六九頁〕と考えるのは当然であり、その柳田が「近代」という制約下で着想した方法論、すなわち国民国家「日本」の範域を前提とする重出立証法を批判の対象としたのもまた当然である。だが日本の場合、日本語を主たる母語としている人々の集住域と国家の範域がほぼ一致するという実態が現に存在するのであり、私は、その枠内において「民俗」を問うことは無意味であるとはいえないと思う。

この意味において、永池健二の言う「〈日本〉という命題」を設定することは有効であり、かつ可能なのではないか。永池は、「「日本」も「近代」も、まずは所与のものとしてある。それは、私たちの未生以前から、確固として存在して、私たちの死後もまたおそらくは同様にあり続けるものである。それは、観念にすぎないのに、厳然として私たちの生活を枠付け、拘束し、根拠付けている」〔永池　二〇一〇　三一五頁〕としたうえで、柳田のいう「一国民俗学」とは「欧米のフォークロアやエスノロジーが本質的に内在させてきた「外からの眼差し」を「内からの眼差し」に組み替え」ることにより、「眼前の日本の現実を、国民すべてが自らの問題として追及することができる可能性を切り開こうとするものであった」〔同上　三一四頁〕と主張する。

以上のことから、柳田の言う「一国民俗学」とは、重出立証法を主たる方法論として推進されるべき民俗学のありようを指しているとみてよいと思う。(3) そして個別分析法の定着によって忘却されたものは、私たちの眼前に生起する現実問題としての「〈日本〉という命題」であったと、ひとまず換言できるだろう。

（二）重出立証法に仮託された意図

『民間伝承論』が刊行される二年前の一九三二年一一月、柳田は山形県郷土研究会主催の講演会で、よく知られている「郷土を研究したので無く、郷土で或ものを研究しようとして居たのであつた。その「或もの」とは何であるかと言へば、日本人の生活、殊にこの民族の一団としての過去の経歴であつた」［柳田　一九三三　一四五頁］という発言を行なった。また別の箇所では「日本といふ大郷土」［同上　一四九頁］という言い方もしていることから、柳田が民俗学の対象地域を「日本」という国家的範域に重ねていたことは明らかであろう(4)。

だが柳田は、「個々の郷土の生活を知ることは手段であつた。それを綜合し且つ精確に比較したものから、改めてこの日本国民の生き方働き方を学び、更に出来るならば同じ志の世界他民族の郷土研究家とも連携して、行く〳〵人類の通つて来た路、若くしてしかも元気よく、常に次の代の変化を孕んで居た進展の跡を、公平に理解して見ようとして居たのである」［同上　一四六頁］とも述べている。文面通り素直に解釈するならば、柳田は「日本」という近代起源の政治的範域を前提としつつも、後々これを超越して世界規模の民俗学に至る可能性は妨げていない。その前段階として、柳田は「日本」という認識枠組みを措定したに過ぎなかったのであり、民俗学自体を未来永劫その枠内に閉じ込めようとするものではなかった。したがって「一国民俗学」なる表現自体は、佐藤健二が指摘するように、同じ発音の「民族学」と区別するために用いられた便宜的な呼称であったと理解するのが妥当であろう［佐藤　二〇一五　二二〇頁］。

では、柳田が「郷土」で明らかにしようとした「日本人の生活、殊にこの民族の一団としての過去の経歴」とは何であったのか。上述したように、私はこれこそが、柳田が重出立証法によって解明できると踏んだ事柄だと考えているので、以下では、この点について説明したい。

柳田以後の民俗学では、時として「民俗」の起源に関心を寄せる研究が行なわれてきたが、柳田に言わせるとしたら、それらは徒労に終わることが予測される作業であったといえる。柳田は「万葉集にあらはれた日本人の姿を、日本人の本来の姿と見て了ふことは早計」［柳田　一九三四　四一頁］とし、「固有のものといつても、古い形のまゝで保存せられて居るものなど一つもないのである」［同上　五八頁］と述べているのだから、少なくとも柳田の中では起源論は埒外であり、かつ民俗学の方法を以ってしても、その解明は不可能であると考えられていた。してみると、柳田が重出立証法で明らかにしようとしたのは、「民俗」の起源ではなく、その変化の過程（変遷）であったといえる。この点は、すでに本稿で引用した柳田の「其事象を集めて並べて見ると、起源或は原始の様態はわからぬとしても、其変化過程だけは推理することは容易である」、「この民族の一団としての過去の経歴」、「人類の通つて来た路、若くしてしかも元気よく、常に次の代の変化を孕んで居た進展の跡」といった発言からも明らかであろう。

そこで問題となるのは、「民俗」の変遷の究明を目指した柳田の動機であるが、それは彼が、「民俗」の変化を促す力（power）を重視していたためだと思われる。これについては、以下の二点の引用で十分であろう。

日本の都市の成立を見ると、京都大阪等を除くと概して新しく、住民も数代前は皆田舎人であつた。それが都鄙観念によつて旧慣因習のすべてが都会で変革したものがよしとされ、田舎が又それを習ふ有様である。婚礼にしても今日の小笠原流は新しく、以前行なわはれて居た我々の婚姻とは全然変つて了つて居る。葬式にしても今日都会で行なはれる告別式の如きは、式本来の行列が都市に於て行なはれ難いところから生じたものである。それを田舎で真似る謂はれは更にない筈である。しかも都会で行なはれぬといふ理由で、すたり衰へる行事風習は多いのである。［柳田　一九三四　七〇頁］

雅俗都鄙の問題は、日本の文化の本質を論ずる者には無視することは出来ない。もとより田舎に無かつたもので、都会から持ち来らされたことを有難く思ふべきものが多々あり、都会にも田舎から持つて行つた固陋な習性によつて、新たなる不幸の種が成長して居ることもある。［同上　七一頁］

つまり柳田は、常に「民俗」の変化は都市で生起した新流行によって促されるという認識を抱いていたわけである。要するに、都市の文物を常に「有難く思」い、「それを習ふ」という、田舎の都市に対する憧憬あるいは拝跪の志向が「民俗」を変化させるということである。これは都市に対する「事大主義」であり、地方の人々の他律性を衝くネガティブな捉え方だが、実際に柳田は、都市に対する憧憬・拝跪の感情が、地方で行事の不必要な簡略化や、逆に分不相応な都市的スタイルの礼法の導入をもたらし、人々の日常生活を振り回している状況をみていたのである。いわばムラが都市に迎合しようとする事大主義的な姿勢が、その成員に他律的な思考を育ませるため、もしも彼らが、個人の自律性を求められる都市に出た場合、「新たなる不幸」を招くというのである。こうした柳田の都鄙関係への社会経済史的な認識は、この時期に至って突然示されたものではなく、一九一八年（大正七）に神奈川県津久井郡内郷村（現、相模原市緑区内郷地区）で実施した農村調査のころから一貫していたとみられる。(5)

重出立証法は、かかる現況を「民俗」をケース・スタディとして知るための方法であるから、「山中の一隅だけの研究、半島の一村だけの調査だけで、我々の学問は進めることは出来ない」〔柳田　一九三四　六七頁〕し、また「郷土研究といつても東京日本橋も郷土であるといふ意味の郷土研究と違ふ」〔同上　七一―七二頁〕のである。それはつまり、日常生活の新基準の発生地である都市を中心に置き、その新基準が周縁地域へと伝播し、やがて各地の「民俗」を変化させてゆく様態、すなわち地方における都市への事大主義的志向性を把握するための方法であったといえる。そのためには、ある程度の平面的な広がりの中でこれを俯瞰してゆく必要があるから、柳田は「日本」という分析枠組みを設定し、この学問の実験を試みようとしたのではないか。この意味で、私は、柳田民俗学の本質を「都市文明史」であったと見做した岩本通弥の所論を支持したい〔岩本　一九九八　四三―四四頁〕。

(三) 戦後民俗学の画期となった和歌森・関・山口論争

柳田の認識は、端的にいえば、もともと地域によって異なり、あるいは存在しなかった「民俗」が、都市の流行力と地方の事大主義との相乗によって、次第に統一化・均質化され、もしくは新たに発生するというものであった。これは一面では、柳田が『蝸牛考』で示した方言周圏論を彷彿とさせる視点である〔柳田 一九三〇〕。ゆえに福田は、重出立証法と周圏論は「前提となる認識は同じ」だと指摘したが〔福田 一九八四 一三六頁〕、『民間伝承論』や『郷土生活の研究法』〔柳田 一九三五〕などの柳田による民俗学の概説書を瞥見する限り、すべての「民俗」の発生地点を「畿内」という象徴的な一地点と想定し、それが日本各地へと同心円状に広がったとする周圏論的な主張はほとんど示されていない。あるとすれば、『民間伝承論』で述べた「自分が「蝸牛考」を書いた時から云つて居ることであるが、言葉にしても遠隔の土地同志の一致の例は余りに多い」〔柳田 一九三四 七二頁〕という一節ぐらいである。だが、これも文化の「遠方の一致」を説いているだけで、周圏論と直接関わるものではない。また「遠方の一致」自体は、周圏論を持ち出さずとも、かつて柳田が示した、人々が海岸線沿いに海上を移動した結果という仮説からも説明のつく話である〔室井 二〇一九 六三―六五頁〕。

私は、『蝸牛考』の周圏論は、カタツムリの方言名を日本地図上に落とした際、たまたま畿内を中心に同心円的な広がりをみせた一事例に過ぎないと考えている。実際に柳田は、これをカタツムリ以外のサンプルを使って説明できていない。重出立証法と周圏論との間に関係があるとすれば、それは「民俗」の展開のありようを全国規模で平面的に俯瞰することで、はじめて把握可能になるという眼差しが一致している点であろう。(6) やはり柳田の中で重視されたのは、一般的な謂としての「都市」と、その流行力の影響を受けて「民俗」の改変を来す周辺地域との関係性であったと考えるのが妥当であり、その見方は、すでに彼が民俗学に取り組む以前、つまり『後狩詞記』で示した「思ふに古今は直立する一の棒では無くて。山地に向けて之を横に寝かしたやうなのが我国のさまである」〔柳田　一九〇九　四三五頁〕という時空間認識に裏付けられたものであったと思われる。

だが、こうした柳田の意図するところは、後学へと十分に伝わらなかったようだ。たとえば戦前から柳田の膝下に学び、とくに戦後民俗学のアカデミズム化に多大な貢献をした和歌森太郎は、戦後間もない時期に、日本民俗学会の機関誌『民間伝承』で、次のような「民俗」観を披瀝している。

> もと日本人一般として殆んど同じやうな生き方在り方をしてゐたものが、歴史の発展につれて、その発展の中心にあつたり主体になつたりしたものの生活が、だん〴〵にあらためられて行つたのに対して、それから取り残された場所や立場のものの生活が、依然として停滞的に昔風の生活を伝承したとか、そのあらたまり方が弱かつたため、比較的厚く在来の生活様式をたくわへてゐる。〔和歌森　一九四九　四―五頁〕

このうち、冒頭の「もと日本人一般として殆んど同じやうな生き方在り方をしてゐた」という点は、柳田も、元来同一だった言語が経年によって地域差を生じたとする似たような見解を随所で示しており[7]、そうした想定があったことは窺えるが、その差異の発生要因に対する理解が、柳田と和歌森では異なっていた。

柳田は、都市から波及した流行力が地方の「民俗」を改変し、やがて都鄙の間にある文化的な差異を埋め、統一化・均質化が進むとし、現状の地域差はその過程とみたが、右に掲げた和歌森の発言に従えば、都市（発展の中心）と地方（停滞的に昔風の生活を伝承）の「民俗」の地域差は、そのまま両者個別の発展度合いを示すだけで、その間の影響関係は度外視される。これはのちの民俗学が、いわゆる「田舎」ばかりを古俗・旧慣の集積地という前提で重点的に調査し、それへの外部的影響を考慮しない個別分析法を定着させた素地的見解として、とくに注意を払っておきたい。

和歌森の諸説に対し真っ向から異を唱えたのが、東京音楽大学教授の関敬吾と、長崎県壱岐島在住のアマチュア民俗学者であった山口麻太郎である。彼らは『民間伝承』に件の和歌森論文が掲載されると、ただちに同紙上に反論を寄せ、以下のように述べている。

まず関は、和歌森がドイツのナチス支持者であったハンス・ナウマンの「沈下文化説」を踏まえ、「民俗学は基層文化を研究する科学であるとすら考へてゐる」と指摘する。そして「和歌森君は上層文化、即ち個人の創造に基く文化に世界性を認めその反対を基層文化と認めてゐるやうであるが、民俗学的意味では寧ろ所謂基層文化にも世界性がある。その背後のものの研究こそ、一国民俗学の主たる課題の一つである。上層文化を創り、基層文化を保存するのは、如何なる根拠によるのであらうか」〔関　一九四九　四五頁〕と疑義を呈し、事実上、和歌森が都市／地方の関係を、そのまま上層文化／基層文化の関係にスライドさせ、後者を「昔風」が温存された不変不易の事象と捉えていることを批判した(8)。関の批判のポイントは、和歌森が「基層文化」を古代から不変の事象と見做した点に対する疑義の提示である。

一方、山口麻太郎は、和歌森が示した「もと日本人一般として殆んど同じやうな生き方」をしてきたとする見解の矛盾を衝き、次のように批判した。少々長くなるが、該当部分を全文引用する。

地勢的に見ても海に隔てられ川に阻まれ又山によつて断たれ文化の交流を阻止する条件が甚だ多く、古く溯れば遡るほど生活様式は或地域毎に孤立的に発達して行かねばならなかつたやうに思はれる。「日本人一般として殆んど同じやうな生き方在り方」をして居たとは何によつても考へることができない。

部分的或は全体的に、政治力が作用しかけたり、集団間の排他思想が解けたり、或は交通路が開け交通具が発明せられなどして、文化の交流が活発になり、先進文化が後進文化をうるほし、部内生活に部外文化を受容するといふやうな現象が次第に起つて来た訳であらう。この作用は地方的に小地域毎に或は全国的に永い間行なはれて来た。それが近世に入つて急速な全国的な、強度な水平運動となつて現れたといふ事はかくれもない事実である。日本民俗の今日の地方差と共通とは斯くして極めて複雑な様相を呈するに至つたものだと考へる。日本人一般として殆んど同じやうな生き方在り方をして居る事実は現在以上には何時の時代にも求めることはできないであらう。［山口一九四九　一七頁］

この山口の理解は、柳田のさらに一歩先を行くものであった。この時点で、山口は「日本人一般として殆んど同じやうな生き方在り方をして居る事実は現在以上には何時の時代にも求めることはできない」とし、そうなった理由は「先進文化が後進文化をうるほし、部内生活に部外文化を受容する」という地方における文化の受容構造にあったと推論した。さらに山口は「即ち民間伝承は先づ伝承単位体の生活現象として取り上げられ、社会関係に於て経済関係に於て吟味せられねばならないものであると私は思ふ」［同上　一八頁］とも述べている。これも「民俗」の変化を社会経済史的要因に求めた柳田の視点と一致する。

和歌森が提起し、これに関・山口が反論するかたちで行なわれた件の論争を、私が戦後民俗学の画期だとみるのは、この論争の意味が、のちの民俗学界で深く顧慮されず、結果として和歌森のみが、アカデミック民俗学の揺籃となる東京教育大学の教授として後進の育成に当たることになったため、その「民俗」観が、なかば日本民俗学の公的見解として後学に引き継がれた可能性があるからである。周知のように、まもなく関は研究活動の軸足を民族学（文化／社会人類学）へと移すことで民俗学とは疎遠となり、また山口は在野の研究者であったためか、その所論はアカデミズムにおいて半ば等閑に付されたとみられる。

ここで留保しておきたいのは、重出立証法批判と、その対案としての個別分析法の提起が、右のような状況下でなされたということである。

二、個別分析法の定着とその陥穽

（一）福田アジオ「重出立証法批判」の検証

福田アジオがはじめて重出立証法を批判し、個別分析法を提起したのは、一九七一年（昭和四六）一一月に大塚民俗学会が主催したシンポジウム「隣接科学からみた民俗学」の席上であった。この学会は、福田の母校である東京教育大学の教員・卒業生が運営主体となった事実上の学内学会で、一九六六年（昭和四〇）に設立された（解散は一九九三年）。それゆえ福田の問題提起は内部からの批判という性格を強く帯びるものであった。この学者としての福田の矜持と勇気を、私は後学として深く胸に刻みたい。

福田によると、この時の発表内容は「物議を醸した」とされる［福田　二〇一四　五九頁］。というのも、その二年前に日本民俗学会の機関誌『日本民俗学』第六〇号（一九六九年）で「重出立証法」が特集され、田中宣一の問題提起に答えるかたちで野口武徳・井之口章次ら計六名の民俗学者が稿を寄せたのだが、いずれの論者も、研究対象によっては重出立証法の適用が困難なケースがあるものの、一応有効であるとする立場だったからである。これらの議論を総括した千葉徳爾も「基本的な考え方には賛成」として、改めて「ヲコゼ資料」をサンプルとして、その資料操作の手順と有効性を示していた［千葉　一九六九　一―一五頁］。福田による批判は、こうした状況下で突如示されたものであったから、「物議を醸した」という表現は決して大仰なものではなかったとみられる。

右で福田が提起した論点は、1．「民俗学は歴史学の方法論の一つである」、2．「重出立証法は歴史を明らかにできない」、3．「重出立証法は民族性を明らかにできない」、4．「民俗学は新しい方法を開拓すべきである」の四点である。福田によると、それは物議を醸した割には「内容を具体的に検討するような論は発表されなかった」という〔福田 二〇一四 五九―六〇頁〕。のちに福田は、「私こそ重出立証法でやるということをいいたくてしかたがないんですが、ちょっとまだ時期が早いような感じなんです（笑い）」と述べているが〔伊藤・後藤・桜井・関・谷川・中井・福田・宮田・村武 一九七四 二九頁〕、これは自らの重出立証法批判に対し、まともな反論を寄せてこない学界への皮肉を込めた諧謔であった模様である。[9]

そこで以下では、右の論点それぞれに検討を加えてみたい。ただし4は個別分析法の提起なので、重複を避けるため割愛する。

1．「民俗学は歴史学の方法論の一つである」

この1については、少なくとも柳田の構想した民俗学の根本理念に立つ限り、その通りであるし、私も同感である。いちいち典拠を挙げるまでもなく、これまで本稿でも論じてきた通り、柳田は「民俗」の変遷を問題にしてきたのであり、これが歴史学に含まれるとする見方は間違いではない。ただし柳田の民俗学は、文書が存在しなければ歴史と認定せずとしてきた文献史学の厳正主義に対し、伝承資料に歴史的価値を認めることで、その独自性を発揚してきたのだから、対象地域に伝存する文字資料をもって、逆に伝承資料の歴史的価値を傍証してゆく個別分析法とは、その前提がまったく異なるといえよう。[10] しかも個別分析法は、対象地域に文書が存在しない場合は適用不可能であるから、柳田と福田とでは「歴史学としての民俗学」の意味も、これまた異なるといえる。そもそも福田の論法では、文書が存在しなければ「民俗」自体を証明できないのである。

前提という点で贅言するならば、私が気になるのは、福田が「重出立証法に方法的根拠を置く民俗学研究は地方を研究することはできない」ため、それが「地方史研究には貢献するものではないことを主張」した点である〔福田 二〇一四 六〇頁〕。なるほど個別分析法は、対象地域を実質的に大字や集落に限定し、そこでの伝存文書を使って「民俗」の様相を傍証してゆくのだから、地方史研究としては成立するかもしれない。しかし柳田の構想した民俗学の手段は、複数地域の「民俗」の比較によって「国民総体の生活誌を調べ」ることにあったのだから〔柳田 一九三三 一五四頁〕、両者の構想する「歴史学としての民俗学」の位相は、やはり大きく異なるものだったといえよう。どちらが間違っているということではなく、要は目指すべき民俗学の方向性が最初から違うのである。

2.「重出立証法は歴史を明らかにできない」

次の2の問題であるが、ここで福田が指摘するのは、複数地域に伝承される「民俗」の間に、時間的序列はつけられないとした点である。つまりAとBの二つの地域の類似する「民俗」を比較した場合、どちらの「民俗」が先に発生し、もう一方へと影響を与えたのかは証明不可能だというのである。これは柳田と福田の歴史認識から来るズレだと思う。たとえば福田は、個別分析法を提唱した後に行なわれた座談会において、次のように発言している。

重出立証法は鹿児島における歴史の歩みと東京における歴史の歩みが、基本的には同じ歩みをするから、東京のものと鹿児島のものをとれば、鹿児島のは古い姿で東京のは新しい姿とか、それらの姿の差は一つの変遷の過程として起きたものとして、一つの道筋の上に位置づけているわけです。それじゃその歴史認識自体が妥当なのかどうかということがやはり検討されないといけないのじゃないかという感じがするんです。〔伊藤・後藤・桜井・関・谷川・中井・福田・宮田・村武 一九七四 二九―三〇頁〕

やはり福田は、重出立証法を周圏論と表裏一体のものとして理解しているようだ。もっとも、同じ座談会で桜井徳太郎が「重出立証法という資料操作の方法を可能ならしめる前提条件として、つまり柳田の前提仮説として二つあった。一つは方法論の基底となった習俗周圏論で、もう一つは、政治的な文化的な総体というもの」と発言していることから〔同上　三〇頁〕、当時の民俗学界には、そうした認識が共有されていたのかもしれない。もちろん、それは桜井の誤解であって、柳田は「習俗」まで周圏論で説明可能などとは言っていない。前述したように、周圏論は柳田が『蝸牛考』においてカタツムリの呼称の地域的偏差という一点でのみ示した一仮説であり、多種の事例を扱う重出立証法とは直接関係ないものと思われる。

やはり柳田の時空間認識は、彼が民俗学研究に取り組む以前から、一貫して「古今は直立する一の棒では無くて。山地に向けて之を横に寝かしたやうな」というものであり、それはあくまでも、都市から地方への影響力の波及（流行力と事大主義）という視座に立つものだと捉えるのが妥当ではなかろうか。したがって、この認識に立った場合、重出立証法は有効であると私は考えている。

他方、福田の時空間認識は、地方（具体的には村落）の自律性を前提とし、これを強調するというものである。だから、対象地域を「伝承母体」とみなして自己完結的なものとして描く個別分析法では、外部的な影響要素を考える必要性はあまり発生しない。このイメージには、外部からの不当な干渉には一揆的結集をもって敢然と起ち上がる躍動的な民衆像が背景にあるのではないか、と私は感じている。そうした歴史観を簡潔に描いたのが福田の著書『戦う村の民俗誌』〔福田　二〇〇三〕であったと思う。この立場は、地方の「民俗」変化の要因を、都市に対する事大主義的性向と関連付け、これを非自律的存在と見立てた柳田の見解とは相容れない。ゆえに福田の目には、重出立証法が「地方の手段視＝地方の否定」「地方の民俗学者を単なる資料報告者として位置づけ」るものだと映り〔福田　一九七四

b 七五―七六頁〕、それと表裏一体のものと認識された周圏論では「地方の主体性・選択制・創造性は無視され、単に中央で発生した新しいものをそのまま受け入れる所とされてしまっている」〔福田 一九九二 八〇頁〕と理解されたのだろう。

つまり重出立証法は、柳田的認識に立った場合は「歴史を明らかにできる」が、福田的な認識に立つ限り、それは不可能だということになる。それは有効／無効というよりも、研究主体の視点の問題であろう。もちろん個別分析法は、対象地域の直線的な歴史を解明するうえでは、重出立証法よりもはるかに厳密かつ明晰であることは言を俟たない。

3. 「重出立証法は民族性を明らかにできない」

そして3の指摘に関しては、福田に若干の誤解があると思う。たしかに柳田には「民族性」なるものに引き寄せられる感情はあったと思うが、こと重出立証法に関する限り、やはり前に引いた「起源或は原始の様態はわからぬとしても、其変化過程だけは推理することは容易である」とした『民間伝承論』の記述を信じるべきではないか。「民族性」の議論は起源論と親和性が高いが、柳田がこれを排していたということは、これまでみてきた通りである。

この点に関する福田の議論で気掛かりなのは、「特に民俗学が「民族性」や「エートノス」を明らかにする学問と主張する研究者は、民俗の「変遷」を明らかにする方法である重出立証法がなぜ「民族性」や「エートノス」の究明に有効なのかを明確にしなければならない」〔福田 一九七四a 一〇九頁〕としている箇所である。

前述したように、柳田は重出立証法で「民族性」を明らかにできるとは言っていないし、ましてや「エートノス（エトノス）」という単語は使用していないと思う。これに関する福田の指摘は、柳田の重出立証法と、それを使えば「民族性」「エトノス」が解明できるとした後学の重出立証法理解とを混同させた議論であり、両者は福田の中では弁別されていたのかもしれないが、いささかわかりにくい。おそらくこれは、柳田以後の民俗学者で「エトノス論」の強い影響下にあったとされる桜井徳太郎［岩本　二〇〇六　七六頁］あたりを想定した批判であったと思われる。当時の桜井は東京教育大学教授であり、その重出立証法理解が誤りであったとしても、学界全体への影響力は大きかったであろう。それに掣肘を加えるという意味では福田の批判は意義あるものであったが、やはり福田は「柳田の重出立証法は民族性やエトノスの解明を目指すものではなかったし、実際に不可能だが、これを可能としている現在の重出立証法理解は間違いである」と正確に言うべきであった。

福田による重出立証法批判の検討は以上であるが、問題は、なぜ現状批判であったはずの個別分析法が、その後の民俗学において難なく受け入れられたのか、ということである。次項では、この点について少しく検証を加えたい。

（二）歴史観なき個別分析法の受容

福田の研究スタンスは、「近代批判」と「村落社会の自律性の重視」だったと要約できると思う。したがって福田の重出立証法批判と個別分析法の提起は、そうした自身の確固たる思想に裏付けられたものであったが、その歴史観や思想性を十分に理解しないまま、個別分析法という「手段」のみが後学に影響を与えたため、のちの民俗学の「先細り」をもたらしたのではないかと私は考える。これは柳田の歴史観・思想性が咀嚼されないまま後学に引き継がれた重出立証法の辿った運命と同じであり、まさに「歴史は繰り返す」という言葉で表現するのが至当な事態であろう。

そこで問題となるのは、民俗学に個別分析法／地域民俗学が定着し、それがスタンダードな研究法となった後も、福田が批判した「民族性」や「エトノス」という観念が、所与のものとして、その後の民俗学で踏襲された可能性である。いうまでもなく福田は、重出立証法云々以前に「日本人とは何かとか、日本人の精神構造は何かというような問題を自分たちが明らかにできるのだとフォークロアの人が考えるのは幻想」とする立場であったが［伊藤・谷川・福

田　一九七四　二七頁〕、当時の福田の現状認識は「民俗学が「民族性」や「エートノス」を究明する学問という理解は現在の民俗学の主流を形成している」というものであった〔福田　一九七四a　一〇三頁〕。

要するに、福田の意見は当時の学界では極めてマイナーなものであったはずだが、それが時を置かず、今度は逆に学界の主流になったのは不思議というほかない。当然、福田の主張する個別分析法では「民族性」や「エトノス」は究明できないし、そもそも福田にとって、そうした「幻想」は関心の埒外であった。

ここで、前述の和歌森太郎が示した時空間認識を想い起こしたい。和歌森によると、「もと日本人一般として殆んど同じやうな生き方在り方をしてゐた」が、その後の地域の発展進度の違いによって地域差が生じたとする。ゆえに各地で確認できる文化的事象のうち、民俗学者が「民俗」と認定したものは、いかなる事例も不易のものであるから、古い姿を留めていると解釈される。これが「基層文化」だというわけであり、それぞれ無関係の場所で採取された事例であっても、それらは全国的に共通する「日本文化」あるいは「民族文化」の一部として認識される。無論、当該事例が「日本文化」「民族文化」として評価される以上、それは「民族性」や「エトノス」との関わりで価値を持ち、地域的な文脈は捨象されるが、逆に言うと、いかなる地域で採取された「民俗」であっても、自動的に「日本文化」「民族文化」の構成要素としての価値が与えられるというわけである。

この問題を検証するために、次節では、地域民俗論の観点から研究を推進してきた小川直之と、都市民俗研究に先鞭をつけたとされる倉石忠彦の所論をみてゆきたい。なお、ここで小川・倉石の両名の見解を取り上げる理由は、両者が東京教育大学（および筑波大学）と並び、戦後のアカデミック民俗学の拠点校であった国学院大学の教員であり、その所説が民俗学界で一定程度の影響力を発揮したと推認されるからである。また、私自身が同大学の卒業生であり、学部は小川が、大学院修士課程は倉石が指導教授であったため、私が両者の学問をよく理解していると自認するからである。(11)

(三)　空洞化する個別分析法

①地域民俗論における「基層文化」論との結節

小川直之は、一九九三年に刊行した自身初の単著『地域民俗論の展開』の中で、福田による一連の柳田民俗学批判に共感を示した後、「地域問題の解決をめざしながら、そこに普遍性を求めていくことを民俗学の目的の一つとする必要がある」としたうえで、「民俗の地域差の要因を求めることは、当然ながら民俗相互を複合的に関連させながら地域の民俗を捉え、さらに生態的条件や歴史的条件との関連性を求めていくことになる」と述べている〔小川　一九九三　四—五頁〕。この見解は、福田が個別分析法を提起した際の問題意識そのものであり、また、調査対象地域を概ね大字レヴェルで区切り、その中での民俗事象の形成過程を、徳川時代以降に書かれた地方文書なども積極的に使って傍証してゆくというその手法も、やはり個別分析法の実践であったとみてよい。

したがって小川は、福田の影響を強く受けた民俗学者であったといえるだろう。のちに小川は、自身の博士論文をまとめた著書『摘田稲作の民俗学的研究』を刊行するが、これをみても、調査対象地域は神奈川県や埼玉県の大宮台地を中心とした関東地方の一部であり、決して「日本文化」や「民族文化」を希求するものではなかった。この時点での小川の関心は、あくまで「民俗」の地域的個性に着目しつつ「地域文化圏形成の仮説」を描くことにあったと思われる〔小川　一九九五　四六一頁〕。

ところが、まもなく小川は「基層文化」論者に転向したかのような筆致を示すようになる。たとえば一九九八年、小川は「七五三」のような特定の年齢で行なわれる儀礼的行事を「年齢儀礼」と規定し、その年齢に仮託された人々の心意を考察する論文を発表するが、この中で次のように述べている。

江戸時代から知られている「お月様いくつ、十三、七つ　あらまだ若いや」という童謡は、月に対する唄であるが、ここでは七歳と十三歳が強く意識されている。その基層には、七歳は幼児から子ども、十三歳は子どもから大人への区切りであるという考え方があったといえる。〔小川　一九九九　六二頁〕

さらに「十三歳」という年齢の象徴性をめぐり複数の識者から出された議論を、『源氏物語』『更級日記』などの古典文学から、一九九七年に発生した「神戸児童連続殺傷事件」まで並べ立てたうえで、次のような見解を示している。

十三歳だけを取り上げても、右のような議論があり、この年齢への特別な意識が、魂との交差のなかで日本人の身体の奥底に強く宿っているのがうかがえる。〔同上　六三頁〕

右の文面を素直に読めば、これは「十三歳」という象徴性が、古代から現代まで「日本人」一般に連綿と続いているという理解であり、それはまぎれもなく福田の批判した「民族性論」や「エトノス論」に立った見方であるといえる。

私が疑問に感じるのは、仮に「基層」や「日本人の身体の奥底に強く宿っている」という何事かを明らかにするのであれば、日本列島全体から数多くのサンプルを集め、帰納的な資料操作を施さなければ、その蓋然性は論理的に主張しえないのではないかという点である。小川自身は、そうした全国レヴェルでの比較研究法の重要性は認識しており、その後退が、民俗学の独自性を失わせたとの見解を示しているが〔小川　二〇一七　九二頁〕、右の論文では千葉県下の「七歳」をめぐる儀礼の類例しか分析されていない(12)。実はこの点にこそ、私は個別分析法がもたらした民俗学の「先細り」の要因の一つがあると考えている。

つまり、個別分析法は「民族性」や「エトノス」とは本来無縁であるから、調査対象地は一～二ヶ所あれば十分に結論を出せるものである。しかし、「民族性」や「エトノス」を所与の前提と考える民俗学者がこれを行なった場合、たとえサンプルが一ヶ所で採取されたものであっても、それは「基層文化」を同じくする「日本文化」の構成要素の一部と解釈されるため、それが本当に「日本人の身体の奥底に強く宿っている」といえるのかということを、複数の地域の類例との比較によって明らかにする手間が省けるのである。

②折口民俗学の影響

こうした小川の論法の変化は、おそらく折口信夫の知見の影響であろう。実際、それ以前の小川の論著には、折口の名はほとんど登場しない。その折口民俗学の特徴は、佐藤健二の言を借りれば「「民族」とか「エトノス」という集合表象概念に、学問的性格の全体を預けてしまう」［佐藤　二〇一五　二四七頁］というものであり、無論、そうした志向性は柳田とも福田とも相反するものであった。では、なぜこうした転回が起こったのだろうか。実は、小川は右の論文を刊行する前年、長野市善光寺町の弥栄神社で行なわれている祇園祭（御祭礼）を分析した論文を発表したが［小川　一九九八］、後年、この論文に関わるフィールドワークが、自身の研究の画期になったという趣旨のことを述べている。

長野の御祭礼は、弥栄神社の主祭神である牛頭天王を迎える「テンノウオロシ（天王下ろし）」と呼ばれる祭儀から始まるのだが、その際、町外の聖徳社にある「欅の大木にオンベと呼ばれる笠鉾を立て」［同上　一八四頁］、これを弥栄神社に移し、さらに祭礼終了後、これを再び聖徳社に戻す「テンノウアゲ（天王上げ）」が行なわれ、一連の神事が終わりとなる。ここで小川が注目するのは、牛頭天王が祭礼期間中だけ来臨する「外来の、いわゆる客人神」［同上　一九〇頁］の性格を帯びている点であるが、小川によると、その神事の推移が、かつて折口信夫が「髭籠の話」［折口一五―一五〕で示した「神迎え」の理論通りであったことを確認し「感動した」という〔小川 二〇一三a 七八頁〕。その後、小川は「折口研究者」としても数多くの論著を世に送っている。

近年、小川は日本の年中行事を概説した著書『日本の歳時伝承』を刊行したが、その序文で強調し、立論の「根本論理」と位置づけているのは、やはり折口の理論である。柳田についても年中行事研究の先達として言及されてはいるが、「柳田の研究は、全国から具体例を集めて比較することで地域的な異同を明らかにすること、その行事がもつ本来的な意味の解明と歴史的な変遷を見ようとしている」〔小川 二〇一三b 四頁〕との説明にとどめられている。

個別分析法は、折口の理論に立つ限り成立しないが、小川は、自身がフィールドワークで得たデータを、どのような方法で処理しているのだろうか。小川は、長野の御祭礼で見た「依代」としての神樹の感動を温め続け、今では中国・韓国・台湾・インドにまで調査地を拡大し、その類例に接しているという。福田が説いた個別分析法も、日本国内の一地点から、いきなりインターナショナルに飛びうる点にその「世界性」があるが、前述したように、福田の場合は語彙主義を排しているため、どの言語で説明されても理解可能な事例のみを対象としている。小川もまた海外調査の際は通訳を依頼しているようで、「海外でのフィールドワークには、地元の事情をよく知り、かつ、わたしたちが何を知りたがっているのかをわかっている人が必要となる」〔同上 九一頁〕と述べていることから、この点は福田と同じである。

だが小川の関心は、「神樹」のような、人々によって霊性が仮託されたものであり、本来、外形のみを調べるだけで、その意味を把握できる代物ではないはずである。たとえば小川は、鹿児島県南端部にある「森殿（モイドン）」と呼ばれる巨樹が神聖性をもつ理由について、『万葉集』で「神社」「社」が「モリ」と訓読されることを根拠に解釈するなど〔同上 九九―一〇一頁〕、折口流の語彙主義と、古代の言語使用法に正当性を求める「エトノス論」的な考え方を示す傾向がある。この論法でゆけば、件の「森殿」は古態を留めた事例ということになり、したがって、それは日本の「基層文化」と認定できるのだと思われるが、そうした思考方法は、言語の異なる海外の事例に対しては適用できないはずである。それがなぜ可能なのかということも含め、小川は地域民俗論を展開していたころの方法論との違いを明確にする必要があると思う。

③都市民俗研究への適用と矛盾

次に、倉石忠彦の所説を、その著書『民俗都市の人びと』を手掛かりに検討してみたい。

倉石は福田よりも年齢は一つ上だが、やはり福田の影響を強く受けた民俗学者だとみられる。何よりも倉石は、「都市の生活文化を把握しようとすると、まず一定の地域を設定して、そこにおける生活文化の全体像を対象とすることになる。それはいわば地域民俗学的な視点のもとに行われるものである。そしてこうした方法は村落の民俗文化の把握の仕方と同じものである」［倉石　一九九七　一五頁］と述べていることから、地域民俗学と、その主たる研究法として理解されてきた個別分析法の採用者であるらしいことを、まずは押さえておきたい。

そして福田の伝承母体概念を発展させるかたちで、都市における職域や家族などの同一の属性をもつ人々によって形成された集団を「伝承体」と規定したこともそうだが［同上　二九―三〇頁］、村落の性格について述べた「こうした空間において人びとの生活は完結していた。さまざまな集団があっても、基本的にはその空間内においてそれらは複合し、累積している」、「このような性格からすれば、ムラという空間は、そこに生活する人びとにとって均質的なあり方をしているということになる」［同上　六五頁］などといった理解は、福田が個別分析法によって描き出した自己完結的な村落のイメージを想起させる。つまり、常に都市の影響を受けることで「民俗」の変化を来してきたという柳田国男流の村落理解は、倉石の中では希薄であったわけである。

そうなると、村落は都市と対置されなければならず、しかも倉石は、都市も村落も同じ方法（つまり個別分析法）で把握可能としているのだから、両者は相互に影響を受けることなく別個単体で存在するものと仮定しなければならない。だが倉石は、「しかしそれは共通の部分をもち、常に交流していたという側面をもつ。そこには一方的に影響を与えつづけるという関係を見いだすことはできない。都市には都市の、村落には村落の生活・文化があり、それが相互に影響を与えつづけるのである」〔同上　九頁〕とし、一見すると前言と矛盾する見解を示している。これが倉石の中で矛盾として認識されていないのは、おそらく「共通の部分」という捉え方の故であろう。

倉石の都市民俗研究は「現在学としての民俗学」〔同上　二―四頁〕を標榜するものである。その観点から都市と村落の「共通の部分」を探るとすれば、私は「テレビやインターネットを通じてリアルタイムで情報を取得できる」とか、「電気・ガス・水道・車両通行可能な道路といった社会インフラが整備されている」という言説を連想するが、そうした現実の生活レヴェルにおける共通性は、倉石の都市民俗論にはほとんど出てこない。そこで強調される「共通の部分」が、つまり「基層文化」なのである。この前提がわかりやすく説明されているのが、次に引用する三つの箇所である。

基層文化というものが、民族の文化のもっとも基層に存在し、あらゆる生活・文化のあり方を、ある意味で規制するものであるとしたら、当然それは都市文化ともかかわるはずのものである。〔同上　一〇頁〕

都市であるから、村落であるからという生活形態の相違を越えて、それに共通する文化の存在があるなら、それこそが現在における基層文化の存在である。〔同上　一一頁〕

われわれが今現在享受している「都市」的文化もやはり日本の文化の一つであるとしたら、そこには時代を超えて伝承され、伝えられた文化の影響はあるはずである。それを見いだすことは都市における伝承文化の発見であり、日本の基層文化の存在であろう。〔同上　二二頁〕

もはや贅言は不要であろう。要するに倉石は、「民族性論」あるいは「エトノス論」の立場なのである。だから現在の「民俗」は、もともと同じであった古代の何事かの残滓であり、そこには連続性があると把握されるのである。そのため、ここでは近年まで性風俗業の一業種としてあった「覗き部屋」が、古代の『古事記』や『源氏物語』に出てくる「垣間見の伝統」の上に成り立っているとの主張や〔同上　一一〜一二・一〇〇頁〕、二〇世紀末の日本の都市空間で、一部の若い女性の間で流行した顔を黒くみせるメイクアップの仕様を捉えて「近世の歌舞伎役者、中世の婆娑羅などの系譜を引くものであり、ヤマンバという呼称も中世以来の山姥伝承とかかわっている」などという珍説が唱えられることになる〔倉石　二〇一〇　一〇六頁〕。外形や呼称が同じというだけで、数百年から一〇〇〇年ほども時間的間隙のある事象間に連続性・共通性を主張することが、はたして学問的に妥当な議論なのだろうか。

後年、倉石は『民俗都市の人びと』などの自著において「民俗学における都市の認識について考えてきたが、まだ問題は多い」とする自己評価を示している〔倉石　二〇一八　三七頁〕。だが近年でも「都市地域の文化のあり方は、まず大きな日本文化であることを保証し特徴づける、民族文化を支える基層文化の上に成立した地域文化である。換言すれば「都市」は、基層文化の上に、まずは地域文化として存在する」と規定しており〔倉石　二〇一一　二〇頁〕、その見方に大きな変更が生じたとは思えない。

いうまでもなく福田は、そうした安易な古代遡及的思考方法を批判するために個別分析法を提起したのだし、しかもそれは「基層文化」なるものの否定の上に成立したものである。

④「宝探し」化した都市民俗論

そもそも倉石の問題意識は、その都市民俗論が最初に提起された一九七四年の段階で、「稲作を中心とする農耕生活の中から発生し、そこで伝承されてきた民俗が、生活基盤を全く異にした都市生活の中において、どのような変遷をたどるか。それによって民俗と農耕との関係がとらえ直されるであろう」〔倉石　一九七四　一〇四―一〇五頁〕というものであり、都市と農村の連続性に関心が向けられていた。しかも「民俗」が稲作農耕の中から生まれたという認識自体が、当時でも古典的な「基層文化」論だったのだが、ここから明確に理解できるのは、「民俗」に対する見方が福田とはまるで違うということである。

こうした倉石の都市民俗の理解については、すでに早い段階から高桑守史や大月隆寛によって批判されていたが〔高桑　一九七九／大月　一九八五〕、その後も倉石は、とくに反論は行なわず、自説も修正しなかったとみられる。このことは、いみじくも福田が指摘した、民俗学における抽象的議論の忌避傾向〔福田　二〇一四　七五頁〕を如実に示していると私は思う。

では、なぜ倉石は自らの「民俗」観とは相容れないはずの福田の理論を肯定し、その裏付けである個別分析法を是認したのだろうか。理由は、やはり「基層文化」論に立った場合、より広範な地域から類例を数多く集めて比較するという根気のいる作業が省略できたからではないだろうか。実際に『民俗都市の人びと』で示された具体的な都市は長野県松本市の町場のみで、後はフィールドの特定が困難な一般論が、歌謡曲の歌詞やサラリーマン・主婦の生活スタイルなどを根拠に展開されているのみである。

それでも倉石が、福田の説いた本来の意味での個別分析法を実践していると感じられるのは、倉石の都市民俗論には海外からの影響がまったく顧みられていない点である。外国から流入した文化の影響を受けて変質する都市文化を描かなかったという面は、福田の叙述する自己完結的な村落のイメージと重なるが、この点は、倉石の研究に「都市民俗学」のレッテルを貼ったとされる宮田登の都市民俗論にもいえることなので、倉石一人に帰される責任ではないことは付言しておく[13]。

東京の城南地区で生まれ育った私の目には、近代以降の東京の都市文化は、とくに欧米の文化の強い影響下で発展してきたと映る。現に東京の街を歩けば外国人を一人も見かけない日はないし、目に飛び込んでくる文字はアルファベットやカタカナ語で満ち溢れ、衣食住よろず文化は欧米風を以って良しとする風潮は、これを否定しがたいと思う。少なくとも私は、生来の「都市住民」として、そのような経験をしてきた。かかる実態を等閑視し、ひたすら「村落」や「古代」との共通性を「基層文化」で一括りにしようとする都市民俗論に、私は何らの信憑性も感じることはできないし、本当に倉石が「現在学」として都市民俗研究を進めてきたのか、少しく疑問に感じる。

端的にいえば、倉石の都市民俗研究は、都市の中に村落的かつ古代的な「基層文化」を見付け出すという宝探しのようなものであったのではないか。だから倉石が、もう一方の研究テーマである「道祖神」を都市において取り扱う場合、その理由が、道祖神が「もっとも伝承性の強い文化を代表するものの一つ」であるためだと説明される［倉石　一九九八　一六六頁］。ここで示された「伝承性の強い文化」とは見慣れない表現だが、おそらく「基層文化」を指しているものとみて間違いない。

前述したように、「民俗」に変化を認めようとしない志向性は、柳田国男の立場とも対立する。逆に倉石が「「民族」とか「エトノス」という集合表象概念に、学問的性格の全体を預けてしまう」［佐藤　二〇一五　二四七頁］とされる折口信夫のような方向性を踏襲するのであれば、それを否定する個別分析法／地域民俗学と自身の方法論との違いを鮮明にすべきであったと思う。

なお福田は、倉石の一連の都市民俗研究について、「都市の民俗を農村の民俗の変化形と置くことによって、都市の民俗を民俗学が明らかにする歴史の最後に新しい一ページを追加するものであり、旧来の民俗学の認識からすればその積極的な意味は必ずしも大きくなかった」〔福田　二〇一四　一七五頁〕と述べ、消極的な評価を下している。

三、可能性としての重出立証法

（一）個別分析法成立の諸条件とその相反

前節では、個別分析法の受容の事例として小川直之と倉石忠彦の所論を取り上げたが、同じような論法を用いる民俗学者は、ほかにも数多く存在する。それらの論著を繰ってゆくと、私はある既視感に襲われるのである。それは、たった一ヶ所の発掘現場から採取された遺物の年代特定によって、日本全体の先史時代が一気に数万年も繰り下がったかのような錯覚を与える、あの考古学的な報道言説である。しかし、そうした感覚がまったく学問的ではないことは言を俟たない。

そこで以下では、福田が提唱した個別分析法の本来の意味での成立条件を、改めて確認しておきたい。

①対象は農漁村部の集落・大字に限定
②区有文書的な文字資料の存在が前提
③「民俗」は所与ではなく文字資料で傍証
④重出立証法の否定
⑤村落とその成員の自律性の重視
⑥近代および近代資本主義への批判

⑦「民族性論」「エトノス論」の排除
⑧「日本」という枠組みの撤廃

私が福田の論著から読み取った諸条件は以上の八点だが、方法論の面では①〜④が一つでも欠けると同法は成立しえないものである。この意味において、前述した都市民俗論は従前の村落研究と同じ方法で調査可能とされたが、その成果は、個別分析法に依拠したものとはいえない。また理念面では、⑤〜⑧が同法を特徴づけるものである。このうち⑤⑥は福田個人の思想に帰するものであるから、必ずしも実践を要さないが、ただしその場合は、何のために個別分析法を用いるのかという疑義の提示は予測されるだろう。そして⑦⑧については、この点こそ福田の考える民俗学が「世界性」をもつ根拠となっているため、絶対に外すことはできない。要するに、都市民俗研究ではなくとも、そこに「基層文化」論的言説が侵入した時点で、個別分析法の意義は一気に崩壊するのである。

以上をまとめると、問題は、とくに⑦⑧がまったく理解されないまま、①〜④の「手段」ないしは「技術」のみが、福田以降の民俗学に定着したことである。あまり指摘されないが、これによって目に見えるかたちでの変化が、その後の民俗学的営為の中に現われる。さしあたり二点を指摘しておこう。

まず、自治体史の編纂のあり方が一変する。それまでは、これが重出立証法のツールとして供されることを前提に編纂されていったため、内容は項目羅列的であり、自治体史の中でも、それは「資料編」として本編よりも格下に位置づけられていた。ところが、地域民俗学や個別分析法が普及すると（もちろん福田の理念は継承されていないが）、それが通史編と並ぶ「民俗編」として昇格するケースが多くなった。

ここまではよかったのだが、その体裁が論集形式となり、「読み物」としてはよいものの、資料としては大変使いにくいものになったのである。これによって生じたのは、当該自治体史の編纂者・調査者・執筆者の関心分野の記述が分厚くなり、それが個別分析法による「研究成果」的なものとして提示されることになった結果、かえって第三者の知りたい情報が取りこぼされるといった事態である。

もう一つは、前節で論じたことと重複するが、わずか数か所の事例しか調べていないのに、これを「日本文化」「民族文化」「基層文化」などと即断する言説が横行し始めたことである。繰り返すが、そうした予断を排すために、福田は個別分析法を提起したのではなかったか。にもかかわらず、個別分析法の手段・技術のみが受容されたのは、後学の民俗学者にとって、それが「手っ取り早い」ものであったからだろう。したがって、個別分析法には問題はあるものの、福田の理念に照らす限り有効であったが、その理念なき受容のされ方が、その後の民俗学を安直にしたというわけだ。

こうした論法であれば、民俗学者は、たった一つの事例を見ただけで「日本文化」「民族文化」「基層文化」を透視可能な神通力を持つということになり、それは他の学問からみた場合、ほとんどオカルト的なものに映ったのではなかろうか。この学際的影響については、本稿の最後で私見を示すことにしたい。

（二）重出立証法の有効性

私は、福田が理論的な思考のできる数少ない民俗学者の一人であると考えている。民俗学は福田を得たことで、好事家的に傾斜しがちだった方向性が修正され、アカデミズムで耐えられる学問になったと思う。だが、福田を指して「民俗学を一〇年前進させ、二〇年停滞させた」という評価があるように[14]、その研究が後学に与えた種々の影響については、今日批判の俎上に載せられている[15]。これは別段、福田に対する個人攻撃ではなく、いかなる分野であっても、当該の学問に多大な影響を与えた碩学が通らざるをえない宿命であり、現に福田自身も、斯学の創始者・柳田国男を批判することで、自らの学問を構築してきたのである。

だが、これまで述べてきた通り、福田が与えた最大の影響は、民俗学から重出立証法のみならず、その基礎となるべき「比較」という視点をも忘却させたことである。それさえ失わなければ、実質的に「民族性論」「エトノス論」を温存させたままの恣意的な言説が繰り出されることもなかったのではないか。私が、個別分析法／地域民俗学の普及よりも、むしろ重出立証法の放棄にこそ、民俗学を「先細り」させた主たる要因があったと考える所以である。

柳田の説いた重出立証法に関しては、福田の理解に誤解があったことは前述した通りである。それは福田が重出立証法と周圏論を、その前提において同質のものだと見做した点だが、結局のところ、福田は日本列島に散在する「民俗」事象の多くについて、柳田の周圏論との矛盾の有無を基準にみていた節がある。この点は岩本通弥からの批判があり、その後、両者の間で論争となったが、私は今のところ、岩本の批判に理があると考えている[16]。

そうした前提でゆけば、本来の意味での重出立証法は、柳田以降、誰も実践してこなかったことになる。であれば、安易な古代遡及的思考を排すことは無論であるが、「〈日本〉という命題」を措定したうえで、改めて「民俗」の現状を把握するために、これを試行する意義はあるのではないか。前述したように、私は柳田が「事大主義」を理解するために重出立証法を考案したとみており、その場合の「事大主義」とは、主に都市に対する憧憬・拝跪感情であったと考えている。この視点を軸として「大きな物語」を描くことはできないだろうか。もちろん、それは「日本という共同体の文化的本質を立ち上げようとするもの」〔三ッ松　二〇一七　六〇頁〕であるとする、思想史の分野から批判されてきた志向性は排除したうえで、この日本列島に暮らす人々の大多数に関わる生活上の問題点を、「民俗」の観点から剔抉してゆくという方向である。

たとえば、私は戦後に開始された「官製成人式」の廃止を提言する論考を世に問うたが〔室井　二〇一八〕、この中で、当該事例を北海道から沖縄に至るまで比較することで、それまで日本にはなかった「成人＝二〇歳」という観念が、徴兵制の普及にともない地方の成人認定基準と成人儀礼を駆逐してゆく軌跡を推論し、この状態が戦前の段階で日本の自治体の約半数に及び、それがようやく汎国民的に浸透したと政府が判断したのが戦後一〇年を経た一九五五年であったことを論じた。これは中央から通達された政治的観念の地方における受容構造の図式を示しているといえる。

戦後になると、自治体主催の官製成人式が全国に普及するが、やがて如上の構造モデルに都市部の百貨店の商業主義が乗っかるかたちとなり、成人式の参加者の華美な服装が全国津々浦々へと流行していった。これに付随して引き起こされたのが、もともと現金収入の少なかった農漁村部における新成人の服飾費の負担問題である。ここでは親心から無理をしてでも子どもに華美な服装を用意するケースが多かったが、中にはそれが不可能で、肩身の狭い思いをした親子もいたであろう。このように、地方が都市＝中央基準を事大主義的に受容することで、日本文化の平準化・統一化がなされてゆく様相を描くことも可能であると思うし、そうであるがゆえに、分不相応な振る舞いが要求され、そのために苦しみ、あるいは悲しむ人々の心意を掬い上げることもできるのではなかろうか。

以上は一例に過ぎないが、重出立証法によって描き出される「民俗」の変遷とその現場は、このようなものであり、それは常に現実に生起する社会問題とその要因を抉り出すものであったと私は考えている。

なお、私と問題意識は異なるものの、柳田の重出立証法の意義を理解したうえで、その立論に成功している数少ない民俗学者として、福間裕爾を挙げたい。

福間は、主に農漁村部の人々の都市に対する「憧憬」と「広域志向性」[17]という観点から、都市民俗の周辺地域への伝播・受容の様相を、福岡市の中心部・博多の代表的な祭礼である「山笠」を事例に考察している［福間　一九九二　五九―九二頁］。九州の北部地域には、山笠と同類の祭礼が博多を除く九八の地点で行なわれているのだが、まず福間は、これらの地域で伝承される「ハカタウツシ」という民俗語彙の検討から、それぞれの地域の山笠が、本場博多からの分かれであるという伝承をもって、人々がその正当性の根拠として認識する心意があることを確認する。そのうえで、それらの伝承地域を地図上に落とし、さらに起源伝承と文献資料とを比較対照させることで、山笠がまず博多から周辺の小都市へ伝播し、さらにそこから周辺諸地域へと再伝播していった蓋然性を指摘する。福間によると、とくに博多から他の小都市へと伝播した時点で、山笠はその周辺農村域の人々の関与によって運営されることになるから、そこに都鄙連続論的性格と個々の山笠の特色の発生要因を見出し、同一の「山笠」の呼称をもつ祭礼であっても、その伝承エリアはいくつかの文化圏に分類・整理できるとした。

管見の限り、こうした手法による民俗研究は福間しか実施しておらず、加えて一九九〇年代前半時点での都市民俗研究の整理と評価も、福間が当該論文で行なったものがもっとも正確であると思う。福間の主要論考は、いずれも勤務先の福岡市博物館の研究紀要に掲載されているため、大方の目に触れる機会は少ないのだが、極めて重要な先行研究であるため、あえて本稿で言及した次第である。

おわりに

結局、柳田の重出立証法は、正しく理解されないまま批判されたため、それが柳田以外の民俗学者によって試行されることなく忘却の彼方へと消え去ったといえる。それゆえ各地の「民俗」の改変により、それが均質化・統一化へと向かう様相と人々の事大主義的心意を重出立証法で明らかにし、そこから人々の日常生活に関する問題を析出する余地は、まだあるというのが本稿の結論である。

柳田在世時に比べると、現在の研究環境は大幅に改善されている。福田が重出立証法を批判した理由の一つに、それが全国から集まる「民俗」の資料を一手に独占できた中央の研究者（具体的には柳田）の専権事項となっており、この状況が「地方の民俗学者を単なる資料報告者として位置づけた」［福田　一九七四b　七六頁］という点がある。これは地方の自律性を積極的に評価する志向性をもつ福田には、中央による地方の収奪と映ったのかもしれない。のちに福田が提起した個別分析法は「調査と研究を統一する方法」〔同上　七六頁〕でもあったのだが、今日では、日本のどこに居住していようとも（外国であっても）、重出立証法に必要な資料は収集可能であり、その立場性は「中央」の特権であるとはいえなくなっている。現に私自身が、アカデミズムの外側に位置し、柳田のようなネットワークももっていないにもかかわらず、重出立証法による研究は可能だと踏んでいるし、実践もしている。

一方、重出立証法に代わって定着した個別分析法は、そこに旧来の「民族性論」「エトノス論」が浸入したことにより、かつての柳田同様、その手法に込められた福田の理念は骨抜きにされたと考えられる。加えて、地方史研究との差異が曖昧となり、一～二地点の「昔」を掘り下げてゆきさえすれば民俗学として成立するという、これまた安易な考え方が広まったと思う。いずれも「〈日本〉という命題」の忘失とも連動しているとみられるが、私見によると、これらによって生じた事態は、前述したように、一点のみをみて日本全体を通時的に語るという牽強付会な言説の量産と、狭隘な個別地域についてはよく調べているものの、その他は無関心というフィールド一方通行型研究の隆盛である。前者は、他の学問ジャンルからの民俗学への不信を招き[18]、これをアカデミズムから孤立させた。後者は、当該地域と関わらない人々から民俗学への興味関心を薄れさせたといえる。

本稿を執筆するまで、私はかかる状況が創出されることになった元凶は、その学問的影響力からして福田であると考えていた。その福田が志向した歴史民俗学的枠組みは、やはり打破すべきものだと思っていた。しかし私は、より正確に、民俗学に問題をもたらしたのは福田の枠組みというよりも、その民俗学に込められた種々の理念を斟酌せず、埃まみれの「民族性論」「エトノス論」を引きずったまま、安易に個別分析法を流用してきた後学の研究者であったと理解すべきであった。

だから、かつて福田が「アカデミック民俗学となったこの五〇年は、「経世済民」を置き去りにしてきた。実証科学として純粋性を確立し、政治や国家には関係しないという考えが強まり、特定の主義・主張を持った研究を排除しようとした」〔福田　二〇一四　二八六頁〕と述べたことに対し、私は「そうなったのは、常に「アカデミック民俗学」の中心に身を置いてきた福田氏自身にも責任はあるはずである」〔室井　二〇一四　八七頁〕と指摘したが、この愚見は明確に撤回し、福田に自らの不見識と非礼を詫びたい。真に責任を問われるべきは、私を含む、後学の民俗学者たちなのだから。

注

（1）私は二〇一五年から、福田アジオ氏を囲む勉強会「田園都市沿線懇談会」に参加しており、この点は、私が同会において福田氏から直接教示を受けた。

（2）現行の「民俗」に近世からの連続性を見ようとする福田の視点には、これまでも違和感が提示されてきた。たとえば、篠原徹は「福田にとっては前代が近世なのか」と疑義を呈したうえで、福田が研究で取り上げる事例が「たまたま従来の民俗学が対象領域にしていたことで、淵源的に説明できるものだけを任意にとりあげただけと思える。これはやはりあやしげな語源論に象徴されるようなものと相似形なのではないか」と述べている〔篠原　二〇〇一　五七頁〕。私も篠原の指摘に同意するが、それは本文でも述べるように、福田独自のフィールド選定基準と関わりがある。あわせて注（10）を参照。

（3）佐藤健二によると、柳田の論著における「一国民俗学」の語の初見は、一九三一年（昭和七）に世に出た「食物と心臓」で、柳田最後の著作となった『海上の道』に至るまで使用されているが、むしろ頻度は戦後の方が高くなっているという。佐藤は「いわゆる民俗学の著作だけでも『後狩詞記』（一九〇九年三月）から『海上の道』（一九六一年七月）までを貫く方法意識を、ひとくくりにとらえてしまってよいのかどうかは疑問である」と述べているが〔佐藤　二〇一五　二一八—二一九頁〕、私は、このことがむしろ「一国民俗学」が重出立証法を前提とした謂であった傍証とみる。さらに佐藤の調査によれば、この語は件の論考「食物と心臓」で一度使用され、次に出てくるのは二年後に刊行された『民間伝承論』であり、ここでは「一国民俗学」が章題になっているばかりか、九回使用されている。いうまでもなく同書は、柳田が斯学の方法論として重出立証法を提起した場であるという点に注意を払いたい。

（4）ただし柳田のいう「日本」は、実質的には今日の国家的領域から北海道が除外されるなど、あくまで柳田の恣意によって見出された認識枠組みである。また当時の日本は朝鮮や台湾を統治下に置き、中国東北部にもその権益を広げていたため、この点を捉えて、柳田が日本の植民地主義や帝国主義を隠蔽したとする議論も側聞するが、それは穿ち過ぎといえる。柳田が民俗学で解こうとしたのは「この民族の一団としての過去の経歴」であり、したがってその視野に朝鮮・台湾・中国といった地域が含まれなかったのは当然であろう。なお、なにゆえ柳田が「日本」の枠内に沖縄を組み込み、逆に北海道を除外したのかという点は、拙稿［室井　二〇〇九］で私見を述べたので、そちらを参照されたい。

（5）たとえば、柳田は内郷村で見聞した人々の生活の変化について、次のように述べている。「家々の年中行事などには、維新以後の改廃が随分烈しいやうに感じました。是は娘なり嫁なりが一人女学校を出て居れば、はや雑煮の汁加減も変ると云ふやうに、少しでも準備支度の上に人の意思の加はり得る限は、名けて三越趣味とでも申すべき外部からの浸潤は、存外に力を施し易いもの、やうです。」［柳田　一九一八　一四六頁］

（6）柳田の『蝸牛考』や、そこで主張された方言周圏論の成立過程を丹念に追った岡村民夫によると、その着想は、柳田が国際連盟委任統治委員としてスイス・ジュネーブに滞在していた折に出会った言語地理学に起源をもつものであり、決して柳田のオリジナルではなかったという。その知識が、柳田の中でどのように取捨選択され、方言周圏論へと昇華していったのかという点は、岡本の著書［岡本　二〇一三］を参照。

（7）このあたりの柳田の所論とその矛盾点については、やはり岡本民夫の分析に詳しい［岡本　二〇一三　三二七―三五六］。

（8）和歌森による基層文化論の導入が、その後の民俗学が「民俗」を類型としてしか把握しなくなり、これを往古から「変わらないもの」とする予断的なイメージを形成してゆく要因になったとの指摘がある。この点については、岩本通弥による詳細な分析を参照〔岩本　二〇〇六　七一―七六頁〕。

（9）この福田の発言については、一九九九年に私が在学していた国学院大学大学院の開講科目「民俗学特殊研究」で、担当講師であった高桑守史（当時、大東文化大学教授で国学院大学の非常勤講師を務めていた）から教示を得て、その意図を、のちに私が福田に確認したものである。高桑先生に感謝を申し上げる。

（10）前述の柳田国男研究会で行なった座談会では、福田のフィールドワーク先の選定基準は、主に近世期に作成された地方文書の有無であったとされた。

（11）私が個別分析法をはじめとする福田の諸理論と最初に出会ったのも、学部時代に受けた小川や倉石の講義においてであった。ただし同時期に非常勤講師として出講していた岩本通弥や篠原徹らは、すでに講義内で福田の理論枠組みの矛盾点を指摘しており、すべての関連科目を受講していた私は常に混乱していた。だが今振り返ると、斯学の基礎的な方法論について評価が錯綜していることが理解でき、それら諸説の中でどれをもっとも蓋然性の高い学説であるかを自分自身で思考・選択・改良するという姿勢が身に付いたという意味で、当時の私の学問環境は恵まれていたと思う。この際、小川・倉石両先生をはじめ学恩を賜ったすべての先生方に対し、改めて感謝を申し上げる。

（12）小川は、この論文において「七歳」をめぐる儀礼が東北から北陸・中部までのエリアおよび鹿児島の各地に分布しているとしたうえで、「近畿地方以西では四歳の祝い、あるいは三歳の祝いとして行うところが多く、明らかな地域差も認めることができる」〔小川　一九九九　六五頁〕と述べている。さらりと書かれているが、そのような大きな地域的偏差が確認できるのであれば、「七歳」という象徴性が「魂との交差のなかで日本人の身体の奥底に強く宿っている」とはいえないと私は考える。また資料操作の面から指摘すると、小川は千葉県夷隅郡大原町と長生郡一宮町大村地区の二地点でしか確認できない「シオフミ（潮踏み）」「イソクダリ（磯下り）」という民俗語彙に注目し、これが神社祭礼の際に海中で行われる「禊ぎ」

を示すとともに、「七歳になった」ことを意味する隠語としても使われていたという事実から、ともに「再生」の意味が込められていたとする結論を導いている〔同上　七二・七四頁〕。それは「七歳までは神のうち」という言葉があるように、七歳を無事に越えれば「厄落とし」ができたという一般的な理解が、おそらく「再生」と理解されたのだろうが、この少ない事例で「七歳」の象徴性の意味を代表させるというのも、私にはいささか強引に思える。しかも千葉県下の自治体史を繰っていくと、こうした儀礼は「昔」は金持ちしかできなかったという証言や、行なっても長男・長女に限られ、次子以下は省略されたと伝えているケースも目に付くが、こうした問題は本論文では触れられていない。となれば、「七歳」という年齢を重視する心意が普遍的であったというよりも、長子に限って祝い事を施すという観念のみが地方において受容・定着していた可能性も考えておかなければならない。これらの点については、私は別稿を用意しているので、そちらで詳しく論じる予定である。

(13) この問題を回避するためか、宮田の都市民俗論が対象とする時空間は、海外からの影響をあまり考える必要のない「江戸」であり、その分析対象も、徳川時代の文献上で確認できる事象がメインとなっている。ただし、宮田が倉石と似たような都市民俗認識を抱いていたということは、「都市化された民俗は、いわば原型としての民俗の再生産という形で把握される性格なのである」〔宮田　一九八二　三〇頁〕という一文から窺える。また「都市生活の構造は、自己完結的でないためにムラでとらえるほど容易には把握できない」〔同上　四〇頁〕とした箇所からは、宮田も福田と同じような村落イメージを抱いていたことがわかる。この点に宮田の「地域民俗学」と福田の「個別分析法」とが混然一体のものとして見なされた要因をみることは不可能ではなかろう。

(14) これは私が酒席で、ある民俗学者から聞いた福田評であるが、あえて匿名とする。

(15) たとえば、二〇一〇年七月三一日には、現代民俗学会の主催で「討論・福田アジオを乗り越える—私たちは「二〇世紀民俗学」から飛躍できるのか?」と題したシンポジウムが開催されている。ただし、福田の学問的言説を悉皆的に取り上げた本シンポジウムでも、個別分析法については言及されていない。〔福田・菅・塚原　二〇一二〕。

（16）この論争は、福田が著書『柳田国男の民俗学』などで示した柳田の論理的矛盾に対し、それを矛盾ではなく福田の誤読だとした岩本が反論するかたちで開始された。その推移は岩本の論考〔岩本　二〇〇六〕に詳述されているため同稿に譲るが、要するに福田の従来の主張は、古態を示すとされる埋葬習俗の「両墓制」が関西地方に濃厚に分布する事実が、新文化は常に京都から波紋状に外部へと伝播するとした周圏論と矛盾するというものであった〔福田　一九九二　一三〇―一三三頁〕。いうまでもなく、周圏論に従えば、古い文化ほど京都から遠く離れた位置に存在しなければならないため、京都近郊にこれが集中する状況は、確かに周圏論と矛盾する。福田は、これによって周圏論の破綻を指摘したかったのだろうが、岩本によると、「両墓制」は近世以降に石塔建立が隆盛した結果生じた新しい習俗であり、そのことは柳田も認識していたという。ゆえに「両墓制」を古態と認識するのは誤りであり、それを根拠に柳田の周圏論との矛盾を衝く福田の論法の方が、逆に論理破綻を来しているとの主張である。ただし本稿の趣旨においては、「両墓制」をめぐる福田の認識の誤りはさほど問題ではない。あらゆる「民俗」的事象に対して、柳田が周圏論で説明しようとしていたとする見解を福田が抱いていたらしいということの方が、より大きな問題である。

（17）「広域志向性」は千葉徳爾による造語で、千葉が一九八四年一〇月六日に行われた日本民俗学会年会での講演で示した視点を表現した謂である〔千葉　一九八五　四頁〕。岩本通弥によると、千葉の論旨は、具体的には「民俗」が都市も村落も「伝承母体」を基盤として相互に独立して存立するものだと捉える見方や、あるいは「民俗」を機能主義的に位置づける傾向があることへの警鐘であり、当該の講演では名前こそ挙げなかったが、それは福田の理論に向けた批判であったとされる〔岩本　二〇〇六　二八―二九頁〕。つまり「広域志向性」とは、村落の「民俗」が当該成員の都市との関わりの中で形成されており、それぞれ個別単体として把握されるべきものではないことを示すために用いられたものであるから、基本的に都鄙連続論の観点から山笠の広がりを俯瞰し、その様相を地域性として捉えようとした福間が、この千葉の視点を自らの論理の中軸に据えたことはよく理解できる。なお岩本は、この千葉の問題提起の核心が、その後の民俗学では「一切顧みられることもなく今日に至っている」〔同上　二九頁〕としたが、管見ではこの福間の論考が、それへの応答になりえていると思う。

(18) 個別分析法への批判ではないが、限定的な地域で得られた事例のみをもって日本全体の前代を象徴させるような論法には、たとえば、柳田民俗学を日本における民間学・女性学の嚆矢として高く評価する鹿野政直から疑義が提示されている。鹿野は、戦前の村落社会における女性の性の開放性を肯定的に描出したロバート・J・スミスや赤松啓介の研究を念頭に、「猥談が盛大に行われていることをもって、ただちに性について開放的だとは、もちろんいえません。日常の抑圧が、そこにはけ口を求めるのは、しばしば起こりうることです。また、農家向けの雑誌『家の光』で、性の問題や描写が、どんなに慎重に扱われてきたかを考えると、それが隠微なものと目されてきたとも推測されます」〔鹿野　一八九八　一四九頁〕と指摘し、そうした民俗学的言説と、当時における認識の一般性との乖離について注意を喚起している。

参考文献

アンダーソン・ベネディクト　一九九七『増補・想像の共同体―ナショナリズムの起源と流行』　白石さや・白石隆訳　NTT出版

伊藤幹治・谷川健一・福田アジオ　一九七四「鼎談・日本フォークロアの軌跡と展望」『伝統と現代』二五　伝統と現代社

伊藤幹治・後藤総一郎・桜井徳太郎・関敬吾・谷川健一・中井信彦・福田アジオ・宮田登・村武精一　一九七四「座談会・民俗学の方法を問う」『季刊柳田国男研究』六　白鯨社

岩本通弥　一九九八「民俗・風俗・殊俗―都市文明史としての「一国民俗学」」宮田登編『民俗の思想』　朝倉書店

岩本通弥　二〇〇六「戦後民俗学の認識論的変質と基層文化論―柳田葬制論の解釈を事例にして」『国立歴史民俗博物館研究報告』一三二　国立歴史民俗博物館

大月隆寛　一九八五「「都市民俗学」論の本質について」『日本民俗学』一五七・一五八　日本民俗学会
岡本民夫　二〇一三『柳田国男のスイス―渡欧体験と一国民俗学』　森話社
小川直之　一九九三『地域民俗論の展開』　岩田書院
小川直之　一九九五『摘田稲作の民俗学的研究』　岩田書院
小川直之　一九九八「長野御祭礼をめぐって―祇園牛頭天王信仰の受容」『国学院雑誌』九九―一　国学院大学
小川直之　一九九九「年齢儀礼研究の課題」『国学院雑誌』一〇〇―一一　国学院大学
小川直之　二〇一三a「神樹見聞録―フィールドワークから見えてくること」赤坂憲雄・野本寛一編『暮らしの伝承知を探る』　玉川大学出版部
小川直之　二〇一三b『日本の歳時伝承』　アーツアンドグラフツ
小川直之　二〇一七「折口信夫の民俗学―柳田國男からの示唆」『国学院雑誌』一一八―四　国学院大学
折口信夫　一九一五「髭籠の話」（『折口信夫全集』二　一九九五　中央公論社）
鹿野政直　一九八九『婦人・女性・おんな―女性史の問い』　岩波新書
神島二郎　一九五七「柳田国男と民俗学」『日本図書新聞』四月二二日刊（神島二郎『常民の政治学』一九七二　伝統と現代社）
神島二郎　一九九一『政治をみる眼』　ＮＨＫブックス
倉石忠彦　一九七四「都市民俗学の方法」『季刊柳田国男研究』六　白鯨社
倉石忠彦　一九九七『民俗都市の人びと』　吉川弘文館
倉石忠彦　一九九八「都市と道祖神」『国学院雑誌』九九―一一　国学院大学
倉石忠彦　二〇一〇「日本民俗学における都市研究と「渋谷」」（初出：倉石忠彦編『渋谷をくらす―都市民俗誌のこころみ』

雄山閣）倉石忠彦『都市化のなかの民俗学』（二〇一八　岩田書院）所収
倉石忠彦　二〇一一「民俗学における都市研究」（初出：『名古屋民俗』五八　名古屋民俗研究会）倉石忠彦『都市化のなかの民俗学』（二〇一八　岩田書院）所収
倉石忠彦　二〇一八『都市化のなかの民俗学』岩田書院
子安宣邦　一九九三「一国民俗学の成立」新田義弘・丸山圭三郎・子安宣邦・三島憲一・丸山高司・佐々木力・村田純一・野家啓一編『思想としての20世紀』（【岩波講座】現代思想・1）岩波書店
佐藤健二　二〇一五『柳田国男の歴史社会学―続・読書空間の近代』せりか書房
篠原徹　二〇〇一「書評：倉石あつ子・小松和彦・宮田登編『人生儀礼事典』」『国学院雑誌』一〇一―七　国学院大学
関敬吾　一九四九「民俗学方法の問題（下）―和歌森氏の所論に関係して」『民間伝承』一三―七　日本民俗学会
高桑守史　一九七九「都市民俗学―その研究動向と課題」『日本民俗学』一二四　日本民俗学会
千葉徳爾　一九六九「山の神信仰の一考察―ヲコゼ資料と重出立証法」『日本民俗学』六五　日本民俗学会
千葉徳爾　一九八五「ヒロシマに行く話―ムラびとの広域志向性」『日本民俗学』一五七・一五八　日本民俗学会
坪井洋文　一九八二『稲を選んだ日本人―民俗的思考の世界』未来社
永池健二　二〇一〇『柳田国男―物語作者の肖像』梟社
福田アジオ　一九七四ａ「民俗学にとって何が明晰か」『季刊柳田国男研究』五　白鯨社
福田アジオ　一九七四ｂ「民俗学と重出立証法について」『季刊柳田国男研究』六　白鯨社
福田アジオ　一九八四『日本民俗学方法序説』弘文堂
福田アジオ　一九九〇『可能性としてのムラ社会―労働と情報の民俗学』青弓社
福田アジオ　一九九二『柳田国男の民俗学』吉川弘文館

福田アジオ　二〇〇三『戦う村の民俗誌』　歴史民俗博物館振興会
福田アジオ　二〇一四『現代日本の民俗学―ポスト柳田の五〇年』　吉川弘文館
福田アジオ・菅豊・塚原伸治　二〇一二『「二〇世紀民俗学」を乗り越える―私たちは福田アジオとの討論から何を学ぶか？』　岩田書院
福間裕爾　一九九二「「都鄙連続論」の可能性―北部九州の山笠分布を中心に」『福岡市博物館研究紀要』二　福岡市博物館
福間裕爾　一九九三「民俗の伝播と変容―北九州市八幡西区木屋瀬の山笠」『福岡市博物館研究紀要』三　福岡市博物館
三ツ松誠　二〇一七「神代文字と平田国学」小澤実編『近代日本の偽史言説―歴史語りのインテレクチュアル・ヒストリー』勉誠出版
宮田登　一九八二『都市民俗論の課題』　未来社
室井康成　二〇〇九「「一国民俗学」は罪悪なのか―近年の柳田国男／民俗学批判に対する極私的反駁」柳田国男研究会編『柳田国男・主題としての「日本」』　梟社
室井康成　二〇一〇『柳田国男の民俗学構想』　森話社
室井康成　二〇一四「書評：福田アジオ著『現代日本の民俗学―ポスト柳田の五〇年』」『日本民俗学』二七九　日本民俗学会
室井康成　二〇一八「現代民俗の形成と批判―「成人式」問題をめぐる一考察」『専修人間科学論集・社会学篇』四―二　専修大学人間科学学会
室井康成　二〇一九『事大主義―日本・朝鮮・沖縄の「自虐と侮蔑」』　中公新書
柳田国男　一九〇九『後狩詞記』（『柳田国男全集』一　一九九九　筑摩書房）
柳田国男　一九一八「相州内郷村の話―某会の席上にて」『三越』八―一〇、後に『郷土誌論』収載（『柳田国男全集』三

一九九七　筑摩書房）
柳田国男　一九三〇『蝸牛考』（『柳田国男全集』五　一九九八　筑摩書房）
柳田国男　一九三三「郷土研究と郷土教育」『郷土教育』二七、後に『国史と民俗学』に収載（『柳田国男全集』一四　一九九八　筑摩書房）
柳田国男　一九三四『民間伝承論』（『柳田国男全集』八　一九九八　筑摩書房）
柳田国男　一九三五『郷土生活の研究法』（『柳田国男全集』八　一九九八　筑摩書房）
柳田国男監修・民俗学研究所編　一九五五『綜合日本民俗語彙』一　平凡社
山口麻太郎　一九四九「民間伝承の地域性について」『民間伝承』一三―一〇　日本民俗学会
和歌森太郎　一九四九「民俗学の方法について」『民間伝承』一三―四　日本民俗学会

【追記】

本稿は、二〇一七年九月八日に開かれた田園都市沿線懇談会において「重出立証法再考」と題して発表したリポートを基に執筆したものである。席上、貴重なコメントを下さった福田アジオ氏と、同会の世話人である伊藤敏氏に感謝の意を表したい。

伝承母体論再考――共の民俗学のために

加藤　秀雄

はじめに

いまから百年前、日本の民俗学はその輪郭を徐々に現し始めていたが[1]、この一世紀の間に、私たちの社会は急速に変化し、人々の暮らしやものの考え方も過去のそれとは大きく異なるものとなっている。このような大きな変化の時代に民俗学が確立したことは決して偶然ではない。近代の日本は国を挙げて、西洋からもたらされる知識や技術を積極的に吸収し、その恩恵をいかに普及させるかということに腐心してきた。その過程で旧来の生活文化は広範に解体されていったが、このような状況を目の当たりにした柳田国男の問題意識が奈辺にあったかという点については、一九二八年に刊行された『青年と学問』における次のような発言に端的に表れている。

何ほど現状維持を望む者があつても、時勢は外から変つて来るもので、人の生存は先づ之に適応せねばならぬ以上は、幾ら伝統の教育に力を入れても、改めらるべきものは改まる。近世の如き激しい変遷こそは無かったけれども、いつの時代でも親の仕来りの儘《まま》を、子が受継いだといふことは無かつた。百年を重ねぬうちに前の生活は古風になつて居り、長生をした老人は大抵は不平であつた。たゞ旧式の教育法の下では、一応は前の型《かた》だけは究め尽して後に、必要に応じて端から更《か》へて行つたのであるが、それが根本から教育の系統が改まつた為に、今ではよほど困難になつたのである（柳田　一九九八〔一九二八〕　一一一）。

ここで言う「旧式の教育法」、そしてそれによって伝えられる「古風」は後に伝承と呼ばれるものである。柳田はこれらを、「少なくとも若い人たちに新たに適当なる選択改良を為さしむ」ため「熟知せしめる必要がある」と続けるが（前掲書　一一一）、このような問題意識から、全国各地に伝えられてきた（いる）伝承を対象とする学問の体系化が図られることになるのである。

一、民俗学と近代の乖離

具体的に柳田が伝承概念を前面に押し出すのは、一九三四年の『民間伝承論』においてであった。ここでも柳田は、「百年前の当り前が、今日の不可思議である場合もあり得ることを、考へ及ぼす必要もある」とし、「我々の方法に拠れば、過去ばかりか現在をも知る可能性は十分にある」と述べる（柳田　一九九八〔一九三四〕　四一、一九三）。ここで言われている方法とは、全国各地の民間に伝わる伝承を収集し、それを比較することで、その変化を跡付けるというものであった。いわゆる重出立証法と呼ばれるものがそれである。柳田の認識では伝承は変化するからこそ比較可能であり、その比較によって得られた知見は、私たちの生活を正しく理解することに寄与するはずのものであった。

しかし伝承概念は、民俗学の独自性を担保すると同時に、ある桎梏を課すことになる。すなわち近代化以前の人々の生活における「旧式の教育法」や「古風」が伝承だとすれば、その変化をもたらす様々な近代的要素は、民俗学の主題ではないという認識を生じさせたのである。この「近代」という問題が民俗学で明確に意識化されるようになったのは、二十世紀末に入ってからのことであった。一九九七年に開催された第四十九回日本民俗学会年会のシンポジウム「『近代』と民俗」では、柳田が『明治大正史世相篇』で展開したような問題意識を後続の研究者は継承してこなかったとし[2]、次のようなシンポジウムの主旨が述べられることになる。

> 民俗学の研究者にとって、「近代」という言葉はそれほどなじみのあるものではないように思われます。また「近代」の問題を強く意識して、ご自分の民俗研究を進めている人は少ないのではないでしょうか。それは、民俗学が研究の対象にしてきた「民間伝承」の取扱い方とも関わっているように思われます。つまり、日常の生活文化のなかで、どちらかといえば、変化する部分よりも、変化しにくい部分により関心を注いできたということと無関係ではないといえます〔谷口　一九九八　二〕。

ここでは変化しにくい民間伝承が研究対象とされたことにより、民俗学が「近代」と乖離してしまったとされている。先に見た「伝承は変化する」という柳田のテーゼとは真逆の認識が、その後の民俗学において大勢を占めるようになったことを、この一文は示唆しているが、本論では、こうした認識が生じた理由の一つに伝承母体論の影響があったことを明らかにしていきたい。

筆者は過去に、伝承概念に強力な通時的同一性の規定が埋め込まれた原因を、戦後、盛んに議論された民族性論、基層文化論との関係から論じたことがある〔加藤　二〇一二〕。この時は、伝承母体論が戦後民俗学の伝承認識に与えた影響について、ほとんど触れることができなかったが、伝承母体論も民族性論、基層文化論と同等か、あるいはそれ以上に伝承がリジッドなものに変質する上で大きな要因になったというのが本論の仮説である。そのような意味で伝承概念の研究において伝承母体論批判は避けて通れない問題であるが、筆者は同時に伝承母体論には、今こそ吟味されるべき可能性も胚胎していたと考えている。この点については第四章で詳述するが、まずは伝承母体論の概要と、それに対する批判を確認しておきたい。

二、伝承母体論とその問題点

(1) 伝承母体論の概要

柳田は『民間伝承論』において伝承の分類案を提示し、その資料操作法を重出立証法という形で示した。その目的は当時の歴史学が顧みてこなかった人々の生活変遷を理解することにあったが、柳田の方法の根幹にあったのは、過去と現在、あるいは地域間の「比較」だったといえる。これに対し福田アジオは、一九七〇～八〇年代に痛烈な批判を展開しており、これ以降、比較研究法に取って代わって個別分析法、伝承母体論が民俗学の方法として主要な位置を占めることになった。ここでは福田による比較研究法批判と伝承母体論の概要について確認しておきたい。

福田は比較研究法の欠点として、伝承の新旧に関する序列を設ける際の基準の不備、および変遷の要因に対する視座の欠落などを、『日本民俗学方法序説』の中で繰り返し指摘している。その上で「仮に資料の比較から単一事象の変遷が判明したとしても、それが他の民俗事象の変遷とどのように連関しているのかを明らかにできない」とし、伝承の機能的連関という構造機能主義的な視点を提示した[(3)]〔福田　一九八四　七八～七九〕。福田は次のように述べている。

民俗事象は相互関連し、一定の機能をはたしているのであり、他の史料〔文書や遺跡・遺物〕の存在形態とは異なる…その研究は当然伝承されている伝承母体での民俗事象のあり方を明らかにするはずのものである。過去から超世代的に伝承されている諸民俗事象の相互連関、機能を分析することにより、伝承母体においていかなる歴史的条件がそれを定着させ、維持してきたのかを明らかにする個別分析法としての民俗学が指向されなければならない〔前掲書　九〇～九一〕。

ここで福田は「伝承母体」、「個別分析法」などの新たな概念を提示しているが、伝承母体は『日本民俗大辞典』によると、「民俗を保持・伝承する単位。伝承単位体・民俗継承体・伝承基盤などとも捉えられる」とされ、村落社会・地域社会、家族・親族・村組・講集団・青年会・同業者組合が具体例として挙げられている。(4)特に村落社会内の水利組織や宮座に代表される氏神祭祀組織などは歴史的深度を持った規範、伝承を保持する「社会伝承」として注目を集めることになった。この社会伝承研究で重要な意味を持つことになったのが、伝承母体が有する文字史料である。福田は「伝承母体における種々の実年代的な過去を示す史料の利用も充分になされねばならないことは言うまでもない」と述べており〔前掲書　九一〕、個別村落の社会構造を、「文字で記録された史料と関連づけることによって、その中から村落・地域の歴史的世界を再構成する方法を樹立すべきである」として、その重要性を強調している〔前掲書　七二〕。

福田の伝承母体論においては、従来の民俗学よりも更に文献史学への接近がなされていることを指摘することができるだろう。確かに氏神祭祀組織などの伝承母体には、トウヤ文書などの文字史料が伝存している場合が多く、地域によっては、その最初期に書かれたものが中世にまで遡る場合もある。これは年ごとに更新され、神祭で行うべきことがらや、神饌、組織構成などの記録、マニュアルとして機能する側面を持つ。またこの文書自体が神聖視される例も存在するが、(5)伝承母体が保持する伝承が反復性、類型性、規範性を有する存在として見なされる契機を、(6)この文字史料と伝承との相関関係に見出すことは不当ではないだろう。伝承の持続は伝承母体の持続に支えられており、伝承母体が有する文字史料はその持続の具体的証拠とされてきたのである。

（2）伝承母体論の問題点

ここで福田自身が伝承と伝承母体に対して、どのような認識を持っていたのか確認しておきたい。福田は村落における伝統的な諸社会組織を「超世代的な存在」であるとし、「少しずつ交替しながらも続いていくもの」と位置づけている。その上で、「民俗とは超世代的に存在している社会組織が一定の規制力を持って保持させている事象と定義出来る」と述べるが〔福田　一九八二　六～七〕、福田の伝承母体論においては、伝承を変化させる要因としての「主体性を持った個人」のような存在は想定されていない。「社会組織が構成員に一定の規制力を持って民俗を保持」させているのであって、構成員が主体的な意思で受容、変化させているのではないのである。福田は伝承母体（集団）が構成員（個人）に対して与える規範などの諸現象によって、「その母体におけるその前の世代あるいはさらにその前の時点の事象も知ることが出来る」と述べているが〔福田　一九八四　二五八～二五九〕、福田のこのような伝承観には、変化や現在に対する関心は希薄である。[7]

これらのことから伝承母体論は、社会学的には方法論的集団主義に属する理論であることが指摘できるだろう。方法論的集団主義とは、方法論的個人主義に対比されるものであり、「社会諸関係の分析単位を個人ではなく、集団もしくはより下位の社会関係に求める方法的志向」だとされるが、「この方法が極端化されると、個人の役割や自律性を極小化する考え方に陥る」欠点を持つ。[8]だがそれ以上に伝承との関連で注意すべきは、伝承母体論が伝承の変化を主題化できない欠陥を有する点であろう。伝承母体論においては伝承を過去から超世代的に持ち伝えられてきた「無形の史料」として扱ったがために、その固定化が生じたのである。これは伝承母体論に特徴的な観点というよりも、戦後の歴史学との関係性の中で民俗学に徐々に生起していったものだったと考えられる。

例えば福田も整理しているように〔前掲書　七〇〕、歴史学者の遠藤新之助は、太閤検地の時期に発生した「役家体制」の具体的な「小族団的協業態」のイメージを民俗学の成果に求めており〔遠藤　一九五五〕、また永原慶二も『日本封建社会論』の中で近世村落における農民間の身分的従属関係や家父長的関係の具体例を本分家、オヤカタ・コカタ関係、マキ、クルワなど民俗学の調査成果を参照して論じている〔永原　二〇〇一（一九五五）〕。これらは社会伝承に近世、あるいは中世社会の残存を見なす視点と共通性を持つものだと言えよう。福田も自身のフィールドの事例について、「近世初頭に設定された家格制が生きているところではしばしば特権的な宮座組織に結びついており、またそれを支える社会組織にあり経済的格差が存在する」と分析しているが〔福田　一九八二　八二〕、岩本通弥によると、こうした研究は、「伝統不変論・構造不変論とでもいうべき議論」を前提とするものであり、現実の家族や社会の状況とかけ離れたものになっているとされる〔岩本　一九九八〕。すなわち伝承母体論における伝承認識では、現代的な現象や変化は、「本来の伝承」が壊れたもの、あるいはノイズとして捨象されてしまうことになるのである。

三、伝承母体論批判と個への着目

（1）伝承母体から個への着目

伝承母体論が持つ欠点については、福田自身による反省の弁が見られるので、まずその発言から見ておきたい。

（※自身の研究の欠点は、）ムラの組織や制度の調査分析のみに終始し、具体的なムラ人の生活が描かれていない点である。民俗学が民俗事象のみを取り上げて分析し考察することで人間不在に陥って久しい。その末端に位置する私自身の研究もそうであった。個々の人間がこのようなムラの組織や制度の下でどのように行動して日々生活してきたかを明らかにすることができてはじめて民俗学は生きた学問になる〔福田 一九八二 三六七〕。

このような福田の反省を踏まえて湯川洋司は、「伝承母体論といった民俗の集団的把握にとどまらずに個人の視点も重視」する必要性を訴え〔湯川 一九九八〕、これを受けた関沢まゆみも「動態的視点に立ちながら、生活者としての村人、個々人の次元で民俗をとらえる研究視角」による民俗学の今後の方向性を示している〔関沢 二〇〇二〕。

伝承母体論の人間不在、個の捨象に対する批判の中で、最も先鋭的なのは安井眞奈美によるものだろう。安井は近世村落の影響を受けているムラの姿を補足するための伝承母体論では、近年の変わり行く村落の姿に対応しきれなくなっている現状を指摘し、これからの村落研究の可能性として、「村落社会に生きる個人に注目した研究」を提唱している。これは歴史志向から現在志向への転換として位置づけられるものだろう。また「従来の村落研究では、集団としての村落のみが強調され、そこに生きる個人は、単なるムラ人のひとりとして」のみ描かれてきた状況を批判し、「村に生きる人々の多様性を描くことなしに、今日の村落の状況を捉えることはできない」と主張している。これは村落内の住民が同質性を持ったものではなく、多様性を持った存在であることへの指摘として読むことができよう〔安井 二〇〇二 一四二〕。

こうした批判を踏まえた近年の試みとして、門田岳久・室井康成らの若手研究者達による『〈人〉に向き合う民俗学』〔二〇一四〕が挙げられる。門田は従来の民俗学が文化現象としての伝承、民俗に拘泥してきたことにより、フィールドに存在する〈人〉と向き合ってこなかった現実があるとして、「「伝承」や「民俗」という無時間性の中に幽閉された既存の人間観は打破していく必要がある」と述べている〔門田 二〇一四 二二〕。また、伝承母体論との関係で言えば、本書には谷口陽子による「村落研究の再考―同質化に抗する個人の生活史」という論考が収録されているが

〔谷口 二〇一四〕、こうした「人間中心的アプローチ」に共通するキーワードは、「個」、「多様性」、「主体性」、「創造性」などであると言えよう。しかし、これらの研究も、現代の時代状況、知的流行とリンクした動きとして捉えておく必要がある。

安井、門田らの批判は一定の説得力を持つものであるが、本論では、伝承などの「足枷となる諸概念[9]」を現在の民俗学の停滞と結びつけ、その対案を示すような議論とは距離を置き、伝承が持っている可能性を模索し続けたいと考える。拙稿「伝承概念の脱/再構築のために」でも指摘したように〔加藤 二〇一二〕、現在の伝承概念に対する批判者たちは、この概念がどのような来歴を持ち、どういった議論を経て現在の硬直化した状況に至ったのかという分析を経ないまま批判を展開しているという問題を孕んでいる。確かに既往の伝承のカテゴリーにこだわり、そこに含まれるものだけに着目して記述と分析を行うような視点からは、抜け落ちていくものもあるだろう。だが伝承を人間の多様性、主体性、創造性などと対立するものと見なし、個を称揚するような議論は要素還元主義に陥りかねないものであり、人間や社会にとって伝承が持つ意味や機能の分析は棚上げされることになるのである。筆者は現在の民俗学、さらには社会全体の状況を鑑みた場合、伝承概念をめぐる方法論的深化、現代的意義を論じることは、民俗学全体の再活性化に寄与するものであると考える。その放棄は「盥の産湯とともに赤ん坊を流す」ことに繋がるのである。

(2) 自治を支える伝承

今後の伝承研究の方向性を占う上で、二〇〇六年に刊行された『日本民俗学』二四五号所収の福田アジオ「市町村合併と伝承母体—その歴史的展開」の内容は頗る示唆的である。これは福田自身が伝承母体について論じている最新の議論であるが、ここには従来の伝承母体論では議論されていなかったその特徴が示されている。まず福田は、「民俗の伝承母体は支配や行政の単位ではなく、それとは区別される地域社会であるムラ」であるとし、「人々が互いに面識関係があり、生活と生産のさまざまな互助関係を形成し、さらに地域として共同することで各家の生活・生産の条件を維持発展させる」ものとして位置づける〔福田　二〇〇六　三〕。そして、「明治町村制の市町村は、住民が徒歩あるいは自転車で行き来できる範囲であり、そこに共同性の範囲があり、社会関係での共同性も形成された」と指摘しているが〔前掲書　一五〕、ここには一九八〇年代の歴史志向はなりを潜めており、村落における共同性、経済活動、生活の基盤としての伝承母体観が新たに示されている。実は、このような伝承母体観の片鱗は『日本民俗学方法序説』第一篇五章「社会史としての民俗学」の中にも見られる。

福田はその中で、「近代を善とみる考えは、前近代における個の埋没にその悪の基本を見たといってよい」とし〔福田　一九八四　一一二〕、その一例として家永三郎の近世村落に対する認識を挙げている。家永によると近世の村落は「共同体の拘束が強くて、農民には個人の創意による文化創造の可能性がとぼしかったばかりでなく、経済的にも、生活を向上させる余裕がほとんどなかった」とされるが〔家永　一九七八　一八四〕、福田は「ここにはみごとに近代主義的歴史観が示されている」と批判し、「部落に封建制を見、その解体に民主化や個の自立、すなわち近代化の夢を託し、部落を陰湿なものとして描くこと」は間違っていると論じる〔福田　一九八四　一一二〜一一三〕。もちろん福田は単純に過去を美化して称揚しているわけではない。集団による個人の抑圧、それによる多くの悲劇を歴史的事実から見ていくことの重要性を村八分などの差別を例に引きながら説いているが、だからといって人々が地域社会の中で連帯し、協力・共同してきた事実までをも無視することは誤りだと述べているのである。

福田がここで仮想敵として想定しているのは、恐らく戦後の学術世界の中で大きな影響力を持った市民社会論であろう。丸山真男、大塚久雄らの戦中派近代主義者を先頭とする進歩的知識人、あるいは民主的文化人たちは、「自立した近代的自我の獲得」、「権利主体としての市民的自覚」、「ムラの閉鎖性からの脱却」を、その文脈で説いてきた〔大窪　二〇一四　二〇二〕。家永もこうした進歩的知識人の一人であったが[10]、柳田との対談では、「習慣的に受け入れている人生観とか、ものの考え方とかいうよりも、そういうものと闘ってそれを打破する方に魅力を感じる」と述べている〔宮田編　一九九二　一八八〕。福田は、こうした市民社会論者達の考えを次のように要約している。

個々の人間が他人と一定の社会関係を形成し、その関係の中で行事や儀礼あるいは生産を共同することは、個人に対する拘束であり、その拘束がなくなって各人が自由に行動できる状態になることが新しい文化を創造するという考えを延長させれば結局人間はばらばらの個人として自立して存在することが望ましい姿ということになる〔福田　一九八四　一一二〕。

筆者には、伝承と人間の主体性、創造性を対置させ、集団ではなく個への注目を促す近年の議論が、市民社会論と親和性を持つものであるように思えてならない。戦争の終結とそれに伴う民主化が進行していた当時の時代状況と、現代の状況を同じ水準で語ることには慎重になるべきだが、伝承概念の批判者達にとって「ムラ」や「伝承」は現在も個の主体性や創造性を抑圧するネガティブなものとして映っており、(11) そうした旧来の研究対象や諸概念に拘泥することは、民俗学の後進性を示すものでしかないという考えが存在するように思える。そして、その先にあるのは研究対象の消滅と学問的停滞でしかないので、現代の社会状況に合致した学問へと早急に脱皮する必要があるという危機感も見て取れるだろう。しかし繰り返しになるが、筆者は伝承へのまなざしを閉ざすことは、民俗学の最も良質な部分を失うことに繋がるものと考える。

先に見たように福田の伝承母体論は、人々の相互扶助、生活の維持発展などと関わる共同性を重視するものに変質したが、それを支えていた（いる）伝承の意味や機能を、いま一度、考えなおしていくことは、今後の伝承研究における最も重要な課題になる。ここにおいて伝承と自治の関係性という新たなテーマが浮上してくるのだが、地域社会の自治は近代的自我を持つ「ばらばらの個人」の集まりによってなされるものではなく、歴史的深度を持って蓄積・共有されてきた知識、経験と、それとの兼ね合いでなされる人々の協働に支えられてきたものではなかったのか。筆者は現代の日本社会で大きな問題と化している地域社会の衰退や、人々の孤立などの原因の一端を、伝承の衰微とそれに伴う自治意識の後退に求めることができると仮定しているが、その状況を具体的事例から見定め、自治の重要性と伝承の可能性を未来に向けて提示していくことは、民俗学に課せられた現在的使命とも言えるのである。

四、個から共の民俗学へ

（1）システムによる伝承母体の植民地化

筆者が今後の民俗学において地域社会の伝承と自治の関係性について論じるべきであるとする理由は、近現代的な時代状況を特徴づける「システムによる生活世界の植民地化」の弊害が、極めて深刻化していると考えるためである。「システムによる生活世界の植民地化」とは、ユルゲン・ハーバーマスが、『コミュニケイション的行為の理論』で示した観点で、ここでいうシステムとは、近代以降、複雑化した社会のコミュニケーションを円滑化するために登場した官僚機構や市場経済、マスメディアなどを指す〔ハーバーマス　一九八七〕。ハーバーマスは、こうしたシステムが「歴史的な生活世界のもつ対話的な内部構造を侵食する」と指摘するが〔ハーバーマス　二〇〇〇　二二〕、この「歴史的な生活世界のもつ対話的な内部構造」を伝承母体として捉えた場合[12]、伝承はシステムに取って代わられ、その意味や機能を縮減させたと言うことができるだろう。柳田は、過去の地域社会の問題が「自分の力を以て解決」されていたことに注目し、それが「無数の先例と指導」、父老の「経験」や「記憶」によって支えられていたと指摘しているが

〔柳田 一九九八（一九二九）〕、近代以降に拡大するシステムは、生活世界を統治するものとして、これに取って代わり、人々は伝承からシステムへの依存度を急速に増した生活を送るようになったのである。

イヴァン・イリイチは、福祉や教育、医療などを例に挙げながら、社会の「専門化」によって、人々が自らの経験的知識や能力を行使できなくなる事態に警鐘を鳴らしているが〔イリイチ 二〇一五〕、システムへの依存度が増大することによる負の側面は、公害や災害などによってシステムが機能不全を起こした際に顕在化する。二〇一一年に発生した東日本大震災とそれに伴う原子力災害は、私たちにこの問題を否が応にも突きつけるものであった。現在に至る復興事業は地域社会を翻弄し続けており、システムの復旧や維持が、人々の生活よりも優先される事態が少なからず生じている。このことについては、川島秀一による次のような発言が参考になるだろう。

最近の社会はどこを見回しても、「リスク管理」が大はやりで、安全に、かつ無駄を省いて、効率を重視するためだけの仕事が、本来の仕事より加速度的にウェイトを増しつつある。自然災害に関わらず、危機に対するシミュレーションごっこは、国防レベルにまでエスカレートする異常な時代である。…漁師などの生活者の災害観を前提にしないかぎり、防災や減災の対策は、机上のお絵かきのように、ことごとく失敗するであろうと思われる〔川島 二〇一七 二八八～二九〇〕。

川島がここで言う「本来の仕事」とは、人々の生活再建という、ごく当たり前のことである。しかし被災地における復興事業は、「リスク管理」の名のもとに、嵩上げ工事、防潮堤、復興道路、団地の建設などを推し進め、住民は自分達の土地であるにもかかわらず、そこから疎外されることになった。そこには災害や国防などに便乗して利益を追求する、いわゆるショック・ドクトリン（惨事便乗型資本主義）の側面も看取されるだろう〔クライン 二〇一一〕。この間、人々は仮設住宅で工事が終わるのを何年も待ち続けたが、生活の基盤が変わってしまったため、元の土地に戻る住民は予定よりも少数になってしまっている。[13]

川島が述べるように、リスク管理は自然災害に限らず、軍事、経済、そして私たちの生にまで深く浸透している。工業社会を経て現れた、このような社会のありかたを「リスク社会」と呼んだのはウルリッヒ・ベックであった。ベックによるとリスク社会は、「危険の防衛」という社会的正統性原理の結果として不可避的に一種の「全体主義」に向かう傾向を内包しているとされるが〔ベック 一九九八 二二七〕、システムへの依存度を増した人間存在は、その全体主義に抗う術をもはや持たないのであろうか。

ベックは、こうした全体主義的状況を分析する際に、旧来の政治制度ではそれをコントロールすることが不可能な権力を指すものとして「サブ政治」の概念を導入している〔ベック 一九九七〕。しかしサブ政治は、リスク社会の全体主義を止揚するグローバルな運動体をも同時に生み出しているとされる。この観点は、ハーバーマスが、システムを止揚する存在として希望を見出した公共圏の創出に関する議論を発展的に展開したものであると言うことができるだろう。また、ネグリ／ハートによる〈帝国〉とマルチチュードの議論にも接続されるものである〔ネグリ／ハート 二〇〇三〕。

こうした「システムによる生活世界の植民地化」や「リスク社会」が、いかなる社会状況をもたらしており、それをどのように克服するかという問題は、近年の社会科学におけるトレンドの一つであると言ってよい。しかし、そこで注目される主体は、システムによって一度、分断された個人のネットワークであり、その対話的理性に基づく実践性が鍵になっている点では共通している。そこには対話的理性が近代を再帰化し、それを乗り越えるという弁証法的展望が示されているが、現実問題として近代のオルタナティブは到来しておらず、最近の保護主義の台頭は、リスクの増大が極限にまで達しつつあることを示している。こうした状況に対して、社会科学は個人や理性とは異なる水準で、現代を超克する論理的基点を構築することが要請されるのだが、そこで重要になってくるのが、伝承と自治の再活性化という問題系なのである。

（2）共の民俗学とは何か

山之内靖はポストモダンにおける権力への抵抗が、「自分自身の日常生活に立ち入った自己批判的検討とならずにはいない」としたうえで〔山之内 二〇一五　三八四〕、テッサ・モーリス＝スズキの議論を引用しながら次のように述べている。

「エピステーメー」とは、「分析をこととし、明晰であり、理知的で、理論的で、専門化された知識であって、普遍妥当性を必要とする」。これに対して「テクネー」は「全体的（ホーリスティック）で、明確でなく暗示によって伝えることがしばしばであり、実践的でパーソナルな知識」である。それはまた、「眼、手、ハートを必要とし、論理的な推論だけではなく、伝統や直感から引き出されるものであって、普遍性請求をかかげはしない」。……「テクネーにもとづいた小さな知識体系の強みは、主に、周囲の相対的に小さなコスモスの内部での相互関係についての深い認識と、予知不可能なもの、不規則なもの、不確かなものへの感受性とに見ることができる」〔前掲書　三八八〜三八九〕。

山之内は、このテクネーの知が、「われわれの日常生活を批判的に再構築するにあたって不可欠な知の型である」と指摘したうえで、「「小さなコスモス」は、同時に、そこでの数々の生命の交流を共有することによってバーチャル化した人工的空間では生じえない身体的触れ合いの空間を我々に取り戻す場でもある」と主張する〔前掲書　三八九〜

三九〇〕。

民俗学者であれば、この眼、手、ハートを必要とし、伝統や直感から引き出される実践的な知が伝承に他ならないことに気がつくだろう。そして「日常生活に立ち入った自己批判的検討」とは、まさに民俗学がその初発の段階から有していた問題意識ではなかったのか。民俗学が今後の社会科学に貢献する道があるとすれば、この伝承が持つ意味と機能を明確にし、再提示するということになるだろう。

ここで、具体的にどのような観点が必要になるかという問題に触れておくが、既に述べたように、伝承がシステムによって縮減しているのは紛れもない事実である。しかし、縮減したからといって人間存在にとっての伝承は決して消滅したわけではない。支配的なシステムの中で、なおも存在する「もののやりかた」として〔小田　二〇〇二〕、システムに植民地化された生活世界を人々にとっての「固有の場所」へと変えていく作用を持つというのが、伝承に対する筆者の考えである。

システムは公有と私有という近代的所有観に基づき、生活世界の空間とモノを振り分けるが、実際には、その境界を侵犯するような空間やモノへの「働きかけ」を常に人々は行ってきた。こうした働きかけは、疎外された空間とモノを固有の場所へと取り戻すが、そこに見出されるのは、公／私という区別では捉えきれない共（common）の論理である。この共の論理は、地域内の相互扶助や共有財のありかたに端的に現れているが、死者やこれから生まれて来る人々に対する世代間倫理にも内在している。内山節によると、地域社会の自治は、死者や子孫の存在をも念頭に置いたものだとされるが〔内山　二〇一三〕、世代間倫理が生活環境を維持発展させていくうえで極めて重要な意味を持つことについては、植田今日子による最近の研究にも詳しい〔植田　二〇一六〕。福田が伝承母体の特徴として新たに掲げた共同性の問題は、共時的次元だけでなく通時的な観点をも必要とするものなのである。

以上のことから、伝承母体論の新たな展開のために、地域社会の共時的、通時的次元に見出される共の論理に注目した「共の民俗学」を提唱したい。共の民俗学は、従来の個にフォーカスした民俗学を批判的に乗り越えるものであり、「関係性」に焦点を当てたものとなる。繰り返しになるが、その関係性は共時的次元だけでなく通時的次元にも注目したものでなくてはならない。また、個の民俗学のように「人間中心的アプローチ」を採用するのではなく、周囲の自然環境やモノ、神などの存在をも念頭に置いた研究が志向されることになる。最近の社会科学で注目を集めているアクターネットワーク理論（ANT）や存在論的転回の人類学は、人・社会とモノ・自然を峻別し、前者による一方向的な、後者への働きかけを相対化する立場をとっており、モノ・自然も人・社会と同等の行為主体性（agency）を持つものとしてみなす理論を提起している〔ラトゥール　二〇一九〕。新たな伝承母体論はこれらの議論とも接続されるものになってくるだろう。

地域社会は、そこに住む人間だけでなく、地域外の人々、動植物、モノ、先祖、神など多様な存在との関係性によって構成されている。その関係性を双方向的ものとして描き出すことは、伝承と自治を人間同士の関係性によってのみ捉える視点から解放することにもつながるだろう。従来の伝承論や自治論は、人間同士の関係性からこれを見ていくことに重きを置き過ぎたきらいがあるが、先祖や自然の存在に促されて、人間が伝承の「受動的な主体」となる場合があることは、先に触れた植田の研究でも指摘されている〔植田　二〇一六　一二二〕。こうした多様な存在との関係性を含み込んだ新たな伝承、自治観を提示することに目標を置き、共の民俗学と新たな伝承母体論は展開していくことになる。

おわりに

二〇一〇年七月に開催された現代民俗学会のシンポジウム「《討論》福田アジオを乗り越える―私たちは『二〇世

紀民俗学』から飛躍できるのか?」では、「伝承母体論の問題」と題した議論が行われ、福田は「あくまでも伝承母体は時間としての長さを我々に与えてくれるためにあるので、それがないのに「伝承母体」という言葉を使ってもあまり有効ではない」と述べている〔福田ほか 二〇一二 九四〕。福田のこの発言は、シンポジウムにおける歴史民俗学批判を意識したものであるが、ここでは新たな伝承母体観が示されることはなく、むしろ旧来の定義を再提示するにとどまった。

そして菅豊の「民俗学が縮小していく、民俗が縮小していくというそのもの以上に、伝承されていくような知の伝達システム自体が大きく変わっている。要するに、旧来の観点からするならば、我々が取り扱っていけるものが、やはり縮小しているのだという現象は起こっているのではないでしょうか」という問いに対して、「当然起こっているんですよね。だから、寂しいながら、民俗学は消えていけばいいのじゃないですか」と悲観的な見解を示した〔前掲書 六〇〕。菅の問いは、硬直化した民俗学の対象・目的・方法を今後、どのように広げていけばよいかという問題意識によるものだが、これに対しても福田は「民俗学をやっている人にそれほど能力があるとは思えない。やっぱりおのれの能力の限界を知った上で対象をとらえるべきではないか」と挑発的な物言いをしている〔前掲書 五五〕。

これらの福田の発言は、後進に対する叱咤激励の意味があると好意的に解釈したとしても、到底、受け入れられるものではない。自らの考える民俗学の方法や対象が限界を露呈したからといって、今後の民俗学全体の可能性をも閉ざすような見解を示すのは、この学問を支え続けてきた碩学のものとしては、あまりにも短慮に過ぎるだろう。

だが実際には、福田の中で民俗学の可能性が潰えたと思っていないことは、二〇一六年に刊行された『歴史と日本民俗学』の最終章に示された次のような言葉からも明らかである。奇しくもこの発言は、本論で取り上げた被災地の復興に関わるものであるが、最後にその内容を引用して結びにかえたい。

復旧・復興に行政が大きな力を発揮することは間違いないが、自分たちの日常生活で当たり前に展開してきた連帯と結集の力が長期的には重要な意味を持つことは明らかである。…地域生活がどのような装置を持って結集のための組織を形成し、共同性を発展させてきたかを提示することは民俗学の仕事である。…地域で生活していくためには、仮設住宅があればよい、集落があればよいというものではない。住宅とそれが形成する集落にはさまざまな施設や装置があり、それらを維持することで連帯と結集は保たれていた。それらに配慮しない計画に対して批判をし、施設・装置の必要性を地域の民俗学研究の蓄積を基礎に積極的に提言すべきであろう〔福田　二〇一六　二四六〕。

この福田の主張に伝承母体という言葉は出てこない。しかし明らかにそれを意識したものであることが理解されよう。「日常生活で当たり前に展開してきた連帯と結集の力」は、共の論理が支えてきたものであり、そこに民俗学のブレークスルーの鍵があることは、伝承母体に向き合い続けた福田だからこそ、いち早く気づくものであった。福田に続く世代の民俗学者に与えられている課題は、その可能性をこれまでの民俗学の蓄積と現代のフィールドから提示し、新たな伝承母体論とともに社会に向けて発信していくことなのである。

注

（1）日本の民俗学がどの時点で成立したかは、論者によって立場が異なると考えられるが、一九一三年には柳田国男が高木敏雄と雑誌『郷土研究』を発刊しており、一九一八年には柳田自身が「日本では最初の試み」と述べる神奈川県津久井郡内郷村〔現・相模原市〕の村落調査が実施されている〔福田　二〇〇九　八六〕。

（2）近代の問題を民俗学の立場からどのように捉えるかを論じた最初期の議論として、桜田勝徳による「「近代化」と民俗学」が挙げられる〔桜田　一九七六〕。ここでは、『明治大正史世相篇』が近世の生活文化にウェイトを置いた議論を行っている点が批判されており、その理由として近代化、西洋化以前の日本独自の生活様式や日本人らしさを抽出する意図が柳田にあったためだとされている。

(3) この他に福田は重出立証法によって提示される変遷が、「進歩」、「発展」の概念とどのように関連するのか不明瞭であると指摘している〔福田　一九八四　七九〕。この発言は明らかにマルクス主義的な発展史観の影響下にあるが、社会進化論的図式が説得力を持ちえない今日の状況において、伝承の変化とこれらの概念が関わるか否かを云々することは徒労に終わるだけでなく、現実を見誤ることにもなりかねないだろう。むしろ伝承は、そのような発展、進歩の思想を背景にしてなされる暴力的な「生活世界の植民地化」と相容れないものだと筆者は考える。

(4) 文責は山本質素による。山本は「伝承母体を設定することで、社会状況の変化の中で民俗が変化する過程を捉えることが出来る」とし、それが「人々の内的、主体的意思」によって生じるものであると述べているが〔山本　二〇〇〇　一六五〜一六六〕、この一連の定義は、福田が主張する伝承母体論と理論的齟齬をきたすものである。具体的にどのような研究成果や議論を引いてこのような記述が行われたのか不明であるが、伝承母体論の欠陥を修正するためのものであったと推測される。このような理論的検討を経ないままに行われる安易な定義の修正や改変は、学問上の手続きとして問題があると言わざるを得ない。

(5) 金子祥之は千葉県栄町酒直地区のオビシャ講に伝存するオニッキという文書資料が当該地域において神聖視されている事例の報告を行っている〔金子　二〇一七〕。

(6) この三つの性質は平山和彦が伝承の特徴として定義しているものである〔平山　一九九二〕。なお福田が伝承母体と文字史料の関係性について、どのような考えを持っていたのかについては、次のような発言が参考になる。

民俗に直接関わり、あるいは民俗を担って、その経験したり見聞した行為を自ら書き記した資料は、執筆者は意図しないにもかかわらず、民俗を豊富に、そして時には民俗の相互関連や民俗の伝承母体をも明らかにする形で記述してくれている〔福田　二〇一六　一七九〕。
（7）ただし福田は、有賀喜左衛門の「民俗学の本願」を引用していることからも窺われるように、民俗が変化するものであることを十分に認識していたはずである〔福田　一九八四　五七〕。にもかかわらず伝承母体論が現代的な変化を主題にしないのは、福田の中に民俗学を文献史学、考古学と並立する歴史科学として位置づける目的意識があったためであろう。民俗学の基礎資料である伝承が変化することは、伝承を「史料」として位置づけるうえでアキレス腱となる問題であり、これを過去から現在にかけて「超世代的」に伝えられた存在として定位する必要があったのである。
（8）『社会学小辞典〔新版増補版〕』（二〇〇五）における「方法論的集団主義」の項目による〔濱嶋ほか編　二〇〇五　五六四〕。
（9）門田は、「「伝承」「民俗」「民俗誌」「伝承母体」「話者」などの古くから主要な位置を占めてきた概念群は、ある時代においては民俗学の目的や社会的使命を達するに足る概念だったかもしれないが、転換期にある現今の関心に即するものとは言いがたい」と述べ、菅豊、島村恭則らによる伝承概念批判を参照している〔門田　二〇一四　一二～一七〕。
（10）戦中期の家永は皇国史観の影響下にあったが、戦後になって進歩派に転向した経歴を持つ〔大窪　二〇一四　一五三〕。
（11）猪瀬浩平は、二〇一一年の福島第一原発における事故の後に用いられた「原子力ムラ」という言葉を例に引きながら、「私たちをいつの間にか捉えている「ムラ」への否定的なまなざし」に触れている。猪瀬によると、原子力発電を拒む運動の主体として想定されてきたのは、「自立した個人が構成する民主的な〈共同体〉」であったが、実際にはムラがムラとして機能しながら、その運動の主体となりうる可能性が存在することに注意を喚起している〔猪瀬　二〇一五　八～一三〕。
（12）生活世界の概念が、伝承母体と親和性を持つ点については次のようなアルフレッド・シュッツの指摘を参照することによって理解されよう。
「日常生活の世界」とは、われわれが生まれるはるか以前から存在し、他の人々、つまり、われわれの祖先達によって秩序ある世界として経験され解釈されてきた間主観的な世界であり、また、今、われわれの経験と解釈の所与として与えられているような世界である。したがって、この世界についてのどのような解釈も、「手もちの知識」という、この世界についてこれまで蓄積されて準拠枠として働くようになった経験、つまりわれわれ自身の経験やわれわれが両親や教師から受けついだ経験にもとづいている〔シュッツ　一九八〇　二八〕。

(13)「かさ上げ宅地、目立つ空き地　住宅の復興計画縮小の背景」『朝日新聞』二〇一八年三月一一日付の記事内容による。

参考文献

家永三郎　一九七八『新日本史　改訂版』三省堂
猪瀬浩平　二〇一五『むらと原発―窪川原発計画をもみ消した四万十の人びと』農文協
イリイチ、イヴァン　二〇一五『コンヴィヴィアリティのための道具』筑摩書房
岩本通弥　一九九八「民俗学と「民俗文化財」とのあいだ―文化財保護法における「民俗」をめぐる問題点」『國學院雑誌』九九（一一）
植田今日子　二〇一六『存続の岐路に立つむら―ダム・災害・限界集落の先に』昭和堂．
内山節　二〇一三「地域・自治概念の再検討」『市町村合併による防災力空洞化―東日本大震災で露呈した弊害』ミネルヴァ書房
遠藤新之助　一九五五「徳川期に於ける「村共同体」の組成―本百姓身分を中心に」『史学雑誌』六四（一二）
大窪一志　二〇一四『自治社会の原像』花伝社
小田亮　二〇〇一「生活世界の植民地化に抗するために―横断性としての「民衆的なもの」再論」『日本常民文化紀要』二二

加藤秀雄　二〇一二「伝承概念の脱／再構築のために」『現代民俗学研究』四
門田岳久　二〇一四「民俗から人間へ」『〈人〉に向き合う民俗学』森話社
金子祥之　二〇一七「オビシャで祀られる「御日記（オニッキ）」――栄町酒直のオビシャ儀礼と文書」『千葉史学』七〇
川島秀一　二〇一七『海と生きる作法―漁師から学ぶ災害観』冨山房インターナショナル
クライン、ナオミ　二〇一一『ショック・ドクトリン（上・下）―惨事便乗型資本主義の正体を暴く』岩波書店
桜田勝徳　一九七六「「近代化」と民俗学」『桜田勝徳著作集』五　名著出版
シュッツ、アルフレッド　一九八〇『現象学的社会学』紀伊国屋書店
関沢まゆみ　二〇〇一「村落研究と民俗学」『日本民俗学』二二七
谷口貢　一九九八「特集：シンポジウム「近代」と民俗」『日本民俗学』二一五
谷口陽子　二〇一四「村落研究の再考―同質化に抗する個人の生活史」『〈人〉に向き合う民俗学』森話社
永原慶二　二〇〇一（一九五五）『日本封建社会論』東京大学出版会
ネグリ／ハート　二〇〇三『〈帝国〉――グローバル化の世界秩序とマルチチュードの可能性』以文社
ハーバーマス、ユルゲン　一九八七『コミュニケイション的行為の理論（下）』未来社
　二〇〇〇『近代―未完のプロジェクト』岩波書店、
濱嶋朗ほか編　二〇〇五『社会学小辞典』有斐閣
平山和彦　一九九二『伝承と慣習の論理』吉川弘文館
福田アジオ　一九八二『日本村落の民俗的構造』弘文堂
　一九八四『日本民俗学方法序説』弘文堂
　二〇〇六「市町村合併と伝承母体―その歴史的展開」『日本民俗学』二四五

二〇〇九『日本の民俗学—「野」の学問の二〇〇年』吉川弘文館
二〇一六『歴史と日本民俗学—課題と方法』吉川弘文館
福田アジオ・菅豊・塚原伸治　二〇一二『「二〇世紀民俗学」を乗り越える—私たちは福田アジオとの討論から何を学ぶか?』岩田書院
ベック、ウルリッヒ　一九九七「政治の再創造—再帰的近代化理論に向けて」『再帰的近代化—近現代における政治、伝統、美的原理』而立書房
一九九八『危険社会—新しい近代への道』法政大学出版局
宮田登編　一九九二『柳田國男対談集』筑摩書房
安井眞奈美　二〇〇二「村（ムラ）」『新しい民俗学のために』せりか書房
柳田国男　一九九八（一九二八）「青年と学問」『柳田國男全集』四　筑摩書房
一九九八（一九二九）「都市と農村」『柳田國男全集』四　筑摩書房
一九九八（一九三四）「民間伝承論」『柳田國男全集』八　筑摩書房
山之内靖　二〇一五『総力戦体制』筑摩書房
山本質素　二〇〇〇「伝承母体」『日本民俗大辞典』吉川弘文館
湯川洋司　一九九八「伝承母体論とムラの現在」『日本民俗学』二一六
ラトゥール、ブルーノ　二〇一九『社会的なものを組み直す—アクターネットワーク理論入門』法政大学出版局

●特集1＝福田アジオの民俗学をめぐって

失ったものは何か――「土佐民俗」の歴史

井出幸男

はじめに

受け継ぎ、継続した「野の学問」

記憶をたよりに書く。福田アジオ氏を囲んでの座談会（柳田研究会例会、二〇一七・一一・一二）の印象である。同氏の著作『民俗学のこれまでとこれから』（岩田書院）を主要参考テキストとするという案内であったので、民俗学史には不案内の私も、一応の理解の上で参加した。

福田氏の日本の民俗学の「学史」は、私なりの印象で要約すれば、江戸期の「国学」など「柳田学」以前の時代⇩「柳田学」（「野」の民俗学）が成立して展開し、やがて行き詰った時代⇩「柳田学」を「民俗学」として継承し、大学が専門的に担った時代（通常「アカデミック民俗学」「学術的民俗学」と呼ぶようである）という、三つの区分によるものであった。

私の専門領域は「国文学」（日本歌謡史）であり、『閑吟集』（永正十五年〈一五一八〉序）や土佐の国学者鹿持雅澄（安政五年〈一八五八〉九月、六八歳没）の『巷謡編』（土佐の民俗歌謡の集成記録）などを研究してきたので、「柳田学」以前の時代については一応理解しているつもりである。また「柳田学」の時代についても、自らの民俗歌謡研究の必要に応じ、研究会の友人の助けも得てそれなりの学びはしてきたつもりである。こうした中でどうしても理解がとどかないのは、「柳田学」以後とする大学の「民俗学」（アカデミック民俗学）の時代である。

前述のように、文献と同時に土佐を主要な学びのフィールドとしてきた私（昭和五十九年〈一九八四〉高知赴任）は、土佐（高知）における同志、「民俗学」を学ぶ人々の活動を日々目にし、また助けられても来た。しかしながら、福田氏の「学史」にはそれら地方の研究者・学会の活動については、全く触れるところが無い。「アカデミック民俗学」（学術的民俗学）が全てという趣である。これでは柳田以後、地方には「民俗学」の学びが無かったことになってしまう。

右のような理解（印象）に基づいて、私は座談会において、なぜ地方の人々の活動についての言及が無いのかを繰り返し質問した。どうしてその価値を認めてくれないのかという思いからでもあった。これに対しての福田氏の最終的な答えは、「評価できるような業績は無いでしょう」という意味の一言であったと記憶している。これは私にとってあまりにも意表を突く言葉であり、反証となる具体的な論拠も用意していなかったので、それ以後、沈黙せざるを得なくなってしまった。後半における私の発言が訳もなく苛立ちに満ちたものと映るとしたら、不甲斐ない身の現れである。

この座談会の記録がそのまま活字化されたら困る。きちんとした反論もせず同席していた者としては、立つ瀬が無い。世話になった土佐の人々（亡くなってしまった人も多い）の存在を無にすることは、なんとしてもできない——というのが私の単純な気持ちである。以下、当日はかなわなかった私の反論として、土佐における民俗研究の歴史を顧み、「柳田学」を受け継ぐ「民俗学」の実践として、その意義を明らかにしたい。「野の学問」（桂井和雄の言）として、柳田の死後も（「アカデミック民俗学」成立以後も）、そこには評価に値する業績が確かに存在し、活動も孜孜として積み重ねられて来たのである。

私の見える所はほんの一部分に過ぎないかもしれない。しかしそこから、現在の「日本民俗学」の抱える問題が少しでも浮かび上がってくれたらと願う。

一、「土佐民俗」研究と桂井和雄

柳田国男（明治八年〈一八七五〉七月生、昭和三七年〈一九六二〉八月、八七歳没）と関わる土佐における民俗研究の歴史は、寺石正路（明治元年〈一八六八〉九月生、昭和二四年〈一九四九〉十二月、八一歳没）に始まるが、(注1)それ以後の展開は桂井和雄（明治四十年〈一九〇七〉十二月生、平成元年〈一九八九〉八月、八一歳没）に集約して語ることができる。その学問を追って生き方を見る中で具体的に考えて行きたい。

桂井和雄と「土佐民俗研究会」

まず昭和十一年〈一九三六〉、「土佐民俗研究会」結成に至る前後の動きを見る。

桂井和雄は、本格的に「民俗学」と取り組む以前は、小学校教員であると同時に詩人であった。そのあたり『高知県人名事典』（高知新聞社）「かつらいかずお」の項には次のようにある。


早稲田大学第二高等学院に進んだが中退。帰郷して小学校教員となり（中略）などに勤務。（中略）昭和初期には人生派の詩人として活躍、岡本弥太らとともに土佐詩壇の主流にいた。北原白秋に傾斜し、昭和7年ごろから伝承童謡の採集を始め民俗学への関心を示す。

また、吉村淑甫(注2)「桂井和雄と民俗学」(『仏トンボ去来』解説、高知新聞社)では、次のように説明している。

若い頃はアテネ・フランセにも席を置いたようなダンデイズムの持主であり、詩作家でもあった。ただし詩はモダニズムを表貌するものではなく、いわゆる人生派に属する詩人として、昭和年代の初期から十年代にかけて、当時活躍の目立った岡本弥太等と共に、土佐の詩壇の主流にいた。

私は、桂井が「詩人」であったことすなわち「文学」との関わりは、総じて「民俗学」の基盤をなすものと認めているので、この問題についてはまた折りにふれ考えを進めていく。

具体的に中央の学者との交流が始まるのは昭和十一年八月のことである。渋沢敬三(明治二九年〈一八九六〉八月生、昭和三八年〈一九六三〉十月、六七歳没)との面会が最初となるが、その間の事情を、自身の後の記述(『日本民俗学大系11 地方別調査研究』「四国　高知県」昭和33年、平凡社)では次のように説明している。

昭和一一年八月二七日、アチック・ミューゼアムの主宰者渋沢敬三氏が宮本磬太郎氏らを伴って来高され、土佐の漁業史料や民俗採訪に当られた。桂井和雄はこの渋沢氏一行の室戸行に随伴して激励を受け、以来民俗学に専念することになった。かくて昭和五、六年ころからつづけていた郷土童謡の採集は、そののち四年間に、八七八種五八三九篇、二〇〇〇枚の原稿に完成し、昭和一五年にアチック・ミューゼアムに持参したが、のちの採集記録『土佐沖ノ島民俗雑記』『土佐津呂組捕鯨聞書』『土佐山村民俗語彙』などとともに、東京の戦火で烏有に帰してしまった。

右の記述を通して、渋沢との出会いと激励、その後の支援が「民俗学」に打ち込む大きな力となったことがうかがえる。この時の出会いと後の交流の様子については、自身の「渋沢敬三先生」という文章（『日本の民具』第二巻・付録、『生と死と雨だれ落ち』所収）の中でも、「研究費援助」の激励など、さらに詳しく説明している。

ここで浮かび上がってくるのが宮本常一（明治四十年〈一九〇七〉八月生、昭和五六年〈一九八一〉一月、七三歳没）の存在である。桂井とは全く同年生まれであり、小学校教員の履歴や「文学」との密接な関わり、渋沢のアチック・ミューゼアムによる支援においても重なってくる。上京した宮本に対して、桂井は終生土佐を離れることはなかったが、その初期の大切な業績を渋沢邸の焼失（昭和二十年の東京空襲）において無に帰したことも共通している。(注3) 今回の調査ではこうした研究環境だけでなく、桂井と宮本は、実際に深く交流していたことを示す新資料も出てきたので、それについてはまた後で述べる。

なお桂井が、北原白秋の影響で「伝承童謡」の採集を始めたのは前述の『高知県人名事典』の通りであるが、その時期については、自身は「郷土童謡」の採集を前記資料では「昭和五、六年ころから」と述べているので、こちらを是としておきたい。

同じ昭和十一年〈一九三六〉（月日は不明）、桂井は柳田国男とも面会し実際の交流を深めて行く。これも後の回想記であるが、自身の記述から引用する。柳田が亡くなった年、昭和三十七年に出された追悼記事「柳田国男先生の思い出」の内「晩年の一日」と題する一文（『土佐民俗』第二巻三号所収）による。内容は少々先の時点にまで及ぶが、併せて抜き出し紹介する。

わたしが先生の学問に没入しはじめたのは、昭和十年頃のことであるので、すでに二十七年の昔のことになる。翌十一年から先生にお目にかかりはじめ、以後上京のたびに世田谷区成城町のお宅を訪ね、今までに数えられないほどお目にかかっている。時には三笠宮殿下のご来訪といっしょになって、おそばで殿下とのお話を聞いたこともあるし、先客であった石黒忠篤氏に紹介されお話しをうかがったこともある。また、先生のご執筆中の書斎にまでみちびかれ、お教えをいただいたこともある。こうした度毎に先生の新著をいただいたりした。時には、小包でご恵投いただいたものも幾冊かあって、秘蔵している。

また、わたしの小さい新刊書を二十冊ほどご注文いただき、全国の同学にお廻しいただいたことなどもあり、度々のご批評やおはげましのお葉書が、今日でもなお十幾枚残っている。

冒頭の「没入」ということばからは、「先生の学問」(『柳田学』)に打ち込んだ熱意の程がうかがえる。また、引用を省略したこの文章の終わりの方では、柳田に対して「心から師父と仰げるような人」という敬愛のことばを書き留めている。その思いの全量はここに集約されていると見ることができるであろう。さらに、文中に見るお互いの著書や葉書のやりとりなどからも、二人の仲が学問をたよりとし、どれほど親密なものであったかが伝わってくる。

事のついでに、桂井の柳田邸出入りの具体的な消息が分かる記事を当会(「柳田国男研究会」)編集の「年譜」(『別冊柳田国男伝　年譜・書誌・索引』)からも引用しておく。(年齢は柳田のもの)

昭和二十四年(一九四九)七十五歳

二月十一日、土佐の桂井和雄、来訪。田の神、祭り、犬神などを夕刻まで話し合う(『民間伝承』昭和二四年三月)。

昭和二十五年(一九五〇)七十六歳

十一月六日、金沢の長岡博男、土佐の桂井和雄、来訪。民俗学研究所の大間知篤三、大藤時彦、直江広治らをまじえ、地方学会の在り方について討議する（『民間伝承』昭和二五年一二月）。

昭和二十九年（一九五四）八十歳

十一月十二日、土佐より桂井和雄、来訪。昼食後、学士院へ行く。（桂井「晩年の柳田先生」定本３月報）。

最後の記事の典拠（定本・月報３「晩年の柳田先生」）は、前に引用した『土佐民俗』第二巻三号の「晩年の一日」から、中程の部分を、桂井自身が抜き出し書き直したものである。そこには、昭和三十七年五月三日の「先生の米寿祝賀記念学会」に、近畿民俗学会の沢田四郎作とともに出席したこと、数年前の昭和二十九年十一月十二日、「学士院会館の例会」に柳田と同行し、金田一京助に「これはわたしの古い弟子で土佐の……」と紹介された思い出などが記されている。これらの記事も合わせて、柳田を中心にして、中央や各地の学者・研究者とも具体的な学びを展開していった様子がうかがえる。

検証の時点をもう一度、昭和十一年〈一九三六〉まで戻す。この年桂井は、橋詰延寿（明治三五年〈一九〇二〉六月生、昭和六三年〈一九八八〉六月、八五歳没）と共に「土佐民俗研究会」を結成するに至る（月日は不明）。二人だけの出発であった。前述のように、渋沢、柳田との直接面会を経て、さらに同学の友を得て、本格的に土佐民俗研究へ向かう機は熟したということになる。

橋詰も小学校教員であり、郷土史を中心とした研究者であった。『高知県人名事典』には「土佐の歴史や民俗、風土、地理など多方面にわたる研究をし、冊子を含めた編著書は百余冊。」とある。柳田との面会は桂井より早く、前年の昭和十年〈一九三六〉七月三十一日から八月六日まで日本青年館で開かれた日本民俗学講習会に出席している。自身の回想記（『土佐民俗』第二巻三号所収、追悼記事「柳田国男先生の思い出」の内「ヘソミカンのことなど」）には次のようにある。

今は佐川町にいられる作家の森下雨村氏の紹介で柳田先生の還暦祝賀の民俗学の会に出席した。昭和十年七月三十一日から八月六日まで一週間、日本民俗学の第一次の大会が日本青年館の講堂で開かれた。各地方から約百五十人の出席があった。四国路からわざわざ出席したのは私一人であったように思う。

題名の「ヘソミカン」については、ネーブルオレンジの呼称（別称）として柳田の提案が土佐で定着した経緯などを紹介している。また、座談会や休憩時間でのやりとりを受けて「寸暇を利用して地方採集家の言に耳を傾けられるその学的態度に頭が下がった」こと、「一人よがりの断定は大いにつつしむべきであると考えた」こと、「ことば一つでもそのことばの実際的な使い方、引例はできるだけ幅広く、多くもつこと」などを、その時覚えた教訓として書き留めている。ここにも柳田の具体的かつ強力な影響を認めてよいであろう。

宮本常一との交流と互いの学び

ところで、今回の調査にあたっては、桂井和雄の長女桂井雅葉さんから様々な資料を拝見させていただいた。遺品として残されていたカード・葉書・スクラップ帳・ノート・原稿などである。いずれも桂井の学びの様子が具体的にうかがえる貴重なものであった。

それらの持つ意義自体についてはまた後ほど述べることとして、まずは前に言及した「新資料」により、宮本常一と桂井和雄、双方の学問の在り方について考えておきたい。互いの親密な交流と学び合いの実態が浮かび上がってくることと思う。

桂井雅葉さんとの当初の接触の目論見は、前述の柳田追悼記事に見えていた「度々のご批評やおはげましのお葉書」「十幾枚」にあり、そこからもっと明確な交流の実態を見たいというものであった。が、京都の古書店が買い取りに入ったとのこともあって、柳田寄贈の著書ともども見出すことはかなわなかった。ところが、私にとって思ってもみない大きな発見は、宮本常一からの手紙（便箋三枚にわたる）が出てきたことである。桂井だけでなく宮本の当時（初期）の学問の上でも大切な資料となるので、まず全文を次に掲出する。（改行・字間・用字等も含め体裁は原書のままとする）

拝啓

其後御健勝にて御つとめの事と存じます。扨先般はまことにありがたうございました。突然参りまして　まるで嵐の様にあらして行きましたが——。

扨あれほど入村を希望して居られた寺川について　及その他について、一人で行つてしまつた私として一応報告申す要のあるのを感じます。

寺川は卆直に申せば寺川郷談の頃とは甚しく異つてゐるといふこと。

其理由は伊豫からの入国者の多い事。むしろ伊予人の拓いた村と言へるかも分りません。さういふ意味では一見すべき土地。人情はきはめて細かであり調査すべき余地も多い事…。併し民俗量は多くない。むしろ　大川村大藪や本川村高薮あたりの方に面白い事が多さうです。寺川は民俗學的より社会経済學的に見るべきでせう。高薮、大薮などと共に　未だ稗主食の地帯です。我々は田をもたざるもの、生活といつた方面からこの村をしらべて見たいと思つてゐます。

本川村だけでなく　大川村も興の深さうな土地、大川村は民俗量の多い事は本川以上と思ひますが、惜むらくは

時間がなく　よい人に出あひませんでした。學校の助でも借りてやつて見れば、この村の方が効果があがりさうです。（以上一枚目）

但し　私は寺川で再遊を約束してきました。この地の人々の人情にほだされてです。

扨それから　大杉に出、大田口から　西豊永の奥大田に入りました。

ここで桑名正仁といふ恐しく記憶のよい老人にあひまして、一晩話をきゝました。明治維新前後の生字引です。この人にも驚きました。

次に、――オイゲ様の事についてご参考までに。

河内国高向村にての聞き書き。

「サイの神　川原などに丸い石があると、之をサイの神とて拾つて来る。さうして村のサイの神の所に持つて来ておく。サイの神は、三叉路になつた所の松の木の下にあつて　この丸い石がいくつもつみあげてある。又　別にサイの神は各戸の井戸のほとりにもまつつてある。田の畦にもまつる。サイの神には祠がない。之は十月十六日に　火事で焼けたからであるといふ。（すべてのサイの神の社がやけたのでは変な話であるが）この日はサイの神の上で火をたいてもよいと言はれてゐる。社をやかれたからヤケの神ともいふ。たゝりの強い神で、十月十六日以外にさはると腹痛を起したり　夜うなされたりする。」（以上二枚目）

他でサイの神のことをきく時間を持たなかつたので　残念ですが　サイの神をヤケの神と言つた事は　イゲにも関係ありませう。

特に十月十六日を祭日とする事、東北に於ては　田の神が山の神になる日であり連関があると考へます。

オイゲ様はどうも土佐一国だけの問題ではなくなりさうであり、大阪の連中の注意も促して見られるがよいでせう。大阪民俗談話会報あたりに質問を提出しておくと　よい資料が得られるか　とも考えます。

田の神その他については、神戸市灘区赤坂通八ノ二二五　山田隆夫氏　あたりにもきいて見られるとよいと思ひます。近畿中国を熱心に歩いてゐる人であり　学究的ですから　知つて居れば　示教もあると思ひます。この人は大阪の会員でもあります。

取あえず御礼まで。

三月十日　　　　　　　　　　　　宮本　常一

桂井　和雄　様

奥様へは暮々もよろしく、——御心配相かけました。

一読して、研究を通じての二人のつながりが相当に密であったことが分かるであろう。

まず確定しておかなければならないのは、「三月十日」とあるその年である。手掛かりはいくつかある。この手紙はスクラップ帳に貼り付けてあった。少し前の年月日が判明する葉書には「昭和拾五年拾月廿日」とあり、新聞記事には「昭一五・一二・八」のメモ書きがある。また直後のページに貼り付けられていたのは、「柳田國男　さしゐ初山滋」による「こども風土記（1）」の「昭和十六年四月一日」付けの新聞切り抜きであった。その間のものとすれば、これだけでも手紙の日付を「昭和十六年三月十日」とするには十分であろう。ところが、もう一つ確定的な資料を見出すことができた。前記宮本の手紙の内容がそのまま「土佐のお神母考（下）」という桂井の論文（『土佐史談』76号所収）に引用されていたのである。末尾には「昭和十六年五月十八日脱稿」とあり、この論文を書いた時点は明確である。引用部分は「オイゲ様の事についてご参考までに。河内国高向村にての聞き書き。」の辺りからで、

アチックミューゼアムの宮本常一氏は、最近河内国高向村のサイの神に關する聞書を寄せられ、土佐のイゲがど

うやらサイの神にも關係あるような示唆深い報告を齎された。即ち、

として、二枚目の終わりの箇所までをそのまま引用している。受け取った手紙の内容を当時執筆中の自身の論文に、早速活用したものと考えられる。論文内容もさりながら、これで宮本の手紙が「昭和十六年三月十日」のものであることは確定した。

私が、この日付にこだわるのには重大な訳がある。この手紙の直前、昭和十六年二月の伊予・土佐の旅が、「土佐源氏」「土佐寺川夜話」（『忘れられた日本人』所収）を始めとした宮本の仕事に大きな役割を果たしているからである。宮本は実に几帳面に日記を書く人であったが、残念なことにこの間の日記は失われ、残っているのは自伝『民俗学の旅』（文藝春秋）の関連記事と『宮本常一　写真・日記集成　別巻』（毎日新聞社）の巻頭に収められている写真、それに帰京の途中の昭和十六年三月二日「大阪民俗談話会」で行った報告会の記録「雪の伊豫土佐採訪記」（『大阪民俗談話會々報』昭和十六年、四・五・六月所収）だけである。（小著『宮本常一と土佐源氏の真実』参照）

旅の模様について『民俗学の旅』には次のようにある。これは宮本七十一歳の時点で出された回想録（昭和五十三年十二月刊）である。

昭和十六年の一月を迎えると郷里へ帰った。そこで一月の末まで農具の調査をし、四国へ旅立った。郷里から船で愛媛県三津浜へ上陸すると八幡浜ゆきの汽車に乗ったが、その汽車の中で大洲の奥が大雪にみまわれたという話を聞いて、その雪の中を歩いてみようと思い、大洲で汽車をおり、肱川にそうて奥へ歩いていった。そして韮ガ峠をこえて高知県檮原村にはいった。そこからまた愛媛県にこえ、高知県にこえ、県境を縫うようにして宇和島へ出た。そこから船で西外海村を訪れ、再び船で宿毛に向かい、そこから月灘というサンゴのとれる村を訪れ、土佐清水か

ら足摺岬を一周して土佐中村にいたった。中村から再び山中にはいり、さらに高知に出、高知からまた山中にはいって寺川を訪れ、吉野川にそうて豊永まで下り、そこから山をこえて祖谷山を歩き徳島県池田へ出て帰京した。

最初、この記事を読んだ時の私の印象は、正に〝超人的〟というものであった。大雪の降る真冬の二月、地理も不案内な中での一ヶ月にも及ぶ一人旅。それも山間から海辺まで、伊予から土佐の西部、さらに東部にわたる広範囲。交通手段も十分に無い中で〝歩く民俗学〟としての「宮本学」の実際は、ここに描き尽くされている――と感じたのである。

当時宮本は三十四歳、体力・気力ともに確かに充実していたのであろう。しかしそれにしても、なぜこのような過酷とも思える条件の中で異境の旅を実現し、また多くの成果を挙げることができたのであろうか。その疑問の一部は、私は先の手紙によって理解できるのではないかと思う。現地の支援者としての桂井和雄の存在である。

手紙の冒頭には「先般はまことにありがたうございました。突然参りまして　まるで嵐の様にあらして行きましたが――。」とあり、終わりには「奥様へは暮々もよろしく、――御心配相かけました。」とある。これはどう見ても高知市内にある桂井邸には寄宿したと読むのが自然であろう。「突然」「嵐の様に」とあるので、あわただしい来訪であったことは間違いないが。

『民俗学の旅』の対応部分には「中村から再び山中にはいり、さらに高知に出、高知からまた山中にはいって寺川を訪れ、……」とあり、「高知」は一瞬の通過点であり、まるで一気呵成の一人旅であった印象を受ける。しかしながら、手紙の冒頭部からは、「寺川」行きの前には、桂井とは一定、何らかの遣り取りがあったことだけは文面からもうかがえる。

本川村寺川（現いの町）は、交通不便な愛媛県境に位置する四国山地の村である。当地は、柳田も注目した近世民俗資料『寺川郷談』（宝暦二年〈一七五二〉記述）の地として、土佐でも校本の作成を始め、多くの研究が重ねられている。地元の桂井からも何らかの情報は入手しての調査行であったのであろう。そうであればこそ手紙前半の「報告」もなされたと認められる。

以上の経緯だけでなく、私は、ここに出てくる宮本の「私は寺川で再遊を約束してきました。この地の人々の人情にほだされてです。」という言葉に注目したい。この言葉にこそ「宮本学」の根源、本質のようなものを感じるからである。それは宮本が当地で残した写真からも如実に伝わってくる。映し出された人物の表情、特に子供達や老人の自然な笑顔には、学問としての「民俗学」を通して実現した人間同士の交流が見事に現れていると感じる。実際約束通り、宮本は同じ年の昭和十六年十二月、寺川の再訪を果たし、再会を実現している。(注4) 人とつながること、それを大切にしたこうした行動力には、ただただ頭が下がる。

前にも見た通り、二人の交流もまた「学者」として深いものがあった。宮本に助けられることとなった桂井の論文「土佐のお神母考（上）（中）（下）」（『土佐史談』74・75・76、昭和十六年四、五、六月）は、桂井の初期の業績として高く評価されている。たとえば、吉村淑甫「桂井和雄と民俗学」（『仏トンボ去来』解説、高知新聞社）は、柳田国男との深い関係性を見た上で、次のように評している。

昭和十年代におけるフィルド・ワークの中から選ばれた、土佐の表徴的課題として「神母」がある。彼が選んだこの時期における稲作農耕のシンボルのような信仰体であり、行儀であった。すでに柳田翁はこの問題に注目し、主として文献を通じての考えを示されていたが、その結論めいた見方はおおよそ「夕占」にかたむいていたようであったが、この論にはいささか翁の深読みがあるように思われる。桂井和雄はフィルド・ワーク者として、また郷土人としての克明な調査を元に、これはむしろ「稲気」や「池」と考える方向で立論している。土佐にあってこの二つを考える場合、やはり稲気—池をわれわれはとりたい。この違いにはおのづからフィルド・ワークの強みが出ているように思われる。

初期のこうした論考だけを見ても、桂井和雄が言うところの、単なる採集家でなかったことが知られる。実にこうした違いこそが、柳田国男が求めたものであり、同志として期待したところであった。桂井和雄自身はこの若い日の論を不満としているようであるが、土佐において初めて民俗学の方法による論考が生れた。これは、最初の記念すべき論文であった。

特に、吉村がこの「解説」によって指摘した、桂井が「単なる採集家でなかったこと」の観点は、民俗学者・桂井和雄の初期の評価として改めて銘記しておきたい。

宮本との関係では、しばらく後のこととはなるが、桂井は宮本編集の『日本残酷物語』1（平凡社、昭和三十四年）に「土佐山奥の村」「山民の盗伐」「土佐の浦の疫病」を執筆している（『土佐民俗学会誌第一号』あとがき）。前二項の内容は、前出の手紙で話題の「本川村寺川」に関わるものである。そのほか宮本の編著への協力はいくつかあったようである。また宮本は、昭和三十六年八月二十日「夏季大学」のために高知を訪れ、歓迎をうけている（『土佐民俗学会誌第三号』あとがき、なお桂井は病欠のもよう）。

『おあん物語』の消息と追考

ついでながら、同じ桂井遺品のスクラップ帳から、戦時中における『おあん物語』の消息を示す新聞記事が出てきたので、合わせて見ておきたい。小著『宮本常一と土佐源氏の真実』の中で、老人の口語りとして、宮本が『土佐源氏』を叙述する際、下敷きにしたと推定した作品である。切り抜きは二件あるが、一つは前に述べた橋詰延寿（「土佐民俗研究会」の同志）の筆になる。

まず昭和十八年六月八日付け「毎日新聞（高知版）」の記事から。見出しには「戦ひとれ戦事食」「〝おあん物語〟に綴る雑炊　郷土食に鍛えよう決戦土佐」「復活したい非常食〝菜飯〟明治維新の常食を語る池上菊榮さん」とある。逼迫した戦時体制の中で『おあん物語』の文章を紹介しながら「郷土食を存續復活させ食料增産の一助とする」（前書き）という趣旨である。記事によれば「池上菊榮さん」は「慶応三年生まれ」「坂本龍馬の姪にあたる」七十七歳の女性で、「菜飯」の作り方については具体的に述べたあと、「この菜飯は私達の中年のころまで大抵の家庭では食べてゐたものです、非常食用としてまた代用食としてぜひ復活利用してほしいものです」と結んでいる。総じて『おあん物語』後半部の倹素な食生活、特に「雑炊・菜飯」が、当時いかに注目されていたかが良く分かる記事である。

内容理解のため、ここには柳田国男編『国語　高等学校三年下』（東京書籍、昭和二十九年八月二十日　文部省検定済）「おあん物語」から、記事と対応する箇所を引用しておく。

また子ども、「彦根の話なされよ。」と言へば、「おれが親父は、知行三百石とりてをられたが、その時分はいくさが多くて、なにごとも不自由なことでおぢゃった。もちろん用意は、面々たくはへもあれども、多分、朝夕雑炊を食べておぢゃった。おれが兄様は、をりをり山へ鉄砲撃ちに参られた。その時に、朝菜飯をかしぎて、昼飯にも持たれた。その時に、われらも菜飯をもらうて食べておぢゃったゆゑ、兄様を再々勧めて、鉄砲撃ちに行くとあれば、うれしうてならなんだ。（中略）このやうに昔は、ものごと不自由なことでおぢゃった。また昼飯など食ふといふことは、夢にもないこと。夜に入り、夜食といふこともなかった。今時の若い衆は、衣類のもの好き、心を尽くし、こがねを費やし、食物にいろいろの好みごとめされる。さたの限りなこと。」とて、またしても、彦根のことを言うてしかりたまふゆゑ、後々には子ども、しこ名を彦根ばばといひし。今も老人の、昔のことを引いて当世に示すをば、彦根を言ふと俗説にいふは、この人より始まりしことなり。それゆゑ他国の者には通ぜず。御国郷談なり。

『おあん物語』自体は、慶長五年（一六〇〇）の関ヶ原合戦の頃、大垣・彦根で少女時代を過ごし、後年土佐で年老いた女性の回想を、聞き覚えていた人物がさらに後年まとめ直した作品である。生首にお歯黒化粧をする少女という衝撃的な前半の内容もさることながら、戦国期から江戸前期に及ぶ稀少な「生活誌」であり、当時の語り口を伝える口語資料としても高い評価がある。土佐の郷土史家寺石正路と柳田国男とが注目した経緯については、小稿「「おあん物語」の可能性」（柳田国男研究⑦『柳田国男の学問は変革の思想たりうるか』所収）の中で既に検証し、さらに教材としての可能性についても縷々重ねて私見を述べている。

戦事教訓書として扱われた時代についても、その中で紹介しているが、そこでは①「土佐協会」による昭和十三年五月の刊行、②「彦根史談会」による昭和十六年十一月、同十七年二月、同七月と三度にわたる刊行、③昭和十八年五月の岩波文庫への所収（「雑兵物語・おきく物語」との併載）を示し、その意図が「戦時下の家庭生活はできるだけ簡素なものが要求される。何人も心して聊かの贅沢も慎まねばならぬ」（彦根史談会発行『おあん物語』あとがき）というところに集約されることを見た。ここに見る切り抜き記事も、それら一連の動向の中にさらに付け加えることができる資料となる。

切り抜きのもう一件は、橋詰延寿による「戦時俚諺（上）、（下）」と題する新聞記事である。それぞれ桂井の「19・1・15」「19・1・16」のメモ書きが付いている。昭和十九年一月の連載として良いであろう。内容は、「土佐の古い諺」として「菜飯を食はす」「彦根をいふ」の二つを挙げ、いずれも『おあん物語』にその由来を求めて説明し、戦時における教訓的意義を強調している。

俚諺「彦根をいふ」の意味は、前に引用した『おあん物語』の末尾にある通りであるが、「菜飯を食はす」については「これはうまいことを言つて人をだますことである、甘言で釣ることをいふ　當世の言葉では、謀略にかかることである」と説明。その上で、合わせて時局への教訓として「戦ひは銃後の台所と台所の苛烈な戦線に入つた、アメリカの台所が悲鳴をあげるまで、日本の台所は断じて頑張らねばならない、それには「菜飯」の美味を求めることは禁物である、まして謀略の「菜飯を食はされる」ことは更に更に禁物である」「大東亜建設には幾多の「おあん婆の如き（中略）人物の指導が大事である、「彦根をいふ」と注意する人が必要である」「今様「彦根をいふ」おあん婆は居ないのか」と強調している。

牽強付会というのではなく、これら一連の新聞記事が、当時の世情・実感をそのまま反映したものであったことは認めざるをえない。

こうした状況を見てくると、前著『宮本常一と土佐源氏の真実』において考察した『おあん物語』の位置はさらに重要性を増す。私考では宮本と、この著作に執着した柳田との関係性に重きを置いて考察してきたが、このような新聞記事を加えて考えると、『おあん物語』は当時、立場を問わず広く民俗学者一般の関心の対象であった可能性が見えてくる。岩波文庫版の存在は、さらにその可能性を強くする。宮本が『土佐源氏』（『土佐乞食のいろざんげ』を含めて）の作品化を構想するにあたり、『おあん物語』を着想の重要な契機とした蓋然性はさらに高まったものと思う。

桂井の戦後の業績とその概要

少々私の関心事に寄り道したが本題へもどる。上述の時代に続く戦後の桂井和雄の学問の展開を、本人の記述から見る。『日本民俗学大系11　地方別調査研究』（昭和33年、平凡社）「高知県」の内、「4　戦後」には、自身の業績について次のようにまとめている。

昭和二二年、『柳田国男氏古稀記念論文集』の刊行があり、その第五集に桂井の「禁忌と呪術に表れたる一つの問題に就いて」が載った。桂井はその翌年八月に、戦前の稿『土佐昔話集』を出版する機会に恵まれたが、これが契機となって以後『土佐子守唄集』（昭23）、『土佐民俗記』（昭23）、『土佐郷土童謡物語』（昭24）、『吉良川老媼夜譚』（昭25）、『土佐の伝説』（第一巻）（昭26）、『土佐俚諺集』（昭27）、『土佐風物記』（昭27）、『笑話と奇談』（昭27）、『土佐方言小記』（昭28）、『耳たぶと伝承』（別題土佐民俗叢記）、『南海民俗風情』（昭29）、『土佐の伝説』（第二巻）、『土佐山民俗誌』（昭30）、『郷土の生活』（昭31）など大小一八冊の民俗関係単行本を刊行した。

十年程の間にこの積み重ねは、質量ともにめざましい。前引の吉村淑甫「桂井和雄と民俗学」（『仏トンボ去来』解説）は、戦後のこの時期の活動を「第二段階」と位置づけ、次のように高く評価している。

やがて桂井和雄の民俗学への本格的な取り組みが始まる。つまり採集し、そして考えるという作業は、戦後においてますます盛んになった。ようやく壮年期に入った第二段階の時期である。

昭和十年代から採集された記録物が、戦後の二十年代から三十年代にかけて次々と刊行される。中には小冊子も交っているが、価値の高い貴重な記録集である。

なお、桂井は前の文に続いては、同志橋詰延寿についても次のように紹介している。

橋詰延寿氏もまた郷土史と民俗資料を綴って『新土佐風土記』四巻、『土佐の民謡よさこい全集』（昭28）、改訂本『よさこい節』(昭32)、『土佐の文化財』(昭30)そのほか多数の郷土史物を発表している。なかでも『吉川類次翁』(昭26)は土佐二期作衣笠(きぬがさ)稲の恩人類次翁を描いた農民伝記として注目したい小品であり、これは前高知市長大野勇氏の『三椏の恩人』(昭27)とともに資料採集の一方法を示したものであった。大野氏にはほかにその郷里高岡郡仁淀村の別府、これに隣接する長者・名野川などの風物習慣に対する思い出の村誌『故山帖』(昭24)がある。

これら列挙された刊本のうち、桂井の『土佐子守唄集』、『土佐郷土童謡物語』、橋詰の改訂本『よさこい節』(『土佐民謡よさこい節』)、大野勇の『故山帖』などは、民俗歌謡研究の参考資料として私も今に至るまで活用してきた諸本である。(なお桂井の記述では、このほか若干の人物と著作も紹介されているが割愛する。)

桂井和雄と「土佐民俗学会」

こうした流れを受けて、昭和三十四年〈一九五九〉四月二十九日、桂井の下に人々が結集し、いよいよ「土佐民俗学会」が発足。二年後の昭和三十六年〈一九六一〉には学会誌『土佐民俗』を発行することとなる。ちなみにこの「土佐民俗学会」の結成時点は、福田アジオ氏が『民俗学のこれまでとこれから』の中で「アカデミック民俗学」が成立したとする一九五八年の翌年に当たる。そのことの持つ意味を確認して行きたい。

結成の動向について「土佐民俗学会の動き」(『土佐民俗学会誌第一号』昭和三十六年二月十日)は次のように書き記している。

土佐の民俗学者、桂井和雄氏のお宅に、日頃から親しく出入りし桂井氏の教えを乞いつつ、民俗学や、土佐の民俗社会の話に花を咲かせていた者たちの間から、次第に土佐の民俗学研究を、桂井氏を中心に組織したらとの声が上がって来たのである。民俗学の宝庫といわれながらも、一日一日と消滅して行っている土佐の民俗資料に対する愛惜もあった。

会長桂井和雄、副会長橋詰延寿という船出であったが、初代の会誌編集者・吉村淑甫は、「何んといっても桂井和雄を中心の会であり雑誌であったわけで、氏がいなければ成立しなかったであろう。氏の魅力ある論文が次々に雑誌の冠頭をかざった。」(「「土佐民俗」創刊のころ」『土佐民俗』第三十号、昭和五十一年十二月)と述懐している。

創刊時の柳田国男からの葉書(礼状)が、前に引用した桂井の「柳田国男先生の思い出・晩年の一日」(『土佐民俗』第二巻三号所収)の中に、写真と共に記録されているので紹介する。昭和三十六年〈一九六一〉三月十四日付けのものである。

土佐民俗をお始めなされ此上もなくうれしく存候近頃古い頃からのものが段々少なくなり心細く存じ居り候折で殊にうれしく候古くからの会報も忘れた頃に出てまゐり候も自分が手にするのはよほど遅くなり申候最上氏を始め旧い同志たちも定めて大悦び致すことと存じ候。
大阪の沢田氏へは是非早く見せたく候此機会に諸処へ御紹介申度く存居候さしあたり成城大学の図書館へとどけ可申候
柳田国男
何か小篇でも寄稿いたし度又人々にも話し伝へ可申候

桂井はこのあとに、「先生が雑誌『土佐民俗』の発刊を、どんなに喜んでいたかが、これでわかると思う。」と書き継いでいる。その喜びは、寄稿を希望した〝晩年〟の柳田国男、柳田の期待を受け止めた〝壮年〟の桂井和雄ともに、正に実感であったと思う。

その後の学会と会誌の展開を、おもな出来事との関わりから見ておく。

会誌創刊の翌年、昭和三十七年〈一九六二〉八月八日、柳田が亡くなり、『土佐民俗』第二巻第二号〈昭和三十七年八月一日付け発行〉は、即座に巻頭に遺影「ありし日の柳田先生」と共に訃報を掲載する。

日本民俗学会の父柳田国男先生は、去る八月八日午後一時二〇分八十七才の高齢で忽然と世を去られた。われわれは先生の訃報とともに、ぽっかりとあいた暗い空洞を感受した。長い先生の学恩が今更のように深かったからである。土佐民俗学会は、いま謹んで先生のご逝去を悼み、そのご冥福をお祈り申上げる次第である。

また、桂井の巻頭論文「条件充足への忌避と呪術」には「故柳田国男先生の霊に捧ぐ」という副題が添えられる。さらに、同年十二月一日付けで『土佐民俗』第二巻第三号が追悼号として出され、桂井の巻頭論文「仏トンボ去来」には「故柳田国男先生の御霊は遠く」という副題が添えられる。この号に桂井和雄と橋詰延寿の二人が「柳田先生の思い出」を書いていることは前に見た通りである。

昭和三十九年〈一九六四〉三月一日付けで『土佐民俗』第七号が出され、巻頭に前年十月亡くなった渋沢敬三の訃報を載せ追悼号としている。「渋沢敬三先生逝く」という訃報には次のようにある。

魚の沈黙と常民生活の素朴をこよなく愛され、全国に散在する民俗学徒およびその他の人文科学を探究する多くのものにとって、つねに偉大な人であった渋沢敬三先生が、忽然六十七歳という御よわいで、昭和三十八年十月二十五日ご逝去された。謹んで哀悼のまことを捧げたい。

土佐民俗学会

桂井・土佐民俗学会は、これで二人の精神的な大きな後ろ盾を失ったことになる。しかし、むしろここからの長い継続が独自の独り立ちした歩みと見たらよいであろう。

桂井が永眠したのは、学会結成から三十年後、平成元年〈一九八九〉八月九日、八十一歳であった。「桂井和雄先生追悼号」は、翌年の平成二年〈一九九〇〉三月一日付け、第五十四号として発行される。吉村淑甫の後を継いだ二代目編集者・高木啓夫は、追悼文「生き続ける桂井民俗学」の中で、「昭和に始まり昭和をもって終わった桂井民俗学であった。」「二千枚にのぼる土佐の童謡採集から始まった桂井民俗学は俗信の民俗の追求をもって終わった。」と記している。

ここには多くの追悼文の中から、まず小川真喜子の記事「深いご縁をいただいて」を紹介しておきたい。春野町根木谷（現高知市）の農家の一主婦として生涯を過ごされた方である。小学校で橋詰延寿から「其の自分の置かれた所で何か一つを見つけてみよ」と教えられ、桂井との交際「土佐民俗」の学びを経て、「やっと三十年たって「一つのこと」を桂井先生によって気付かせていただきました」と書いている。桂井は彼女に対し「春野だけでよい、いや根木谷だけでもよい」と指導したという。小川はその体験に基づき、平成十四年度〈二〇〇二〉、高知県立歴史民俗資料館の企画展「おばやんの知恵袋」を開催している。私はこうした小川真喜子の学びにこそ、「野の学問」の求める一つの形があると感じている。かつてその根木谷を小川さんに案内してもらったことは、私にとってもなつかし思い出である。人の生き方とつながる「民俗学」の大切さを思う。

さらに二、三、私とも交流のあった人々の名前も引いておきたい。田辺寿男は、「桂井先生を慕う」と題する追悼文で、取材のバスの中での「民俗への愛情あふれる」話しぶり、「貴方の写真にふさわしい学問だ」と、入会を勧められた経緯などを書き留めている。田辺は、高知市内で自転車店を経営する傍ら、ひたすら民俗写真に打ち込んだ方である。ここにもまた「野の学問」のもう一つの姿を見ることができると思う。貴重な写真約五万点は、高知県立歴史民俗資料館に寄贈され、これまで生前二回（平成十一年度・十八年度）、没後二回（平成二十三年度・二十六年度）と、たび たび企画展が開催されている。その表題には「いのち」とか「たましい」とかいう言葉が見える。坂本正夫は、高校の先生を退職後、前記「歴民」の二代目館長を勤められた方である。追悼号では「桂井和雄著作目録」を作製している。私は坂本の多くの著作、例えば『明治生まれが語る　近代土佐庶民生活誌』（高知新聞企業）、『土佐の習俗　婚姻と子育て』（高知市文化振興事業団）などを通しても数々のご教示をいただいた。坂本と田辺の共著には『図説日本民俗誌　高知』（岩崎美術社）がある。収められた写真は、今となっては得難い「生活」の重要資料である。（なお私は、昭和五十九年〈一九八四〉十月に高知へ赴任しているが、当時から桂井は病気入院がちで、直接言葉を交わし教えを受けた記憶は残っていない。）

ただ残念なことに、この「土佐民俗学会」はもう無い。一昨年の平成二十八年〈二〇一六〉三月二十日、学会の創立（昭和三十四年〈一九五九〉四月二十九日）から数えて五十七年をもって閉じてしまった。桂井和雄の没後二十七年目に当たる。桂井の本学会における活動期間（三十年）は、会の全活動の半分以上を占めていたということになる。会誌『土佐民俗』は、通巻第一〇〇号に達していた。編集と共に代表理事を勤めた高木啓夫は、終刊の理由として会員の高齢化と原稿の減少を挙げている（終刊号「『土佐民俗学会』の歩みを記しおく」）。なお、高校教員であった高木にも『土佐の芸能　高知県の民俗芸能』（高知市文化振興事業団）、『いざなぎ流御祈禱の研究』（高知県文化財団）ほか、自治体史の民俗編など多くの仕事がある。会員諸氏の論考・報告・資料については、終刊号（第一〇〇号）に「土佐民俗総目録」及び「分類項目別総索引」が作成されている。

以上、これまで略々見てきた「土佐民俗学会」の歴史は、半世紀を優に越える。その全てが「アカデミック民俗学」が成立した一九五八年以降の歩みということになる。

桂井和雄の達成

桂井和雄の仕事については、これまで戦後の昭和三十年代初めまでを見てきた。昭和三十年代の半ば、「土佐民俗学会」の発足（昭和三十四年〈一九五九〉）以降の業績をもって、その達成としてよいであろう。既に前出の高木啓夫の文中にもあったが、それは「俗信」の民俗の研究である。

毎号会誌『土佐民俗』の巻頭を飾った論文は、その後の「改稿加筆」を経て、その他の新稿や資料と共に、自らの手で以下の単行本としてまとめられた。

『俗信の民俗』（昭和四十八年〈一九七三〉十一月、岩崎美術社、民俗民芸双書79）
『仏トンボ去来』（昭和五十二年〈一九七七〉七月、高知新聞社）
『生と死と雨だれ落ち』（昭和五十四年〈一九七九〉七月、高知新聞社）
『土佐の海風』（昭和五十八年〈一九八三〉六月、高知新聞社）

後の三冊は一連の「桂井和雄　土佐民俗撰集」として刊行されたもので、桂井はこれにより、昭和五十九年〈一九八四〉、第23回柳田国男賞を受賞している。

それら「俗信」研究への思いについて、自身は、最後の著書となる『土佐の海風』「はじめに」の中で、柳田国男のことばを引いて次のように述べている。

考えてみると、著者のささやかな民俗学研究も、つづまるところ、俗信とその背後に潜む心情を追求することになった。今にして思い起こされるのは、『北安曇郡郷土誌』（第四輯）の巻頭論文「俚諺と俗信の関係」の中で、故柳田国男先生の記述されている次の一節である。

私は所謂俗信の調査の重要性を認め、是が完全に考察せられるのを以て、日本民俗学の成立の目標とさへして居る者であるが、尚現在の興味は先づコトワザの本質を理解する方に傾いて居る。

柳田先生のご生前、今日のような興味の持ち方で、ご示教を仰げなかったことが悔まれる。

引用文の中で柳田は、「俗信」の究明を以て「日本民俗学の成立の目標」とまで言っている。そのことの解明は、桂井の中でも、柳田から託された（継承した）最後の目標・課題として、重い自覚があったものと考えられる。桂井は、柳田の教えが得られなかったことを悔んでいるが、もし生きていたら、柳田はこれらの到達点を何と評したであろうか。

その意味について、吉村淑甫「桂井和雄と民俗学」（『仏トンボ去来』解説）は、晩年の柳田民俗学との関連から考察し、次のように説いている。

つまり桂井和雄の俗信へのアプローチは、師翁の「祖先」や「祖先霊」への信仰と観念にまつわる多種多様の具体例の蒐集と追求にあったのではなかった。

師翁の最晩年におけるその問題が、今ようやく彼をとらえ、「祖先」や「祖先霊」があふれ出した形で、さまざまの変様を見せる。すなわち、それこそが、「俗信」という一つの大きな群生する苗代の根のような生き物ではなかっただろうか、俗信に向かった桂井和雄の困難さは思いやられるが、もはやそれは逃れ切れない深遠な目標として存在しているのである。

桂井和雄が「俗信」に行きついたということは、柳田民俗学、ひいては内省の学としての日本学への大きな開眼であると見るべきものである。しかもそれらの原初や蒙昧や、経験は、個々には苦もなく祖先や祖先霊に結びついていけるという、恐ろしいほどのフォクロアであった。

吉村の言う「原初や蒙昧や、経験」の具体的な事例を、私も自らの研究課題との関わりから示しておきたい。それは「花」にまつわる俗信である。前掲の書物の中から関連する題目を拾えば、「赤色の呪力」「花と俗信」「花の方言圏」「生き花について」などである。それら論考の実際を紹介するため、ここには「花と俗信」（『仏トンボ去来』所収）の文章を、できるだけそのまま掻い摘んで抜き出してみる。

ここで問題にしようとする俗信は、今ではきわめて珍しい心意に属するものだが、それでも昔ぶりに生きた高齢の年寄りなどのいる農家の中には、まれにこの心意を記憶しているものがある。

その心意というのは、屋敷内の庭に草花を栽培するのを忌みきらうというもので、この俗信のために家に必要な草花は、わざわざ屋敷うらなどのささやかな家庭菜園を選んで咲かせたり、屋敷外の菜園の一角をさいて栽培したりする習慣があった。（中略）

さて、屋敷内の庭に草花を栽培するのを忌みきらう俗信の実例は、わずかに高知県で採集されるもので、まず高知市東北郊布師田の一農家では、庭いっぱいに草花を咲かせると、その栽培ぬしに進ぜられるようになるといって忌みきらったという。さらに幡多郡大正町上岡の農家でも、庭いっぱいに草花を咲かせると、死んだ人に供えるようになるというのである。（中略）

高岡郡の奥地檮原町四万川の面谷生まれの老婆も、この種の俗信を知っていたらしく庭の内に草花を栽培するのをかたくなにきらい、その生涯花を植えさせなかったという。余談だがこの老婆は庭の内にツマベリ（ホウセンカ）を咲かせるのを極端にきらったという。理由はこの草花がサツキ、ハギなどとともに墓地に植える花だといい、死人の喜ぶ花ともいったという。（中略）

高知県の西南端に近い太平洋の小浦、幡多郡大月町小才角という漁村では、花ともいうことのできないような幼子に花を持たすものでないと伝えている。きわめて珍しい資料でありながら類似例を採集することはできないが、無心の幼子が手に持つ花を媒体として、別の世界に誘い込まれるのを恐れたためではないかと想像している。（中略）

「花」と関わる「わずかに高知県で採集される」「今ではきわめて珍しい心意」——こうした県内各地のさまざまな、形を換えた例証を積み重ねた末に、論考は次のような文章で結ばれる。

考えてみると、われわれが経験してきたわずかに六十余年の変化をみても、庶民がわが庭にくさぐさの草花を植えて楽しむようになったのは、そんなに古い時代からのことではなかったように思う。高知県長岡郡大豊町の永渕という部落では、農家での花作りを批判して、「貧々の花作り」といったという。この山村の農民たちが、花の栽培主をどのような目で見ていたかがわかる。

しかし、戦後生活の流儀は一変して、すべてが洋風を追い、花の栽培を専業とする農家が生まれ、草花の種類も飛躍的に増加し改良されるようになった。当然のように草花の用途がひろがり、病人見舞いに、はなやかな花束を贈り込んだり、結婚式やそのほかの行事に草花が使われるようになった。こうした世相の中でこそ、今はこの世から忘れ去られようとするかつての草花の心意を、代々祖霊の祭祀を守り続けた刀自たちの心づかいとともに記録しておきたいのである。

ここには、はるか昔から、私たちの「祖先」やそれを守る「刀自たち」（農家の主婦たち）が抱いてきた「花」に対する「心意」を、「今」という地点から見通す確かな眼がある。それによって捉えられた意外な事実がある。私たちにとって一体「花」とは何であったのか。その根本的な理解は、こうした論考、すなわち吉村淑甫の言う「桂井和雄の俗信へのアプローチ」（「「祖先」や「祖先霊」への信仰と観念にまつわる多種多様の具体例の蒐集と追求」）を措いては考えられないものとなる。

一方、私の抱えている大きな課題の一つは、土佐の神祭（じんさい）における「花取踊」と呼ばれる「風流踊」である。その踊り歌では、山からツツジの花を取ってきて、ひと枝は釈迦のために、もうひと枝は我が身のために、と歌い踊る。この踊りは室町期に至って現在見る形を成し、土佐を中心として西日本各地に分布した（と私は認識している）稀有な「風流踊」である。なぜ人は「山」に入り「花」を取るのか、なぜその「花」は「ツツジの花」でなければならないのか、そして、人はなぜ華美な衣装をまとって踊るのか、「花」の存在から究明すべき課題は多い。

これに限らず、「花」の呪術的な意味をめぐっては、私も何編か論考を繰り返してはきたが、まだ納得できるまでには至っていない。桂井和雄の俗信研究には、さらに深く学ばなければならないと思っている。

二、失ったものは何か

ここからは、柳田国男の学問の在り方と合わせて、桂井和雄の学問の方法を考えることで、私たちが失ったものは何かを考えて行きたい。

「桂井学」の特徴と本質

前節の終わりでは、桂井和雄の論考の文章を一部そのまま引いた。そこからもうかがえる特徴は、まず高知県内の各地から採集した、広範かつ角度を換えた具体的な例証にあると思う。高木啓夫「実証の民俗学」(『生と死と雨だれ落ち』解説)は次のように言う。

著作を読まれて既にお気づきであろうが、先生の論文はまず発問の契機を述べられ、ついで県内の諸例をあげながら、数ある問題点を検討しつつ、その習俗伝承の共通点を導き出し、更に県外の諸例を引用しつつそれを補強し、結論を導くものである。これはすでに指摘されているように〝重出立証法〟の忠実な実践であり、それは柳田国男の民俗学に通じるものである。

〝重出立証法〟については、これまでもさまざまな議論がある。従って方法としては、決して新しいものを編み出したわけではないかもしれない。しかし見るべきは、自らによる思考の徹底、文献のみに拠らず「実地」を歩き尽くす方法と、さらに、その叙述の仕方にあると私は思う。坂本正夫「「倉床考」のことども」(『土佐の海風』解説)は、その〝実証性〟の本質について言う。

「民俗学は実証の学問だよ」と口ぐせのように言われる先生は、資料の扱いにはことのほか厳格である。他人の調査資料でなく、ご自分で確かめた資料でないと納得されない。何か問題を発見するとまず文献を漁り、ついでフィールドに出て歩きながら考え、考えてはまた歩く。納得するまで歩き、自分の目と耳と心で確かめた事実(資料)

によって論証するのが桂井民俗学である。先生の書かれたものには調査地の風景やその日の天候、話者の態度や話し振り、あるいは感想といったことがこまかく描かれているが、これも事実をもって事実そのものを語らせるということのあらわれなのである。

特に後段の指摘、「調査地の風景・天候、話者の態度・話し振り、感想」等の細密な描写、「事実をもって事実そのものを語らせる」手法については、高木も「合間合間に風景や心象描写の多いことも大きな特徴」と捉え、〝実証の学〟における〝実証性〟の意味を、

このことはあの風景や心象描写がなければ、果たしてこれほどの説得力を持って私たちを魅了せしめたかどうかを思うてみることで知れるであろう。

と、「風景や心象描写」の重要性を説いている。坂本が言う自らの「心で確かめた事実」の重さであり、その訴える力である。こうした「心」(心情)を重んじる叙述の特徴は、やはり私は、桂井が本来「詩人」であったこと、ひいてはその「民俗学」自体が「文学」をその根本に持って出発したことと切り離せない事柄であると考えている。(「柳田学」の「文学」性、それ自体の在り方、またそれとの繋がりをどう考えるかについてはこの後でまた検証する。)

「野の学問」の実際とその意義

ところで、前節でふれた桂井の長女・桂井雅葉さん提供の資料には、上述の「実証の民俗学」を裏付ける貴重な資料が残されていた。おびただしいカード・葉書の類である。テーマにより、それぞれの地元の民俗の情報を小さな文

字で記録し、報告したたくさんの葉書であり、それを項目ごとに分類したカードであった。報告者は土佐の各地に及び、それも報告者自身の体験だけでなく、依頼に応じ周囲の老人たちに問い合わせをしたものも含まれている。桂井自身がたびたび現地に足を運び、歩いて直接取材したことは勿論であるが、テーマによっては、さらに広くデータを得るために報告者を確保し、普段からのやりとりで葉書を活用していたものと考えられる。「野の学問」を実践した「桂井学」の実際は、これらの資料によっても直接うかがうことができる。

「野の学問」といえば、私はこの言葉がいつどのようにして使われ始めたのかを知らない。しかし今回、桂井の記述からは一箇所だけ『仏トンボ去来』「はじめに」の中に見出すことができた。

地方の片すみで民俗学などという野の学問を志しているものにとって、…

とある。またこれに関連しては、『俗信の民俗』「あとがき」の中で、

その資料の多くを四国の辺陬高知県に求めたのは、現地採集としてもっとも手近かに類例を求めることのできる宝庫であったことと、他府県の類例報告を得る機会の少なかったためである。

とも述べている。これらが共に自著における謙辞であることは勿論であるが、私としては、その態度がことさらにへりくだったものに思えて気になっていた。ところが今回、桂井雅葉さんから生前の様子をうかがい、その心配は解消した。「野の学問」にふれた前の文章を見ていただいたところ、

「こんなことを書いていたんですね。意外な印象です。」「(父は)もっとプライドを持っていたし、自信もあった。」

と反応してくれたのである。私としては、〝我が意を得たり〟という思いであった。民俗学と向き合うにあたり、「地方の片すみ」とか「辺陬」(かたいなか)とか言わずに、あくまでもそこを学びの中心とするのが「野の学問」の本質であり、本来、桂井和雄が抱いていた本当のプライドであった、と私は理解・認識している。事実、前節で紹介した小川真喜子が記した追悼文には、桂井自身が彼女に対し「春野だけでよい、いや根木谷だけでもよい」と指導していた姿が描かれている。

なお、柳田国男の民俗学を「野の学問」とし、「野」については、「在野」の意、「官」に対する「民」と受け取る向きもあるようであるが、この意の適用についても私は反対である。どうしてもそこには官尊民卑の上下の意識が生じて来るからである。

この問題に関連しては、前述の保存された葉書の中に気になるものが混じっていた。大方の葉書は、それぞれ報告者が体験した事実を書き留めた「資料」であるが、その中に二枚だけ、手書きの文字が一字も無い活字だけのものがあった。当時、研究費の配分も握っていた「日本学術会議・全国区・第一部(文学)会員候補者」としての推薦依頼文と、その当選に対する礼状であった。差出人の名前は、私も面識のある学会の有力者のものである。桂井もまた時には、否応無くこうした中央の学会との付き合いに巻き込まれていたものと考えられる。前述の「はじめに」や「あとがき」の言葉は、そうした中で生まれた(本来無用の)意識が、やむをえず紛れ込んだものと私には感じられる。「学会」なるものの弊害である。

継承した「柳田学」の本質・本領

結局、「野の学問」としての桂井民俗学の実践は、方法も含めて、柳田国男の学問の本質と本領を受け継いだもの――とするのが私の理解である。それでは、「柳田学」の本質・本領とは何か。つたない理解ではあるが私なりにまとめてみたい。

私は、「柳田学」には大きく三つの領域があると考えている。「文学」「政治」「郷土」である。その経歴を反映したものでもあり、通常は「文学」を捨て、官僚としての「政治」を経て、学問としての「郷土」へ向かったと理解されている。しかし、私の理解はそうではない。柳田は「文学」を離れ、「政治」を辞したかもしれないが、最後までその領域における「心と志（こころとこころざし）」を忘れず、「郷土」の学においてもそれを生かした「心と志」を持ったのである。もう少し具体的に、桂井とのつながりも合わせて見ておこう。

「文学」は、「人間理解」に資するものであり、すべての学問の土台にあるもの、捨てるとか捨てないとかいう次元にあるものではない、とするのが私の認識である。その本質は「感性」あるいは「情緒・情念」と捉えたらよいであろうか。牛尾三千夫は「詠嘆」という言葉を用いているが、正に至言である。同氏による「柳田先生の詠嘆」（定本・月報24）は、「野辺のゆきゝ」から「石神問答」「遠野物語」「山島民譚集」「清光館哀史」「広遠野譚」を経て、さらに「俳諧評釈」に至った展開を示し、その生涯を「詠嘆」という言葉で捉え直している。柳田は生涯〝詩人〟であり、桂井もまたそうであったと思う。その「感性」は、当然のことながら、互いの民俗学のそこここに生きている。

「政治」的思考の本質にある「心（こころ）」とは、柳田の言葉をもってすれば、社会や生活の矛盾と対峙する「改良」という意志が当たる。受け止め方によっては「改革」「変革」の「志」ということにもなって行く。キリスト教の信仰にもひかれていた桂井の場合、長年、社会福祉・児童福祉の仕事に関係したことにも、その繋がりを見出すことができる。

「郷土」の学びの本質は「自省」「内省」である。柳田はその対象を一般常民と設定した。すなわち、ふつうの人々の歴史・生活を思いやる「心（こころ）」を、「郷土」の学びの本質としたのである。桂井はそれを受け止め、その最後は「俗信の民俗」の追求をもって終わった。「野の学問」として、「祖先」と自らの「心」の内をつなぐものを求めたのである。

桂井が継承したのは、それぞれの領域にある本質の「心」であり、「志」であったと思う。

一方、「アカデミック民俗学」の始発に立ち会い、それを担った和歌森太郎は、「柳田先生に学んだもの」（定本・月報5）の中で次のように言っている。

自分は先生から何をつかんだと、はっきりいえるのだろうか。その点ははなはだたよりない。しっかり自分のうちに吸収しきったものは、或いはないのかもしれない。

訃報に接した錯乱の中とことわった上で、それでも「最も強烈な感銘をもって学んだところ」として以下の言辞を連ねている（冒頭の一文のみ掲出する）。

先生は、よく学問は誰のため何のためにするかを語られた。別に孔子のいいぐさを借りることなどなしに、日本の同胞、一般常民のためにするのだという心に徹していられた。何でもないことのようだが、かえりみれば、この世の中には、自分の野心のためか、学会に声をかける気持ちでしか学問をしていないのではないかと怪しまれるようなものがいかにも多い。だから学者にだけしか通用しないことばを乱発して、ペダンテイックにその学をひけらかしているのかと思われる文章で論をなすことをいましめられた。私などの見るところでも、学会では、ことに民衆のための学問研究を標榜する人たちのあいだに、その傾向が少くない。先生のばあいは、民衆の知見をひろめ深める目的をもつ学問であるかぎり、表現もやさしいことばをもってせねばならぬというわけであった。自分など、やはりアカデミズムの訓練をうけて育ったものだけに、この先生の主張にはまったく痛い思いがする。……（昭三七・八）

「学問は誰のため何のためにするか」――この言葉に託された柳田の思いは、私自身にとっても極めて重い。以来五十有余年、ここに見る和歌森の「痛い思い」は、一体どこへ行ったのであろうか。「土佐民俗学会」が消滅した現在、残された遺産、「野の学問」としての桂井和雄の実践、人とつながる民俗学に学ぶべき事柄は、決して少なくないと感じている。

（桂井和雄を語るには、私よりほかにもっと適当な人がいると思う。思い余って言葉足らず、不足の点はご寛恕を乞う。と同時に、今後さらに深く掘っていただくことを願う。）

（注1）寺石正路と柳田国男、それに南方熊楠を交えての交流については、野本　亮「〔調査報告〕寺石正路資料調査報告1―南方熊楠らとの交流を中心にして―下」（高知県立歴史民俗資料館「研究紀要」第8号）などに詳しい。なお私も前稿「おあん物語の可能性―柳田国語教育論の消長を考える」（柳田国男研究⑦『柳田国男の学問は変革の思想たりうるか』所収）において、『おあん物語』を介しての考察を行っている。

（注2）解説執筆の吉村淑甫は、「土佐民俗学会」の会誌『土佐民俗』の初代編集者として桂井和雄を支えた人物である。『土佐の神ごと』（高知市民図書館）をはじめ著書も多い。また後年には、高知県立歴史民俗資料館の初代館長も勤めた。

（注3）宮本常一は昭和十四年十月にアチック・ミューゼアムに入り、渋沢邸に寄宿して活動を展開していった。なお宮本常一の初期の経歴と「文学」「民俗学」の歩み、その他については、小著『宮本常一と土佐源氏の真実』（梟社）の参照を乞う。桂井和雄との対比において、今後、見えてくる事柄も多いのではないかと考えている。

（注4）寺川の写真については、『宮本常一　写真・日記集成　別巻』（毎日新聞社）巻頭所収の写真とメモ書き参照。なお二度目の訪問については、「土佐寺川夜話」（『忘れられた日本人』未来社、昭和三十五年七月二十日初版）は、次のように説明している。

もう十年もまえのことです。ちょうど戦争が始まったばかりの十二月九日のことでした。私は伊予の小松から土佐寺川という所へこえました。

その年の一月にやはり寺川へ行ったのですが、その時「旅の人はまた来るというけれど二度来た人はない」と言われたので、「私だけはもう一度必ず来ます」と言ってしまったのです。その責任上どうしても行かねばならず、出かけて行ったのです。

ここでは再訪を自身の「責任」と言い換えている。なお「戦争」とあるのは、昭和十六年十二月八日開戦の太平洋戦争のこと。また「その年の一月にやはり寺川へ行った」としているが、これは本文で縷々見た通り「昭和十六年二月」が正しい。

上野英信の記録文学成立過程と民俗学——「〈ただ中で〉書く／生み出す」という方法

川松　あかり

はじめに：本論の問い

「現代民俗学の視点」第二巻『民俗のことば』の序章「ことばの民俗学は可能か」は、記録文学作家上野英信の『地の底の笑い話』（一九六七）に描かれた筑豊炭鉱の怠け者、「スカブラ」の「笑い話」から始められる（関一九九八）。

スカブラとは、「怠け者」を指す筑前地域のことばである（岡野一九八八：九九）。あるスカブラ坑夫は、坑内に下がっても自分では一つも仕事をしようとせず、坑内詰所に時間を確かめに行ったついでに油を売り、戻ってきては仕事現場の仲間に時間を伝えるだけだ。そんな彼が一度だけ時間を見にゆくのも忘れて働いたことがあった。落盤事故で彼以外の仲間が崩れた坑道の奥に閉じ込められた時のことだ。仲間を助けるために彼は誰よりも懸命に働いた。みんなが無事に救出された時、彼は言った。「このアホタン！きさまどんのおかげで、俺は時間をみにいくひまもなかったぞ！」——上野は、このスカブラの話を次のようにまとめる。「彼はみずから地獄の柱時計の振子となってゆれ動くことによって、みずからを時そのものと化したのではあるまいか」（上野一九六七：一〇一～一〇五）。

ここで筆者である関一敏は、この炭坑夫の笑い話を、同じ上野の著作『追われゆく坑夫たち』（一九六〇）に描かれた、虐げられた生活を送る受け身の炭鉱労働者像に対して、「生活の細部を『笑う』という能動的な角度から記録」した「厚みのある」（クリフォード・ギアツ）状態にいたっていると評価する。そして、

> ここには人間の生活には笑いがともなうという確固たる信頼の表明があり、この事情をそれこそ身体化したスカブラの生活実践によって、単なる心のなごみとか人の和には収まりきらない生活思想ともいうべきものがあらわれてくる。この思想は生活の知恵のようなものだが、それをふくんで、ある一貫した構えにつうずる奥行きをもっている（関一九九八：二）。

と述べる。このようにして、関は自身が目指すところの「しあわせの民俗誌」へと論を進めるなかで、上野が描いたスカブラの笑いの力に可能性を見出すのである（関一九九八：一六～二五）。

上野が見出した炭鉱労働者の「笑い話」に惹きつけられるのは、関だけではあるまい。とはいえ、上野はあくまで文学者として生きた人物だ。関のいうスカブラの「生活思想」や「構え」は、炭鉱労働者のはなしから導き出された思想や生活・人生に対する構えであり、私たちを感動させるが、それが筑豊の炭鉱に生きた人々自身のはなしの記述・解釈として妥当なのかと言われると、やや心もとない。そこで本論は、現在の筑豊においてフィールドワークを行う筆者の視点から、上野の「記録文学」が民俗学にとって持つ魅力の内実とは何であり、それは民俗学にどのような問題を提起し得るのかを考え直してみたい。ここでは、上野の記録文学の姿勢かつ方法でもあるようなものがその人生の歩みの中で成立していく過程を、特に「はなし」に着目して検討していくことにする。

一　記録文学作家上野英信と「はなし」

(一)　上野英信の略歴

上野英信(一九二三〜一九八七)は、山口県吉敷郡井関村(現山口市阿知須)に生まれた。少年時代を福岡県八幡市(現北九州市)で過ごし、一九四一年、満州建国大学へ進学する。一九四三年に学徒召集され、陸軍船舶砲兵見習士官として広島に滞在していた時に、爆心地から約四キロの地点で被爆。負傷者の救護にあたり、以降心身ともに「原爆症」に悩まされる(上野一九七三:四三〜四五)。一九四六年に京都大学に編入するが、翌年中退。炭坑夫になろうと決意し、一九四八年一月、筑豊炭田の小ヤマ、九州採炭㈱海老津炭鉱(現岡垣町)に採用される。就職第一夜、寒くてぼろぼろの大納屋に帰ってきた荒々しい坑夫が、「あんちゃんは俺とねな!」と上野に声をかけた。彼は、服を着たまま彼の蒲団に入ろうとする上野に「もっとはだかになるんだ」と言い、脱いだ服を蒲団の上にかぶせれば互いの熱でじかに温まるし、二人分の着物を着たことにもなると教えた。上野はこの小ヤマの「はたらくなかまたち」によって、あらゆる殻を脱ぎ捨ててまっぱだかにならねばならないことを学び、はじめて生きることの喜びを知り、人間の尊さと美しさを知り、そして、生きる喜びや尊く美しい人間を守るために闘うつとめの気高さを知ることができたという(上野・千田一九五五:一五〜二一)。その後、上野は筑豊や長崎の炭鉱計四坑で働いた。しかし大規模なレッドパージの翌年である一九五三年、日本炭礦㈱(以下「日炭」)高松第三坑(現北九州市若松区)を解雇される。炭鉱は不況に襲われ働き口は見つからない。この時炭鉱の仲間たちから励まされた上野は、筑豊で新しい文学運動をつくりあげようと決意する。以後、えばなし『せんぷりせんじが笑った』、『ひとくわぼり』などを制作。一九五八年には、谷川雁、森崎和江らと共にサークル交流誌『サークル村』（一九五八〜一九六一）を発刊し、編集委員として働いた。一九六四年、現鞍手町の炭鉱廃屋を買い取って「筑豊文庫」と名付け、周辺住民に開放して、ここで生涯を過ごした。

（二）上野英信と「はなし」

柳田国男がある時期社会を変革するメディアとして「はなし」に期待をかけていたことは、既に様々な角度から議論されてきた（例えば、佐藤一九八七、重信一九八九・二〇一五、大塚二〇〇七、杉本二〇一一）。上野もまた、「はなし」に格別の愛着を持ち、希望を託した人物である。上野が文学者として最初に知られるようになったのも、日炭高松第一坑の坑内労働者であり版画家であった千田梅二と共に取り組んだえばなし『せんぷりせんじが笑った！』（一九五四）によってであった（道場二〇〇六：二八〜二九）。

「はなし」をめぐる柳田と上野の主張の違いを仔細に検討することも不可欠だろうが、本論でおさえておきたいのは、両者が共に「はなし」を人々の生活に密着したことばの実践としてとらえていたことである。

一九七一年にえばなしの仕事を振り返りながら書いた「『はなし』の復権」において、上野は、「私は『はなし』という言葉が好きだ。数多い日本語の中から一つだけ、いちばん好きなものをあげよといわれれば、私はちゅうちょなく『はなし』という言葉を選ぶ」（上野一九七三：一六九）と断言する。文学者としての上野と民俗学の関係をとらえるうえで重要なのは、身のまわりで実際にあったことを「話風に作」ったという（上野・千田一九五五：八七）えばなしについて、上野が、

それはけっしていわゆる「お話」に仕立てる――虚構化するという意味ではないのである。むしろまったく逆に文学と呼ばれるすぐれて虚構の世界を、きわめて日常的な話の世界にひきもどしたかったのである（上野一九七三：

一六九）。

とことわっている点だ。文学者上野の「はなし」への期待は、むしろ炭鉱における日常の個別具体的な経験によって支えられている。

私が炭鉱で働くようになって、いまさらながらびっくりさせられたことの一つは、労働者がどんなに話好きでもあれば話もうまく、話を大切にしているかということであった。その自由で巧みな表現ぶりを見ていると、労働組合の大会などで黙りこくって退屈と眠気をもてあましている彼らとは、まったく別人のようであった。（上野同上：一六九）。

このように述べながら上野は、ひるがえって自分たちの文学は「労組執行部の作成する大会議案書にそっくり」ではないかと問うのである（上野同上：一七〇）。

また、部落解放研究全国集会における講演録「解放の思想とは何か」（一九六八）では、同様の問題が部落解放運動におけることばの問題として論じられる。ここで上野は、あるメーデーの式典でのエピソードを紹介する。

そのとき議長に選ばれたある炭鉱の労働組合の委員長は演壇にのぼりますと「昨夜来、いささか若干雨天をもよおしまして深く憂慮いたしておりましたるところ……」と開会の挨拶を始めたわけです。これはいかんなあと私思いました。（中略）ゆうべから雨が降りまして心配しておりましたが、といえばいいのを、なにかそういうようにいわなきゃならんものだという古い感覚が、大炭労の労働組合の指揮者の中にもあるわけです（上野二〇一七：九八）。

この話は、「ハナシ」が古い形式に囚われていると嘆いた柳田の「世間話」批判（柳田一九六二a：三八六～三八八）、柳田の国語論における「口真似批判」（重信一九八九：二三～二四）を思い起こさせる。戦後の柳田は、挙国一致体制を批判するうえで、標準語による国語教育の問題を指摘し、「国民総員の自由に思ひ又言ひ得る国語を、新たに教育しなければならぬ」（柳田一九六四：四六〇）と言って、話し方＝思い方となるような教育の必要性を訴えた。上野も、雑多な階層・職業の人が集まり、子連れの母や素朴なおばあちゃん、町のアンチャン風の若者までが集う部落解放研究大会の幅広さを強調しながら、こう述べる。

ほんとうに新しいことばをつくらなければならない。これはただ単に表現方法をかえるとかどうとかいうような技術の問題ではなくて、思想そのものがことばである、ことばそのものが思想である、そういう立場でほんとうに部落大衆の心情や思想をあらわすにふさわしいことばをつくっていくということが、私たちの思想運動にとってまずなによりたいせつな仕事ではないかと考えるわけです（上野二〇一七：九八～九九）。

上野も柳田も、人々の生活から生まれることばを大切にし、思想としてつかみとろうとする。上野にとってそれは、日本資本主義の文盲政策の中で文字を奪われた被差別部落の人々のことばであり、中小炭鉱に生きた人々のことばだった（上野同上：一〇一・一〇四）。この講演の中で、上野は「奪われたことばを自分自身の中に取りかえすと同時に、いまだかつて人間のことばの中に現れていない生々としたことばを、私たち自身がほんとうに生活の底から掘りだしていくことが必要だろうと思うのであります」（上野同上：九九）とも述べている。結論を先取りすれば、本論が主張したいのは、民俗学者の理想もまた人々の生活から掘り出された生々としたことばであると同時に、〝私たち〟にとって未だかつて現れたことのないような新しい「はなし」をつかみ取ることなのではないかということである。

以上のような上野の「はなし」観は、「はなし」を主題に掲げる二つの作品が発表された後に、それを回想する形で語られたものだった。そこで以下では、どのようにして上野がこのような「はなし」観をもつに至ったのかを、その人生をたどりながら検討してみたい。

二　上野英信の文学創造姿勢の形成

（一）炭鉱労働者時代：労働者〈による〉文学創造

京都大学を中退する前から上野は詩作を始めていた。記録作家川原一之による上野の伝記「断崖に求めた文学の道」（川原二〇〇八：一一七〜一三八）から、上野は純粋に一坑夫になりたくて筑豊に来たというだけでなく、一貫して文学を志していたことがうかがえる。一九四八年、日炭高松炭鉱で働き始めた上野は、七月には独身寮「温雅荘」の委員長になる。そして、「まっ先にやったのが、寮の文芸誌『労働芸術』の発行である」（川原同上：九六）。さらに上野は、会社に植樹の経費を要求。食堂に風景画を飾ってレコードも流した。英語教室を開き、ゴーリキーの『どん底』上演を企画したこともあったという（川原同上：一〇二〜一〇三）。上野の文学運動は、生活の中で芸術を享受することを知らない労働者たちにそれを知らせる啓蒙的なものとして始まったと言えよう。

この時期の上野の文学創造に対する姿勢を、筆者は、上野自身の言葉を借りて、「労働者〈による〉文学創造」と位置付けられると考える。『労働藝術』創刊号の巻頭言に、上野は以下のように綴った。

自由といひ、革命といひ、階級といふ。然しそれらの根柢に發動する人間性の自覺なくしては、果してそれはいくばくの價値があるであらうか。深い人間性の自覺に依つて芽生えるもののみが、眞に人類を導いて永遠の幸福に至らしめるであらう。

ともすれば荒みがちな人間性の血潮を燃し潔め、更により美はしい人間性の萌芽をうながすものこそ藝術である。この故にこそ、勞働者による―勞働者のための―勞働者の―藝術の捨石たらんとして敢へて貧しくささやかなこの小冊子を君の魂に贈る（上野一九四八a）。

上野がここで歌い上げるのは、「労働者〈による〉労働者〈のための〉」文学創造である。それを自分自身が炭鉱労働者になることで実現しようとしたのだから、労働者〈による〉文学創造とは、同時に上野〈による〉文学創造でもあった。京大を中退して炭鉱に飛び込んだ当初の上野は、自分自身が坑夫になることによって、文学仲間をつくり、当事者の立場から文学を創り出そうとしたのだ。

しかし、川原が指摘するように、この時点で上野は自らが掲げる「労働者による労働者のための労働者の芸術」の具体的な方法は提示し得ていない。『労働藝術』に収められた随筆「曙に起て」は労働芸術を実践するぞという上野の意力を表わすものなのだろうが（新木二〇一一：二七）、宮沢賢治やロダン、レーニン等を引用しながら展開する彼の文章（上野一九四八b）はいかにも難解だ。川原の言葉を借りれば、当時の上野の運動は「労働者に既成の芸術を広めることにすぎず、目標に掲げた〈労働芸術の創造〉とはとても遠かった」（川原二〇〇八：一〇三）のである。

（二）炭鉱失業と新しい文学運動の創造：働く仲間たち〈のための〉文学創造

一九五〇年から長崎県の離島、崎戸炭鉱で働いた上野は、一九五三年一月に再び日炭高松炭鉱に就職、坑内夫として働く。しかし三月、取材のために坑内見学に訪れた共産党員真鍋呉夫を案内した上野を、会社が退職に追い込む。五月、日炭高松を解雇された上野は、「筑豊炭坑労働者文芸工作集団」をつくりさっそく文芸誌を発刊した。『地下戦線』（一九五三年五月〜、一〜五号）という。

この時のことを、上野は「『はなし』の復権」で以下のように振り返っている。

「な-んも心配せんでちゃよか。あんたひとりを養うぐらい、朝めしまえのへのカッパたい。まかしとき。ダテに坑内さがって石炭掘りよらせんばい。せいぜい俺たちが読んでもわかるげな、おもしろか小説ば書いてやんない。頼っちょるばい！」というヤマの仲間たちの励ましにささえられて、私は筑豊で文学運動をつづけてゆくことになった。いや、つづけてゆくのではない。まったく新しい運動をつくりださなければならないのだ。それができなければ、私があえて筑豊にふみとどまることの意味もなければ、ふみとどまることもできないのである。（上野一九七三：一六三）。

炭鉱労働者となり、その一人として労働者〈による〉文学創造を志した上野は、物理的には筑豊の炭鉱労働者たちのただ中に立っていた。ただし、その象徴や引用を多用する文体は多くの炭鉱労働者の実感には届かなかったかもしれない。しかし、炭鉱労働者としての職を失い、再び自らは炭鉱労働者ではないという立場に置かれて、上野はことば＝思想の次元で炭鉱労働者たちと同じところに立って文学を創造できなければここに自分の居場所はないと悟ったのではないだろうか。上野は先の引用部に続けて、以下のように回想する。

私がみずからを筑豊のもっとも深部に向かって解き放つ途は、文学創造をとおしてよりほかにありえないのだ。そう思うと、ペンで言葉を掘りおこす作業が、坑内でツルバシを振って石炭を切りだす作業とおなじ感覚の重さではじめてずっしりと私にせまってきた。（中略）あきらかなことはただ、現実になま身をぶっつけて生きて働いている労働者の思想感情の、もっとも深いところに根をおろさなければ、一歩も前へは進めないということであった。「親と子の夜」など一連の「えばなし」集の仕事は、いわばその暗中模索の第一歩にほかならない（上野同上：一六三〜一六四）。

失業と共に始まった暗中模索の中で「はなし」が上野文学に登場するのである。

働く仲間たち〈のための〉文芸創造と、その方法

この時期の上野の文学に対する姿勢は、「労働者〈による〉文学」から、「労働者の〈ただ中で〉の文学」への移行過程にある、「労働者〈のための〉文学」と位置付けられるだろう。『地下戦線』各号の巻頭には、第一号の巻頭アピールから抜き出された次の一節が掲げられた。

文芸は、政治に於ける魂であり、魂に於ける政治でなければならないと、わたしたちは信じます。そして今、政治を人民のものにするための、この闘争のただなかに於て、わたしたちは、文芸を、人民のための、魂の地下戦線としなければならないと、念じます（上野一九五三ａ：六）。

ここには既に「ただなかに於て」という表現が見えつつ、文芸を「人民のための、魂の地下戦線としなければならない」と歌いあげられている。そんな『地下戦線』の誌面には、上野が労働者〈のための〉文学を模索する過程が刻まれている。

『地下戦線』第二号の巻頭言には「二つの大切な心構え」が掲載された（上野一九五三b）。これは「芸は身を助ける」ということわざからもじったもので、第一の心構えが「芸《げい》術は人民《ひと》をたすける」である。ここで上野は、芸術は「決して自分だけのためのものではなくて、ともに仂く仲間たちみなのものであることを、しっかりと認識しなければなりません」と言い、労働者〈のための〉文学を強調する。しかし、「ではどういう態度が一番大切であるか」と問うた上野は、続けて「芸《げい》術は人民《ひと》にたすけられる」のだと議論を展開する。ここでは、「最後のしあげをするのは大衆であるというのが文工集団の主義なのです」と言い、完成前に職場の仲間や社宅の人々に作品を読んでもらうこと、批判を受けることの重要性を説く。

この年北九州地方を襲い、遠賀川の堤防が切れるに至った台風の水害救援活動の特集を行った第三号では、「ために」の内実がさらに深められる。巻頭言「一人のこらず水害問題と取組もう！」（上野一九五三c）の冒頭で上野は、『はたらく仲間たちの幸福のために』というが、それでは『ために』というのは一体どういう意味なのかということについては、まだまだほんとうにつかんでいないものが少なくない。」（上野同上：四）と述べる。そして、「ほんとうに相手の『ために』なるためには、だから、相手が今なにを一番必要としているかということをよく理解することが何より大切である」（上野同上：五）という。では、働く仲間たちが必要としているものをいかに理解できるのか。上野は言う。「我々は、農民と肩をならべて田植えをしながら、家を流されて共同収容所で苦しんでいる人たちに救援物資をくばりながら、又東京をはじめ全国各地からやって来た各救援団体の人々と語りながら、それぞれ貴重なものを学びとったはずだ。すなはち、彼らがなにを必要としているかを――」（上野同上：六）。

このように、働く仲間たち〈のための〉という文芸を追求する中で、上野は「人民にたすけられる芸術」の性質を論じ、民衆と共に働き語りながら民衆の必要としているものを学ぶことを主張するのである。失業し、労働者から引きはがされる経験を経た上野は、『地下戦線』の頃に至り、『労働藝術』以来スローガンとしていた「労働者〈のための〉文学」とはどのようなもので、いかに創造することができるのかを具体的に描き始めた。そこに、後に上野によって自覚され完成される「〈ただ中で〉書く／生み出す」文学が、「はたらく仲間たち」〈のための〉文学を実現するための方法として浮かび上がってくるのである。

（三）「えばなし」の成功：働く仲間たちの〈ただ中で〉の文学へ

一九五四年、千田梅二の版画との共同制作による「えばなし」『せんぷりせんじが笑った！』（一九五四）、続いて、嘉穂郡に伝わる民話をもとにしたえばなし『ひとくわぼり』（一九五五）が刊行される。『せんぷりせんじが笑った！』のあとがきに、上野は千田との連名で以下のように記した。

くたくたにつかれきって仕事からあがってくるとその日の新聞に目をとおすことさえオックウになります。（中略）このようなひどい仕事とくるしい生活のなかでの、たった一つの残された楽しい時間といえば、まづしい夕食がすんだあと、みんなでカンテキのそばに輪になって寝ころんで親子兄弟水いらずでお喋りをしたり笑いあったりしながら子供の絵本やマンガの本を声をそろえて読みあう時間だけです。（中略）ぼくたち二人がこの「えばなし」を作ろうと思いたったのは、このような中からでした。どこの誰に読んでもらおうと望んだのでなくて、たゞヤマの兄弟や母たちに読んでもらえたらと思って、子供の借りてきた一冊のふるぼけた絵本を読むように親子みんなで寝ころがって読んでもらえたらと思って一生懸命に作ってみました。ところがぼくたち二人とも絵もまづければ話もまづく、こんなつまらないものになってしまいました。どうぞゆるしてください。この「えばなし」の四つの話ともぼくたちのヤマで、またそのまわりで実際にあったことを話風に作ってみたものばかりです（上野英信・千田梅二一九五五：八六～八七、傍点は筆者による）。

失業により生まれた炭鉱労働者との距離の中で、彼らの生きる場に留まり、「はたらく仲間たち」が「一番必要としているもの」を上野なりにつかみとって制作されたのが、炭鉱の中で身の回りであったことを「話風に作ってみた」というえばなしだった。四つの「えばなし」は、いずれもこれまで炭鉱の労働強化の中で抑圧され抗議の声を上げることのできなかった人々がとうとう耐え切れなくなり、立ち上がろうとする瞬間をとらえている。例えば、本のタイトルにもなった「せんぷりせんじが笑った！」は、決して笑うことがなくせんぷりを煎じて飲んだような顔をしてむっつり黙っている主人公、背振千次が、現場係員の横暴に耐えかねて仲間たちと一緒に立ちあがり、とうとう係員の入れ替えに成功して、大声で笑うというはなしだ（上野・千田一九五五：二四～三七）。

えばなしは、同じ筑豊の炭鉱労働者たちに「思いもかけない喜びにみちた共感」（上野一九七三：一六七）をもって受け取られたという。上野は「『はなし』の復権」において、「私はこの仕事によって、はじめて自分が炭鉱に入って働いてきたことが無駄でなかったことを知り、はじめて自分が筑豊にふみとどまって果たすべき役割があることを知ったのである」（上野同上：一六七）。と振り返る。こうして、上野は自分が文学者としてとり続けるべき文学創造の方法かつ姿勢とでもいうべきものを獲得した。それは、働く仲間たち〈のための〉文学を模索する中で具体化されていった「〈ただ中で〉書く／生み出す」という方法／姿勢であった。

三　〈ただ中で〉生み出された「笑い話」：『追われゆく坑夫たち』から『地の底の笑い話』へ

岩波新書として出版された『追われゆく坑夫たち』（一九六〇）と『地の底の笑い話』（一九六七）は、「はなし」を

「〈ただ中で〉書く／生み出す」上野の文学創造の過程を劇的に示している。筆者は、上野に〈ただ中で〉書くことの本当の意義を実感させたのは、えばなし以上にむしろ『地の底の笑い話』だったのではないかと考えている。そこで以下では、『追われゆく坑夫たち』に描かれた炭鉱労働者像と比較しながら『地の底の笑い話』が坑夫たちのどのような生活の底から表れることばの〈ただ中で〉上野によって書かれ、生み出されたのかを分析する。

（一）「沈黙」の時代と『追われゆく坑夫たち』

二作目のえばなし『ひとくわぼり』が刊行された一九五五年、石炭鉱業合理化臨時措置法案が閣議決定され、合理化できない炭鉱は潰して能率の高い炭鉱の合理化を進めるという、スクラップ・アンド・ビルド方式の政策が始まった。これによって、筑豊では昭和三〇～四〇年代に次々と炭鉱が閉山に追い込まれ、石炭産業を中心に築き上げられてきた経済は衰退する。

特に、中小炭鉱は早くも一九五二年ごろから不況に陥っていた。後に上野が移住する旧西川村（現鞍手町）新目尾炭鉱は一九五四年四月に閉山、上野が最初に就職した海老津炭鉱も一九五六年に閉山して、生活難が進行した（永末一九七三：二一八、上野一九六〇：一五五）。上野は、一九五五～五六年にかけての冬を、飯塚市相田の小ヤマの廃鉱地帯で過ごす。しかし、失業者やその子どもたちは、人と会うことを極度に恐怖し、彼らと打ちとけて語り合うことは恐ろしく困難であった（上野同上：一八五～一八九）。働く仲間たち〈のための〉文芸を目指してきた上野だったが、えばなしで表現した労働者たちの明るい団結や連帯への希望など描くことのできない現状が、同時期に同じ筑豊の炭鉱地帯に存在していたのである。

さらに一九五九年になると、福岡県の婦人団体が筑豊の失業者たちを支援する「黒い羽根運動」を始め、筑豊の閉山地帯に対する世間の関心が急上昇した。十二月には炭鉱離職者臨時措置法が成立し、マスコミも盛んに筑豊を報じた（永末一九七三：二二八～二二九）。こうして全国的に炭鉱が注目を集める中、上野が自身の見てきた中小炭鉱の惨状を描いたドキュメントが『追われゆく坑夫たち』（一九六〇）である。

上野がこれを書きあげたのは、筑豊ではなく福岡市茶園谷の「針の落ちる音でもわかる」ほど静かな貸し間であった（上野一九九八：五～七）。筑豊に人々の注目が集まる中、遠く離れた静寂の中で上野は何を書こうとしたのか。

炭鉱の合理化問題や失業問題について論じることが私の目的ではない。さまざまな人々がそれぞれの角度からそれらの問題について論じてきた。そしてまた、さまざまに興味ある集団的な調査報告が重ねられつつある。今におよんで私がなにを書きくわえる要があろう。にもかかわらず、あえて私をして語らしめようとするもの、それはむなしく朽ちはててゆく坑夫たちの歯をくいしばった沈黙であり、あえて私をして筆をとらしめようとするもの、それは組織されずにたおれていく坑夫たちのにぎりしめた拳である（上野一九六〇：iii）

ここに上野が示す通り、この時期炭鉱と言えば「合理化問題や失業問題」、これに伴う労働組合の闘争や資本・政府との交渉がマスコミをにぎわせ、筑豊については「中小炭鉱の悲惨さ」（上野同上：二四四）が盛んに報じられて、日本社会のマスター・ナラティヴとなっていた。上野は、炭鉱をめぐるマスター・ナラティヴの中で語る場を得られず、またそもそも語ることばも持たないという二重の意味で「沈黙」させられている筑豊の中小炭鉱地帯に生きる坑夫たちの、「沈黙」状況そのものを報告しようとしたのである。

坑夫たちの自虐的自己認識と「沈黙」

中でも、本書に描かれる老坑夫の沈黙の姿は痛々しい。

「わしのげな下罪人が……」

「おいどんげ亡者が……」

それっきり口をとざして、老いたる坑夫たちはほとんどなにひとつ語ろうともしない（上野一九六〇：七八）。

「下罪人」という言葉は、上野がとらえる炭鉱労働者像を知る上で非常に重要だ。江戸・明治期の筑豊農村において、坑夫たちは恐怖と偏見の対象であった（山本一九七七：一六）。上野がとらえるのは、「下罪人」という概念が坑夫たちの自己認識として深く定着している様だ。別の文章で、上野は、「ゲザイ人とは罪を負うた人間のことであると彼らは主張し、『下罪人』という漢字を当てる」（上野一九七三：一二六）と指摘する。この言葉の由来を辿れば、炭鉱が囚人労働の歴史を持つことも関係しているが、彼らにとって囚人と「下罪人」は同じものではない。ある老坑夫が言うことには「お上の罰は解けることがあるが、親の罰は解けることがない」（上野同上：一二八）からだ。「罪を負うた」人間という意識は、坑夫たちにとって先天的に決定づけられたものとして自己認識の中に深く根をおろしている。上野は、老坑夫たちの沈黙の枕詞である「わしのげな下罪人が……」という発言を以下のように解釈する。

おのれをみずから「下罪人」「亡者」と規定することによってしか堪えきれない過酷な労働と圧制と搾取の中から生まれた呻きであり、呪いであり、しかもその「囚人労働」「奴隷労働」に抵抗することもできず、するすべも知らぬおのれにたいする冷ややかな自嘲であり、自虐であることだけは間違いない（上野一九六〇：七九）。

中小炭鉱の言語に絶する状況を体現する老坑夫たちは、小ヤマに対するマスター・ナラティヴを内面化し、自ら

「下罪人」、「亡者」と自嘲的自虐的に名乗って、あとは抵抗する力もなく沈黙し、奴隷的労働に忍従するしかない。上野が『追われゆく坑夫たち』で描いたのは、社会の支配的言説の中で、語ることばを失った人々の「沈黙」であった。

さらに上野は、自らの坑夫としての出発点となった海老津炭鉱など、小ヤマの廃鉱地帯についても記述する。ここに登場する坑夫や失業した元坑夫たちは、沈黙の老坑夫からイメージされるのとは裏腹に、上野に雄弁に身の上話を語る。例えば、本書の最後に約二〇頁にわたって紹介される「訥々たる告白」のあらましによれば、視覚障害をもったNさんは、小ヤマの炭鉱町で按摩師と風呂焚きを務めた人物である。会社の労働強化に対抗するため労働組合をつくろうという運動が起こった時、彼は組合長に押し上げられた。しかし、この弱小組合は炭労には加入させてもらえず、結局、会社の「暴力行動隊」によってN組合長は自宅を破壊される。なんとか荒れ果てた寮の空室に入居することを許されたが、Nさんは失業し、生活保護も認められない。組合員も誰もふり向いてくれないという（上野同上：二〇九～二二九）。このように、本書の中で上野に身の上話を語るのは、炭労から見向きもされず、労働者同士の連帯の希望を抱くことの出来なかった小ヤマの人々である。かたや同じ福岡県の三池炭鉱では、炭鉱の合理化に対して「総資本対総労働」といわれた戦後最大の労働闘争が起こり、日本中から人々の連帯と注目を集めていた（水溜二〇一三：二〇七）。上野が書いたのは、そのような社会全体の動きやマスター・ナラティヴの中で、炭労のような大きな組織には届けられることがないまま消えていった者たちのまさに声なき声でもあった。

上野自身の沈黙

ここで注目したいのは、『追われゆく坑夫たち』に描かれた坑夫たちの「沈黙」は、書き手である上野自身の「沈黙」にもつながっているらしいということである。上野は本書のあとがきで以下のように述べる。

だが……、この数年来、私は急激にこの仕事にたえきれないほどの苦痛をおぼえて、できるだけ逃れようとするようになった。もうなにを書いてもむだだという絶望感ばかりが、こがらしのようにごうごうと心のなかを吹きあらした。いてもたってもおれないような焦燥にかられてヤマを歩きまわることのみますます頻りとなり、書くことはいよいよ少くなった。そしてときたま強いられてなにかに発表するものは、ほとんど例外なく「暗すぎる」とか「否定的な側面ばかりを強調しすぎる」とかいうような批判をあびせかけられるだけであった。もちろん私はそのような批判を無条件に承認しようとは思わない。しかし、私の書くものに救いのない悲哀や悔恨や呪詛の影のみ濃くなってきたことだけは、どうにも否定のしようがないことだ。

この岩波新書の仕事をうけもつことになったのは、そんな破滅的な状況のなかにおいてである。（中略）皮肉なことに、にわかに猫もシャクシも中小炭鉱の悲惨さを書きたてはじめた。あらゆる雑誌や新聞が屍にむらがる蠅のように一斉に「黒い飢餓の谷間」に集中した。私の性質がアマノジャクなのかもしれないが、人がそれについて書きはじめると、とたんにもうまったく書く気がしなくなる。それについて人がしゃべりはじめると、たちまち沈黙したくなる（上野同上：二四三〜二四四）。

ようやく自らの役割を見つけ、生きる場所を得たにもかかわらず、その炭鉱はわずか数年の間に次々と閉山に追い込まれていった。せめても記録しておこうという仕事にも苦痛を感じるようになった頃、にわかに筑豊が注目を集め始め、上野はますます沈黙したくなってきたというのだ。

この時期、上野は詩人・評論家の谷川雁との出会いをきっかけに、九州・山口のサークル交流誌『サークル村』（一九五八〜一九六一）を発刊していた。この『サークル村』誌上にも、上野の「沈黙」が刻印されている。そもそも

「サークル村」という雑誌媒体をプラットフォームとした文化運動こそが、「沈黙」の民衆の声を顕在化することを目標にしていた。『サークル村』の創刊宣言で、この運動の理論的支柱となっていた谷川は「東洋の無――沈黙・空白を核心にすえた表現がどのようにその質をこわさないまゝで顕在化されるかゞ日本文明のまだ達成していない要点であり、サークル創造の主な目標ともいえるのである」（谷川一九五八：六）と宣言している。サークル村ではこれに対して、互いの違いや亀裂を深め、批判し合うことによって、異質なものの交流を通した文化の集団的創造が目指された（松原二〇〇一）。

しかし、上野はこの運動の渦中にいながら、『追われゆく坑夫たち』に書いたような「沈黙」の中小炭鉱の坑夫たちの姿を見て、『サークル村』の目指す交流のあり方が、彼らにはどんなに困難であるかを痛感していたのではないだろうか。対話を望む谷川に対し、上野はこの時期一貫して黙っていたようなのである。『サークル村』が始まってちょうど一年になる一九五九年九月、谷川は、原爆症により健康状態が悪化して茶園谷に身を寄せた上野に向けた書簡を掲載し、療養中の上野に以下のように訴えている。

> 原爆は癩病、部落民、貧困と屈従の一切を象徴したものとしてあなたの血のなかにある。骨髄に生きているそこであなたが「黙れ」とさけびたくなるほどの重量でわれわれを支配している。だからこそぼくはあなたが言葉と沈黙という関係をおしつけるのに、きりきりと歯がみしたくなるのです（谷川一九五九：二三）。

上野は、自分が打ちとけて語り合うことのできなかった中小炭鉱の人々の「沈黙」を、『サークル村』では自ら体現することになった。それは、谷川が指摘するように被爆者である上野の持つ「暗い情念」（上野一九七三：四三）が、沈黙の人々に共鳴したからかもしれない。そもそも原爆の地獄を見、京大に自らの生きる場を獲得し得なかった上野は『追われゆく坑夫たち』には閉山地帯として描かれる海老津炭鉱で、はじめて生きることの喜びを知り、人間の尊さと美しさを知り、それらを守るために闘うことの気高さを知ることができたと述べていたのだった。小ヤマの廃鉱地帯に生きる多くの人たちの「沈黙」に打ちのめされていた上野は、そのような人々の生活や労働、そこから生まれる意識や思想を、他者と対話し得る「はなし」にする困難さに直面しており、この時谷川に対して「沈黙」の坑夫が憑りついたかのように振る舞うしかなかったのではないだろうか。『追われゆく坑夫たち』に描かれた坑夫たちの「沈黙」は、小ヤマの窮状の中に生きる人たちに力を与え得ることばを見出すことができなかったこの時期の上野の失語状態に重なっているのである。そしてこれは、日炭高松という大手炭鉱労働者たちの世界から、失業した小ヤマ地帯を生きる人びとの〈ただ中〉へと、上野が生きる場を変えていく過程であったともいえるかもしれない。

（二）笑い話の発見と『地の底の笑い話』の聞き書きの場

そのような「沈黙の坑夫像」を逆転させるのが『追われゆく坑夫たち』の七年後に同じく岩波新書から出版された『地の底の笑い話』である。上野はここで、小ヤマの廃鉱地帯の人々の〈ただ中で〉こそ生まれ得る「はなし」をつかみとった。

そもそも、上野はなぜ「働く民衆」のはなしを「笑い話」として提示したのか。本書の冒頭で上野は、

昔からともすれば卑俗に「小咄」「軽口噺」というふうに受けとられがちであったが、とくに現代では、笑い話ということばなり笑話という活字なりの誘うイメージは、一般にそれほど健康で創造的なものではあるまい。にもかかわらず、あえてわたしが使用することにしたのは、今日も依然として、働く民衆がみずから名づけて「笑い話」と呼ぶ世界に生きており、生活と労働のもっとも重い真実をそこに托しているからである（上野一九六七：iv）。

と述べる。上野は、いかにも卑俗な感じのする「笑い話」というはなしの実践の中にこそ、とらえようとしてとらえきれなかった小ヤマに生きる人々の真実が語られていることに気がついた。ただし、上野はこの「笑い話」を新しく発見したのではなく、坑夫たちの沈黙に声を与える方法を見出せず、絶望感にかられていた時に思い出したのだという。本書の生まれた経緯を、上野は次のように説明する。

わが国の石炭産業の労働者が、いわゆるエネルギー革命によってどのように壊滅的な打撃を受け、いかに悲惨な状態に追いこめられているかということについては、いまさら説明の必要もないだろう。幼いころから筑豊炭田のあらあらしい脈動をききながら育ち、敗戦後は幾つかのヤマで働き、生涯を炭鉱労働者とともに生きたいと願ってきた人間の一人として、これほどたえがたい痛恨はない。なにかをしなければならぬ。だが、いったいなにをすればよいのか。一介の非力な文学の徒にすぎないわたしにできる、なにがあるのだろうか。そんな絶望的な焦燥にかられているとき、ふっとわたしの心によみがえったのが笑い話であった。ボタ山のふもとの納屋生活のあけくれ、あるいはまた、一秒後の生命の保証もない坑内労働のあいまあいま、おりにふれて老坑夫たちの語ってくれた、古い、なつかしい笑い話であった。それらの話をいつかはわたしなりにまとめておきたいと思いながら、日に日に変転する破局に気を奪われ、手をつけることさえ忘れていたのである（上野同上：iv〜v）。

実際、『地の底の笑い話』は上野の炭鉱生活全ての期間と言ってもよいくらい長いスパンの中で少しずつ構想されたものと言えそうである。上野は、「笑い話」を長い間ため込んできたようなのだ。例えば、一九六一年、『サークル村』二・三月合併号に掲載された「石のなかのみずうみ（二）地獄時計」は、本論の冒頭にふれた炭鉱の怠け者「スカブラ」の話の原型となるような作品である。一九六三年の『文藝春秋』六月号では、「炭鉱の笑い話」として、後に紹介するドモリの話など二つの笑い話が掲載されている（上野一九七三：一七四～一七七）。さらに、一九六四年に家族とともに廃鉱部落に移り住んだ上野は、一九六七年におそらく絶妙のタイミングで『地の底の笑い話』を著し得た。

そこで、本項では、上野が自らの描く坑夫たちの笑い話を、いつ、どのような場で、どのようにして聞いてきたのかを分析することで、『地の底の笑い話』が中小炭鉱労働者たちの〈ただ中で〉書かれ、生み出されていった在り様を可能な限り明らかにしてみたい。上野が聞いた笑い話の語りの場を、筆者はその性質から三つに分類できると考える。それは、①日常的な笑い話の場、②身の上話の聞き書きにもとづく笑い話の場、③笑い話の聞き書きにおける笑い話の場である。上野自身は、本書を笑い話のテーマごとにまとめているので、それぞれの語りの場の性質は必ずしも明確ではない。以下では、個々の笑い話の語りの場を可能な限り解体して再分析することによって、改めて三つの場が重なり合う中から生まれた『地の底の笑い話』という記録文学の意義をとらえ直したい。

①日常的な笑い話の場

焦燥にかられていた上野の心に笑い話がふっとよみがえったということは、上野がそれ以前から笑い話を聞いていたということである。したがって、まずおさえるべきは、上野が一九四八年に坑内に入って以来、日常的に聞いてきた坑夫たちの笑い話の場である。以下、ここで生じた笑い話を〝日常的な笑い話〟と呼ぶことにする。

『地の底の笑い話』の第一章では、炭鉱労働者たちの〝日常的な笑い話〟の性格が説明される。上野によれば、炭鉱労働者にとって笑い話は、坑内労働に付きまとって離れない恐怖と緊張を解きほぐすためになくてはならないものだ。ここでの笑い話の役割は、何よりもまず笑いがその場に作用する機能、すなわち「疲労と倦怠をまぎらわせ、不安と緊張を忘れ」させ、「殺気立った気分をもみほぐす」効果にある。坑内労働の合間、石炭を積む函を待つ間、笑いを起こすことができるなら彼らはどんなことでも語ってよい（上野一九六七：一二）。地の底で炭坑夫たちは「笑い話」に絶対的な地位を与えて生きているのだ。これが、炭鉱労働者のコミュニティの中に存在する第一義的な笑い話の場とその特徴である。

したがって、〝日常的な笑い話〟の場では、些細な笑い話が日々現れては消えている。しかし、この中から繰り返し語り継がれるようになるものがあるという。上野は、「多かれ少なかれ、おなじように愚鈍で無能な者としての共感が心の底に流れていればこそ、たわいない話とは知りながらいつまでも忘れがたく、つい人に語ることも多くなるのである」（上野同上：三～四）と述べ、「愚鈍で無能な者としての共感」がその条件であるとする。そして、例をあげて論じるのが、ドモリとダマリの笑い話である。

坑内から一人の男が息をきらして駆けあがってきた。なにかいおうとしてしきりにあせるが、あせればあせるほど息がつまって言葉にならない。人々は水を飲ませたり背中をたたいたり、あれこれ努力してみたが、さっぱり効果がなかった。そこへ彼を知っている者が現われ、「待て待て。そんなことをしてもだめだ。こいつはひどいドモリだから」といってとどめ、彼に「歌でやれ！」と声を掛けた。すると彼はうれしそうににっこりとうなずき、やおら声を張りあげて「トッ、トッ、頭領さん、フッ、フッ、古洞が、ポ、ポーンと抜けた」と歌い出した。「なんだと、古洞が抜けた？　それは一大事だ！」というわけで、すぐさまみんな坑内へ救援に向ったという話（上野同上：六）。

この歌がひどくのんびりした石刀節でそのおかしさを高めるのだと言うが、上野はこのドモリを「一瞬を争う坑内事故の驚愕と恐怖、それを早く知らせようとあせればあせるほど足も舌もますます硬直して意のままに動かない無念さなど、坑夫であるかぎり誰一人として避けがたい絶望的な感覚の擬人化された」主人公であり、それは、「およそ奴隷にもひとしいほどの極限状況に追いつめられながら、その痛苦を表現する自由もなければ方法も知らない、地下労働者の苦悶そのもの」（上野同上：七）でもあると解釈する。

上野は、ダマリもまた炭鉱の笑い話に欠くことのできない主役の一人だという（上野同上：七）。ドモリが「口を開こうとする苦悶の代表」だとすれば、ダマリは「口を開くまいとする苦悶の代表」だ。しかし、ドモリもダマリも「言葉でいい現わせないものを体で表現しようとする点においては一つ」なのだという。そして、次のような笑い話を紹介する（上野同上：八～九）。

ある炭鉱で希望退職を募り、労働組合がその説得にあたることになった。ある主婦は、夫の代理として組合を訪れた。口から先に生まれてきたような組合幹部は、女を口説き落とすのなんて朝めし前と思ったが、どんなに言葉たくみに説得しつづけても、彼女は石のように沈黙したまま一言の意思表示もしなかった。誇りを傷つけられた組合幹部が、「おやじさんをよこしてくれ」と言うと、これまで一言もしゃべらなかった彼女がはじめて口を開いた。「いいえ、うちの人はなんといわれても出すことはでけまっせん。うちの人は口下手じゃけん、偉か人の前に出ると、てんで、ものをいいきらっさん。それでわざわざこうして、わたしが代りに出てきたと」。これは、彼女の夫がなまじ口がきくので、かえって能弁の組合幹部に言いくるめられるだけだと知り尽くしての批判だという。

以上をまとめて、上野は「労働者にとって笑い話はおしなべてドモリの歌であり、ダマリの歌ではないのだろうか」という。「語ろうとして語れない真実を必死に托そうとする孤独な苦悶こそ、笑い話の生命なのだ」（上野同上：九～一〇）。

ここに、『追われゆく坑夫たち』で描かれたあの老坑夫たちの沈黙、誰からも連帯を得られなかったNさんの訥々と身の上を語る声なき声が、「笑い話」に形を変えて解き放たれるのを看取することができる。坑夫たちの笑い話は

『追われゆく坑夫たち』における「沈黙」の「顕在化」であると言えよう。

②身の上話の聞き書きにもとづく笑い話の場

この第一の笑い話は、第二の笑い話の場の成立を陰ながら支える必要不可欠なコンテクストになる。『地の底の笑い話』から第二の笑い話の場として取り出せるのは〝身の上話の聞き書きにもとづく笑い話〟の場とでも呼ぶべきものである。上野は『追われゆく坑夫たち』の中で、あちこちのヤマを訪ね歩く間には、行き当たりばったりのヤマの社宅で宿泊することも少なくなかったと回想している。そうした社宅では決まって蚤や虱、南京虫にせめられ、眠るどころではなかった。上野は、

そんなたびに私はノートを開いて、宿のあるじの身のうえ話をねだった。そんなことでもして小ヤマの夜の寂寥と焦燥と、そしてほかならぬ吸血虫どもの攻撃をまぎらわせるみちはなかった。こうしていつの間にか、ボロ買いの袋がボロでふくらむように、幾冊ものノートが坑夫たちの身のうえ話の断片で埋まってしまった（上野一九六〇：九九）。

という。ここからも『追われゆく坑夫たち』の頃から小ヤマの人びとが決して真に黙り込んでいたわけではなく、むしろ彼らは幾冊ものノートをいっぱいにするほど話をしていることがわかるのだが、『地の底の笑い話』を書くにあたって上野が思い出したのは、このような身の上話の聞き書きの場で、実は笑い話が語られていたということである。

「ところで、これは笑い話ばってん……」
「ところで、これは馬鹿話ばってん……」
炭鉱の老坑夫たちは身の上話の途中で、よくこんな言葉をさしはさむ（上野一九六七：二〇）。

このようにして、身の上話の語られる場にさしはさまれる形で生まれるのが、二つ目の〝身の上話の聞き書きにもとづく笑い話〟の場である。

ここに出てくる「笑い話」と「馬鹿話」は、全く同義であると上野はいう。「笑い話」や「馬鹿話」として話される話の内容も、〝日常的な笑い話〟と同様千差万別だ。さらに、〝身の上話の聞き書きにもとづく笑い話〟の場では、笑い話の最も本質的な要素のように思われる笑いさえ、必ずしも伴わなくてもよいという。

おごそかに山の神の出現を説くこともあれば、決死的な脱走の体験を語ることもある。哀れな幽霊の話もでれば、面白おかしい男女の話もでる。英雄的な闘争談にもなれば、どたばた喜劇にもなる。腹の皮のよじれるほどの滑稽な話があるかと思えば、つい涙のこぼれるような悲劇がある。（中略）無秩序といえばこれほど甚だしい無秩序はない。混乱もここまで極まると、まさに絢爛ですらある。しかし考えてみるとこの甚だしい無秩序と混乱こそ、じつは地の底の笑い話の大きな特長の一つであろう。それが神秘な伝説であろうと、ナンセンスな滑稽話であろうと、何であろうとかにであろうと、そんなことはちっともかまわないのである。一つ一つの話の客観的な分類や名称には関係なく、彼ら地下労働者には、要するに笑い話であり馬鹿話であり、それ以外のなにものでもないのだ（上野同上：二一〇～二一一）。

ライフストーリー研究者の桜井厚は、あるコミュニティの人々がライフストーリーを語る時に参照する「象徴的な用語法」の存在を指摘した（桜井一九九五：二四六）。桜井は、支配的文化の中でマイノリティの立場におかれ「これまで沈黙して語ることがなかった人たち」が、ある新しい用語法が生まれることによってそこに自らを当てはめて語ることが可能になることがあるといい、そのような用語法を社会における支配的な言説、マスター・ナラティヴに対してモデル・ストーリーと名づけている（桜井二〇〇六：一〇四～一一一）。これにしたがえば、「ところで、これは笑い話ばってん……」「ところで、これは馬鹿話ばってん……」という用語法を枕として始まる「笑い話」こそ、上野が発見した筑豊炭鉱労働者のモデル・ストーリーであるということになる。この象徴的な用語法によって、「これから始まる一連の語りは笑い話である」という語り手の解釈と評価が事前に決定されるのである。

では、「笑い話である」という解釈・評価とは何か。上野はそれを、「その話の主人公や語り手の人生そのもの、労働者としての存在そのものの喜劇性である。坑夫と呼ばれる人間自身が、しょせん一片の笑い話以外のなにものでもないというリアリスチックな認識に支えられて、はじめて個々の話はいきいきと笑いの生命を獲得するのである」（上野同上：二二）という。ここには二つの意味が込められている。まず、「しょせん一片の笑い話以外のなにものでもない」という言葉の裏には、それが語るに値しない、せいぜい物笑いにしかならない程度の話であるという、坑夫の自虐的・自嘲的態度が現れている。柳田国男は、笑いとは攻撃であって勝ちかかった者の特権であったと述べ、笑いには必ず笑われる人がいたものだと述べるから（柳田一九六二b：一六六～一六七）、自分を笑い話として語ることは自分を敗者と見なすようなものだと言える。そして、これもやはり、『追われゆく坑夫たち』で老坑夫たちが自らを名付けて呼んでいた「下罪人」という自己認識の、姿を変えた現れであるということに気が付く。自らを罪を負った「下罪人」だと語ることしかできなかった炭鉱労働者たちの自虐的・自嘲的自己認識が、今度は「これは笑い話ばってん……」という用語法によって表される。しかし、このように自分の人生そのものを笑い話の対象にすると、その向こうに炭鉱労働者のコミュニティを取り巻く、〝日常的な笑い話〟の場の世界観が見えてくる。ここでは、笑い話は絶対的な地位を与えられており、笑い話の主人公＝語り手は仲間から絶対に歓迎される。歯をくいしばって「奴隷労働」に耐えるしかない愚かな自分を笑い話の主人公にすることで、彼らの人生は逆説的に最も「語るに値する」ものとなるのだ。こう考えれば、炭鉱労働者とはみな咄の衆であり、お伽の衆であったとさえいえよう。

身の上話の聞き書きの場でおこる笑い話の場合、〝日常的な笑い話〟の場で求められていた聞き手にとっての面白さよりも、坑夫が自身を愚か者とみなしている、という主観的認識によって笑い話が規定される。だからこそ、聞き手である上野にとってはそれが「つい涙のこぼれるような悲劇」や「英雄的な闘争談」と聞こえるようなものでも、「笑い話」なのである。上野はこうも述べる

「ところで、これは笑い話ばってん」「ところで、これは馬鹿話ばってん」というふうに頻雑に雑多のエピソードが投入されるのも、つまりは身の上話全体の喜劇性を強調し、笑い話としての統一的な機能を躍動させるためだといえるだろう。身の上話と一体になりながら笑い話がでてくるのもこのためだ。特殊の例外を除いて、笑い話だけが独立し完結した形で語られることはけっしてない。いつもきまって長い苦難の身の上話の流れの中から顔をだし、やがてふたたびその黒いゆるやかな流れの底に沈んでゆく。

身の上話を離れて笑い話は成立せず、笑い話を離れて身の上話は成立しない。いや、身の上話が成立しないだけではない。笑い話を離れては人生そのものが無に等しいほどだ。地下労働者の人生は笑い話の中に生き、彼らの笑い話は人生そのものの中に生きているというほかはない（上野一九六七：二二一〜二二三）。

このように、①日常的な笑い話の場と②身の上話の聞き書きにもとづく笑い話の場は、互いに互いの話の場を各々

の話の場の成立条件として密接に結び付きあっている。『地の底の笑い話』における上野の発見の要はそこにあろう。実際、話のテーマごとに編集された本書で紹介される笑い話の一つ一つが、本当はいずれの話の場で語られたのかを確かめることは最早不可能だ。しかし、実はそれこそが坑夫たちの笑い話の、そしてまた身の上話の本質なのだ。日常的な笑い話の場と身の上話の聞き書きにもとづく笑い話の場は、互いに互いのコンテクストとして、その話の成立する場を支え合い、浸食し合っている。上野が老坑夫に身の上話をねだるとき、老坑夫と上野の間につくられる場は、単なる身の上話の語りの場ではなく、日常的な笑い話の場のコンテクストに支えられて成立する、「身の上話としての笑い話」の場であり、「笑い話としての身の上話」の場なのである。

③笑い話の聞き書きにおける笑い話の場

上野の描き出した『地の底の笑い話』は、以上二つの笑い話の場に長年触れてきた上野が、これらの笑い話の場を有する地下労働者たちの〈ただ中で〉生きてきた経験によって生み出したものであるといえよう。しかし、これらの笑い話を一冊の本にまとめるに至る上では、もう一つ、閉山後の廃鉱部落の〈ただ中で〉この本が書かれたということが重要であるように思われる。上野は一九六四年、廃鉱部落の長屋に移り住み、「筑豊文庫」と名付けて交流の拠点とする。ここで上野は、笑い話の聴き手として思いがけない歓迎を受けた。

廃鉱の隣人たちは、これまでとは別人のように打ちとけて率直に、日夜、「笑い話」の花を咲かせてくれることになったからである。もし私がこの深い地底の闇のふるさとに戻っていなかったとしたら、果たしてぶじに話の花が咲いたかどうか。

（中略）仕事を奪われて日長夜長をもてあましながら、ひまつぶしの娯楽もない。生活保護家庭がテレビを持つことを許されていない時代であった。気のおけない仲間が集まっては「笑い話」の花をめでることだけが、なにより楽しいひまつぶしになっていた。

そんなところに、ひょっこり、「笑い話」を聞きたがる酔狂者がとびこんできたのである。無聊に苦しむ話家たちは大喜びして私を迎えてくれた。むろん、これは私にとって、願ってもないしあわせであった（上野一九八五a：三七五～三七六）。

絶望の中で笑い話を思い出した上野は、「夢からさめたように、これまできき集めていたものを整理するかたわら、未知の笑い話を求めて、ほうぼうの炭鉱を歩きはじめた」（上野一九六七：v）という。ちょうどその最中で、上野は日夜笑い話に暇をつぶす人たちの〈ただ中〉へ引っ越したのである。もちろん、上野が隣人たちの笑い話を簡単に聞けたわけではないだろう。突然廃鉱に越してきたよそ者の上野に、隣人たちが当初どんなに警戒心を持って対応したかは「廃鉱譜」（上野一九八五b）に詳しいが、最終的に住民たちは上野を格好の話し相手と見なしたのであった。このように、上野が笑い話を意識的に求めるようになって得た笑い話の場を〝笑い話の聞き書きにおける笑い話〟の場と呼ぶことにする。

ここで生じた笑い話は、『地の底の笑い話』に紹介される坑夫たちの笑い話にもう一つの特徴を加える。このことを、本書の最後の二つの章（Ⅵ・Ⅶ章）で取り上げられた「ケツワリ」の話から見ていきたい。

ケツワリとは、「逃亡・脱走」を意味する炭鉱労働者たちの民俗語である。上野によれば、「坑夫の人生はケツワリに始まってケツワリに終るといっても」（上野一九六七：一一〇）良いほどだ。戦前の炭鉱では、一度炭鉱に雇用されたら強制解雇処分でも受けない限り退職する自由を与えられていなかったという。暴力的な支配の存在した炭鉱では、労働者の流亡も絶えることがなかった。いざという時、彼らはこっそり逃亡するしかなかったのだ（上野同上：一一〇

〜一一二）。そんな炭鉱の中でも最もポピュラーな笑い話が、ケツワリの話だった。Ⅵ章では、様々なケツワリの笑い話が紹介されていく。例えば、夜な夜な追手におびえながら峠を越えてケツワリをした清左衛門さんの目の前に、突如黒い影が現れる。追手に見つかったかと覚悟してドスを抜いた清左衛門さん、同じくドスを抜いた相手にもしやと思って声を掛けてみると、なんと相手は今清左衛門さんが向っている炭鉱から、清左衛門さんが逃げてきた炭鉱へとケツワリしていこうとする坑夫だったという話（上野同上：一一五〜一一七）。こうした、決死の逃亡劇を数々紹介した最後に、上野はこう述べる。

そんな失敗をも含めて、数々のケツワリの体験を語る老人たちの表情ほど、明るくいきいきとしたものはない。しかもなおかつ、あるいらだちの苦痛が彼らの眉間のあたりを走るのを、私は見逃すことはできない。それはもはや思い出としてしか語ることのできない苦痛でなくてなんであろう。かつてその一つ一つは、過ぎ去った昔話でもなければ思い出話でもなく、今この瞬間に生きている、そして是非とも生かさねばならぬ経験であり、情報であり、教訓であったのだ。（中略）すべてが相互の今日と明日の運命と直接に関わりあうところで、ケツワリ話はもっともいきいきとした迫真性を獲得し得たのだ。そしてこの関連を失ったとき、その荒々しい具体性も老婆の歯のごとく欠落し、痩せて磨耗した歯茎だけが残る。たしかに思い出話の避けがたい性格として、杉浦明平の指摘するごとく「長い歳月に事実のもつ鋭い稜角が磨滅されて、デテールも消える」という一面は否定できない。だが、むしろ思い出話としてしか語れなくなったことの制約はさらに決定的なのではないだろうか（上野同上：一四八〜一四九）。

上野が笑い話を集め直し始めた時、それは〝日常的な笑い話〟の場を失い、教訓としての生きた意味も失って、ただ暇をつぶすための思い出話になってしまっていた。同じく筑豊炭鉱に身を投じた作家の森崎和江は言う。

ふしぎなことに思うのだが、六〇年代後半から七二、三年にかけて、まだ転職先のないまま筑豊に残っていた人びとは、問わず語りに、「ほんに笑い話ばってんなあ……」といいながら、つい昨日まで目から汗をしたたらせるようにして働いた日々を語った。そして、売れ残りの品も片付くように、ぽつりぽつりと転職先をみつけて友人が去って行き、銭湯に入る人数も数えるほどになると、もう、過去を語ろうとはしなくなったのだ。つまり七〇年代もなかばになると、自分の足跡を語ることを拒否し、たまたま私などがかつて聞かされたことを話したとしても、「ああ……」とかすかに微笑するだけになった（森崎一九八五：三八五）。

上野が笑い話を聞きとった第三の場は、過酷な炭鉱労働の職場を奪われた坑夫たちが、まだつい昨日のように思われる日々を振り返って笑い話として共有し得た僅かな時期に花開いた、最後の笑い話の場だったのだ。

本書の最後に、一二ページにもわたって紹介されるのが竜平じいさんの身の上話＝笑い話である（上野一九六七：一七〇〜一八二）。海を渡って脱走しなければならないためケツワリが困難な離れ島の炭鉱ばかりを渡り歩いた竜平じいさんのケツワリ戦略は、就職した日から毎日ずっと「ケツをわるぞ！」とおらんで気が狂ったと思わせ、虎視眈々とその日を待つというものであった。しかも彼は、「おれはまだつかまっておらんぞ」と宣言し続けるために、郵便ポストのある所へ来るたびに元いた炭鉱に葉書を出したという。上野がこの話を聞いたのは、大規模企業整備のあった一九六三年六月のことであった。上野に話し終えた竜平じいさんは、「『やれやれ、ほんなこつ、きょうは肩の荷のおりたげな気のする……』もうろれつのまわらなくなった舌でこういいながら」上野に焼酎びんをつきつけた。その二日後、久しぶりの梅雨晴れの午前、崎戸炭鉱の本坑桟橋の端にたたずんで希望退職により島を去ってゆく人々をながめていた上野は、島を去る人とは違い、同じ島内の伝馬船に乗っていく竜平じいさんの姿を見つけた。上野は、以下のような文章で本書を締めくくる。

渡し舟のうえの人々の顔は、ああ、ああ、また島からでてゆくのか……というように、揃って社船のデッキのほうに向けられていた。そのなかでただ一人、ふり返ろうともせず、かたくなに背を向けて立っている人間があった。それが竜平じいさんであった。せめてもう一度、わたしは彼の顔だけでもみたいと思った。しかし、彼はついに一度もふり返らないまま対岸に着き、そのままふり向きもせず足早に歩き去っていった。それはまったく、縁もゆかりもないという感じであった。そのきびしい孤独のかたまりのような彼と、いま「蛍の光」と五色のテープに送られて島を後にする者たちとの間には、無限に深い、越えがたい海が横たわっている。そして、そのまっくらな海の底から、坑夫が一つのヤマを去るということは、一つの島を棄てるということは、そんなこととは全然ちがうものだぞ、という凄切なおらび声がわきあがってくるのを、わたしは確かに聴いた（上野同上：一八二）。

かつては聞き手である仲間たちを笑わせ、共感させ、さらにはその経験が生かされるべき情報でも教訓でもあった身の上話としての笑い話は、その生きた教訓としての話の場を失い後は消えてゆくのを待つのみだった。それでもまだ思い出話として、共通の体験を持つ人々とこの笑い話を共有したいと願う最後の人々の〈ただ中で〉上野は笑い話を聞き、書きとめたのである。

(三)〈ただ中で〉の意味の自覚

こうして三つに分類できる場で上野によって聴き取られた坑夫たちの笑い話によって書かれたのが『地の底の笑い話』であった。一九四八年から約二〇年間、上野は炭鉱労働者たちの笑い話の〈ただ中で〉生き続けたからこそこの文学を生み出し得たのだ。上野自身も、この著作を経て〈ただ中で〉生み出す自らのはなしの姿勢と方法を真に自覚し得たように思われる。

ここで改めて、一九七一年の「『はなし』の復権」に戻ってみたい。『せんぷりせんじが笑った！』が「日本の証言」というルポルタージュシリーズの一冊として出版された際、その巻頭に作家の野間宏は次のような文章を寄せた。

> この四つのはなしは、四つともヤマでまたそのまわりで実際にあったことを、話風に作ったと作者は云っているが、この話風に作るというひとつの全く新しい作風を生みだしたとき、作者はどのようにうれしかったろうかと私は考える。
>
> 　これこそ作家が多くの人から孤立して作品を書くのではなく、多くの人のたゞ中で書いていく作風なのである。これはひとつの新しい経験主義の克服の方法であり、しかもそれは炭鉱の人達の助言によって達成されたのである（野間一九五五：七）。

上野は、一九七一年になって改めて、この批評の意味をとらえ直す。

> いまにして私は謙虚な誇りをもってこの言葉を受けとめたいと思う。なぜなら私は、野間氏の強調するように「多くの人のただ中で書いていく」ということ、「炭坑に生きる人々のなかから文学を生み出すということ」の重要さが、ようやくいまになっておぼろげながら見えはじめてきたように思われるからである。民衆のために書くのではない。民衆の「ただ中で書いていく」ことだ。民衆に文学を与えるのではない。民衆の「なかから文学を生みだす」ことだ。たとえそれが野間氏のいうように「困難このうえない仕事」であるとしても、それよりほかにありえ

ようのない仕事なのである（上野一九七三：一六八）。

ここで上野は、自身が炭鉱労働者たちの〈ただ中で〉書いていたことを、五〇年代の「えばなし」の時よりもう一歩深い思いでかみしめているように思われる。「はなし」にこだわってきた上野は、マスター・ナラティヴの中で「沈黙」してきた中小炭鉱の坑夫たちに笑い話の発見によって「声を与える」（Plummer 二〇〇一：四〇二）ことに成功した。それは、上野自身が掲げてきた、民衆の〈ための〉文学の一つの集大成にも見える。しかし、上野はここで「民衆のために書くのではない」と言い切る。彼の文学創造とは、民衆の「ただ中で書いていく」ことであり、民衆に文学を与えるのではなくて、民衆の「なかから文学を生み出す」ことだったのだ。それはむしろ、被爆以降「暗い情念」（上野一九七三：四三）にとり憑かれ、ようやく小ヤマの労働者たちとの出会いによって生きる力を与えられたにもかかわらず、そこで働き生きていくことを奪われた上野が「声を与えられる」語りの形式だったと言える。上野は、『地の底の笑い話』の「あとがき」に、この本にこめた願いを以下のように綴る。

> 日本の火を掘りつづけてきた母たちが、いま、風化したボタ山に散らばる石炭のかけらを拾い集めて、かろうじてみずからの冷えた血を温めているように、わたしが笑い話の残片を拾い集めてまわったのも、ただただわたし自身の冷えきった血を温めたいがためにほかならない。もとより売るべき商品でもなければ、わざわざ銭を出して買おうという物好きの客もないであろうことは、わたし自身がよくわきまえているつもりである。しかもなおかつ、臆面なくこのようなものを天下の公道に並べるに至ったのは、凍えた手の指先でも温めようという人があれば……、と思ったからである（上野一九六七：一八四）。

ここに述べられていることを文字通り受け止めれば、笑い話を拾い集めたことは、何より炭鉱という唯一の生きる場を失った自分自身が冷えきった血を温める、上野自身〈のための〉行為だったのだ。一方で、上野はその笑い話で日夜「凍えた手の指先を温め」ている隣人がいることも知っていた。その意味では笑い話を書きとめる作業は、その時まさに廃鉱部落の人々〈のための〉ものでもあっただろう。『地の底の笑い話』は、炭鉱の閉山が相次ぎ、多くの人によってその悲惨さが書きたてられる中で、声を失い「沈黙」していた上野英信が、それでも廃鉱部落の人々の〈ただ中で〉生き続けることによって、ヤマの仲間たちの笑い話によって再び「声を与えられた」一冊であり、それは上野〈のための〉書であると同時に、ヤマの仲間たち〈のための〉ものにもなったのである。

四　まとめにかえて：「〈ただ中で〉書く／生み出す」ということ

本論の目的は、記録文学作家上野英信の『地の底の笑い話』を、炭鉱労働者に関する「厚い記述」として読み、そこに「生活思想」や「構え」を感受した関一敏の記述に触発されて、現在の筑豊において研究を行う筆者の視点から、民俗学にとっての上野文学の魅力とは具体的には何であり、それが民俗学に提起する問題とは何であるかを明らかにすることであった。上野と柳田は共に、民衆の生活の中から生み出されることばとして「はなし」を本質的なメディアと見なし、「はなし」による私たちの思想の変革を目指した。ここで、最も虐げられた人々の「はなし」によってその目的を果たそうとした上野の記録文学の姿勢・方法は民俗学に何を問いかけるのだろうか。最後に、本論の議論をまとめながら、上野が提起する問いを筆者なりに明確化しておきたい。

上野の人生の経過と共にその文学創造の姿勢の変容をたどっていくと、「えばなし」、『地の底の笑い話』という二つの「はなし」を掲げた作品が生み出される過程で、上野が「〈ただ中で〉書き、生み出す」という文学創造の姿勢・方法を確立していったことが浮かび上がってきた。このような姿勢・方法が形成される過程では、上野が炭鉱労働者になったことに加え、その炭鉱で失業した経験が重要であった。エリートコースをたどり京大にまで行った上野は、当初自分自身が炭鉱労働者になることによって、当事者の立場から「労働者〈による〉」文学を目指した。しかし、当時の上野は自身の掲げるもう一つのスローガン、「労働者〈のための〉」文学を確立するには至らなかったといえる。一方、一九五三年、炭鉱合理化の波の中で失業し、炭鉱労働者でなくなってしまった上野は、自分の文学を読者でありまた書かれる対象でもある炭鉱労働者の方へ、ことばのレベルから近づけていかなければならなくなった。ここで上野は改めて「民衆の〈ための〉」文学とは何かを問い、筑豊に留まり続けて働く人々と共に活動したり語り合ったりしながら、労働者たちの「はなし」の世界の〈ただ中で〉の文学創造を達成したのである。

このようにして生み出された「はなし」が、「えばなし」であり、「笑い話」であった。特に『地の底の笑い話』では、一九六〇年の『追われゆく坑夫たち』においては沈黙のまま奴隷的労働に耐えたり、その声が社会に届けられることがないまま炭鉱を追われたりするしかなかったりした中小炭鉱労働者に、その自虐的・自嘲的な自己認識を豊かな「笑い話」として語らせることに成功した。これはライフストーリー研究の観点から言えば、炭鉱の合理化問題や失業問題、中小炭鉱の悲惨といったマスター・ナラティヴの中で「沈黙」するしかなかった中小炭鉱労働者たちに「声を与える」モデル・ストーリーの発見だったと言えるだろう。ただ、この場合坑夫たちの「笑い話」は、どこにおける、だれにとってのモデル・ストーリーだったのかを注意深くとらえる必要がある。というのも、「笑い話」をふと思い出したり、発見したりした主体は記録文学作家の上野であり、炭鉱労働者たちの方は上野がいてもいなくても、日々笑い話をしながら生きていたはずだからだ。それを今私たちがモデル・ストーリーという社会学の用語に当てはめ得るのは、当時マスコミや政府、炭労等の組織の生み出す社会的な言説状況の中では「沈黙」の人々としか受けとめられ得なかった中小炭鉱労働者たちの声が、上野によって岩波新書という日本社会の中でも極めて影響力の強い書籍メディアのなかに「はなし」として書き込まれ、その中で坑夫たちが豊かに「笑い話」を語ってみせたからである。そして、その時このような新しいことばのスタイル（＝はなし）と思想を獲得したのは、上野や、読者である〝私たち〟だ。つまり、『地の底の笑い話』の成立過程とは、上野自身が、そしてまた、その読者である〝私たち〟の社会が、中小炭鉱労働者から声を与えられる過程なのである。そして実際、この絶妙なタイミングで集められた笑い話は、〝私たち〟筑豊に縁もゆかりもない多くの読者を感動させた。最近岩波新書が出した著名人たちによる「『はじめての新書』読書案内」において、歴史社会学者の小熊英二は『地の底の笑い話』をあげ、「高度成長で消えていった日本の姿が浮かび上がると同時に、時代を経ても古びない人間の普遍的なあり方が記録されている」と評している（岩波書店二〇一八：五六）。

それは、炭鉱に生きる人の〈ただ中で〉文学を生み出すという、上野英信の方法によって見出された「はなし」だった。上野が『追われゆく坑夫たち』を書いたのは、炭鉱から離れた福岡市の「針の落ちる音でもわかる」部屋の中だった。一方、『地の底の笑い話』は筑豊の廃鉱部落に移住し、隣人たちがより集まって笑い話に興じる場に参加しながら書きあげられる。上野が発見した炭坑夫たちの笑い話の本質は、それが身の上話と一体となったものであるということであった。上野がこのことに気が付くことが出来たのは、一九四八年に自ら炭鉱労働者となって以来、筑豊の中小炭鉱労働者たちのことばの実践の〈ただ中で〉文学を求め続けてきたからである。上野が炭鉱労働者たちとの生活の〈ただ中で〉つかんできた〝日常的な笑い話〟の場と〝身の上話の聞き書きにもとづく笑い話〟の場が、互いに互いの存立条件となり、互いの場へと浸食し合っていることを発見したことこそが、上野に『地の底の笑い話』という「はなし」を生み出すことを可能にした。そして上野は、筑豊の廃鉱部落に住み着くことにより、その「笑い話」が思い出話としてしか語れなくなってしまった〝笑い話の聞き書きにおける笑い話〟の場の〈ただ中で〉、一九六〇年代後半の筑豊において廃鉱跡に住む人々が日々必要としていた「笑い話」を記録文学として描くことができたのである。

『地の底の笑い話』以降、上野は「はなし」を掲げる作品を書かなくなったが、この〈ただ中で〉書き、〈ただ中で〉文学を創造するという方法・姿勢は、上野の生涯にわたる文学創造の方法となったようである。上野の最後の仕事となり、地域住民に今でも大切にされている『写真万葉録・筑豊』の編纂に携わった写真家の岡友幸によれば、この写真集は一度東京で出来上がりに近いところまで編集作業が進められたにもかかわらず、上野が「ちゃぶ台返しをして」筑豊に持って帰ってきてしまい、ここで制作されたのだという（井上他二〇一七：八一）。岡はこの写真集の編集過程では、写真提供者など炭坑経験や写真の感想を聞かせてくれる人がいて、常に人々との相互作用の中から聞こえてくる生の声をなんとかして紙面に反映させようと四苦八苦したと回想する。一方、文化人類学では、どんなにフィールドの〈ただ中で〉長い時間を過ごしたとしても、民族誌はフィールドから帰って書くものである。一般に「自文化」を研究しているといえる民俗学者たちも、〈ただ中で〉書いているかと言えばそう単純ではない。民族（俗）誌は、書いている場／調査地という空間的な意味でも、フィールドワークの時間／民族（俗）誌を書く時間という時間的な意味でも、フィールドとの距離の中で、研究者自身の生活の場の〈ただ中で〉再帰的に描かれるべきものなのである。それはおそらく、民族誌を書くという行為の権力性が批判され、書き手であり観察者である人類学者／民俗学者自身を反省的にとらえるようになって以降も変わってはいない。文化人類学者の竹沢尚一郎は『文化を書く』の問題を、それがエスノグラフィを「書く」という行為だけに焦点化した点にあるとし、「『他者』に対する姿勢やその書き方を問うことは、一定の人びとを『他者』へと作り変えるフィールドワークという実践についての問いと切り離すことができないはずである」（竹沢二〇一八：一四六）と主張する。そして、フィールドで他者と向き合うことを問い続けながら優れたモノグラフを数多く残した実践例として、上野と谷川雁が火付け役となった『サークル村』を論じる。『サークル村』後の上野の作品にその文学創造の姿勢の確立を見る筆者が付け加えたいのは、上野はその後フィールドから「帰ってくる」ことはなかったということである。〈ただ中で〉書き続けてきた上野と炭鉱労働者の間にも、上野が炭鉱労働者ではないという絶対的な距離が存在する。しかし、上野が生み出す文学が持つ対象との距離と、民族（俗）誌が目指す対象との距離は異質である。上野の場合、フィールドでの人々との対話と、作品を書こうとする自分自身への内省は、常に同時に起こり続けている。そうして生まれた上野〈による〉文学、上野〈による〉言葉と思想は、炭鉱労働者の〈ただ中で〉書かれ、彼らのことばと「はなし」を感受しながら生み出されたものであることによって、地元の人々にも「感動を持って」受けとめられ、それによって上野自身も他には変えられようのない喜びを得られるような、ことばの上でも思想の上でも新しい「はなし」を成立させた。実際、冒頭のスカブラの話は、今日の筑豊地域住民の多くにとっても違和感と共に新鮮さを持つ話であると思われる。筆者はフィールドワーク中、スカブラとは怠け者のどうしようもないやつのことを言うもので、一部の人が言うような良い意味はないのだと、複数の人から言われた。一方、上野と交流もあり、地元で炭鉱に関する聞き書きも数多く行ってきた井手川泰子氏は、スカブラは憎めない人であった、スカブラがいられる社会はいい社会だ、そして彼らは自分が大切だと思ったものや他人のためにはよく働いたのだと語った。この話を聴いた後、筑豊をぶらぶら話を聴いて回る筆者について、井手川氏から「あんたはスカブラたい！」と言われ、逆に気が軽くなるという経験もした。上野による炭坑夫の「笑い話」は、「厚い記述」と言うより（あるいはそれを越えて）上野が中小炭鉱労働者たちの〈ただ中で〉生み出した新しい生活思想を含んだ「はなし」だったというべきではないだろうか。私たち民俗学者は、調査地に生きる人びとを解釈し理解するだけでなく、実はそのような「はなし」の次元を目指しているからこそ、上野の笑い話に惹きつけられるのではないだろうか。

　重信（二〇一五）は、柳田の『明治大正史世相篇』における「世間話」および「話」の位置づけを分析する中で、「地方は互いに他郷を諒解するとともに、最も明確に自分たちの生活を知り、かつこれを他に説き示す必要を持っている。それができなかったら大きな団結はむつかしいのである」（柳田一九九三：四三三）という一文を引用する。そして、日常のことばの実践である「世間／話」が、『明治大正史世相篇』においては他者を知ることによって自分たちの生活を知り、さらにそれを他者に説き示すという知の実践における認識のツールとして位置づけられていたと論じる。重信によれば、民俗学とは日常のことばの実践を通して自他を共に知り、問題を共有する者同士が団結して社会を変革していくための新たな、「『これからの世間話』を生み出す学問」（重信二〇一五：六二）として構想されていたのだ。

さらに重信は、「聞き書き」を方法としてきた民俗学は「他者のことばをどのように聴き取ってきたのか」、「他者の『世間／話』に耳を傾けることにどれだけ自覚的であっただろうか」と問いかける（重信二〇一五：六四）。上野の生き方を念頭に置きながらこの問いを我が身に改めて反芻する時、筑豊の炭鉱労働者たちの〈ただ中で〉そのことばに耳を傾け続けながら「はなし」を生み出してきた上野の人生のすさまじさに戦慄せずにはいられない。上野は、炭鉱労働者の一員になりたいという思いを抱えたまま、一生涯ある点では「他者」として、炭鉱労働者たちのことばに向きあい続けたのである。上野の息子の朱氏は、その著作の中で「社会の一番底に位置しようと苦闘していた父の姿を見ていながらこう評するのは私にとっても大変つらいことだが、やはり上野英信という人は文学者でありインテリであって、『近所のおいちゃん』にはついになれなかったのだ」（上野二〇〇〇：一六六）と振り返っている。実際、「近所のおいちゃん」たちに同化することができた方が上野にとっては幸せだったのだろう。しかし、自身が炭鉱労働者なのだと思いこむ時、その文学やことばは〈ただ中で〉生み出されるものとは異質のものになってしまう危険性をはらむことは、『労働藝術』の頃の上野文学自体が教えてくれる教訓だ。私たち民俗学者も、対象の人々と自身が一体となったような感覚にとらわれた時こそ、そのことばは本当に自分が寄り添おうとする人々の〈ただ中で〉生み出されたものと言えるのか、細心の注意をもって問いなおさねばならないだろう。上野は近所の人たちと完全には溶け合いきれない距離のある存在として、ある部分では「他者」としてまなざされ、それを自覚し続けながらもそこに留まり、「他者」の沈黙にも「はなし」にも向きあい続けた。寄寓者の学でも、同郷人の学でも、もちろん旅人の学でもなく、移住して同郷人のことばと心意に限りなく近づこうとしながらも、ある点では他者として向き合い続けたからこそ生まれた「移住者の学」として、上野文学は私たちの学問の姿勢を問うているのである。

最後に、上野が書き遺したのは、間もなく跡形もなく消えてしまうだろう炭鉱労働者たちのはなしの世界だったことに留意したい。ここに「記録文学」作家としての上野の仕事の傑出性が感じられる。上野と交流のあった映画監督の小川紳介は、上野が「記録とは何でも残すことではなく、選んで残すことだと思います」と言って〝残すはなし〟というものを教えてくれたと回想する（小川一九八九）。上野が『地の底の笑い話』を書いた時、炭鉱労働者たちの「笑い話」は、それを支える第一義的な日常的な笑い話の場を失って、テレビ代わりの暇つぶしのネタにしかならなくなっていた。竜平じいさんが上野に身の上話を語ってしまうと、最早自身のケツワリ話が通用しなくなった炭鉱離職者たちには見向きもせずに孤独のまま去っていってしまったように、坑夫たちの「笑い話」は本来、共有する仲間を持たず、もう消えてゆくしかない「残らない話」であった。先に筆者は、現在の筑豊でスカブラとは、普通やはりどうしようもない怠け者のことを指すのだと述べたが、それでは果たして冒頭に引用した上野の「スカブラの話」が、どこまで上野個人の理想と創作による賜物であり、どこまで炭鉱労働者たち自身のものであったのかは、最早わからない。しかし、明らかなのは、それは確かにヤマの人々の〈ただ中で〉こそ生み出され得たはなしであるということ、そして、怠け者でどうしようもないやつだけれど、面白くてなんだか憎めないおしゃべりな一人の仲間が、実は私たちの苦痛の時間を楽しくリズムあるものにしてくれているのだという発想は、〝私たちみんな〟の生活にも、今も確かに新しい知恵と思想、軽やかな人生への構えを与えてくれるということだ。上野は、その消えゆく運命にあった笑い話が最後に花開いた瞬間に、それを自らが炭鉱労働者たちの〈ただ中で〉獲得した生活思想を含んだ「残すはなし」に昇華し、記録した。民俗学は、一見私たちの社会に代々語り伝えられてきたはなしを探求する学問のように思われるが、実は、現れては消え去っていく取るに足らない日常をとらえ、記録し、それに学びながら、普遍的な意義を持つ「残すはなし」を生み出す学問でこそあろうとしているのかもしれない。そこから私たちは自他の日常を問い、生活疑問に答えるための問題を共有する人々とのより幅広い、そして新しい「団結」を模索する。その中で記録文学作家上野の仕事が傑出しているのは、「もっとも愚かしいものにわたしを賭けようとした」（上野一九六七：vii）ことにあり、私たちの社会の中でも真っ先に忘れ去られようとしていた炭鉱労働者の「笑い話」をこそ選んで、「残すはなし」として〝私たち〟に届けてくれたからではないだろうか。

注

（1）上野の略歴については、主に新木（二〇一一）、川原（二〇〇八）を参照した。

（2）ここであげた二つの文章の出典を見ても明らかなとおり、上野の「はなし」をめぐる問題意識は、この時期部落解放運動に密接な関係を持ったところで語られている。したがって、上野の主張をより深く理解するためには、解放運動、特に識字運動と上野の関わりをとらえる必要があるが、これは今後の課題としたい。

（3）毎号表記や言葉遣いに微妙な変化があるが、興味深いことに、第二号以降「人民のための」という部分は全号で消されている。

（4）以下、本節で述べる筑豊石炭産業の歴史については、永末（一九七三）を参照した。

（5）以下の議論は、筆者が二〇一三年に東京大学教養学部に提出した卒業論文「自己語りとしての笑い話：ライフストーリー研究としての口承文芸の可能性」での議論を下敷きに、改めて論じ直したものである。卒業論文では、語りのコンテクストに着目する視点を民族誌におけるナラティヴ分析を論じたマーティン・コータッツィ（Martin 二〇〇一）や、ライフストーリー研究者の桜井厚の論考（二〇〇六、二〇〇九）から得た。また、笑い話の場を三つの場に分類する着想は、ライフストーリー研究者ケン・プラマーの論じるライフストーリーの語られる場の三つの分類（Plummer 二〇〇一）から得た。本稿では、紙幅の関係上こうしたライフストーリー研究の用語を極力省略した。

（6）『地の底の笑い話』の中で、上野は本論の冒頭で紹介したスカブラについて「黒い顔の寝太郎たちは、例外なく地底のお伽衆であり、咄の衆である」（上野一九六七：九八）と述べている。仕事をしないスカブラとして、坑内労働者たちの中での自由を獲得するには「頓知や滑稽な努力」が必要である。彼らの仕事は、坑内労働の緊張状態にある仲間たちを笑わせることと、坑夫たちが現場係員に見つかっては都合の悪い規則破りなどをするとき、笑い話によって現場係員達の気を引くことであった（上野同上：九〇～一〇六）。

（7）炭鉱労働者の笑い話について考える時、筆者はこのような笑い話が確かに生きていたことを教えてくれた立石徳昭氏のことを思い出さずにはいられない。鞍手町の小ヤマで働いていた立石氏はある時、小学校教員から「なぜ恐ろしい事故などがあるのに炭鉱をやめなかったのか」と質問された。他に家族を食わせていける仕事はなかったのだという分かりきった返答を予想した筆者を裏切り、立石氏は悩み始めた。立石氏は、自分は炭鉱など知りもしなかったと、自らの生い立ちから語り始めた。そのうちに、「あの坑夫たちは何を考えて仕事しよったんかなと思う」と悩み始めた。そして、「なんが、楽しみがあったとか…」と言い、へヘッと思い出したように笑いながら話し始めたのが、「大利根河原を坑内ん中で踊った」話である。——坑内での昼食時間、誰が言いだしたか、立石氏たち数人の坑夫が、一人のかつて旅回りの役者だった坑夫に、俺たちにも一回くらい踊ってみせろと言ってはやしたてはじめた。まごつく彼をよそに坑夫たちはカンテラを坑内の梁や柱に掛けてスポットライトにし、真っ暗な坑内に舞台をつくりあげてしまった。こうなっては元役者坑夫も踊らざるを得ない。とうとう「利根～の～」と踊りだした——一一年間働いてその時が一番楽しかった、と立石氏は言った。笑い話でやらかす以外に途はなかった炭鉱労働者たちかもしれないが、その楽しさは五〇年近く経っても日々の「馬鹿話」の詳細まで覚えているほど鮮烈に、立石氏の中に生き続けていた。立石氏の話は続けて、炭鉱の人は温かみがあったと言いながら、別のエピソードへと移っていった。なぜ炭鉱をやめなかったのかという質問への回答以上のものを、立石氏は身の上話としての笑い話であり、笑い話としての身の上話である自身の人生そのものを伝えることで教えてくれたのだと、筆者には思える。そんな立石氏も二〇一八年二月に逝去された。この場を借りて立石氏に感謝を述べるとともに、ご冥福をお祈りする。

（8）この家をあっせんしてくれたのは、三 -（二）で紹介したNさんである。

（9）二〇一六年九月二二日、筆者が筑豊において開催している「地べたの声を聴く会」における井手川氏の話より。

参照文献

新木安利二〇一一『サークル村の磁場　上野英信・谷川雁・森崎和江』海鳥社。

井上洋子・坂口博・田代ゆき・前田年昭二〇一七『2017福岡市文学館企画展　上野英信展　闇の声を刻む』福岡市文学館。

岩波書店二〇一八『図書　臨時増刊二〇一八　岩波新書創刊80年記念　はじめての新書』、岩波書店。

上野朱二〇〇〇『蕨の家：上野英信と晴子』海鳥社。

上野英信一九四八a「巻頭言—創刊の辞に代へて—」『労働藝術』創刊号。

一九四八b「曙に起て」『労働藝術』。

一九五三a「文工集団アッピール　仂く者の文芸を！：再びヤマの兄弟たちに訴える」『地下戦線』第一号、四～九頁。

一九五三b「巻頭言　二つの大切な心構え」『地下戦線』第二号、四～一一頁。

一九五三c「一人のこらず水害問題と取組もう！」『地下戦線』第三号、四～六頁。

一九六〇『追われゆく坑夫たち』岩波書店。

一九六一「石のなかのみずうみ（一）地獄時計」『サークル村』第四巻二号、一九〜二二頁。

一九六七『地の底の笑い話』岩波書店。

一九七三『骨を嚙む』大和書房。

一九八五a『上野英信集2　奈落の星雲』径書房。

一九八五b「廃鉱譜」『上野英信集4　闇を砦として』七〜一七八頁、径書房。

二〇一七「解放の思想とは何か」『2017福岡市文学館企画展：上野英信展：闇の声をきざむ』九六〜一〇五頁、福岡市文学館。

上野英信・千田梅二一九五五『日本の証言7　せんぷりせんじが笑った！』柏林書房。

上野英信・趙根在監修一九八四〜一九八六『写真万葉録・筑豊』1〜10、葦書房。

上野英信追悼録刊行会編一九八九『追悼　上野英信』裏山書房。

上野晴子一九九八『キジバトの記』裏山書房。

大塚英志二〇〇七『公民の民俗学』作品社。

岡野信子一九八八『福岡県ことば風土記』葦書房。

小川紳介一九八九「残すはなし」『追悼　上野英信』上野英信追悼録刊行会編、二二七〜二三一頁、裏山書房。

川原一之二〇〇八『闇こそ砦：上野英信の軌跡』大月書店。

桜井厚一九九五「生が語られるとき：ライフヒストリーを読み解くために」『ライフヒストリーの社会学』中野卓・桜井厚編、二一九〜二四八頁、弘文堂。

二〇〇六「ライフストーリーの社会的文脈」『〈語り〉と出会う：質的研究の新たな展開に向けて』能智正博編、七三

～一一六頁、ミネルヴァ書房。

二〇〇九「インタビューという行為とライフストーリー：自己の語られ方と相互作用」『言語文化と日本語教育』三八、一～一九頁。

佐藤健二一九八七『読書空間の近代：方法としての柳田国男』弘文堂。

重信幸彦一九八九「『世間話』再考：方法としての『世間話』へ」『日本民俗学』一八〇、一～三五頁。

二〇一五「民俗学のなかの『世間／話』：『明治大正史世相篇』（一九三一）から」『日本民俗学』二八一、四七～六七頁。

杉本仁二〇一一『柳田国男と学校教育：教科書をめぐる諸問題』梟社。

関一敏一九九八「序章　ことばの民俗学は可能か」『現代民俗学の視点2　民俗のことば』関一敏編、一～二九頁、朝倉書店。

谷川雁一九五八「創刊宣言　さらに深く集団の意味を」『サークル村』創刊号、二～七頁。

一九五九「荒野に言葉あり：上野英信への手紙」『サークル村』第二巻第九号、二〇～二四頁。

竹沢尚一郎二〇一八「人類学を開く：『文化を書く』から「サークル村」へ」『文化人類学』八三巻二号、一四五～一六五頁。

永末十四雄一九七三『筑豊：石炭の地域史』日本放送出版協会。

野間宏一九五五「この作品の大きな意味」『日本の証言7　せんぷりせんじが笑った！』上野英信・千田梅二、六～七頁、柏林書房。

松原新一二〇〇一『幻影のコンミューン：「サークル村」を検証する』創言社。

水溜真由美二〇一三『『サークル村』と森崎和江：交流と連帯のヴィジョン』ナカニシヤ出版。

道場親信二〇〇六「倉庫の精神史――未來社在庫僅少本で読む〈戦後〉（四）上野英信『親と子の夜』その四」『未来』四七七、二八～三五頁。

森崎和江一九八五「上野英信集第二巻解説　「近代と労働」を見つめる眼」『上野英信集2　奈落の星雲』上野英信、三七九〜三八九頁、径書房。

柳田國男一九六二a「世間話の研究」『定本柳田國男集第七巻』三八三〜三九七頁、筑摩書房。

柳田國男一九六二b「笑の本願」『定本柳田國男集第七巻』一四九〜二三六頁、筑摩書房。

柳田國男一九六四「喜談日録」『定本柳田國男集第二十九巻』四五七〜四七三頁、筑摩書房。

柳田國男一九九三『明治大正史 世相篇 新装版』講談社学術文庫。

山本作兵衛一九七七『筑豊炭坑絵巻　上　ヤマの仕事』葦書房。

英文

Cortazzi, Martin 2001 Narrative Analysis in Ethnography. In *Handbook of Ethnography*. Paul Atkinson, Amanda Coffey, Sara Delamont, John Lofland and Lyn Lofland (eds.), pp. 384-394.SAGE Publications Ltd.

Plummer, Ken 2001 The Call of Life Stories in Ethnographic Research. In *Handbook of Ethnography*. Paul Atkinson, Amanda Coffey, Sara Delamont, John Lofland and Lyn Lofland (eds.), pp. 395-406.SAGE Publications Ltd.

日本の敗戦と柳田国男の民俗誌——『北小浦民俗誌』対戦後民俗学の一問題

影山　正美

一　はじめに

遅ればせながら小浦論争[1]に参加したい。本稿は『北小浦民俗誌』（昭和二四年）を経世の書として読む。

敗戦の翌年、柳田は「（学問は）弘く世の中のために、ことに同胞国民の幸福のために、また彼等を賢くかつ正しくするために[2]」と述べ、同時期に民俗誌の構想を立ち上げた。この事実をもって経世の書と評すに足る。小浦論争の最大の争点は、「郷土を」対「郷土で」の問題であろう[3]。両者は、根本にある動機—目的の体系が違う。「郷土を」研究するのは手段であって、最終の目的は「国民の幸福」の実現にある。郷土で得た資料は、社会法則を知るために使われるのである。群れが有する性向、つまり「国民性」は一群（社会）に流れる法則に等しく、社会法則（国民性）を知り得た者こそが「幸福」への道筋を手にしよう。

冒頭に配された「各地民俗誌の計画について[4]」は、そもそも二種の動機—目的を記す。先ずは、資料としての民俗誌の作成である。戦争で中断の憂き目を見た山村・海村調査の資料を整理・公刊し、情報の共有化を図ろうとした。いわゆる「村」で閉じ、精確な事実の記載を使命とした。もうひとつは、「民俗学の素志」すなわち「国の全体に通ずるものを、見定めようとする意図」である。この試みが柳田の『北小浦民俗誌』であった。前者の「村」の民俗誌は『日本を知る』[(5)]ために帰納され、社会法則へと抽象化されていく。柳田の動機―目的は民族の歴史課題と結び付いており、ここに終始一貫する柳田らしさがある。

柳田経世論の特徴は『日本を知る』こと、すなわち「我われ認識」にある。愛知者ソクラテス以来、「汝自身を知れ」は善く生きるための金言であろう。自らの悪癖を知らない者が、悪弊の下僕から解放されることはない。歴史科学を装う「お国学び[(6)]」であるが、内実はきわめて人間の科学である。解放すべきは「村」ではなく「人」である。現在に残る悪弊からの解放である。方向は農村民主化に重なり、農政学時代の主張を生かす好機となろう[(7)]。

本稿の骨子は以下である。第一に、軍国主義を阻止できなかったという強い反省の下、「民族の弱点」を覚らせる施策として民俗誌を構想した。第二に、民俗誌は『日本を知る』ための教科書であり、自前の民主化の一環として編まれた。第三に『北小浦民俗誌』の原点は大正時代のジュネーヴ体験にある。第四は、柳田は立憲政治の危機に抗して「日本民俗学」を立ち上げた。以上を総ずれば、『北小浦民俗誌』は柳田の学問の完成形であり、農政学時代から続く経世論を、最も具体的かつ先鋭的に示した書と言うことができる。

二　柳田国男の敗戦論をめぐって

（１）「戦犯」柳田国男の決意

岩本由輝は「柳田の描く北小浦は牧歌的にすぎる」と述べ、「戦争の影は微塵も出てこない」と批判した[(8)]。だが、「新しい民俗誌」は「人の心は荒び」、「凡人は黙って愁いている」との認識から出発した。「影」は動機―目的に深く浸透しており、字面だけを追ったのでは見えてこない。昭和二一年七月の靖国神社文化講座での発言に注目したい。

責むべき者がもしあるとすれば、頑固ないい気になった旧弊人よりも、志は抱きながら実行に臆病であり、または目的達成に悠長すぎた者が、一番に責めらるべきであった。彼等は世の常の戦犯の中には算えられないが、内心はかなりの苦悩を嘗めている。そうして白状をすれば自分などもその一人であった。それを懺悔していても詮もない。それよりも急いで罪滅ぼしをしなければならぬ。(「一神道学者の責任」『氏神と氏子』昭和二二年)

戦死者の御霊を隣にしての、偽らぬ気持ちであったろう。「いい気になった旧弊人」が「軍閥」を指すならば、柳田はそれ以上の責任を感じていたことになる。(9) 市井の一学者が、そこまで「苦悩」した理由は何か。軍国主義と深く関わっていたと解す外ない。「懺悔」が偽りでないのは、行動が物語る。『炭焼日記』が「いよいよ働かねばならぬ世になりぬ」と記したのは「八月十一日」、玉音放送よりも早い。昭和二二年三月、蔵書と資料のすべてを提供し、成城にあった私邸を民俗学研究所として立ち上げた。「目下世の要求は差迫って」おり、「少し無理だったが急いで旗揚げをした(10)」と言う。行動は実に迅速である。目的は社会科教育の支援にあった。(11) 教科書の編集にも意欲的に参画した。「ほぼ社会科の全部がまかなわれる位に思って」おり、「悦ばずにはいられない(12)」と述べる。この意気込みをそのままに、学ぶ場を「郷土で」としたのが民俗誌の構想であった。

ところで、「新しい民俗誌」(昭和二二年七月)は「わが住む村だけの現実に通暁」しても「日本の村を知ったことにはならない」と言う。(13) 地域ごとの違いは「変化」であり、「変化の間に一貫したものが、何であるかを知る」のが目的で、「一貫したものを知り得た人たちが、始めてこれを政治の面に持ち出すことができる」と説く。いわゆる方法としての「郷土で」を再確認する。「悠長すぎた」と反省した理由のひとつに、こうした方法があったろう。それでも堅持するのは、柳田の譲れない方法であったと考える外ない。

採訪者の目で「郷土で」を見れば議論必定、「郷土を」調べにやって来るからである。だが、学ぶ者の目で見ると自然な学習過程である。「わが住む村」の「現実」から出発して「日本の村」を学び、再び「わが住む村」に戻ってくる。教科書の記述内容は必ずしも「わが住む村」の事項に限らない。学ぶ内容は各々の「わが住む村」に関する事項と、一般的な事項（日本の村）から成る。一般記述を歴史（変化）とした点に柳田の特徴があろう。

（2）「嘆かわしい弱点」と敗戦

「敗戦の原因」を正面から論じたのが、未刊草稿の「国民性論」である。[14] 柳田の動機―目的は「戦争の影」に食い込んでいる。「今日までの普通教育の方式に、欠陥があ」り、「これからの改良の支度のため急いで確かめておく必要がある」と述べ、こう続ける。

何でも今に偉い人になるのだという類の大望が、年少者の間に普通したのは新しい時世の楽しさであったが、人は存外に早く身を知り分に安んじ、いとも従順に古来の法則に服してしまう。しかも、実際にはこういう断念派が、いまさら驚くような大きな仕事をしていたのである。世間なみ、また十人並みという言葉が、ちっとも批評せらずに、久しく行われていたのは不幸なことだった。（未刊草稿「国民性論」）

「世間なみ」を善しとする考え方、柳田に言わせれば徹底した村々の「平和主義」[15]に「原因」を求めた。保守的・反動的な「断念派」を歴史主体として位置付ける。よって、「戦犯」として罪を問われるべきは「断念派」なのである。柳田もその一員であった。すでに昭和十二年の講演「平凡と非凡」[16]で、「世間なみ」教育の「弱点」を指摘していた。

個人の独立した判断を抑制し、だまって多数の者のついて行く方へ行くということ、これが百年前の村々の若連中の、最も嘆かわしい弱点であった。それをいつまでも利用してみたいというのは、言わば国民の賢くなることを欲せざる者だということができる。かりにそのような附和雷同性が、どうしてもまだ民衆の中から、当分は根絶しがたいとするならば、我々はやはり昔の郷党の先輩のように、全力を挙げてデマゴーグの進出を防止しなければならぬのである。逆にその弱点を利用しようとするなどは、明らかに裏切り者の所行ではないか。(「平凡と非凡」昭和十三年)

昭和十二年の時点で行く先を予見している。「嘆かわしい弱点」を「利用」した「デマゴーグ」は、選挙時の扇動家だけではない。歴史の岐路において必ず登場する。「裏切り者の所行ではないか」とは、当時の「政治」に対して向けた柳田の怒りであったろう。(17) 敗戦後の「現代科学ということ」もまた、日本人の「嘆かわしい弱点」を指弾した。

判断を長者に一任するという素朴さは、もとは国民の美点だったかも知れぬが、その美点もこれからは改めて検討し、弊害があると心づいたら改良しなければならぬ。人の言葉を疑うのは善くないというような、概括した信頼は見合せるか、少なくとも各人の自主自由なる判断が、今少しは実地に働き得るようにしなければ、実は民主主義は空しい名なのである。どうして日本人はこういつまでも、わずかな人たちの言いなり放題に任せて、黙々として付いてあるくのであろうか?(「現代科学ということ」昭和二二年)

柳田の疑念が「判断を長者に一任する」という国民性に向き、「弊害」の「改良」を説く。方向は戦前の「平凡と非凡」と何ら変わっていない。表現は違うものの、「民主」の考えが貫かれていよう。ゆえに、一貫して「黙々として付いてあるく」姿勢を厳しく批判するのである。「自主自由なる判断」は、現実から切り離された抽象物ではない。時々の政治情勢と密接不可分で、常に関心を向け、自力で考え、そして自前の答えを導く資質である。

(3)「弱点」の意識化

さて、柳田が「罪滅ぼし」の第一にあげたのが、教育改革である。再開された雑誌『民間伝承』(第十一巻・一号)の表紙裏に載るのが「教育の原始性」(昭和二一年八月)である。文字通りの「巻頭言」である。題名もさることながら、掲載月に決意がにじむ。柳田の本願が「嘆かわしい弱点」の克服にあったことを考えれば、教育改革はうなずける。治療法は「弱点」を自覚させることであろう。自身の「弱点」を知っているか否か、要するに自覚の有無の差は大きい。知っていれば「弊害」を予測し、回避策が可能になろう。自覚できない者は、「嘆かわしい弱点」に翻弄され続ける。それで終わらない。手立てを尽くして「美点」を継がせ、異を唱える者がいれば結束して抑え込む。厄介なのは、知識(結論)を教えるという通常の方法が通用しない点である。周囲を窺って「多数の者のついて行く方へ行」ってしまう危険が大きく、意図とは逆に「弱点」を温存させてしまう。

改めて、先の「新しい民俗誌」の構想を振り返りたい。究明すべきは「一貫したもの」であり、これを「知り得た人」が「政治の面に持ち出すことができる」と述べていた。「一貫したもの」とは何か。歴史の動力として働く「附和雷同性」、いわゆる「国民性」を指そう。そして、柳田の言う「政治」は「判断」である。[18] 日常生活から国政まで「判断」の場は広く、一括して「政治」である。こう解すと、「新しい民俗誌」(昭和二二年七月)が述べようとしていたことが理解しやすい。「附和雷同性(国民性)」は「判断」=「政治」を誤らせる最大の要因である。「政治」を語る者、あるいは主権者たる者は、先ずは自身の「国民性(附和雷同性)」を自覚することから始めよ、と言うのである。

敗戦後は「罪滅ぼし」のためであろう、国民性の「弊害」に言及する場面が目立つ。[19] 例えば、「日本民俗学が、常に証明し得られる事実、最も安全なる知識の供出を以て限度とし、結論を後から人に委ねようとしているのは、……（中略）……先輩の判断を、ただちに動かすべからざる事実と感じて己を空しゅうして追随するの弊に耐えないから」である（「序」『民俗学辞典』昭和二六年）。また、「国を少しでも明るく、そして健全なものにしていくためには、この長い歴史の中に包含されている民族的な弱点を各人に意識させることからまず始めなければならない」（「日本人とは」昭和二九年）。柳田は種まで明かす。明確な「結論」を述べないのは、「民族的な弱点」を「意識させる」ためでもあった。柳田は「追随」に走る国民性を意識させるために、学問を仕掛けたのである。敢えて「結論」を述べない説明を試みた。「追随するの弊」を持つ者が「弊」を覚るまで待つと言う。「悠長」な話であるが、当初からの意図ある方法なのだから、堅持するのは当然である。

三　「現代科学」としての「日本民俗学」

（1）「政治」危機という「実際問題」

尋常ならぬ「戦犯」意識の背後に、「判断」を誤ったとの強い後悔や反省がある。歴史の明暗を分けた「政治（判断）」は、「軍閥政治」の台頭付近に求めることができよう。

始めて私が東北大学の講義に、民俗学の現代性ということを唱導したときには、時代は我々の生活上の疑問を押え付け、極度にその提出を妨害している際であった。……（中略）……人はどういうわけで是非とも殺し合わねばならぬのか、何故に父母妻子を家に残して、死にに行かねばならぬのかというような、人生の最も重要な実際問題までが、もう判りきっていることになっていた。……（中略）……そういうまん中に於て、なお民俗学は現代の科学でなければならぬ。実際生活から出発して、必ず其答えを求めるのが窮極の目的だと憚らずに説いたのは勇敢だったとも言われようが、白状するならば私はやや遠まわしに、寧ろ現世とは縁の薄い方面から、問はいつか答えになるものだという実例を引いていた。従って又気楽な学問もあるものだというような印象ばかり与えて、国の政治上の是ぞという効果は挙げ得なかった。なんぼ年寄りでも、是は確かに臆病な態度であった。（「現代科学ということ」昭和二二年）

東北大学の講義は昭和十二年のことで、五月から十月にかけて十七回行われた。[20]言論統制が強まり、自由な物言いが憚られた様子が伝わる。「私はこの講義の印象を濃くしたいため」に、「芝居じみてはいたが、民俗学の特質三つあり」と説き、「普遍性」と「実証性」は「おまけ」だったと言う。[21]そこまでして、三つ目の「現代性」を強調した。「人生の最も重要な実際問題」を率直に指摘するのであるから、権力との衝突を覚悟しなければならない。「現代性」の強調は時世との対決を含意する。時局に抗う柳田の姿が浮き上がる。

昭和十二年、日本の「政治」は大きな岐路に立つ。七月に蘆溝橋事件が起こり、本格的な戦争時代に突入した。だが、事件は結果である。物事には原因がある。前年（昭和十一年）の二・二六事件は決定的であろう。勃発直後、鳥取県の蓮仏重寿が、「日本民俗学の立場から解けないだろうか」と書き送ったところ、早速「民俗学の現象として眺めたいということハ至極同感」との返事があった。[22]日付が「二月二十九日」（三月一日消印）となっており、返信の速さに驚いている。柳田の並々ならぬ危機感や関心の強さが伝わろう。二・二六事件は陸軍内部の派閥抗争に発しており、「民俗学の現象」として格好の素材である。「一国」の歴史に与えた影響は大きく、関東大震災や農村恐慌と並ぼう。しかし、後者が人為をもって防ぐことのできない危機であるのに対し、クーデターは違う。類した事件を阻止するか否かは、「政治」に係っている。柳田が傍観していたとは考えにくい。

事件の直前に、いわゆる「粛正」選挙の投票があった。朝野を挙げた運動の成果が試された選挙である。前年、柳田は「従順の道徳」の弊害や「憎むべき義理」の自覚を説き、(23)不正選挙の放逐を訴えていた。しかし、期待は裏切られ、(24)二・二六事件が追い打ちをかけた。「政治」の「改良」を志す者にとって、(25)事件は「政治」の未熟さが生んだ人災である。立憲政治存亡の「危機」である。事件直後、柳田は「政治教育」の必要性を訴え、「日本民俗学」は「政治」であると公言した。(26)ところが、翌年に入ると柳田の勢いは失せる。

(2) 東北大学の講義での「実例」

幸いにも膨大な講義録が残っており、概要を知ることができる。(27)講義は前半と後半の二分割で、前半は五月上旬から六月上旬の実施、後半は九月下旬に始まる。七月の盧溝橋事件を間に挟む。冒頭で、「日本民俗学と題して講義するのはこれが始めて」であり、「多分これが後々記念すべき出来事の一つとなる」であろうと述べる。ただならぬ決意がうかがえる。論考「現代科学ということ」は昭和十二年の政治の潮目を鮮明に記憶している。「日本民俗学」は、危機に抗して立ち上がった。その意味において「記念すべき出来事」なのである。

さて、「遠まわし」に「実例を引いていた」と言うのであるから、先ずは「実例」を特定する必要があろう。「第三部の心意現象」を「私共が非常に力を入れ、どうにかしてもう少しこの方面で仕事をして見たい」と位置付ける。そこから拾い出すのが適切であろう。

一例を云うと、最近農民の間に非常に多くなって来た論議の現象に対し何か一つの新しい原因はないか。日本でこれまで見落された人々、この一構成要素たるヤマブシやミコ、前者は殊に盛に論議し、百姓に嫌われる鋭い性質があった。これがどこかへ明治以後このstandがなくなってしまったが、その生活ぶり、物の考え方はどこかに残ってなければならぬ、そう思って見ると近代の政治現象の悪い方面にこれが見られる。

（大島正隆「柳田国男先生『日本民俗学講義』」）

時期は昭和十二年の五～六月である。「近代の政治現象の悪い方面」を述べようとしている。「政治の悪い方面」と言うからには、当然、当局批判を含もう。だが、その具体には及んでいない。肝心な箇所を曖昧にしており、「遠まわし」の表現がぴたりとする「実例」である。

文意が難解なのは、明言すれば弾圧されるとの柳田の「政治（＝判断）」であろう。敗戦後は、「人はどういうわけで是非とも殺し合わねばならぬのか」と遠慮なく述べた。これが昭和十二年当時、「遠まわし」でなければ言及できなかった「実際問題」ではなかったか。一見、日中戦争を念頭に入れた発言のように思えるが、違う。引用した一節もそうであるが、「民俗学の現代性」の「唱導」は、専ら盧溝橋事件前の講義で行われているのである。

その外にも日本民俗学の概説にしては、違和感の拭えない文言がある。「復讐心」である。「よくこれから考えてみたい」と言い、「心意現象」の「実例」として上げた。「復讐心、これはどの民族も一様に持ってるものではない」。「今我々が考えて、どうもあんなことをしなかった方がよかったと考える赤穂義士や曾我兄弟のことでも、そんなことを公言すればオストラシズムに会う様な形で残っている」。「何かいわれたらいいかえさねばならぬといった様な、それが出来ねば頓馬だとされる様な意地、これは確かにgeneralなものではなく国柄でもあり地方柄でもある」。説明の内容は理解できても、「意図」が分からない。

さらに「復讐心」に並べたのが、若者たちの「集合力の尊重」である。「集合力の尊重、平凡でもいい多数に従う気持――淋しがり、一人と多数、笑われることを恐れる気持」が日本人には顕著に見られ、「かかる気持ちが可成我々の自由な気持を束縛している」と。柳田は、「群の生活がどうしてこんなふうになったか」を講義したいと表明しており、「集合力の尊重」を論じるのは当然としても、「復讐心」に並べた「意図」を測りかねる。これまた「遠まわし」に、「人はどういうわけで云々」の「実際問題」を言おうとしたのであろう。いずれにしても、「日本民俗学」の目的は「信仰以外の心理現象」の解明にあり、それゆえの「現代科学」である。「信仰」を主対象と考える戦後民俗学の「通説」と大きく乖離する。

(3) 二・二六事件と「日本的なるもの」

先の「ヤマブシ」の「実例」が示すように難解であるのは確かだが、手掛かりも残す。東北大学の講義と同じ問題意識で書かれたのが、これまた読解難渋の「山立と山臥(28)」である。冒頭で「問題の間口だけでも、明らかにし得なかった箇条が一つある」と述べ、今後の解明のために「失望の記録」として残すのだと言う。山村の農村化に「失望」したかのように語るが、「意図」は別にあったのではないか。その結句は以下である。

我々の提出する疑問は、決して好事一偏の閑題目ではない。……(中略)……以前我々が山立の気風として、または山臥行者の長処短処として、あれほど注視しまた批判した正直・潔癖・剛気・片意地・執着・負けぎらい・復讐心その他、相手に忌み嫌われ畏れ憚れ、文芸には許多の伝記を供し、凡人生涯にはさまざまの波瀾を惹起した幾つともない特色は、今やことごとく解銷して虚無に帰したのであろうか。あるいはまた環境に応じ形態を改めて、依然として社会の一角を占取し、この今日の日本的なるものを、攪乱せずんば止まじとしているであろうか。……(中略)……そうして少なくとも国人をして現状を意識せしめなければならぬ。(「山立と山臥」昭和十二年六月)

「潔癖・剛気」や「負けぎらい・復讐心」などを山伏の「特色」と見ていたのが分かる。そして、「日本的なるもの」を「攪乱」しているのではないかと言う。ヤマブシは「武士」、すなわち「軍人」の「特色」に重なるのに気付く。改めて東北大の講義を読み返してみたい。「今我々が考えて、どうもあんなことをしなかった方がよかった」とは、決起した青年将校たちの行動を指していまいか。「赤穂義士」にぴたりと重なる。批判を「公言すればオストラシズムに会う様な形で残っている」とは、事件後の世相（世の大勢）であり、また実体験を通した柳田の実感ではなかったか。世の動きを「民俗学の現象」として眺め続けていた。その結果、「日本的なるものを、攪乱せずんば止まじとしている」との危機を抱き、「国人をして現状を意識せしめなければならぬ」と「遠まわし」に訴えたのである。

三年に及ぶ山村調査の総括論考や「記念すべき出来事」と位置付けた講義に、異形の「山臥」が登場する。時期は昭和十二年の前半期、盧溝橋事件の直前である。柳田の危機意識が「遠まわし」に示されたと解すべきであろう。敗戦後の「人はどういうわけで是非とも殺し合わねばならぬのか」は、日中戦争ではなく、二・二六事件を念頭に置いたものとなれば、山伏の「復讐心」に並べた「集合力の尊重」は、率いられた兵士側となろう。軍隊は「蔓延する義理の親子制度[29]」のひとつで、「日本的なるもの」に支えられ、「攪乱」の危険大なる組織の典型である。

厳たる警告を発すべきだが、「実行」するとなれば軍閥当局との対決を覚悟しなければならない。そう考えると「臆病」になるのも無理はない。しかし、共産主義者でもない柳田に、そこまでの覚悟を要求するのは見当違いであろう。では「臆病」になった理由は何か。おそらく、「オストラシズム」すなわち「村八分」されることに「臆病」になった。柳田もまた、「世間なみ」を善しとし、「いとも従順に古来の法則に服し」てしまった。自身も「断念派」であることを痛感した。こう解すと、自身を「戦犯」に加えた理由も分かる。

柳田は「遠まわし」ながらも、「選択（政治）」を誤るなと呼び掛けた[30]。「政治」の究極の選択、すなわち「戦非戦[31]」を問うたのである。「個人の独立した判断」は、選挙に際してのみ求められる資質ではない。「政治」の危機に登場する「デマゴーグ」に対して試される。未熟であったゆえに「選択（政治）」を誤ったが、いっぽうで戦争が貴重な素材を提供してくれた。長引くほど、見えにくかった死生観が表に浮上し、観察の繰り返しを可能にしたのである。耳目を覆いたくなるような「実際問題」を素材に書いたのが『先祖の話』である。

時々の「政治」と対面し、提言を試みるのが「現代科学」である。成長を促したのが、皮肉にも「動乱の十数年」であった。軍国主義の崩壊後、柳田の行動が素早いのは、学問として連続していたからである。違うのは、圧政から解放された点であろう。機会到来と見るや、今度は無条件降伏の後を予見し、「第二の挙国一致[32]」や「第二の敗戦[33]」に陥らないよう策を講じた。「国の政治上の是ぞという効果」を挙げようとする決意が伝わる。

四　民俗誌の原点としてのジュネーヴ体験

（1）「淋しがり屋」の日本人

「淋しがり屋」を手掛かりに、柳田民俗誌の原点に遡りたい。何気ない一語に拘るのは、「学説」に相当すると考えるからである。『定本』の「索引」が拾うのは一例のみである。

人々の内部生活、物の観方や感じ方の上には、昔ながらの協同性とも名づくべきものが、不思議なほど根強く残って居る。人が故郷を出てしまってから後も無論必要なる改訂を経てゞはあるが、其特徴を保存した者は多く、都市工場地の住民の過半は田舎出なのだから、つまりは是が日本人の著しい融通性ということが出来る。私たちはかつて之を「淋しがり屋」（カギ括弧は柳田、傍点は影山）の癖と呼んで見たこともあるが、ぴたりとは当って居ないようである。独りになっては堪えられないという民族は幾らもあろう。こちらは其仲間が小さく又限られ、それと一体を成す程度に、団結して居ないと気がすまなかったのだからちがって居る。（未刊草稿「国民性論」）

柳田は早くからの使用を示唆する。昭和十二年の東北大学での講義にも登場している。確認すれば、「日本人の如き淋しがりや（傍点は影山）には力と多数とで成る学説を強いる程毒なものはない」。単に「淋しがり」であれば、「集合力の尊重」の説明にもあった。敗戦後、歴史学者の家永三郎との対談[34]でも、同様の表現を用いた。柳田は「無識の者の判断」が一世を動かすと、徹底した民衆史観を披瀝した。「遠まわし」の民衆「戦犯」論であろう。それに対して、家永は「そんなことはできない」と民衆の役割を過小評価した。両者の対照的な歴史観が浮き上がった対談である。柳田は「こんどの敗戦」に関わって、こう発言した。

一番私が反省しなければならぬと思ってしょっちゅう若い諸君に話しているのは、日本人の結合力というものは、孤立の淋しさ（傍点は影山）からきているのですね。そのためにみなのすることをしないでおっては損だという気持が非常に強いのです。……（中略）……それが現われてきて、今のこっちの端からダーッとあっちへ行ってしまうような付和雷同をつくったのです。（「日本歴史閑談」昭和二四年）

「今のこっちの端からダーッとあっちへ行ってしまう」とは、軍閥「追随」から米国「追随」へと反転した「政治」を指そう。本稿は、便宜上「国民性」の表現を使うが、内容は果てしない。「付和雷同」は分かりやすいが、安易な言語化は大切な要素を取りこぼそう。「淋しがり屋」は「学説を強いること」を避けた苦心の一語で、民族の集合的な性向や社会を動かす動力（法則）を表現する。『北小浦民俗誌』でも「淋しがり屋」を使う。

島や谷あいに年久しく群居した民族の、一つの特質と認められる同化性、平たい言葉で言えば淋しがり屋（傍点は影山）の気もち、みんなのする通りにしていれば安全だと思い、多数の走って行く方角が常に正しい道だと、速断してしまうようなすなおなあきらめも、時々は揺るがずにいられなかった。ことにそれが一身の強い願い、親にも打ち明けられぬ胸の底の苦しみとなると、たまには世間も皆こうなのかと、外を見ようとする心が少しずつ動いて来る。（「一九　村と婚姻制度」『北小浦民俗誌』昭和二四年）

「同化性」、「すなおなあきらめ」、「みんなのする通りにしていれば安全だと思」う気持ち、「多数の走って行く方角が常に正しい道だと、速断してしまう」傾向など実に多様であるものの、「島や谷あいに年久しく群居した民族」の「特質」と位置付ける。一個人の自己認識さえ容易ならない。対象は巨大な集団である。相当の試行錯誤を経なければ、民族一団の「我われ」認識を手にするのは難しいだろう。

（2）「群居性」の発見

「淋しがり屋」の出生を考えた時、『海南小記』「自序」にある「ジュネーヴの冬は寂しかった」（傍点は影山）は見逃せない。大正十年五月から同十二年九月までの二年余り、国際連盟の委任統治委員として海外生活を送った。唯一の海外長期滞在である。柳田の学問を区切る節目であるのは周知される。だが、戦前の柳田は不思議と体験を語っていない。数少ない手掛りが、敗戦後の「ジュネーヴの思い出」[35]である。次の述懐が注意を引く。「二年間の経験で私に役立ったのは、島というものの文化史上の意義が、本には書いた人が有っても、まだ常人の常識にはなり切っていないことを、しみじみと心付いた」と。

「常識にはなり切っていない」とは、「常の認識」でない無自覚の状態を指そう。柳田はジュネーヴで、初めて「島というものの文化史上の意義」を自覚したのである。さらに「今まで気が付かなかった日本人の群居性は、外国に来ると殊によく現れる。誰彼の見境いもなく国の人にさえ逢えば、やれなつかしやと互いに近よって、日頃のうさ晴らしに綿々と語ろうとする」と。柳田が自覚した「島」の「文化」とは、群れを志向する国民性を指す。「群居性」は堅苦しい語であるが、「淋しがり屋」と重なろう。唯一の民俗誌が佐渡であったのは偶然ではない。ジュネーヴ時代に始まる「島」の「文化」研究の延長にある。

本国において山出しとか、赤毛布とかいっていた言葉の意味を、ここへ来て始めて内側から体験した。それはお仲間が多いので格別苦にもしなかった……（中略）……日本にいた時のように、何でも口を出すということはとうていできない。幸いにして我々とは直接の交渉がなく、独自の見解というのを立てるには及ばぬ場合が多そうなので、人に言わせて聴いてから左右を決するという、日頃は軽蔑していたいわゆる伴食主義を採ることにしたら、それだけでずっと心が落ち着いて来た。（「ジュネーヴの思い出」昭和二一年）

日本にいた頃の柳田は「山出し」の田舎者を観察し、啓蒙する側にいた。ところが、西洋では立場が逆転した。田舎者扱いをされる側になった。屈辱に違いなかったろうが、「お仲間が多いので格別苦にもしなかった」と言う。徹底して嫌っていた「お仲間」意識や群れ志向が、自身の中にも存在する事実に気付いた。柳田は自身が日本人であることを「発見」したのである。自覚的で強靱な柳田の信念が相対化された。「伴食主義」も同様である。「軽蔑」していた行為を採ったら「心が落ち着いて来た」と言う。自身が「軽蔑」の対象と同類であるとの認識は、自己体験の一般化・民族化を物語ろう。自身もまた「民族の弱点」を共有する一人であるとの認識が、柳田の学問の性格を決定付けることになる。

無意識の力に翻弄される日本人は文明段階にない。国民性の自覚を「我われ」の課題に据えた。途上国日本の啓蒙課題を背負ったのが柳田の民俗学である。柳田は海外滞在を機に覚ったが、「村」の人はどうすればよいのか。映し出す鏡にしたのが歴史である。「比較」によって時間軸上に各々の相対化を図る。要は、過去の失敗を学び「自省」するのである。さらに驚くのが次の告白である。素朴な疑問を大事にする柳田らしい試行である。

どうしてもわざと孤立になって、辛抱のつづく限りこのあたりにいることにしようと思って、後日田中館先生や姉崎先生の実行せられたような、毎年来往という快活な計画は私は立てなかった。……（中略）……まだ格別帰りたくもないのに、本や荷物を残して立帰りに還って来た。そうすると果たして船の中からまるで気分が変って、何の事はない往復五月ほどの間、ただおしゃべりに費したようなもので、仕事に対する興味は淡くしてしまった。

（「ジュネーヴの思い出」昭和二一年）

自らを実験していたのである。柳田は「ただおしゃべりに費」す自分を眺める。理性をもってしても操縦不能な自分自身を描くが、結局、国民性（民族性）の力に服し「骨の髄まで、日本式になり切った者[36]」と白旗を揚げた。「ジュネーヴの冬は寂しかった」とは、異郷の地で暮らして体験した寂しさであり、「日本的なるもの」の実感であった。

（3）「群れの力学」の予見

柳田の学問を自然科学風に表現すれば、「群れの力学」とでもなろうか。一個人の体験は仮説にすぎず、国民性と認定するには検証が求められる。ただ、対象は巨大な一群であり、方法が問題になろう。先ずは、新聞記事の利用を試みた。成果が『明治大正史 世相編』（昭和六年）である。新聞記事は全国を蔽うため、群現象の法則（国民性）が鳥瞰できると考えたのであろう。しかし、「失敗」だったと言う。[37]「生活の最も尋常平凡なもの」は新聞に載ることはまずなく、それでいて「世相」を「推移」させていると覚ったのである。[38]

次いで、質問項目を統一して現地に出向く山村調査を試みた。[39]五十カ所ほどの地を選定し、面接（聞き取り）方式で行った。『明治大正史 世相編』の「失敗」が反映されよう。「共同の課題」は、「住民を団結」させている「約束」、すなわち群れに流れる「法則」を明らかにする点にあった。[40]ジュネーヴ体験から引き継ぐ問題意識であるのが分かる。その成果が『山村生活の研究』（昭和十二年）である。巻末の「山立と山伏」が「日本的なるもの」の「攪乱」に言及していたのは、ジュネーヴ以来の柳田の問題意識に直結していたからである。

さて、戦後になってジュネーヴの古い体験を語った理由は何か。「骨の髄まで、日本式になり切った者」を自覚する柳田である。単なる「思い出」話で終わるとは思えない。おそらく、再び「島」が育む「文化」に「しみじみと心付いた」。家永との対談を思い起こしたい。「一番私が反省しなければならぬと思ってしょっちゅう若い諸君に話している」のは「孤立の淋しさ」だと述べていた。「群居性」の根深さに、再び「心付いた」のである。

ジュネーヴからの帰国後「本筋の学問」を歩み始め、立憲政治が危機に直面した昭和十二年、柳田は「実際問題」を扱う「日本民俗学」を立ち上げた。ところが、「淋しがり屋」が時勢を引っ張ってしまい、しかも敗戦後に目にしたのが「今のこっちの端からダーッとあっちへ行ってしまう」有様であった。皮肉にも、日本人の「追随するの弊」を確信した。その証に、敗戦直後「今回の大破綻こそは予期し得なかったが、一つ一つの場合を考えると、少なくともこうなりやすい傾向だけは、よほど夙くから認められた」と反省する。[41]「ジュネーヴの思い出」の日付に注目したい。「昭和二十一年八月十五日」。[42]偶然ではない。「第二の敗戦」阻止との強い決意がにじむ。真の「戦犯」は柳田自身を含めて「追随」した者である。この認識が根底にあり、教育改革を最優先課題に置かせたのである。

振り返れば、昭和十二年が岐路であった。そして、柳田の学問（理論）は時代の最中にあって危険を予見し、「遠まわし」の警鐘を発していた。靖国で「一番に責めらるべき」と告白したのは、「臆病な態度」だけが理由ではない。群れの「傾向」を究明する学問を立ち上げ、岐路にあって行く末を予見していた。的中ゆえの「懺悔」である。無作為の罪は重い。「頑固ないい気になった旧弊人」よりも重いと受け止めても、何ら不思議はなかろう。

「よほど夙く」は、ジュネーヴ時代まで遡ることが可能であろう。「淋しがり屋」は、「群居性」に源がある。観察や実験を繰り返し、「日本人の結合力」の原理として練り上げた「学説」である。その成立過程が柳田民俗学の歩みである。多くの犠牲と引き換えに、柳田は「学説」に対する確信を手に入れ、「現代科学」としての「日本民俗学」に磨きをかけた。今度は、その学問を社会復興のために役立たせるのが、文字通りの「罪滅ぼし」となる。

破綻の原因を「淋しがり屋」の無識や保守性・反動性に求める以上、「群居性」の温床たる「村」の改革に、学問を振り向けるのは当然である。見落としている問題を拾い上げ、手立てを講ずる必要があろう。「国の政治上」の「効果」を狙う千載一遇の機会である。

五 『北小浦民俗誌』の「逸脱」をめぐって

（1）自覚した「脱線」

ところが、世の評価は逆を向く。倉田一郎の採訪資料に拠らない記述が随所にある、あるいは海部移住説という個人的な仮説を忍び込ませた、北小浦に一度も出向くことなく書いた柳田の「コラージュ」にすぎない等々、[43]『北小浦民俗誌』に流れる動機—目的を見ようとしない。共通するのは「民俗誌はその地の資料で記述すべし」との暗黙の前提であろう。本稿は、北小浦を超えた資料採用や言及を一括して「逸脱」と呼ぶことにする。

柳田は「私の想像はなお甚だしく貧し」く、「あんまりな見当ちがいを、笑われなければよいが」[44]と言う。不備を自覚しているのは明らかである。書き加えたのは、「村の背後に横たわる、山と耕地」[45]に関する部分で、いわゆる「逸脱」はそこに集中する。[46]

柳田が「このような議論は民俗誌にはふさわしくない」（〔二〇　仲宿と小宿〕）、「ここまで話を進めて来たのは脱線だった」（〔二二　同齢団の力〕）と述べ、「逸脱」を確信する箇所がある。柳田民俗誌の動機―目的を探るのに、格好の手掛かりを提供している。前者（〔二〇　仲宿と小宿〕）において、何が「ふさわしくない」のか。日本の婚姻制における「嫁入婚」の普及は新しく、法定（旧民法）の歴史はもっと新しい。「その利弊のまだ十分に討究せられぬうちに、今度はまた民法の改正となった」。法改正の是非は政治家が議会で論議するものであるから、民俗誌で言及したのが「ふさわしくない」のである。

この時期の柳田は、民法改正に強い関心を寄せており、思わず筆が流れたのであろう。昭和二一年八月下旬、「民法改正要綱」の全文が新聞に掲載された。新聞のひとつは、「封建の〝家〟の制度廃止　夫婦同権を基本に母性を開放　画期的　民法変革」の見出しで報じた。[47]柳田の反応は早い。『家閑談』の刊行は同年の十一月で、「自序」の日付は八月である。掲載論考は戦前・戦中に書かれたものばかりである。柳田が制度改革を追いかけたのではない。その逆である。柳田が指さす方向に「政治」が動いていたのである。

昭和二一年の秋から翌年にかけて、婚姻関連の論考を集中して発表する。昭和二二年二月、改正法案の要旨が新聞紙上に発表された。法案が上程[48]されるも、総選挙となり、一部の審議に止まった。片山内閣の成立を経て、七月から再び審議が始まる。『婚姻の話』（昭和二三年）の巻頭「家を持つということ」の執筆は、昭和二二年七月である。[49]

昭和二二年八月、衆議院司法委員会公聴会で、「婚姻の要件、夫婦財産制及び離婚手続」について意見を求められ発言した。[50]法案に対して「反対はない」と明確に述べ、婚姻全体に関する「社会教育の不十分」と、青年男女が見合う「社会機関」の必要性を訴えた。聴く相手が衆議院議員であるため、柳田の本音らしき考えが散見できる。例えば、「優秀なる教育を受けて自分だけは自由なる意見をもち、理解のある主人をもって、勝手にどんなことでも言えるというような人たちが言っておる手本は、手本ではない」。さらに、「自分自身の力では、正しく考えることのできない人のために、この民法の善用ということを考えなければならない」などは、啓蒙の対象を率直に述べており、読解の参考になろう。

次に、後者（「二二　同齢団の力」）の「脱線」が何かと言えば、北小浦の「娘組」はすでに「絶え」、「若者宿」も「振るわない」のに、「同齢団の力」に長々と言及した点である。「脱線」を自覚しながら、「私にはどうも何かあったものが、失われているような気がする」と強引に持論を続ける。「わずかな痕跡のようなものでも、気を付けて拾い上げねばならぬ」と言い、同年齢集団の「ドシ」へと進める。「佐渡のこの地方」と対象地を曖昧にして、「今も友人をドシという語が、伝わっている」とまで述べる。さらに北小浦の「イロキ」へと論を伸ばし、それが同系統の習俗であると説く。「イロキ」は異年齢であるが、「生前」に「親しい友と言い合わせておく」習俗である。「他処に似かよった場合を詳しく観察した上でないと、私は断定する勇気はない」と一応の断りを入れ、「海で別々に働く人々などが、特にそういうことを考え出す場合が多かったのではないか」と締めくくった。[51]

（2）経世論としての「逸脱」

こうした論の進め方が「コラージュ」と揶揄される所以であろう。しかし、経世の書だからこそ確たる動機―目的を持つ。それに見合った「学説」や理論で記述されるわけで、採用する資料の大幅な取捨選択や追加があり得る。柳田には、「脱線」をしてまで「同齢団の力」を述べる必要があった。幸福な結婚に「同齢団の力」が不可欠だからである。衆院公聴会で、自身の婚姻史研究の成果を基に、日本でも「自由結婚」が「普通の状態」で、「自分の能力の許す限りにおいては最上の警戒をし、最上の判断をし、それから選んだ」と陳べた。「同齢団の力」が人格を尊重し合う「自由結婚」を支えていたと説くのである。いっぽうで、「自由」と「勝手」が混同される傾向があると考えた。「勝手」と混同された状態で「自由結婚」が広まれば、不幸な婚姻が増え、新たな社会問題を生むのは必至であろう。柳田は、「離婚を予想した婚姻をするようなものが殖えてくる」とも陳べる。(52)「逸脱」は、「同胞国民の幸福のため」にという動機―目的からくる、柳田の経世論である。自生の制度や組織は「幸福」のためにあり、その形は民族によって違う。外国模倣では役に立たない。旧制度の根っこを探し出し、そこから新芽を育てるのが合理的である。

今日の村の経済機構は、すでに複雑化の一途を辿っている。こういう（若者団体が緩みながらも残っている——影山）状態の永続はもとより期しがたい。それを無意識の推移にまかせておくことが、果たして再建の目的に合致するかどうかを考えてみるとなると、海のはずれの小さな村の経験までが、やはり一面の参考にはなるわけである。

（「一二　同齢団の力」）

「再建」とは婚姻制度の再建を指そう。復古とは違う。幸福な社会の実現に欠かせないのが幸福な婚姻であろう。「群居性」の弊害要因を残さないことが「再建」の要件である。

当然のことながら、正しい判断には正確な知識が大前提となる。しかし、「小さな村の経験」は「村」で閉じており、「一面の参考」になっても「知識」とするには足りない。例を「同齢団の力」にとってみよう。先ずは、知識を「教える—学ぶ」から始まるが、わが村の「経験」だけを示せば、間違いなく「気楽な学問もあるもんだ」で終わる。「無意識の推移」に任せていたために崩れており、欠点ばかりが目立つからである。これでは役に立たない。調査報告書であれば許されようが、教科書としては不適切であり無責任である。
正確な知識を求めるのが比較である。柳田が論じたように、「同齢団の力」が「自由結婚」に必要なことが分かる。「逸脱」部分が知識の不備を補い、同時に「欠点ばかりが目立つ」わが村の民俗に意味を与える。崩れた民俗と判明すれば、手立てを考えよう。各地の知識を比較・総合し、「村を」救う知識として役立てるのが、学問の当然の使命ではないか。農地改革を意識するからこそ、「山と耕地」を加えた。農民史は柳田の得意分野である。

（土地を）分けてやりたいという人情は強く働いていた。世界にも稀なる最小農国、家の数ばかりむやみに多く、争いいさかいの起こりやすい複雑なる農村をもってこの日本を作り上げることになった。（「一六 同地分家の制限」）

眼前で進むGHQの抜本改革は、明治期の柳田の主張よりも遥かに強力である。柳田にとっても、「世界にも稀なる最小農国」の改革は断行されるべきものであったろう。
しかし、「最小農」たちが「黙々として付いてあるく」ようでは、改革は未完に終わる。「最小農国」となった経緯を学ぶことが、改革の主体となるための第一歩になろう。学びを通して自身の「弱点」を自覚・克服しない限り、「弊」は温存され「第二の敗戦」は必至である。「世に遠い」地は、主体的な学びを最も必要とした地である。GHQに制度解放を任せ、柳田は精神解放に焦点を当てた。『日本を知る』ことは復古とは違う。軍国主義復活阻止の有効な手段である。GHQの力を巧みに利用した、自前の民主化策と言えまいか。

（3）「若い頃からの夢」としての民俗誌

柳田は述べる。民俗誌の作成は、「とても実現はしないだろうとあきらめていた若い頃からの夢」であり、「新なる時勢はこれを可能にし、また極度にこれを必要とした」と。[53]「若い頃」と言えば、農政官僚時代を指そう。民俗誌は明治期から息づく「夢」であった。当初、「村」の人が使う冊子（民俗誌）の作成を「あきらめていた」のは、第一に同志の数の不足。孤軍奮闘では無理である。第二に資料の比較（一般化）が進んでいなかった。要は研究が未熟で態勢が整っていなかったのである。しかし、昭和期の山村・海村調査によって全国資料の比較研究が進み、知識を「村」へ還元する条件が整った。敗戦という「新なる時勢」が学問の再開を「可能」にした。農村改革を始めとした一連の改革が学びのための冊子（教科書）を「極度」に「必要」としたのである。

周知のごとく、柳田は民俗学の扱う資料や方法を、「旅人」・「寄寓者」・「同郷人」の三相で捉え、「同郷人」の学問を理想に置いた。[54]ところが、「同郷人」の各々が自ら学んで問うという理想には遠かった。担い手は地方の有識者が中心で、しかも「旅人」・「寄寓者」の学問の亜流にすぎなかった。「同郷人」の学問をいかに構築するか。これが真に経世の学たるための試金石になろう。冊子（民俗誌）が並行する改革と無縁であってはならない。当然、一国を扱う内容でなければならないし、半世紀に及ぶ学問営為の総力を注ぎ込むことになろう。

> 村が新たな働く力を具えて来たと思われる今日、個々の地方の知識の孤立、世間がことごとく自分の郷土の通りと、速断する危険はさらに恐ろしい。今まで空な言葉だった「日本を知る」（カギ括弧は柳田）ということを、どうかして真剣なものにしたいのが現代の大きな願いなのだ……（中略）……新しい村誌はできるだけ数多く、国の最も知られない隅々に及んで、最も簡易な形をもって書き列ねられ……（中略）……遠い他府県の読書人にも、面白く読まれるようなものにしてみたい。（「新しい民俗誌」昭和二二年七月）

民俗誌、すなわち「新しい村誌」の方針は、「面白く読まれる」ために「最も簡易な形をもって書」くことである。

明らかに啓蒙を意図する。想定する読者は「村」の人、衆院公聴会での言葉を借りれば、「自分自身の力では、正しく考えることのできない人」である。

実践が柳田の変わらぬ信条である以上、冊子（民俗誌）の作成をもって、「夢」の実現と解すのは早計である。民俗誌を使い「自分自身の力」で「正しく考える」ことのできる人間を育てる。これらまでを含めて、「若い頃からの夢」であろう。農政学時代と違うのは、「民族の弱点」の克服を意識した点である。「速断する危険はさらに恐ろしい」と警戒する。「追随するの弊」が立憲政治を阻み、敗戦の不幸をもたらしたとの教訓からである。(55)

「第三部の心意現象」は「同郷人」の専門分野であり、群れの丸ごとを、生きたまま扱うのが「群れの力学」である。「弱点」や「弊」は動態現象である。観察や体験記録、いわゆる民俗資料は他人事であるから、参考にしかならない。「弱点」や「弊」の何たるかは実際の体験（実験）を通じて得る外なく、よって認識（学び）の場は群状態の「郷土（村）で」あることが絶対条件となる。「村」の人が「村で」主体的に学び、賢く成長していく。これが「同郷人」の学問であり、柳田が「若い頃」に抱いたという「夢」の姿ではなかったか。

五　おわりに

最終章「旅と旅人」は、題名からしても柳田の「逸脱」であるのは想像できる。「即断する危険」を警戒する柳田のことである。「遠まわし」のメッセージを仕組んでいよう。

佐渡の海府の世に遠い一つの小浦に私たちが興味を寄せ、これからもなお近づいて詳しく知りたいと感ずるわけは……（中略）……日本という国の、世界における立場にも似通うた点がありそうなのに心を引かれるからである。

関心が「日本という国の、世界における立場」にあったと告白する。「似通うた点」として、「外に向かっての要求と期待が、あまりにも少ない」点、「実際はかなり窮屈な、悪い生活であったにもかかわらず、それを普通と見ていられるほどに、よそと比較をする機会を持たなかった」点などを列挙し、佐渡の海府は「日本の一つの縮図」と述べた。ジュネーヴで体験した日本という「島国」の「立場」を、佐渡の「島」にも投影させた。

さて、「旅と旅人」からメッセージを読み取ってみたい。先ずは「旅」である。海府地方では、タビ（旅）を「他村」の意で使う。(56)これだけでも有意な知識であるが、「一面の参考」にすぎない。各地と比較してみると、「対馬の佐須奈村で、タビとは外部・世間のことで、「タビから来た人」などという。島などでは概してこういう所が多い」（『総合日本民俗語彙』）ことが分かる。同義で使う例を確認し、初めてタビは「世間」の意となる。

ところが、今やタビは「旅行」である。「世間」の意味を載せる『国語辞典』はない。(57)タビの例が示すように、私たちには前代から受け継ぎながら、変化を知らないでいる知識が多い。「無識」が有識に勝る。これが柳田の考え方の基本である。よって内なる「無識」の自覚化＝知識化を企てたのである。柳田は民俗誌を「自省の具」として使えと言う。(58)大方が〝世間知らず〟を覚ろう。比較を知らない〝物知り〟は〝世間知らず〟である。皮肉や喜劇で終ればよいが、国政に関する「速断」は破綻を導き、悲劇となる。先の「日本の一つの縮図」とは「島国」であるということ、遠慮なく言えば「世間」が狭いことを示唆しよう。「世間を広めよ」、終章の「旅と旅人」が発する第一のメッセージである。

次いで、「旅人」の方に託された第二のメッセージは何か。「旅人」を代表して「巡礼」を登場させるが、「巡礼の知見は知れたもの」で「誇り示そうという種類のものらし」く、「私はそういうものを材料にする気はない」と冷ややかである。いっぽう「土地人」に対しては、彼らの「心からなる告白」によって「補充訂正がしてみたい」と、暖かな視線と期待を向ける。「巡礼」は「旅人」や「寄寓者」を、「土地人」は「同郷人」を代表しよう。

民俗誌は「同郷人」のための教科書である。ところが、「旅人」にすぎない柳田国男が、「寄寓者」の倉田一郎の資料を使って『北小浦民俗誌』を編んだ。「知見は知れたもの」であり、「未完成」[59]である。いずれは「補充訂正」が必要になろう。その時には村人の協力が欠かせないと言うのである。

こうした読解こそ「コラージュ」との批判が聞こえそうである。だが、多様な読解を楽しませてくれるのが、柳田の重層描写である。「追随するの弊に耐えない」と嘆く、柳田の「政治」と受け止めるべきであろう。結論（知識）を教え込む旧教育こそ「追随するの弊」の温床であった。読者は、各々の条件に応じた読み方をすればよい。自由な読み方が主体性を育み、その楽しみが「国を少しでも明るく、そして健全なもの」にする原動力となる。

最後に、軍国主義と対峙した柳田の気概は、いったい何処に向かったのか。「巡礼」に「あめりか」[60]を、「土地人」に「日本人」を重ねてみたい。すると、海の向こうからやって来た進駐軍を歓待する国民性への警鐘が聞こえないか。「敗戦の原因」を「追随するの弊」に求めた人物が、軍閥より遥かに強力な「あめりか」を見ないはずはない。歴史を画する改革が行われている最中、「追随」を許すのは悲劇の繰り返しである。「戦犯」たる村人を担い手とし、『日本を知る』という啓蒙運動を企図した。一助に編んだのが民俗誌である。「あめりか」には、考え及ばない施策であろう。根生いの民主主義の成長を願う者の「政治」である。

以上が、柳田が民俗誌に込めた構想である。目指すは、「断念派」の自尊心と主体性の回復であり、その先に確と見据えたのは、彼らを主権者とした立憲政治であろう。悲願の「民族の独立」を目論む。その教科書として編まれた『北小浦民俗誌』は、明治期から脈々と継がれた柳田経世論の、最も具体的で最も先鋭的な書と言うことができる。「第二の挙国一致」や「第二の敗戦」さらに植民地化の危機など、二重三重の危機下にありながら、「一国」を扱わな

い民俗誌があったとすれば、それこそ「意味は少ない」と思う。(61)

(1) 柳田国男『北小浦民俗誌』（昭和二四年）への対照的な評価を指す。本格的な論争が存在するわけではない。座談会「民俗学の方法を問う」『季刊 柳田国男研究 第六号』（昭和四九年）に始まり、その後の諸々の論評を一括して「小浦論争」とした。なお、福田アジオ「『北小浦民俗誌』の意義と評価」『柳田国男の世界 北小浦民俗誌を読む』（平成一三年 福田アジオ編）が丁寧に整理しており、全面的に依拠した。

(2) 柳田国男「現代科学ということ」（昭和二一年、後に『民俗学新講』昭和二二年）。

(3) 柳田国男「郷土研究と郷土教育」『国史と民俗学』（昭和一〇年）。しばしば引用される次の一節、「郷土を、（傍点は柳田）研究しようとしたのではなく、郷土で、（傍点は柳田）あるものを研究しようとしていたのである。その「あるもの」とは何であるかと言えば、日本人の生活、ことにこの民族の一団としての過去の経歴であった」。本稿は、戦後民俗学の本質を「郷土を、」研究と見て、「郷土で、」研究を本質とする柳田民俗学に対照させた。

(4) 「全国民俗誌叢書」の各冊巻頭に配された柳田の一文。日付は「昭和二三年十月」。

(5) 柳田国男「新しい民俗誌」『氏神と氏子』（昭和二二年）。カギ括弧は柳田のもの。引用に当たって二重カギにした。

(6) 柳田国男「新たなる国学」『郷土生活の研究法』（昭和一〇年）

(7) 昭和二三年に『時代ト農政』を再刊した事実が物語っていまいか。「附記」に「今度ばかりは世の中が一変すると思う」と述べ、「私の微力がなし得ずに終ったことをもう少しはっきりとさせてもらうようにしたい」と、研究の継承に期待を表明した。直接的な言及は管見に及ばないが、農地改革に強い関心があったことは間違いない。例えば「明治も藩閥末期になって漸く其誤りに気付き始めたが、其時は既に遅く取返しのつかぬ状態に立到ってしまって居た。其真因は農村の生半可な近代化が、直接には農村指導層の考えの浅さと愚かさにある。欧米諸国の近代化と比べ一番の相違点は、此処に有る」などの発言（「私の仕事」『世界』昭和二九年二月、後『柳田国男文化論集』一九八三年 収録）。戦前の農村改革を述べるが、「生半可な近代化」が未解決で残った以上、柳田の戦前の発言はそのまま戦後の農地改革に当てはまろう。さらに、『日本農民史』の増版（第十三版）の時期にも注意したい。「自作農創設特別措置法」（第二次農地改革）の国会審議が始まるのと同じ「昭和二十一年九月」。偶然ではなかろう。

（8）ちくま文庫『柳田国男全集 二七』（一九九〇年）の「解説」。

（9）時期は昭和二一年九月、講演（発言）の場は靖国神社旧国防館。自らを「戦犯」に指名したからといって、軍閥の免罪を意味するわけではない。徹底した民衆史観からくる「戦犯」意識である。次の発言が参考になろう。「軍閥の横暴だけでこれだけの結果にはなりはしない。軍閥の横暴を許すような世の中が長い間に積み重ねられていたという事を考えるのが歴史である」（「国史教育に就いて」『心』八月号 昭和二九年、後に『柳田国男教育論集』一九八三年 収録）。

（10）柳田国男「民俗学研究所の成立ち」（『民間伝承 第十一巻六・七号』昭和二二年）。

（11）『民俗学辞典』（昭和二六年）も然り。「社会科教育の前途」を考えての刊行である。

（12）柳田国男 前掲（10）。

（13）柳田国男 前掲（5）。

（14）柳田国男「国民性論」『定本 柳田国男集 第二九巻』所収。

（15）柳田国男 前掲（14）。「好ましいものを代償に払って、他の有難からぬものをすべて避けたのである。我々の平和主義は全く徹底して居た」。要は事なかれ主義を指す。

（16）『定本』の「年譜」によれば、昭和十二年六月に仙台の第二高等学校で行われた講演。雑誌『新日本』（第一巻 第五号）に掲載されたのが、翌一三年六月である。

（17）本稿は昭和一一年の二・二六事件を機に強まる、軍国主義化・全体主義化への怒りと受け止める。柳田の危機意識が、選挙（立憲政治）の形骸化に向いていたことを指摘する論者は少なくない（杉本仁『選挙の民俗誌』二〇〇七年、室井康成『柳田国男の民俗学構想』二〇一〇年）。本稿が重視するのは二・二六事件である。同時期の「親方・子方」（昭和一二年）の結句の一文にも注目したい。「日本がまだ純乎たる個人主義の国に、なり切っていないということはこれで明らかになった。この上は弊害を警戒してそれが悪者によって濫用せられることを防ぐべきである。前車の覆轍はすでに眼前に横たわっている」。

(18) 柳田国男「政治教育の為に」（『近畿民俗 第一巻 第五号』昭和一一年）は「（政策を）判別し取捨するのが政治」と言い、「郷土研究と民俗学」『肥前史談第九巻第九号』（昭和一一年）は「我々の政治教育というものは判断であります」と述べる。

(19) 昭和二五年の対談で、「暗示にとんでいると言われていい気になっていたのがいけなかった」（「民俗学から民族学へ」『第二柳田国男対談集』）と方針転換を述べる。

(20) 『定本』の「年譜」。五月～六月に十回、九月～十月に七回の合計十七回である。

(21) 柳田国男 前掲（2）。

(22) 蓮仏重寿編『柳田先生はがき集』（久松文庫 昭和三七年）。

(23) 柳田国男「史学と世相解説」（昭和一〇年十月）、国史回顧会での講演は同年九月。

(24) 前掲（18）の「郷土研究と民俗学」。「一万人の被告人を出し、六十人の代議士を無効にしてそれで未だ仕合せという説明は、私は立たないと思う」と述べている。

(25) 柳田国男「Ethnology とは何か」（昭和二年）『青年と学問』所収。「結局政治を改良しうれば、学問の能事了れり」と述べたのは、第一回普選の前年であった。

(26) 前掲（18）の「政治教育の為に」は、近畿民俗学会の連続講習会の開会挨拶の題名で、時期は昭和一一年九月。柳田は「日本民俗学」と「政治教育」を一体と考えており、「はやく教育によって正しい判断をする途を授けない限り、悪人で無くとも屢々失敗」する。「選挙が粛正を必要とするなどは、言はゞ一国の恥」と述べる。また、前掲（18）の「郷土研究と民俗学」でも「政治教育」なる語を前面に出した。時期は四月。しかし、翌一二年に入ると、こうした発言は失せる。

(27) 大島正隆「柳田国男先生『日本民俗学講義』」『柳田国男全集 三五』(二〇一五年)。

(28) 『定本』「書誌」。『山村生活の研究』の公刊が「六月」。執筆はそれ以前であろう。

(29) 柳田国男 前掲 (23)。柳田は日本社会の基盤を擬制的親子関係と見ており、時々の世相を解説するに際して基本理論として使う。例えば、柳田「普通選挙の準備作業」(大正一三年) では「被官制度」・「名子制度」の語を用い、「封建制度の絶頂の時と同じように、恩と義理、親分と子分という眼に見えぬ網の目となって、田舎も町も隈なく行渡っている」と述べる。そもそも柳田は、「武士が平時には農を営み今の百姓の先祖にもなった」と認識する (「農村往来に題す」昭和二年)。また、柳田が軍国主義をどう捉えていたのかの研究や言及は少ないが、そのなかで、川田稔の指摘が注目される。昭和初期の朝日新聞の論説を手掛かりに、軍部の帷幄上奏権に批判的であったと指摘する (「第五章 柳田国男における政治論の特質」『柳田国男の思想史的研究』一九八五年)。立憲主義は柳田の変わらぬ考えであったと思われ、クーデター未遂事件を深刻な危機と受け止めたのは間違いなかろう。

(30) 戦後民俗学に共通するのが、「(柳田の) 民俗学には、戦争批判の姿勢がきわめて弱かった」(「戦時下の柳田国男」『柳田国男伝』一九八八年) とする読解であろう。本稿は「通説」に異議を唱える。

(31) 柳田国男「喜談日録」(昭和二一年)。「民心の帰向が戦非戦を決すべき、大きな力であることは認められていた」。主権者の国民は「政治」に対して責任を負うべき存在であるとの考えを一貫して述べる。

(32) 柳田国男 前掲 (31)。「第二の挙国一致が出現するかもしれない。戦慄すべきこと」と言う。同様の指摘は随所にある。例えば昭和二七年の対談、「日本人は群になるときパッと気持が変り、非常に弱い。無抵抗になり、大勢に動かされる」、「丁度戦争開始のまえに一変した」と述べる (「緑陰対談」『柳田国男文化論集』一九八三年)。「戦争開始のまえ」とは、太平洋戦争か日中戦争のいずれかの「まえ」を指そう。

(33) 柳田国男「史学興隆の機会」(昭和二一年八月一五日付『時事新報』掲載。『柳田国男全集 三二』所収)。「流行するものを以て真理と認めるような情けない」者を言う。「第二の敗戦」は軍事的な「従属」に対応させた文化的な「従属」を指そう。
(34) 雑誌『改造』(昭和二四年六月号)。後に『柳田国男対談集』(一九六四年)収録。
(35) 柳田国男「ジュネーヴの思い出」『国際連合 第一巻一号』(昭和二一年)。『柳田国男全集 三二』(二〇〇四年)所収。
(36) 柳田国男 前掲(35)。
(37) 柳田国男「自序」『明治大正史 世相編』(昭和六年)。参考までに、「第十三章 伴を慕う心」は、「孤立の淋しさと不安とから免れたい」のは「島国の仲のよい民族の特徴」と、「孤立の淋しさ」を用いる。「群居性」よりも角が取れている。
(38) 柳田国男 前掲(37)。
(39)『採集手帖』の「趣意書」は、「日本人」の「性情」を知るのが「目的」と記す。
(40) 柳田国男「採集期の一画期」『山村生活調査第一回報告書』(昭和十年)。同年の「史学と世相解説」は「農村衰微感」の語を用い、「我々の小さな団体」では「この問題の源を究めようとしている」と、山村調査の目的を明確に述べる。
(41) 柳田国男 前掲(2)。
(42) 柳田国男 前掲(35)。
(43) 篠原徹「世に遠い一つの小浦―『北小浦民俗誌』の解剖学―」『国立歴史民俗博物館研究報告』(第二七集 平成二年)。
(44) 柳田国男「あとがき」『北小浦民俗誌』(昭和二四年)。
(45) 柳田国男 前掲(44)。
(46) 中野泰「「倉田手帖」と『北小浦民俗誌』」『柳田国男の世界 北小浦民俗誌読む』(平成一三年 福田アジオ編)。「柳田の記載は、漁業面、および信仰面において北小浦の資料を多く用い、社会関係は少ないことが分かる。少ない章においては、注釈から明らかなように、佐渡以外の日本の事例が縦横に利用されている」と指摘する。

（47）『読売新聞』昭和二二年八月二二日付の記事。
（48）『読売新聞』昭和二二年二月四日付に要旨が載る。また、三月一五日上程と報じる。
（49）雑誌『世界』（昭和二一年九月号）掲載。執筆の日付は「七月十五日」。
（50）「婚姻の要件、夫婦財産制及び離婚手続」のタイトルで『柳田国男全集 三一』（二〇〇四年）に収録。公聴会は昭和二二年八月二〇日に行われている。
（51）福田アジオ編 前掲（46）。「『倉田手帖』にはドシおよびアイドシについての記述は見られず『海府方言集』の記述を参照したものと思われる」と指摘する。しかし、『海府方言集』に載るものの採集地の記載はない。
（52）柳田国男 前掲（50）。
（53）柳田国男 前掲（5）。
（54）柳田国男『民間伝承論』（昭和九年）。「序」で第一部は「旅人の採集」、第二部は「寄寓者の採集」と述べた後、「第三部は骨子、即ち生活意識、心の採集又は同郷人（傍点は影山）の採集とも名くべきもの。僅かな例外を除き外人は最早之に参与する能わず。地方研究の必ず起らねばならぬ所以」。また、「郷土研究と文書史料」『郷土生活の研究法』（昭和一〇年）では、「郷土人の心の奥の機微は、外から見たり聞いたりしたのではとうてい分かりようもなく、結局彼等自身の自意識に俟つよりほかに仕方はないのである。つまりは我々の採集は兼ねてまた、郷土人自身の自己内部の省察でもあったのである」と記す。「同郷人」の学問を理想に見ていたと解してよかろう。
（55）柳田は「村」を否定し解体しようと考えているわけではない。逆に生かそうとする。例えば、昭和二四年の対談で「個人個人を単位にして教育して国という大きなグループに抛りこむのはいけない」、「農村には小さな単位があって、まだ壊れきってはいない」、「その中で共同生活をしていた。それを生かすようになると思う」と述べる（「婚姻と家の問題」『柳田国男対談集』一九六四年）。

（56）柳田国男「二〇 仲宿と小宿」『北小浦民俗誌』（昭和二四年）。

（57）『広辞苑（第七版）』（岩波書店 二〇一八年）などコンパクト版『国語辞典』には載らない。『日本国語大辞典』（小学館 一九七五年）だけが「方言」として載せる。

（58）柳田国男「増補版解説」『分類農村語彙 上』（昭和二二年）。「警策として役立たせる以前に、先ず村々の生活を続けて居る人たちの、自省の具として利用せしめたい」と述べる。

（59）石田英一郎「偉大なる未完成」（「付録」『柳田国男集 日本文学大系20』一九六九年）。石田が述べるのは、「旅人」や「寄寓者」の学問の「未完成」であろう。本稿は「同郷人」の学問の「未完成」の意で用いる。

（60）柳田国男「出おんな・出女房」（昭和二三年）。いわゆる遊女問題の顛末を述べる中に、「今日のふるあめりか時代に入って来たのである」の一文が挿入される。「ふるあめりか」は「full America」であろう。アメリカ風の自由を「『なるようになれ』というだけの自由」（「嫁盗み」昭和二三年）と受け止めた柳田流のイロニーである。

（61）『季刊 柳田国男研究 第六号』（昭和四九年）。座談会「民俗学の方法を問う」での福田アジオの次の発言。「（『北小浦民俗誌』は）読みものとしては非常におもしろいと思う。ただし、あれは民俗誌としては意味が少ないのではないかと思う」。柳田民俗学は「村（郷土・地域）」を手段化していると痛烈に批判し、伝承母体としての「村」を研究対象とする「個別分析法」の「立場」を説いた。戦後民俗学を理論面・実践面で牽引した人物の、戦後民俗学の方向を象徴した発言と受け止める。

「神道私見」の戦略

黛　友明

はじめに

柳田国男の思想を考えるとき、民間信仰論は外すことのできない領域だろう。それは戦後の民俗学が、なによりも「心意」を明らかにするためにこの領域を中心化したことに象徴されている。戦後社会において、民俗学は、民間信仰論を通じて、日本人・日本文化を論じていく学問として市民権を得てきたといっても過言ではない。しかし、このようなアプローチは、高度経済成長期を経験し、情報化社会や消費社会とも称される現代社会が到来した後、その有効性を問われるようになった。それは民間信仰論が学史や思想史的な検討の対象となり、その歴史的な位置付けが必要となる段階に達したことを示している。

私見によれば、民俗学は、近代日本において決定的に取りこぼされている、ある現実――本稿で取り上げる表現でいえば「国民生活」――を可視化するための視座であったのであり、民間信仰論は良くも悪くも広範に支持を得た、その具体化のひとつであった。だからこそ、私は、柳田が、その視座を打ち出した意志と、その背景にあった社会状況へと常に立ち戻ることによって、私たち自身が、目の前の社会を捉える視点を鍛えていくことも可能だろうと考えている。

本稿では、以上のような認識に立脚して、民間信仰論の初発の意志を明らかにするため、「神道私見」というテクストを取り上げる。これは、神社や神道について論じた初期の代表的な論考とされ、発表後に神道学者の河野省三との間で交わされた「神道私見論争」とセットで論じられてきた。しかし、このときの柳田の立場はこれまでの研究でも、十分に明らかにされたとは言い難い。その理由は、①柳田が対峙していた、宗教と国家をめぐる状況が十分に考慮に入れられてこなかったこと、②祭りを足掛かりに「国民生活」に分け入る方法の独自性の読解が不十分であったこと、の二点に集約される。本稿は、このことを踏まえ、当時の社会状況をにらみながら「神道私見」で展開された戦略を読み取ることを試みたい。

具体的には、神道私見論争での柳田の主張を、「言説の体系」としての神社・神道論から、「実践の体系」として「神道」を捉えようとする試みとして理解する視点を提示する。それは、中世・近世以来の神道説の系譜や、西洋由来の「宗教」という概念に基づく理解を拒否するばかりか、官僚や神職たちによる建築物を中心に据えた神社および信仰という理解自体に異議を唱えるものであった。本稿は、柳田の立場が、国家による神社政策への批判であったことを浮き彫りにしていくことになるが、重要なのは政策論議にとどまらず、「言説の体系」を歴史化・相対化し、「実践の体系」の注視を通じて、不可視化された「国民生活」を明らかにしようとする、その根源性にこそある。

一、「神道私見」の概要と論争

「神道私見」は、大正六年(一九一七)一〇月二〇日に、神田学士会館で開かれた丁酉倫理会の研究会における講演「神道の価値」の記録として、翌年に機関誌『丁酉倫理会倫理講演集』第一八五輯(一月一〇日発行)と第一八六輯(二月一〇日発行）へ分割して掲載された。丁酉倫理会は、大西祝、姉崎正治らによって明治三〇年（一八九七）一月に結成された丁酉懇話会が、明治三三年一月に改称されたものである。[1] 柳田の講演日には、晩餐のあと、イエール大学の歴史学者である朝河貫一が「歴史の研究法」について話し議論したといい、参加者は哲学者の井上哲次郎、桑木厳翼ら二〇人以上いたようだ。[2] 桑木は、柳田の叔父にあたる安東貞美の娘婿に当たる人物でもあるが、[3] 当時の著名な知識人たちが聴衆としていたことになる。

さらに、このテクストの性格を考えるうえで見落とせないのは、ほぼ同時に『全国神職会々報』に八回にわたって転載されていることだろう。[4] 会報の編者によれば、これは多くの読者の目に留まったようで、なかには掲載自体に「抗議」する声もあったという。[5] 神職の全国組織が発行していたものであるから、神職かそれに近い立場の人間が中心的な読者だろう。このことは後に触れるが、柳田を批判した河野省三の背後に神社界の無数の賛同者がいた可能性を示している。

次に、「神道私見」の概要を前半と後半に分けて確認しておこう。『丁酉倫理会倫理講演集』一八五輯に連載された前半部は、「今日の所謂神道は、皆様の御想像以上に国民生活と交渉の浅いものと云ふことに就て、少しく意見を申述べたいと存じます」[6] とはじまる。当時、神社を管轄していた内務省神社局では、神社崇敬は「宗教」ではなく、祖先や偉人に対する敬慕を表す道徳的な行為であるという神社非宗教論を掲げていた。これは、信教の自由を認めながらも、神社に国家的・公共的な位置を与えるため、キリスト教や仏教、「宗教としての神道」である教派神道とも明確に区別するための公式見解であった。「神道私見」は、この見解の欺瞞性を批判することから始まっているのだ。

続いて、柳田は、そのような公式見解の前提には、中世から近世にかけて形成された僧侶、儒学者、国学者らの神道説があり、特に「平田派の神道」が大きな影響を及ぼしていると述べる。柳田にとって、このような神道説は、「国民生活」とは隔絶した、所詮「一家言」にすぎず、その宗教的側面を包括するような認識ではなかったとして退けられる。

次号に載った後半部では、「神社の信仰」には「多くの隠れた思想」があると説き起こす。まず、神と人との間に立つ「巫祝」であるミコやイチコに触れ、それが若宮、王子、御子神といった、その時々に新たに出現した神を意味する呼び名と共通したものであることを指摘する。その背景には、「即ち半分は人間半分は神様、人間を母とし神を父として出来た其子供が、一番神様の霊徳を人間に宣伝するに適して居ると考へた思想」（二五八頁）があったという。神の子たる祭祀者を介して人と神とが直接的な関係を持つことができるとするこの仮説は、初期の論考で繰り返し示されている。

柳田はこのような「思想」が、現在の民間信仰のなかにも観察できると考え、頭屋や一年神主に、神と祭祀者の濃密な関係の残存を読み取ろうとしている。さらに、神は神社に常在するのではなく、祭りのたびごとに迎えるものであるという見方も、神木の「依坐」や御旅所を例に示されている。これは、『日本の祭』（昭和一七年［一九四二］）で体系的に整理されるような祭り論の萌芽であり、これまでの研究では十分に論じられてこなかったが、それまでの神社・神道の理解を問い直す重要な視点を提示している個所である。

柳田は終わりに近づく中で、再度、神道に対する批判を次のように繰り返す。

それで私の最も気遣ひます点は、成程システムは立つて居る、論理は一貫して居りますけれども、要するに今日の所謂神道は一家言であります。諸家雑然として競ひ進んで居ります中に、勿論独り一頭抜いたのは平田翁系の神道でありますが、是としても其基礎に於ては多く改まつて居らぬ。言はゞ国民の精神生活に対する観察から出発した了解では無かつたのであります。（二六七頁）

つまり、平田派の流れをくむ「今日の所謂神道」は、そもそもが日常生活と関わりの薄い「一家言」の言説に過ぎないのであり、それは「国民の精神生活に対する観察」によって具体性をもって立ち上げられた理解とは程遠いものだった。

あなた方は又別の御考を持つて居られるかも知れませぬが、吾々の如き境遇に居ります者の考では、学問は何処までも国民が当体であります。其国民の生活に同情の無いやうな学問の仕方に対しては反対しなければなりませぬ。(二六七頁)

ここには、柳田の思想が実にクリアに表明されている。歴史的に形成された日常生活のなかに私たちは生きているのであり、いくら論理的に正しくとも、その事実を無視して人びとを拘束することは許されない。学問は、見せかけ上の正しさに惑わされることなく、「国民生活」をまっすぐに見つめていく必要がある。柳田が、「神道」を批判し、民間信仰の本来的なあり方を希求するのは、政治と学問を「国民」をベースに展開するための拠点をそこにみていたからであった。民間信仰論はこのような柳田の政治思想や学問構想と不可分であった。

神道私見論争

「神道私見」は、その発表後、神職で神道学者でもあった河野省三(一八八二〜一九六三)との間で、後に「神道私見論争」と整理される議論が交わされた。先行研究をもとに、論争に関わるテクストを示すと次のようになる。

(一)河野省三「読者の声　柳田君の「神道私見」を読む」『丁酉倫理会講演集』第一八七輯、大正七年(一九一八)

三月

（二）柳田国男の河野省三宛書簡（國學院大學所蔵）[7]

（三）河野省三「柳田法学士の「神道私見」を読む」『國學院雑誌』第二四巻第五号、大正七年五月

（四）柳田国男「河野省三氏に答ふ」『國學院雑誌』第二四巻第七号、大正七年七月

まず、（一）は、河野が「神道私見」を前半部のみで完結したものと判断して書かれたもののようである。[8]（二）は（一）を受けて柳田が河野に対して、「国学院の雑誌」でより詳細な論評を書いてほしいと要望する書簡である。「神道私見」は、神道に対する新しいアプローチを認めない「近世国学者の学風」への批判であり、「何卒拙者も神道の研究者為ることを御承知の上にて学問上の議論を被成度希望仕候」と表明している。[9] 河野はその求めに応じて（三）でより詳細な批評を提示した。そして、（四）は柳田がそれに答えたものである。つまり、河野が「神道私見」について、二度、論評を発表したのは、柳田の求めに応じたためであったことが分かる。

次に、これまでの論争の評価を確認しておく。柳田と河野のやりとりを神道私見論争として初めてまとめて紹介したのは、阪本健一であった。阪本は、その概要と経緯をまとめたうえで、「両者は飽迄平行線を辿ったのである」と総括し、論争の中で、河野が、神道説の登場を仏教への「反動」であり、平田国学による神道説もそれ以前の者に対する「反動」に過ぎないと指摘した柳田に対して「第三の反動」と称した部分に触れ、「宣長の玉勝間や、延喜式の神名論はともかくとして、柳田学が第三の反動であるなしに至っては最早論外であろう。その後の民俗学は柳田学士によって大きく成長した」として、柳田学・折口学を「新国学」として評価し、昭和初期に盛んとなる「神社対宗教」問題の論争の先駆と位置づけた。[10]

論争を更に詳しく検討したのは、内野吾郎である。[11] 内野は、初期の柳田の論考に「国学」が登場しないことを指

摘、当初は近世国学＝復古神道と捉えており、その認識が露呈したのが神道私見論争だとしている。柳田の論調について「気負い立った高姿勢と、断定的な調子と、痛烈で挑戦的にさえみえる辛辣な表現」とまとめ、それに対する河野の批判は真っ当なものであるとして、「初期の〈柳田学〉は、民間伝承の調査と研究に急であって、基礎的な知識や関心が足りなかったのではないか」[12]と主張している。その後、柳田が菅江真澄を〝再発見〟したことで、国学に対する理解が訂正され、戦後の「新国学談」へとつながるとし、このことを高く評価している。神道私見論争の時点で、柳田が未熟であったという内野の位置づけはこれ以降の論争に対する評価を規定することになるが[13]、あくまで戦後の「新国学」を重視した上でのものであることを考えると、同時代の文脈を本当にすくい上げたうえでの結論なのか、疑問が残るものとなっている。

　近年の研究では、河野側から「神道私見」を論じるものも現れている。髙野裕基は、国民道徳論との関係において河野の思想を位置づけ、対立点ばかりが強調されてきた論争の中で、「内務省による神社非宗教に対して河野もまた批判的であったこと」を指摘した[14]。同様の指摘は、原田雄斗にも見られる。原田は、神社非宗教論への批判は両者共通しているが、近世国学の評価が異なっているとし、「日常生活からの積極的な意味づけが河野の神道解釈では重視されていた」と見なし、神社行政との関連にも注意を促している[15]。

　河野側の文脈は、その背後に神社界が控えている。このことはこれまで深められてこなかった側面であった。しかし、忘れてはならないのは、論争はそもそも柳田がふっかけたものであるということだろう。そこまでして柳田は、どのような主張をしたかったのか。私は、それを「未熟」の一言で済ませてしまえるものだとは思えない。確かに、不完全ではあるが、神社・神道をめぐる近代の状況に切り込んでいく根源性を宿している。近代日本の国家と宗教をめぐる関係は、本稿でも紙幅を割いているように確かに重要なことではあるが、あくまで前提に過ぎない。柳田は、どのような戦略的な意図でその先へ踏み込んでいっているのかをしっかりと捉えておく必要があるだろう。

河野省三について

次に河野の略歴を確認しておこう。河野は、明治一五年（一八八二）、埼玉県北埼玉郡騎西町に生まれた。柳田より、七つ年下ということになる。明治三八年（一九〇五）に國學院大學師範部国語漢文歴史科を卒業、実家が玉敷神社の社家であったため宮司となり、國學院道義学研究科に進む。中学校教諭として勤めながら、明治四一年（一九〇八）に卒業する。大正四年（一九一五）には石川岩吉の跡を受けて講師として「国民道徳」を担当することとなり、論争当時はこの立場であった。

大正七年（一九一八）七月から九年九月まで、皇典講究所と國學院大學の主事を兼任していた。[16] その後、國學院大學教授となり、昭和一〇年（一九三五）に出身者で初めて学長に就任した。翌年には「国体の本義に関する書冊編集委員」を嘱託されているように、国学・神道の理論的な指導者でもあった。昭和二三年（一九四八）に公職追放を受けるが三年後に解除となり、神社界の復興に尽力し、名誉教授として國學院大學日本文化研究所の設立にも貢献した。[17] この研究所には、柳田も協力しているが、神道指令で解散させられた皇典講究所の後進という性格も濃厚であった。[18]

河野自身は、神道私見論争が行われた時期のことを次のように回想している。

而して大正七年の秋から二箇年の間、國學院大學・皇典講究所の主事として、少なからず心身を労するものがあつた。神道家や国学者の間に、筆や口を以て論陣に進出する者が少なかつたので、余は原稿と講演とにも、可なり多忙の活動を試みてゐる。[19]

河野は、神社界のオピニオン・リーダーを自認していたのであり、このような立場が柳田との論争を引き起こした要因だったと考えられる。河野が当時の神社界を代表する論者だったとすれば、当然、その意見は彼個人のものという以上に、「神道家や国学者」を代弁するものであったといえよう。

しかし、「論争」とはいうものの、河野の批評に柳田が応えて以降の直接のやりとりは現状では、確認されていない。そのため、中途半端に終ったという印象がぬぐえない。ただ、このやりとりは折口信夫の思想的な立場にも影響を与えたようだ。中村生雄によれば、大正九年(一九二〇)に発表された折口の「異訳国学ひとり案内」という風変わりな文章が、國學院の先輩に当たる河野に捧げられていることと、その内容が国学は古代の精神を現在の「国民の生活」のうえによみがえらせるものであるというものであることから、「神道私見」における柳田の主張をなぞったものであると指摘している。[20]このことは、柳田から折口へと、当時の国学・神道のあり方への疑念が受け継がれ、それぞれが自らの方法を確立していったことを端的に示している。[21]そのような背景もあって、河野は、『折口信夫全集月報』に寄せた文章で、「柳田法学士の「神道私見」を読む」に触れ、「私の思い出の深い論文」と言及しているのである。[22]

以上のように論争を含めた経緯を確認してみると、「神道私見」は、どうも、はじめから議論を呼ぶことを想定して柳田が発表したのではないかと思われる。そこまでして訴えたかったものは何だったのか。河野の批評も踏まえることで、柳田の立場を同時代の文脈のなかで明確に捉え、その根源性へと分析を進めていくことにしたい。

二．神社非宗教論と「神道」

本節では、テクストの前提となっている神社非宗教論の形成について述べたのち、その対比の中で柳田のいう「神道」の内実を押さえていく。そのうえで、論争の検討を通じて、柳田と河野における「宗教」理解の差異を明らかにしたい。先行研究では、神社非宗教論についての柳田の批判に河野が同意していたことが指摘されている。[23]しかし、神社非宗教論を批判する二人の立場は全く異なっていたことを示すのが、本節のねらいである。

このような作業を行うのは、柳田の民間信仰論が「国家神道」批判であるという理解の大雑把さを見直す必要があると考えたためである。政治思想史上に柳田を位置づける川田稔は、柳田の思想のなかに「国家神道」批判を見出してきた。[24]川田のいう「国家神道」は、大日本帝国憲法における天皇を中心とした国家体制のイデオロギーであり、近代において成立した伊勢神宮を頂点とした神社と祭祀の体系のことである。これに対して、柳田の民間信仰論は、氏神信仰論＝固有信仰論であり、人びとの生を意味づけていることこそが重要であると川田は述べる。これが、「国家神道」批判となっているというわけである。そのなかで、「神道私見」で批判される「神道」も「国家神道」であると見なされている。[25]川田は、帝国日本という国家体制と対峙する柳田の思想を体系的に理解しようとしている点で重要ではあるが、民間信仰論を氏神信仰論と一括してしまい、思想的な変化を想定しないことでかえって社会の変化を鋭敏に読み取りながら発言していたという側面がそぎ落とされてしまっているという欠点がある。

そのため、「国家神道」という包括的な用語を使用するのではなく、あくまで柳田が具体的に批判している神社非宗教論に的を絞って検討し、「神道私見」における「神道」批判をテクストに沿って理解することにした。このような作業をくり返すことによってはじめて思想の全体像を検討することが可能になるだろう。

神社非宗教論の形成

まず、同時期の内務省神社局の公式見解を確認しておこう。大正四〜一〇年（一九一五〜一九二一）にわたって内務省神社局長を務めた塚本清治は、大正五年の講演で、「哲学」上の議論ではどうなるかわからないが、「国家の制度」

としては、神社は宗教ではないと述べている。その理由として、①神社局と宗教局に管轄が分かれていること、②神官・神職は国家が任命する「官吏待遇者」であること、③神社の祭祀・事務は国家の法令によるものであること、④神道（宗派神道）と神社は異なるものであること（公衆参拝の有無、信徒／崇敬者という言葉の違い）を挙げている。神社を崇敬するという「敬神」は、国民すべてが有しているものであり、宗教とも両立するという。[26]

では、このような「国家の制度」とそれを支える言説の形成過程はどのようなものだったのだろうか。これを理解するためには、明治維新から明治二〇年代までの宗教政策の変遷を踏まえておくことが必要となる。[27]

明治維新は「王政復古」「神武創業」という復古主義を原動力としていた。そのイデオロギーを根拠として、神祇官が復興され、神仏判然令や、伊勢神宮を国家の管理下に置くための改革など、神道国教化のための政策が実行された。[28]

しかし、近代国家としての性格に逆行するような、神道国教化は時代錯誤であるとの見方が強まり、明治四年（一八七一）八月に神祇官は早々に神祇省へと格下げされてしまう。さらに、翌年にその神祇省も廃止されて教部省が設置されることとなった。教部省では、仏教とともに国民教化に取り組むこととなり、神職や僧侶だけではなく落語家、講釈師、歌舞伎役者までもが教導職に任ぜられ、大教宣布を担った。だが、欧米の「信教の自由」の思想を学んだ森有礼や島地黙雷などが、こういった宗教政策に対する批判を展開し、明治八年（一八七五）には、浄土真宗四派が布教の中心施設である大教院から抜けてしまう。これを受けて活動の中心であった大教院は廃止、二年後に教部省も廃されることとなる。[29]

仏教側が抜けた後、神道関係者は神道事務局として再出発するが、神道事務局に設置する神殿の祭神をめぐって深刻な内部対立が起こる。祭神に大国主命を含めるように主張する千家尊福ら出雲派と、それに反対する伊勢派の田中頼庸による「祭神論争」と呼ばれるものである。[30]

混乱を収拾するため、最終的には天皇の勅裁によって伊勢派が勝利することになるが、神学論争が再熱しないように、内務省は、明治一五年（一八八二）に神官が教導職を兼任することを禁じ、例外を設けながら葬儀に関わってはならないという布達を出した。これによって、「宗教としての神道」である教派神道の独立が認められるとともに、宮内省式部寮・内務省社寺局が神社行政を担当することになった。(31)

明治二二年（一八八九）に公布された、大日本帝国憲法の第二八条には「日本臣民ハ安寧秩序ヲ妨ケス及臣民タルノ義務ニ背カサル限ニ於テ信教ノ自由ヲ有ス」とある。この「信教ノ自由」という文言は、西洋諸国によって国家として認められるための条件でもあり、欠かすことのできないものであった。ここにおいて、神道の国教化は否定されるわけだが、一方で神社が国家的・公共的な機関であることは統治上、継続せざるを得ない。そのような状況において、神社を宗教ではなく、国民が当然有している道徳であるとして、明確に区分できる神社非宗教論は、「国家の制度」を支えるために欠かすことのできない言説だった。

明治三三年（一九〇〇）、内務省社寺局は神社局と宗教局に分かれた。これは、神祇特別官衙設置運動をうけ、いずれ神社局を神祇官にすることを目指しての処置だったともいうが、これによって神社と宗教を管轄する機関が分離されることとなった。(32)さらに、大正二年（一九一三）には宗教局が文部省へと移ることで、行政上の管轄は全く異なるものとなった。

神道宗教政策の変質、そして「信教の自由」との整合性といった歴史的な状況の中で、神社と宗教は制度上、区別される必要が生じ、神社非宗教論が内務省神社局の公式見解として定着することになったのである。

神社行政批判の先鋭化

柳田は「神道私見」以前から、神社非宗教論だけでなく神社行政そのものに違和感を抱えていた。明治四五年の

「塚と森の話」では、次のように神社合祀について微妙な言及をしている。

森の問題を詳論するについては、自分の立場ははなはだ苦しい。本職が官吏でありながら、政府が神社に対する近頃の政治振りを批評せねばならない。しかしこの問題に関しては、農科大学の白井教授〔注：白井光太郎〕などは、いずれの点においても先輩であるから、大部分の議論は教授の事業に譲って、自分は民間の人と合同して官庁攻撃をするような避難を免れようと思う。(33)

「神社に対する近頃の政治振り」というのは、当時、社会問題になっていた神社合祀のことを指している。神社合祀は明治三九年（一九〇六）の「府県社以下ノ神饌幣帛料供進ニ関スル件」によって、供進の対象となる神社を地方長官が指定することになったことをきっかけとしてはじまった。日露戦争後の財政難の折、地方財政・行政の改革に注目が集まり、数多くある神社を整理して一村一社とすることで住民の統合をはかろうとする政策が推進された。これを受けて一部の地域では、急速に神社の〝統廃合〟が進められることとなった。これに強く反対したのが南方熊楠であったことはよく知られている。南方が、植物学者である松村任三に送った神社合祀反対について述べた書簡を、柳田が、『南方二書』としてまとめて頒布したのは、明治四四年のことであった。

ただ、「塚と森の話」での言い方はどこか及び腰である。中村生雄が指摘しているように、内務省管轄の神社合祀の行き過ぎを他人事として見過ごせなかったものの、同じ官僚であるがゆえに直接の言及をなるべく控えたためと思われる。(34)だが、それから四年後の大正五年（一九一六）一月の『郷土研究』の「雑報及批評」に書いた短評「神社と宗教」ではかなり踏み込んで、神社行政を批判している。

「大礼の後」という短評で、大嘗祭と村の祭りとの近似と「民俗の研究」について触れられた後に置かれた「神社と宗教」は、「但し我々の研究は少なくも或部面に於ては其必要を認められねばならぬ[35]」と始まる。その具体例として、前年の暮れに、ある浄土真宗の代議士が「田舎の神官等が説教や祈禱をして氏子を導くのを自分の宗派に対する侵犯なりとし、神社と宗教との区別を明らかにせよ」と述べたことにふれて、神社は宗教そのものだから分けようがないとして、次のように明言している。

村々の氏子が信心すれば即信心では無いか。日露戦争の折でも今度の大典でも、日本の神様が即ち日本の神様である証拠は山ほど供給して居る。なんぼ内務省が言うたからとてそれを信ずるとは田舎の人にも似合わぬ話である[36]。此の如き評判が元になつて農民が其の頼む所を失うやうなことがあつては笑止である。即ち「郷土研究」の多くの記録が将来こんな誤謬を訂正し得るとすれば、偶然とは言へ世に出た甲斐はあると云ふものである[37]。

「信心」を「信心」として認めることができなければ、「農民が其の頼む所」を失ってしまう。前述のように、神社非宗教論は、神道国教化政策が変質を余儀なくされる中で登場した、あくまで近代国家の宗教政策のなかで採用された言説である。それが、人びとの信仰の事実に反しているという、「神道私見」につながる明確なスタンスがすでに示されている。さらに、昭和一九年（一九四四）の講演にもとづく「敬神と祈願」には、この辺りの事情を考えるうえで重要な記述がある。明治末から大正初期の神社合祀を回顧した文章である。

それといふのが神社局が人民の信心といふことを少しも考へず、たゞ外観によつて判断するのが悪いと思つて、水野博士〔注：水野錬太郎〕を始め其頃の当局には知友が多いので、折にふれて意見を述べて見た。しかし如何ともし難いことは、神社は宗教に非ずといふ見解が既に国是の如く固定して居て、一人や二人の考へでは変へられない。殊に其頃の隠れたる有力者が、同意する気づかひは無いといふ話だつた。結局是は山県老公なる者を動かすの外は無いといふ気になつたのだが、それも失敗であつた。(38)

柳田は官界では山県有朋の派閥と見られていたので、その名が出ているのはそれを利用しようとしたということである。ただ、山県の友人である賀古鶴戸のもとに相談に行ったところ、「道徳」である伊勢神宮などへの敬神と、「内外の教会」(キリスト教や教派神道のことか)の信仰が、選択問題になることを避けて、憲法の「信教の自由」の条項を設けたことについては、もはや議論の余地はない、と言われるだろうと、「彼の口吻までを真似」して言ったという。

このエピソードは、昭和一九年当時で、「三十六七年前」なので、明治四〇年代のことと考えられるが、直ちに大正四年ごろに山県に建議するために書かれた「大嘗祭ニ関スル所感」を想起させる。大嘗祭改革のために登極令や皇室典範の改正までも視野に入れたこの文章は、山県派で先輩の官僚であった上山満之助によって提出を思いとどまらせたと考えられている。(39)

また、「祭礼と世間」(大正八年〔一九一九〕)について戦後に回顧した文章の中には「たゞあの時代の官僚的合理解釈なるものが、何か偽善のように思われてたまらず、いわゆる無知蒙昧の輩の為に、一言の弁を費やしたかつただけである」(40)とある。「祭礼と世間」は、祭礼における神輿荒れが近代の警察権力とは異なる「公的」な暴力であったことを論じており、神社行政への批判もある。

以上のように、同時代のテクストや回顧も含めて検討してみると、柳田の神社行政に対する批判が最も先鋭化したのは、明治末期から大正期だったことがわかる。その背景には、『郷土研究』をはじめとする自身の学問的な蓄積があった。しかし、その批判の中身の吟味はこれまで十分になされたとは言い難い。そのため、テクストに戻って柳田の「神道」の用法を細かく確認していこう。

「神道」の中身

柳田は、「神道私見」の冒頭で、日本では「神社の崇敬は宗教であるか否か」を未解決のままにしているといい、「祈禱を容れ守札を出し供物を享け、神官氏子の祝詞を聞き給ふ神様は何であるか」と問い、日露戦争時に鎮守社での「敵国降伏の祈禱」や「慈母貞婦」が祈願したという美談を取り上げている（二四五頁）。戦時下に信仰心の発露が見られるとの見方は、それ自体が国家的な要請のうえであることを考慮しなければ極めて危険である。しかし、ここでは、柳田が戦争遂行のイデオロギーを受け止める側の行動を、単に礼賛するのでもなく、操り人形のように見なすのでもなく、縋りついている姿の切実さを考えようとする立場であると理解したい。そのような目線に立つことで、神社に向かう人びとの中に見られる過剰さを道徳という鋳型にはめようとする神社非宗教論は、論理的には正しいかもしれないが、「同情」のないものだった。

柳田はそれを宗教政策のレベルにだけにとどめおくのではなく、むしろ問題を押し広げていく。

宗教局の神道などゝ云ふのは、実は誤解の余地もない程近世的なものであります。是はどう解釈せられても構はないとは思つて居りますが、是と同時に国民あつて以来其生活に最も重要なる関係を保ち来つた国々村々の神社の性質が、現に今日迄学問上久しく不明に属し来つた上に今後又益々不明になり行かんとすることは、如何にも忍び難いことゝ存じます。（二四七頁）

「宗教局の神道」とは、教派神道と総称される、公認された神道系の教団のことである。[41] 引用部分は、前述した冒頭の文章の反復になっている。つまり、それが「近世的なもの」の延長にあるという。そして、その理解は、「国民」の「生活」と関係を持ってきた各地の「神社の性質」には及んでいない。では、その「近世的なもの」とはなにか。それは、中世以来の僧侶、儒学者、国学者による神道説のことであった。「神道私見」前半部の半ばで、柳田は、「神道」という言葉は古くからあるが、その意味は変わっていると述べている。ここでいう「神道」とは、中世・近世以降に形成された神道説のことなのである。柳田は、神道説として時代ごとに次の六種類をあげて位置づけている。

（一）密教の曼荼羅思想……最初の体系化
（二）山王一実神道……今日の「神道」の意味の古く、有力なもの
（三）伊勢神道……仏教教理の影響を受けている
（四）山崎闇斎の垂加神道・儒家神道……仏教に対する反動
（五）吉田神道
（六）「四大人の努力」としての近世国学

（一）は、本地垂迹説につながるものである。神が神としての自身のあり方から脱したいと僧侶に告げる〈神身離脱説話〉をあげている。[42]（二）も（一）の延長であり、山王一実神道というと北嶺日吉系統の神だけであるが、南都には「興福寺の坊さんの神道」、高野山には「高野の坊さんの神道」というものがそれぞれあったはず、と指摘している。それぞれの寺社圏で独特の神道説が形成されていたと見なしているのである。
（三）は、中世の伊勢神宮の周辺で成立したものだが、実際には仏教教理の影響を受けているので、それ以前の延長

で考えられている。(四)(五)は、儒家の山崎闇斎と京都の吉田家によってつくりあげられた神道説だが、柳田は前者を仏教に対する「反動」として理解し、後者も「日本固有」をうたいながらも、実際には外部からの影響を受けていると述べている。

それに対して、(六)のなかの、特に平田篤胤の一派は、吉田神道をはじめとする「江戸時代の神道説に対する第二の反動」ではあるが、「古書其他外部の材料を取つて現実の民間信仰を軽んじた」ことと、「村々に於ける神に対する現実の思想を十分に代表しなかつた」ことから、それまでと同様の弊害を有していたとする。

これらの神道説を踏まえ、「要するに神道の学者と云ふものは、不自然な新説を吐いて一世を煙に巻いた者でありまます。決して日本の神社の信仰を代表しようとしたものではありませぬ」(二五一頁)という結論を下すのである。これも冒頭の反復であり、神道説は学者による言説であり、「国民生活」のなかにある民間信仰とは異なるものであると主張していることになる。

以上のように、柳田は、いわゆる「神道」とされているものは、古代から確固として存在していた超歴史的な伝統のように語られてはいるが、実はそうではなく、あくまで仏教の中から体系化の動きがあらわれたものであり、たとえ「日本固有」を掲げていても実際には長らくその影響を脱することができなかったとしている。つまり、その都度、仏教を意識しながら、〝始原〟の日本を語る言説として生成されてきたものが、「神道」なのだということになる。

そして、柳田は、そういった言説による「神道」を認めない。「……最近日本の神道は是だけのものと勝手にきめてしまつた人々がえらくて、田舎に在る此等の古い慣習を訳も無く看過したからであらうと思ひます」(二六一〜二六二頁)として、それを退けるのである。柳田が本来的な「神道」と見なしたのは、あくまで民間信仰をベースとして理解しなければならないものなのだ。結びの部分で、古代に生きた人びとの思考様式を考慮せずに現在の発想で古典を考えることを批判し、「私は便宜上神道とは呼びましたが、実は何よりも歴史ある此二字を使用することに抗議したいのであります」(二六七〜二六八頁)と述べている。柳田にとって、現象としての「神道」は、生活の中にある祭祀や物語などからうかがい知ることができる具体的な思考や行動の様式であり、いわば「実践の体系」ともいうべきものだった。だからこそ、宗教政策上の用語の「神道」や、僧侶や儒家、国学者によって構築された神道説といった、「言説の体系」が、あたかも「実践の体系」であるかのように理解される現状に不満を持っていたのだ。冒頭の「今日の所謂神道」という言い方は、このような考えに立脚して使われた表現でもあった。

ここまでの検討をまとめると、柳田は、神社/教派神道という線引きの背後にある神道説という「言説の体系」に対して、本来的な「神道」という「実践の体系」を対峙させて批判していることになる。これが、柳田の立場ということになり、「神道私見」の戦略だといえる。

三、「宗教」という枠組み

「神道」が、「実践の体系」を前提としているにもかかわらず、そこから離脱し「言説の体系」へと回収されてしまうという批判は、中世・近世の神道説からの歴史的な系譜にだけ向けられるわけではない。なぜなら、柳田は、「宗教」という認識の前提そのものまでも問題としているからだ。近代日本の宗教政策は、西洋における「レリジョン religion」という言葉を「宗教」として翻訳し受容していくプロセスと密接な関係を持っていた。「言説の体系」として「神道」を捉えることによって神社非宗教論を基にした制度が形成されたということは、西洋と非西洋の非対称的な関係性のなかで起こった出来事であるともいえる。このことを念頭において、次に、「宗教」という枠組みをめぐる、柳田と河野の差異を考えてみたい。

神社の「宗教的性質」

すでに論争に関わる四つのテクストを紹介したが、そのうち、河野の論考である（一）と（三）は、ほぼ同じ内容なので、ここでは（三）「柳田法学士の「神道私見」を読む」を中心に検討をすすめる。河野は、「神道私見」に共鳴を抱く部分と、「神道家」「神道に関係ある古来の歴史的現象」を扱っている点に「遺憾」に感じられる個所があったという。まず、同意する個所としては、以下の三点があげられている。

①郷土研究による「国民信仰の特質や神社崇敬の特性」の解明
②「民間信仰の旧い形式」の重視
③神社の「宗教的性質」を極端に無視することへの批判

①と②は、第二節で論じたなかの本来的な「神道」にあたるものだろう。河野も、柳田が新しい方法でそのあり様を明らかにすること自体は否定せず、むしろ歓迎している。両者の理解には実際には断絶があることは追々確認していくが、神道学者がこの点に同意しているのはうなずける。

③の、神社の「宗教的性質」の無視とは、神社非宗教論のことを指す。ただ、これに対する柳田の批判に賛意を表したあと、河野は次のような留保をつけている。

勿論、余は神道殊に神社を以つて、其の歴史的発達並に其の信仰的性質の研究上からして、他の成立宗教と同一に取扱ふのを適当であると云ふ意味に於いて宗教と見てをるものではないが（此の態度も決して単純なる政策的見解に拠るものでは無い）とにかく、宗教的信仰を其の根本性質としてをる、従つて、神社崇敬には斯の点に十分の注意を払はねばならぬと信ずるものである。(43)

注目すべきは、キリスト教や仏教といった「成立宗教」と神社は異なるものであるとする立場である。河野は、「敬神の本義」（大正四年［一九一五］）という文章で、この部分をより詳細に述べている。教祖・経典・教会がそろったものを「狭義の宗教」、つまり「成立宗教とか既成宗教とか、又歴史的宗教」とし、神社はそれには当てはまらないが、人間のなかに普遍的にある「宗教的情操」を有しているために宗教に含めることができるという。(44)

神社行政とも関わりを持っていた河野が、内務省の神社非宗教論に批判的な立場であるというのは、やや理解しがたいことかもしれない。しかし、これには次のような背景がある。大正期の神社界では、神祇特別官衙設置運動が巻き起こっており、神社行政と神社界が対立する場面があった。藤田大誠によれば、やや時期は後になるが、昭和初期の神社界および宗教学の見解は、内務省の神社非宗教論ではなく、神社の宗教性を認めつつも他の宗教とは異なることを強調するという論調になっており、河野もその論者の一人だったのである。(45) すでに述べたように、神社非宗教論は、神道国教化政策の変質により採用された公式見解だった。とすると、徹底した神社の保護・管理を求めるものにとっては、不満を残す内容ということにもなる。だからこそ、再び神祇官に相当する機関を設置するように求める運動が起こる余地があったわけである。河野が神社を宗教と見なしながらも、「成立宗教」との違いを強調するのは、このような立場と親和的である。それは、神社を「宗教」として認めながら、他の宗教と同列に扱われることを回避しているからである。

では柳田が神社非宗教論批判を展開するのも、河野と同じ立場といえるのだろうか。両者を、全く同一と見なすとすれば、神祇特別官衙設置運動のように、より一層、国家が神社を保護・管理するような制度の構築を意図していたということになる。実際に、「神道私見」の見解を「明治憲法下の政府の苦肉の政策以上の国家神道化を主張する」(46)ものだとする指摘もある。しかし、これは誤解だろう。柳田は神社非宗教論批判を突破口としながら、その背景にある「神道」をめぐる言説そのものを拒否しているのだ。本稿のはじめに注意を促したように、単なる政策批判にとどまらない、この根源性こそがまず読み取られなければならない。

普遍と特殊

柳田の批判を理解するためには、「神道私見」が「宗教」という枠組みを相対化しながら展開されていることに着目する必要がある。柳田は、キリスト教の宣教師が持ってきた「宗教学の本」は、日本のような八百万の神がいるような宗教は「一段下等な宗教」となるというのが、これを受け入れる前に考えることはたくさんあると述べている（二四七頁）。

さらに、神社非宗教論の根拠について、神社は教義が非系統的で、信仰もばらばらで統一されていないという認識があるのではないかとし、これは誤りだとする。つまり、他の宗教でも教義が統一されるのは教団化に伴う「宗教以外の或る力」（ハイエラーキー）によるものであり、初めからそうだったわけではないからだ。そして実際に神社の祭祀を比較検討すれば共通性が見えてくるという。だから、「神社崇拝」について、教義の有無や信仰の表面上の不統一をもって、宗教ではないと見なす人びとの理解はそもそもの出発点が間違っているということになる（二四八頁）。

さらに、「神道私見」の結びに近い部分では、シントイズムといった用語や、「国民性」「日本精神」といった「徒らに空な音響」を批判しながら、次のように述べている。

> どうか基督教国民などの思はくには頓着せずに、又中期以後のドクマにも捕はれずに、我々の祖先我々の昔の同胞

が実際に感じ実際に行ひ来つた事を明かにして改めねばならぬ必要に出逢はぬ限は、古人の志を遂げたいと思ひます。（二六五頁）

こういった柳田の主張は、日本において「宗教」という用語が、キリスト教モデルによって形成されながらも「普遍的」なものとして受け入れられてきたという歴史的な事情を踏まえると、より理解しやすい。磯前順一によれば、近年の「宗教概念論」という考え方では「レリジョン religion」という言葉がキリスト教世界では多様な意味合いで用いられてきたが、西洋世界が非西洋世界と出会って以後、ある種の「普遍的」な概念となったと論じられているという。それが近代日本において「宗教」の語に翻訳される過程において、キリスト教を優位に置く「西洋中心主義的な、帝国主義的」なものとして受容されることになったのである。(47)

このことを踏まえると、柳田は「宗教」が西洋において多様な意味合いで用いられていたことまでは理解が及んでいないが、それが「普遍的」な概念として受容されたものであることには自覚的だった。

そして柳田は、この問題を東アジアに共通する近代の問題としても見ていた。それは、「神道私見」冒頭で、孔子教国教化運動という中国大陸での動向について言及していることからうかがえる。

孔子教国教化運動とは、明治四四年（一九一一）の辛亥革命によって清朝が滅亡し、中華民国成立後の混乱の中で衰微した教えを、再び「民主」的に再解釈し、国教とすることによって国家としての統一をはかるため、大正元年（一九一二）に設立された孔教会によって推進された運動である。しかし、漢族以外を排除しかねない孔子教国教化は認められず、「信教の自由」を守るべきだという反対派の意見が根強くあった。推進派は、孔子教は他の宗教と対立することはないため、国教としても問題ないと主張していたという。(48)しかし、結局その運動は失敗に終わった。

日本は大正二年に中華民国を承認したが、第一次世界大戦の勃発を機に、ドイツに宣戦布告し、租借地であった山東省の青島を攻略、中国に対して対華二一か条要求を突き付けた。大正期に柳田が中国についてかなり強い関心を持っていたことは、大正四年に発足した日支国民協会に名を連ねていたことで知られているが、この頃は日中関係が急激に悪化していく時期でもあった。[49] 柳田は、大正六年三月二十日から二か月ほどかけて、台湾、中国大陸、朝鮮を旅行している。「神道私見」で、北京の清華大学で「孔子教の旗」を見たといっているのも、この折のことだった。[50]

柳田は、孔子教国教化運動と神社・神道をめぐる状況を重ね合わせ、「教訓の配列」のような孔子の教えを国教としようというのは、「欧羅巴かぶれ、乃至は理窟倒れ」であるが、これに対して日本では「神社の崇敬は宗教であるか否か」を「態と未解決の儘に放つたらかして居る」といい、次のように述べている。

> 併し我々の見る所では、斯の如き状態もやはり東洋諸国共通の国教問題の一影響であつて、結果の積極と消極との差はありますが、隣国支那の現状と原因は同じかと思ひます。（二四六頁）

ここでいう「結果の積極」とは、中国において孔子教を宗教と見なして国教にしようと動くことであり、「消極」とは、神社非宗教論のことを指している。つまり、先に触れた「レリジョン religion」から「宗教」へという翻訳・受容のプロセスは、非西洋世界における国家と宗教の問題として共通性を持っていると柳田は捉えていたのであった。[51]

ここで、先ほど述べた河野の神社非宗教論批判に戻って、柳田との差異を考えてみたい。河野の場合、「宗教」という枠組みは維持しながらも、キリスト教、仏教といった「成立宗教」を「狭義の宗教」とし、神社を「広義の宗教」とする理解をしていた。前掲の「敬神の本義」のなかでも、「内務省で「神社は宗教に非ず」と云ふたのは、神社は成立宗教ではないと云ふ意味であります」[52]と明確に述べている。しかし、このように枠組みを拡張するだけでは、まだ神社が宗教としては周縁的なものであるという認識をぬぐい去ることができない。だからこそ、河野は「宗教的情操」という「普遍的」とされる内的な動機や衝動を設定し、その劣性を乗り越えようとするのだ。つまり、狭義／広義という分類上の区別は存在するものの、同じ核を持った現象なのだから、その間には優劣はない、というわけである。

だが、そこで設定される「普遍的」なものもまた、一九世紀から二〇世紀に移行する時期に、姉崎正治を代表とする宗教学によって提唱された、「個人の信仰」を核とする新しい宗教観に基づいたものだろう。[53] それもまた個人や内面といった、西洋において形成された概念に基づく「普遍」であった。つまり、河野が、「普遍的」とされる「宗教」という枠組みのなかで、「特殊」と見なされる、神社の信仰が持つ独自性を肯定的に価値づけようとすればするほど、認識にはねじれが生じていくことになってしまう。それは、そもそもの前提を相対化できなければほどくことのできないものであった。

柳田は、キリスト教や仏教もまた歴史的に成立したものであり、教義の体系化もプロセスが存在したと指摘することで、普遍的・超歴史的なものと思われやすいこの現象を歴史化する視座を持っていた。これは、「言説の体系」に先立って「実践の体系」が存在するという理解に基づくものだろう。そのことが、「宗教」という翻訳語がはらむポリティクスを自覚させ、西洋由来の概念が東アジアで受容される際に起きた問題として受け止める視野の獲得につながっている。

四、祭神と祭式

祭神＝人神への批判

柳田と河野の根本的な認識の違いは、神社の祭神をめぐる議論のなかにも見出すことができる。この問題に触れた次の文章は、「神道私見」のなかでも最も過激な言葉遣いがなされている。

明治以後にも此例〔注：人を神として祀ること〕が多数に増加しまして、之を以て日本今日の神祇道と云ふことは出来ますが、唯何としても承認し得ないのは我邦の神社は悉く偉人若くは祖先たる実在の人間を崇拝したのに始まると云ふ説であります。是は故意と否とに拘らず、証拠に基かぬ造説と云ふものでありまして、行く〳〵は必ず史学者の審査に掛かるものとは思ひますが、私は潜かに社会道徳の進歩の為に、其悪影響を患ひて居ります。若し普通人民には或程度以上の真実を閉鎖して置かうとか、自分も信じないがまアさうでも説くより外は仕方が無いと云ふような大達観論であるならば、自分は其類の人物の何程迄の研究を尽して其様な弱音を吐くのかを吟味せねばなりませぬ。日本固有の思想に人類文明の趨勢に戻るやうな部分があらうとは、少なくとも私は信じないのであります。（二六六頁）

神社の祭神は、すべて元々は人間であったという見解に柳田は「証拠に基かぬ造説」「史学者の審査に掛るもの」で、「社会道徳の進歩」のためにも到底許すことができないと批判している。周知のように、これは「人を神に祀る風習」(大正一五年)へと結実する、人が神として祀られるようになる要因についての問題意識である。民俗学史上の整理では、こういった問題は柳田の御霊信仰論として位置付けられることが多いが、(54)本稿では神社非宗教論という歴史的な文脈を重視して位置づけたい。

そもそも、なぜ神社の祭神は人であるという説が、柳田が批判せねばならないほど流布していたのだろうか。このことに関わって、再び神社局長であった塚本の講演の中の文章を引用してみよう。

敬神の念は血族団体である日本民族の祖先崇拝の思想に淵源して居りまして、我民族の祖先及び建国の当初並に爾来皇室及び国家に対し、動〔注:勲か〕功顕著にましまして、業を千載に遺し、徳を万世に樹てられた所の神祖若くは皇統の直系に当らせらるゝ方々、乃至偉人を神として祭り、崇敬の誠を致す精神に出づるものであります。従つて神社に於ける祭神の事歴を審にし、又幾多の祭神が各地に祀らるゝに至つた理由、幾千万の神社が各村々に創立せられました由緒を尋ねて見ましたならば、全国到る処如何に光輝ある歴史を有つて居るかといふことも分り、又我祖先が如何に国家に盡されたといふことを窺ふことも出来まして、是に依つて益々神社崇敬の念を厚くし、延いて我建国の由来の深くして、且つ遠きを知り、国体の基礎の鞏固なることを自覚することが出来るのであります。(55)

神社崇敬を示す「敬神」——柳田の言葉で言うと「尊敬の表示」——は、祖先崇拝の思想に根差しており、それは皇室に連なる者や偉人を敬う精神によって出たものだという。だからこそ、祭神の来歴を明らかにすることが、国家に対する忠誠心を強くし、「国体の基礎」を固めることになるのである。つまり、祭神と見なされる人間は誰でもよいわけではなく、国家が理想とすべき人物に限るとされたのである。このことは、近代に新しく創建された神社を見るとより一層明らかになる。

村上重良は、近代以降に建立された神社を四つに分類している。（一）近代天皇制国家のための戦没者を祀る神社、（二）南北朝時代の南朝方「忠臣」を祀る神社、（三）天皇、皇族を祀る神社、（四）植民地、占領地に創建された神社である。[56]（一）～（三）は、さきほど引用した、塚本のいう祭神に合致し、（四）にあたる朝鮮神宮、台湾神宮、建国神廟、昭南神社は共に皇祖神としての天照大神や皇族を祀っている点で同一だといえるだろう。つまり、祭神＝皇族・偉人という「造説」は、近代に創建された神社の崇敬を推進することで実質化され、強化されていった。そして靖国神社や護国神社をはじめとする戦死者慰霊のための神社は、戦争遂行のための機能を果たしたのである。

国家による祭神の規定、神社の建立は、従来のあり方も再編していくことになる。近代において、神社は統一的なヒエラルキーの中で社格が定められた。そのため自分たちの氏神の神社を少しでも高い社格にするため由緒を整え、時には創り出すことも行われた。[57]その際には、このような祭神の価値づけが強く意識された。つまり、祭神は国家にとって価値あるものとしなければならないという認識が広まることによって、そのような求めに応じた由緒が創られ、神社への崇敬がそのまま国家への奉仕となるような回路が形成されていくのである。

柳田が、「祭神＝人神」という内務省神社局の公式見解を批判したのは、明かに事実に反することであっても統治上の有用性を認められるようなものであれば問題ないとする姿勢に異議を唱えるためであった。現実は「造説」のうえで動き出し、柳田の目の前で「社会道徳」への決定的な影響が進行していたのである。

これについての河野の反応はどのようなものだったのか。まず、人を神に祀るのがそれほど古くないというのは事実かも知れないが、柳田が「東照権現」（徳川家康）が最初ではないかと述べていることについては、その前にすでに豊臣秀吉の豊国明神があるといい、偉人を祀るのは「可なり古いことで、平安朝末年」には見られるとして、応神天皇、仲哀天皇、神功皇后らの皇族や武内宿禰、菅原道真と鎌倉権五郎景政をあげ、「偉人祭祀の興隆する先容」をなしたのではないかと反論している。[58] 先に言及した「敬神の本義」では、「仏教徒」「基督教徒」も神社を崇敬すべきであり、その理由として「神社は主として、皇祖皇宗及び国家の偉人を祭つたのであるから、臣民として崇敬するのが本分である」[59] という神社局長と全く同様の主張が述べられている。

しかし、柳田はここでなにが人神の最初かということを問題にしているのではない。祭神は国家の理想とする人間であったという「造説」が現実にまかり通ることによる欺瞞性を指摘しているのであって、河野の反応は論点をずらしたものになっている。これは、祭神が皇室や偉人であることは、神社そのものを近代国家の統治機構の中に再編するために必要なことであって、河野（と神社界）にとって批判すべきことではなかったことを示している。河野が、より徹底した国家による神社の保護・管理を求める立場であったことを考えれば当然のことであった。繰り返しになるが、柳田と河野の意見は、神社非宗教論批判という政策議論だけで見れば同じに見えるが、なぜそれを批判しているのかという理由まで踏み込んで検討すれば、全く異なる立場であることが見えてくるのである。

国民と祭式

では、以上で見てきたような神社非宗教論や人神の「造説」といった「言説の体系」としての「神道」を退け、柳田自身は、いったいどのように「実践の体系」としての「神道」を捉えようとしたのだろうか。このアプローチを理解するためには、柳田が最重要視している「国民生活」というものを理解する必要がある。そのため、まず、河野による柳田の批判を手掛かりに二人の立場の決定的な違いを明らかにしてみたい。

河野は、学問は「国民」を当体とするという柳田の理解を次のように批判する。

誠に学士の言はれた通り「学問は何処までも国民が当体」であらねばならぬ。併ら常に多数の国民を当体とするに

は及ばない。たとひ少数であつても、正しい生活、健全なる思想の国民を当体とせねばならぬ。(60)

河野は「殊に、国学者の神道説によつて復活された古典の古意は日本帝国の国性からは最も貴むべき精神であつて、国民信仰と密接の関係を有するものである」とつけくわえる。つまり、柳田が「一家言」であると批判した近世国学の神道説は、「正しい生活、健全なる思想」であるとともに「帝国日本の国性」であり、それを持った（あるいは持ち得るであろう）限られた国民を対象とするもので、なんら問題ないという。河野は、選ばれた「国民」だけを相手にすればよいという態度なのである。

この部分について、柳田は強く反発した。

正しいか健全なのかはそんなら誰が決定するのであるか。仮令無知の老巫が唱へる俗神道でも、何者か「少々不正不健全ではござるが」と自認して主張するものがあらう。哲学の分らぬ者と哲学を戦はせ、「そら負けた閉口せよ」と言ふ類の人だけを、自分は「世の中を煙に巻く」と申して居る。今日の御時勢で、人民が先祖代々安心して守り来つた祭式を以て氏神も祭られぬようなら、其神道に感謝しなかつたとしても些しも失礼では無い。(61)

このやりとりを読むと、河野と柳田の認識の隔絶は埋めようのないほどであることがわかる。河野が、正しく、健全な「帝国日本の国性」を体現する「国民」だけを相手にすると述べているのに対して、柳田が「国民」というときに思い浮かべているのは、「無知の老巫」であり「哲学の分らぬ者」をも含んでいた。「無知の老巫」とは巫女に他ならず、明治期の文明開化のなかで否定的な存在として抑圧を受けた人たちである。(62)

つまり、柳田は、人びとの日常生活のなかで歴史的に信じられ、頼られてきた人物が、近代の中で無視されていることへの違和感を表明しているのである。しかも、それを無視しているのは、「帝国日本の国性」を掲げ、そういった「国民」の側に立っているような思想を喧伝している人間であった。「旧弊」に縛られ、教養もなく、国家としてはとるに足らない存在とされるような人びとにこそ、目を向けなければならないのではないかという柳田の主張に比べると、河野のいう「帝国日本の国性」とはその言葉自体は壮大ではあるが、実にやせ細ったものであった。

柳田は、これまで俎上に挙げられることのほとんどない人びとをも含めて「国民」を想定していた。では、その「生活」には、どのように接近しようとしていたのか。柳田にとっての「生活」はここまで述べてきた私の言葉を使えば「実践の体系」の現場であったといえる。文字にされた言説ではなく、実際に話される言葉であり、行われることであった。そのなかで、「神道私見」で特に重視されるのは、先の引用にもあった「先祖代々安心して守り来つた祭式」、つまり祭りであった。

柳田は、祭りを理解する際に、当事者の「説明」が極めて型通りの言説に回収される危険性に自覚的であった。私たちは自分たちが行っていることを十全に説明できないものである。自分自身の繊細な感覚に関わるものごとであっても、それを語るときには、よほど注意していない限り、どこかで聞いたことのある物語に落とし込むことで他者と共有しやすいものにしてしまうことがある。どこかで、自分の実感とずれていることに気づいたとしても、そのずれを埋めようとして言葉を重ねることを避け、その場をしのいでしまう。しばしば、「素朴」と形容されることの多い民間信仰についても、実は、そのような問題が横たわっていることを忘れてはならない。実践と乖離しているにもかかわらず、言説として整理された神道説が祭りや祭神の説明として流布するのもそういった事情と無関係ではないだろう。

柳田は、そういった問題をできるかぎり回避するために、当たり障りのない「説明」ではなく、祭りにおけるモノや形式、プロセスといったものへ着目していった。関一敏は、柳田をはじめとする民俗学の「カミ」についてのアプローチを「祭りの装置としてのモノ」と「マツルという行為」から、「いずれも現実に目に見える具体的存在から目に見えないカミの表象を考えてきた」と簡潔にまとめているが、まさにその通りであろう。(63) 論理的（神学的ともいえる）な言説から実践（祭り、儀礼）を説明するのではなく、モノや実践、語彙から「カミ」に迫ろうとする転回を企てたといっても良い。

例えば、柳田は祭りのたびごとに神が降臨したと主張する。「神道私見」では、賀茂神社では高級の巫女をアレヲトメと呼び、御阿礼木という木があることに触れ、ミアレは神の出現を表す言葉であり、その木は神が降りるものであると述べている。樹木や石に神を迎えて祭ることが「固有思想」であり、本来は祭りの時に限って神が降りてきたことの証拠であるという（二六三〜二六四頁）。

河野は、この主張に対して、神が祭りのたびごとに降りてくるという「降臨観念」が、常に神社にいるとする「鎮座観念」より古いというが、神霊が一定の場所にとどまっているという考えも「随分古いことで、恐らく前の信仰と同時に行はれてゐた時代も可なりに古いと思われる」と述べ、『日本書記』『古事記』や祝詞を引用していく。しかし、河野は、この柳田の主張が建築物を持った神社が本来的な信仰形態ではない、という結論を導き出すことを危惧していた。

今この言を前の神霊降臨説に引合わせて推測すると、多分、学士の真意は、神社といふ建築物は、貴い古代の国民信仰から見れば不要なものであるといふに在るのであらう。これは本講演の精神若しくは論法から当然帰結されべき断案である。これ虚心平気に考へれば、実に大胆な意見であつて、一面からは、古信仰に対する静思熟慮を要求するに足るやうな大問題であるが、余は之に対して断然其の不可を叫ぶ者である。(64)

さらに、河野はそこまで言わなくても、現代の信仰では鎮座観念が主だからこれを否定してしまえば神社は成り立たないとし、それが両立していることが了解されるだろうという。

これに対して、柳田は、この問題は大きく、自分は今日神殿とされているものは単なる祭殿であったと考えているという。しかし、河野も降臨説を否定はしていないために詳しく説くことは無用として、鎮座を鎮守のようにそこかしこに同じ神が数多くいると考えるのは無理があると注意を促すにとどめている。(65) しかし、私はここにこそ、このテクストの根源性が潜んでいると考えている。

周知のように、祭りのたびごとに神が降臨するという見方は、柳田の民間信仰論の基調にある。『先祖の話』(一九四六年)で取り扱った盆・正月行事は、神社のような建物を必要とするものではなく、棚という仮設の祭壇に神を迎えるものであった。(66) ただし、これは河野だけではなく神社を拠り所にする神社界には賛同を得がたい考えであった。

例えば、『日本の祭』で、「昨年の夏の神社信仰の振作の方策に関する委員会」という大政翼賛会内の委員会で「露地」での祭式を制定し、最小の神社でも祭りが営めるようにとの提案をし、「たゞ建築物を目安にして祭の式を定めたのは、古い思想にも反するのみか、土地の要望にも合はぬといふことを主張したのだが、是には賛成した人は誰も無かつた(67)」とある。これは、神社の建築物を中心とした空間こそが特別なものであるという理解が、神社行政に関わる官僚や神社界の神職たちの揺るがしがたい前提だったからだ。明治初期の神仏分離、後期から大正期にかけての神社合祀はまずもって、神社という存在を確定させる政策であった。そして、その確定された神社をベースにすることで初めて近代国家による再編が可能になった。河野もその延長で考えているのであり、だからこそそのような前提を反故にしてしまうかのような柳田の見解の危険性を察知して「不可」を突き付けたのであった。

つまり、祭りへの着目は、神社を相対化してしまうのである。それは神社ありきで祭りが行われるのではなく、まず祭りという行為が先行するという立場に立つからだ。神道説が民間信仰を「説明」するのではない、という「所謂神道」批判と同じ発想で、神社という古来より確固たる存在としてあったかのようにみえる建築物が、繰り返し行われる祭りという営みによって歴史的に形成されたものであると柳田は主張した。冒頭に言及した『全国神職会々報』に寄せられたという「神道私見」転載への「抗議」は、神社の存在を根底から揺るがしかねない危険性がそこにあったことも関わっているかもしれない。

しかし、柳田の論理展開にも問題がないわけではない。柳田は民間信仰のなかに本来的な「神道」を見、古代から脈々と受け継がれた信仰が残っている可能性を指摘する。河野省三は、このような古代を重視する、柳田の姿勢を次のように批判している。

> かういふと或は「凝り固まつた連中」の意見であると罵倒されるかもしれないが、古典の神道的精神と神観とを継承し、又その当然の変化を試みた、後世の神道信仰の方が、現代に於いては多数の「国民を当体」として、その社会的生命を存してをるので、学士の研究によつて明にされた古意の国民信仰は、頗る古い過去の国民を当体としなければ、十分説明は出来ぬものと思ふのである。[68]

これを読むと、河野は柳田が、神道を論じる者たちが民間信仰を軽んじていたという確信的な批判に応えようとせずに、「後世の神道信仰」のほうが「古意の国民信仰」よりも重要であるとの価値観で「神道私見」を批判していることがわかる。もちろん、神道家や国学者の見解が重要に見えるのは、単にそれが「言説の体系」に属するためであって、現実に祭祀を担う人びとの「実践の体系」を捉えようとする柳田の視座の批判たりえないものではある。

だが、「神道私見」では、現在の祭りのあり方と、古典のなかの事例とを安易に結びつけて共通性を示唆するという傾向が強いことは確かだ。「実践の体系」として祭りを捉えようとするのであれば、歴史性を単なる残存（連続性）

として捉えるのではなく、まさに目の前で繰り広げられる営為としても理解しなければならなかったはずである。このことは、現在から出発しながら日常生活の構築を歴史的に考察するという、のちに確立される柳田の思想の核心からも不十分なものであった。「神道私見」では、過去に対する志向がきわめて強かったといえるだろう。

おわりに

本稿では、柳田の民間信仰論の初発の意志を考えるために、「神道私見」を取り上げた。国家と宗教との関係のなかでの神社の位置付けを神社非宗教論や「宗教」という枠組みといった問題を踏まえながら、河野および神社界の動向と対比させることでその特徴を浮かび上がらせてきた。先行研究では、内野吾郎が、柳田の未熟さを指摘し、河野を評価する視点に偏っていた。しかし、本稿では神社非宗教論批判という表層では共通しているものの、「国民」のイメージ、祭神と人神との関係の理解、さらに神社の建築物や空間を本質的なものと見るかどうかという点で両者の立場には決定的な差異があった。そのため、神道私見論争はそもそも嚙み合っていないのであり、どちらを評価するかどうかは、その評者自体の立場を反映させたものにならざるを得ない。つまり、この論争の名付け親である阪本健一が述べた「平行線」という評価が最も的確であろう。

そのうえで、本稿は、この論争が、そもそも柳田の仕掛けたものであることを確認し、そうさせたものは何だったのかという問題意識のもと、「神道」を批判する柳田の根源性について考えてきた。それは、「言説の体系」としての「神道」を否定し、「実践の体系」としての「神道」こそが本来的なものであるという主張にあった。そして、「実践の体系」へと分け入っていく方法の具体化として、祭りが取り上げられていたことを指摘した。あくまで祭りという行為を先におくことによって、祭神や神社をめぐるこれまでの言説を相対化し、民間信仰論の視点が拓けていったといえる。ここに私は、祭りを論じることが、当初持っていたアクチュアリティがあると考えているし、このことは柳田の思想と民俗学というものが持つ根源性であるともいえるだろう。

しかし、本稿で積み残した課題としては、「神道私見」の提示した視座が、後の柳田にも一貫して継承されていったのかどうかということをやはり同時代の状況を参照しながら理解していくことがある。テクストに沿って明らかにされる柳田の思想なるものはしばしば一貫した体系としてイメージされ、それを受け入れるか、受け入れないかといった二択を迫ってしまうことがある。しかし、これほど不毛なことはない。そのようなことに陥ってしまう原因のひとつは、柳田を評価する論者が、常にその可能性の中心を取り上げることにあるだろう。本稿も根源性という言葉を用いたことでもわかるように、そのような傾向を免れていない。しかし、柳田を理解するうえで、重要なのは、時代の中でどのように思索し、発言・沈黙したかということにある。たとえ、テクスト上では一貫していたとしても時代が違えば、受け取る側の意味も変わってしまうだろう。私は、そのような文脈を押さえながら、丹念に読解していくことが今後、柳田を読むために不可欠な作業だと考えている。それを継続していくことによって、柳田自身の根源性が、そうであるがゆえに時代と共鳴し、意図せざる結果をもたらす局面に出会うかもしれない。例えば、日本の敗戦という事態は、ここで述べてきた根源性が成り立つ大前提である国家のあり方そのものが変化することを意味していたはずである。そのとき、果たして根源性はそのまま同じように存在することができたのかどうか。こういったことを見きわめながら、その思想の強度や脆さを常に確認していくことこそが、逆に現代において柳田を読む意義であると考えている。

注

(1) 宮本又久「創立期の「丁酉倫理会」の性格」『金沢大学教育学部紀要　人文・社会・教育科学編』第一九号、一九七〇年。

(2)「本会記事」「雑録」丁酉倫理会編『丁酉倫理会倫理講演集』第一八三輯、大日本図書、一九一七年、九五頁。

(3)『故郷七十年』のなかで、後述する大正六年に台湾に赴いたときの回想でこのことに触れられている（柳田国男『柳田國男全集』第二一巻、筑摩書房、一九九七年、一九〇頁）。

(4)初回は一月二五日発行の全国神職会会報発行所編『全国神職会々報』第二三一号であり、転載とはいいながらも発表されたタイミングは同時と言ってもいい。なお、以下、引用は宮地直一・阪本是丸監修『全国神職会々報　復刻版』ゆまに書房、一九九一～一九九三年を参照した。

(5)連載の最後に、「読者に告ぐ」として編者に対して「非常なる抗議」があったと記されている（『全国神職会々報』第二三九号、一九一八年、二〇頁）。

(6)柳田国男「神道私見」『柳田國男全集』第二五巻、筑摩書房、二〇〇〇年、二四五頁。以下、煩雑さを避けるため、このテクストからの引用は本文に括弧で頁数を記す。

(7)高見寛孝『柳田國男と成城・沖縄・國學院』塙書房、二〇一〇年、一七四～一七五頁。

(8)(三)に、「実は初め「講演集」の注意がなかつた為に、其の論文の前半だけで完結してをるものと思做して筆を執つたのであるが」と書かれている（河野省三「柳田法学士の「神道私見」を読む」『國學院雑誌』第二四巻第五号、一九一八年五月、二一頁）。

(9)原資料は未見なため、高見による翻刻を引用した（高見前掲書、一七五頁）。

(10)阪本健一「神道私見論争」安津素彦、梅田義彦監修『神道辞典』堀書店、一九六八年、四五六～四五七頁。

(11)内野吾郎「柳田国男の神道国学観と新国学論の醸成」『新国学論の展開』創林社、一九八三年。

(12)同前、一六〇頁。

(13) 例えば、柳田の「固有信仰論」批判の文脈で神道私見論争に言及した林淳は、「柳田の強気の発言にも拘わらず、論争は、河野のほうに歩があった」として、「神道の古典籍、中世・近世の神道思想の歴史的意義を否定する柳田は、国家神道の批判者というより、神道の否定者なのである」といい、「「神道私見」をめぐる論争に関して、内野吾郎が、柳田には「基礎的な知識や関心が足りなかったのではないか」と述べているのは、肯首してよいと思われる」と評価している（林淳「固有信仰の学史的意義について」脇本平也・田丸徳善編『アジアの宗教と精神文化』、新曜社、一九九七年、三七二～三七三頁）。

(14) 髙野裕基「国民道徳論における祖先崇拝の宗教性」國學院大學研究開発推進機構編『國學院大學研究開発推進機構紀要』第七号、二〇一五年、一三九頁。

(15) 原田雄斗「世紀転換期における神道解釈の展開：神道私見論争を手がかりに（第十部会、研究報告、〈特集〉第74回学術大会紀要）」『宗教研究』八九巻別冊、二〇一六年、三六三頁。

(16) 中澤伸弘「解題」河野省三『国学和学研究資料集成　第二巻　国学の研究』クレス出版、二〇〇八年、一～三頁。

(17)「河野省三博士略年譜・著作一覧」『國學院雑誌』第六四巻第五・六号、一九六三年、二四七～二四九頁。

(18) 國學院大學日本文化研究所ホームページ「設立の経緯」http://www2.kokugakuin.ac.jp/ijcc/ja/history-old.html（二〇一八年五月七日閲覧）

(19) 河野省三『国学和学研究資料集成　第二巻　国学の研究』クレス出版、二〇〇八年（初出一九四一年）、八頁。

(20) 中村生雄『折口信夫の戦後天皇論』法藏館、一九九五年、一六九～一七五頁。

(21) 高見寛孝前掲書では、「神道私見」を柳田と國學院との関係のなかで論じており、特に戦後の関係はさらなる検証が必要とされる。

(22) 河野省三「折口さんの異訳国学を頂いた頃」折口博士記念会編『折口信夫全集月報』第十七号、中央公論社、一九五六年、二頁。

（23）近年、斎藤英喜は、折口信夫の思想を、神社非宗教論をはじめとする「国家神道」を批判する近代の宗教知と捉え返している（斎藤英喜「折口信夫の深みへ「招魂の御儀を拝して」をめぐって」『現代思想2014年5月臨時増刊号　総特集＝折口信夫』青土社、二〇一四年。同「折口信夫「山の霜月舞」再考「花祭」研究の現在へ」佛教大学歴史学部編『歴史学部論集』六号、二〇一六年ほか）。なお、私は柳田と折口の思想は、単純な同一化や対立で処理されることが余りにも多いが、時代状況の中で関係の流動性や複雑さを押さえたうえで検討すべきものであると考えている。

（24）川田稔『柳田国男――「固有信仰」の世界』未来社、一九九二年など。

（25）川田稔『柳田国男――知と社会構想の全貌』ちくま新書、二〇一六年、四三七～四三八頁。

（26）塚本清治『神社に関する注意』神社協会事務所、一九一六年、一～七頁。国立国会図書館デジタルコレクション、http://dl.ndl.go.jp/info:ndljp/pid/944970（二〇一九年二月六日閲覧）

（27）本稿で直接言及していないが参照したものとしては、安丸良夫『神々の明治維新』岩波新書、一九七九年。安丸良夫・宮地正人校注『日本近代思想大系5宗教と国家』岩波書店、一九八八年。畔上直樹『「村の鎮守」と戦前日本』有志舎、二〇〇九年。『現代思想　2017年2月臨時増刊号　神道を考える』青土社、二〇一七年。民俗学側から近代の「宗教」の問題に取り組んだ近年の重要な成果としては、及川高『「宗教」と「無宗教」の近代南島史』森話社、二〇一六年がある。

（28）島薗進『国家神道と日本人』岩波書店、二〇一〇年、一二二頁。

（29）村上重良『国家神道』岩波書店、一九七〇年。島薗前掲書も参照。

（30）中島三千男「大教宣布運動と祭神論争――国家神道体制の確立と近代天皇制国家の支配イデオロギー」日本史研究会編『日本史研究』一二六号、一九七二年。原武史『〈出雲〉という思想』講談社学術文庫、二〇〇一年（初出一九九六年）。

（31）村上前掲書参照。

（32）神社局関係者の座談会での中川友次郎の発言。『神社局時代を語る：懇談会速記』神祇院調査局教務課、一九四二年、三六－四〇頁。国立国会図書館デジタルコレクション、http://dl.ndl.go.jp/info:ndljp/pid/1057614（二〇一九年二月六日閲覧）

(33) 柳田國男「塚と森の話」『柳田國男全集』第二四巻、筑摩書房、一九九九年、一一四頁。

(34) 中村生雄「近代日本の宗教と国家」青木保ほか編『近代日本文化論9 宗教と生活』岩波書店、一九九九年、七三頁。

(35) 柳田国男「雑報及批評」『郷土研究』第三巻第一〇号、一九一六年、六三九頁。

(36) 柳田国男「神社と宗教」同前、六三九～六四〇頁。

(37) 同前、六四〇頁。

(38) 柳田国男『新国学談第三冊氏神と氏子』『柳田國男全集』第一六巻、一九九九年、筑摩書房、三一二～三一三頁。

(39) 山下紘一郎『神樹と巫女と天皇』梟社、二〇〇九年。

(40)『方言と昔他』の「解題」である（『柳田國男全集』第二巻、筑摩書房、一九九七年、二二九頁）。

(41) 具体的には、神道（通称、神道本局）、黒住教、神道修成派、神宮教（のち離脱）、出雲大社教、扶桑教、實行教、神道大成教、神習教、御嶽教、神理教、禊教、金光教、天理教である。

(42) 近年の研究では、中国の典籍に同様の説話があることが指摘されているが、列島における神仏習合の最も早い段階のものである。北條勝貴「〈神身離脱〉の内的世界——救済論としての神仏習合——」上代文学会編『上代文学』第一〇四号、二〇一〇年など。

(43) 河野「柳田法学士の「神道私見」を読む」、二二三頁。

(44) 河野省三「敬神の本義」神社協会事務所編『神社協会雑誌』第一四年第一号、一九一五年、七頁。国書刊行会の複製版を参照した。

(45) 藤田大誠「国家神道体制成立以降の祭政一致論——神祇特別官衙設置運動をめぐって——」阪本是丸編『国家神道再考』弘文堂、二〇〇六年、三八五頁。

(46) 高取正男・橋本峰雄『宗教以前』ちくま文庫、二〇一〇年（初出一九六八年）、一九二頁。

(47) 磯前順一『宗教概念あるいは宗教学の死』東京大学出版会、二〇一二年、五二頁。

(48) 桑原隲蔵「支那国教としての孔子教」(一)〜(三)『朝日新聞　東京版』一九一七年二月二三〜二六日。

(49) 後藤総一郎監修・柳田国男研究会編『柳田国男伝』三一書房、一九八八年、三六〇〜三六五頁。

(50) 後藤総一郎監修・柳田国男研究会編『［別冊］柳田国男伝年譜・書誌・索引』三一書房、一九八八年、一二三頁。『故郷七十年』には、「米国系の清華大学にも行って、いろいろな人に会った」とあり、外交官で後に政治家となった顧維鈞の名があげられている（柳田国男『柳田國男全集』第二一巻、筑摩書房、一九九七年、一九二頁）。

(51) しかし、柳田が見ていた、西洋と非西洋（日本と中国）という構図は一側面なものであることも指摘しておく必要があるだろう。周知のように、近代日本は、西洋／非西洋という対立で見れば、後者に当たるが、アジアのなかにおいてはいち早く近代化を成し遂げたという意味で、支配的な立場に立ち、植民地を有する帝国へと変貌していく。ここでの柳田が認識していたポリティクスとは、あくまで前者のみで、帝国として支配者側に立つという側面については見えていないのである。

(52) 河野「敬神の本義」、一三頁。

(53) 小倉慈司・山口輝臣『天皇の歴史09天皇と宗教』講談社、二〇一一年、二九八頁。

(54) 例えば、松崎憲三編『人神信仰の歴史民俗学的研究』岩田書院、二〇一四年。

(55) 塚本前掲書、八頁。

(56) 村上前掲書、一八二〜一八三頁。

(57) 馬部隆弘によれば、近世後期に作成された偽文書が、近代の国家神道下で社格が重視され、由緒を求める地域において需要が高まって流布した可能性を指摘している（馬部隆弘「偽文書「椿井文書」が受容される理由」小澤実編『近代日本の偽史言説』勉誠出版、二〇一七年）。

(58) 河野「柳田法学士の「神道私見」を読む」、三四頁。
(59) 河野「敬神の本義」、九頁。
(60) 河野「柳田法学士の「神道私見」を読む」、二六頁。
(61) 柳田「河野省三氏に答ふ」、二九二頁。
(62) 川村邦光『巫女の民俗学』青弓社、二〇〇六年（初出一九九一年）。
(63) 関一敏「祭り」関一敏・小松和彦編『新しい民俗学へ』せりか書房、二〇〇二年、二四六頁。
(64) 河野「柳田法学士の「神道私見」を読む」、八〇七頁。
(65) 柳田「河野省三氏に答ふ」、二九一頁。
(66) 柳田国男『先祖の話』『柳田國男全集』第一五巻、一九九八年。
(67) 柳田国男「敬神と祈願」前掲書、三一二〜三一三頁。
(68) 河野「柳田法学士の「神道私見」を読む」、三〇一〜三〇二頁。

安丸良夫からみた柳田国男論——柳田民俗学の「批判的分節化」の手掛かりとして

吉沢　明

一、はじめに——柳田の〝常民〟の議論をめぐって

編集責任者の杉本仁さんから「当研究会で報告した「私から見た安丸良夫像——「通俗道徳」論を中心として」（二〇一六年十一月二十六日）を整理・敷衍して「論集」に寄稿せよ」という指示をいただいたのだが、自分ではその報告の密度にやや不満を覚えていたこともあり、一時は辞退したが、お引き受けし、この際は、その報告の趣旨をもっと明確にするために、同時に当研究会の研究課題の所在を確認するために、いただいた当研究会の関連論稿に目を通す必要があると考えた。示唆を受ける論稿は多々あったが、私の報告との関連で何気なく読んだ『21世紀の民俗学を問う——資料集』（二〇〇五年山梨郷土研究会・山梨文化財研究所）所収の有泉貞夫「「柳田国男考」補遺」(1)という小論が実に刺激的であった。そのなかの「その「常民」は差別を内包しイノセントではあり得ないことに、柳田は最初から気づいていた筈である。しかし、「臣民」を解読しなければという「学問救世」の切迫した使命感が、原罪に目をつぶったまま国民に「常民」の自覚を促す日本民俗学を提唱させ、図らずも欧化に疲れた知識人や転向マルキストまで魅了する結果になったのではなかろうか。だが差別に目をつぶったことは、それだけに止まらず、関連して民俗事象のな

かの「常民」性を脅かす要素（性、博打、芸能の一面など）を遠ざけ、柳田学の内容を意外に痩せさせることになったのではないか」という指摘は、そこまで言わなくとも、という印象はありながらも、大いに合点のいくところはあった。二〇〇〇年初頭にこういう指摘があった（そして基論文は一九七二年に執筆された）ということを知り、今なおそのイッシューは持ち越しになっていることにやや戸惑いを感じざるをえない。

そこで基論文の有泉貞夫「柳田国男考」（一九七二年）[2]を読むことになったのだが、「仮説的」とはいえ論理展開の密度の高さに圧倒されるとともに、次の二つの事項は特筆すべき指摘として受け止めた。

1.「筆者はこれ［谷川健一・橋川文三の常民概念の普遍性の内容に関する定義］を進めて、日本人のうちで、この節［「農政学から民俗学へ―柳田学の形成―」］で見てきたような祖先崇拝の世界を共有できる部分として〝常民〟を再構成できるのではないかと考える」[3]。

2.「筆者はそれ［対象としての〝日本人の祖先崇拝〟に内在する問題］が〝日本人の祖先崇拝〟が近世（江戸時代）に入り、小農民経営の一般的形成をまって成熟したものであり、被差別民がその成熟の契機になっていたことに根ざすのではなかろうかと仮定している」[4]。

この二つの事項は、中世から近世への日本史の展開、つまりそこにおける農村の社会的・経済的基盤の変化が「祖先崇拝を成熟させるきわめて特異な環境を創りだした」（有泉）という認識を基礎としている。つまり、農業技術の発展→小農家労働力を稼働させることができる諸方策の実施→農業生産力の上昇安定→小農民経営の自立化と増大→勤労による家の勃興→〝御先祖様〟の観念→祖先崇拝（＝家永続の願い）の成熟という図式である。もちろん、祖先崇拝は、歴史的にはそれ以前にも存在していたが、その観念が顕著になるのは小農民経営の自立化と増大が可能になる時期、つまり江戸時代からであるというところにこの立論の特徴がある。この捉え方は、ある社会の経済的基盤の変化はそこに生きている人々の観念、習俗の変化をもたらすという、どちらかと言えばマルクス主義的な歴史認識に近い認識方法に基礎をおいている。[5] その点では、総体として安丸さんの「通俗道徳」論の認識方法と重なる。つまり「「通俗道徳」というものは、自分、あるいは家族を単位とした小生産者が、自分の家族員の努力を燃焼させて、自分の小経営を維持するという小生産、小経営［特に農民の小生産］に一番適合的なんですね。小生産の場合は、自分が努力すればその努力の成果は自分のところに戻ってくるし、油断すればたちまち破滅する」[6]、「［…］「通俗道徳」の自覚的な実践は享保期に三都やその周辺の比較的に豊かな商家などを社会的基盤としてはじまったものであり、十八世紀以降に窮乏した農村で村落支配層を主導層としてより広い範囲で展開し、明治二十年代以降に底辺部の民衆まで巻き込んだものとしており」[7]、「こうした状況のもとでは、眼前の利得や喜びにうちまかされずに、みずからと「家」や「村」の繁栄・永続にふさわしく、みずからの生を一つの首尾一貫した生き方として編成する様式が必要だと意識されていくのだが、「通俗道徳」とは、こうした生の場での様式のことである」[8]という指摘である。〝常民〟とは極論すれば江戸時代における「小農民の一般的形成」に伴い成熟するあり方であり、歴史貫通的な日本人の普遍的特性からのみ論じられるべきものではないと有泉氏は主張していると理解する。その点で〝常民〟は近世における小農民生産者の倫理、習俗を体現する姿であり[9]、それを前提に安丸さんは「伝統的生活習慣として存在していることと、人々が自覚的におこなうべき規範、倫理であることは区別し」[10]、思想史の対象として「通俗道徳」なる範型を打ち出していると見做せる。それは当然規範的要素を伴う。安丸さんにあって「規範的」ということは、人間のあるべき姿（当為）を求めることであり、人々の主体的契機↓主体の形成（変革）という構図につながる。ここではその構図の是非は議論しない［後述］。ただ少なくとも、上記の「みずからと「家」や「村」の繁栄・永続にふさわしく、みずからの生を一つの首尾一貫した生き方として編成する様式が必要だと意識されていく」あり方とは、〝常民〟そのものの姿（のっぺりとした「ただの人」を指すわけではない）だとすれば、柳田が希求するものではないか。農政官僚として明治における「民衆の伝統的生活様式」を蹂躙する農村社会の疲弊を目の当たりにして、その改革を目指した柳田にとって「〝家永続〟の願いと保障こそを「日本の村生活に於いて是だけは疑いなき事実であった」と、農村問題の根本的解決を目指す探求が、そこから出発すべき普遍的事象として位置づけられた。明治末期に農村問題の解決の展望を語るに際し、〝枝葉に亘りますが〟〝右の一点を除いて〟と断りながらつけ加えた。〝家の永続と云ふ問題〟は今や立論の核心に定置された」（有泉原文ママ）のである。農政学から民俗学への転回点にあって、彼の胸中にあったのは「農村問題の根本的解決」であった。[11]だから、柳田民俗学の核心的主題である氏神＝祖霊信仰論もそのモチーフに沿って捉えることができる。[12]その点に関連して安丸さんは「明治維新にはじまる日本の近代社会において、民衆の伝統的生活様式は、国家権力を主要な領導者として強力に再編成されていった。この過程を下からながめて、何か巨大な力を前にして崩壊していく民衆の伝統的生活様式の側に、その独自の存在様式と意味を発見してみせたのが、柳田国男の民俗学であった。従って、柳田の民俗学は、日本の近代化過程に対する根源的な批判であったのであるが、そこから今日の歴史学はなにをくみとることができるのだろうか」[13]と、柳田民俗学のモチーフを肯定的に評価する。まずは私もそのように柳田民俗学の意義を受け止めたい。しかし、その〝常民〟（柳田）―民衆（安丸）の捉え方に関して、「問題群の照射」（安丸）の仕方をめぐり柳田、安丸の両者は分岐する。私の理解する有泉の〝常民〟把握では、氏神＝祖霊信仰論を具現化するのがほかならぬ〝常民〟であるが、その柳田の問題構制では〝常民〟の純化のために「被差別民の問題は切り捨てられた」（有泉）。そして、安丸さんは自己の歴史学の立場から「柳田は、文献資料に依拠した歴史学がとりあげようとしなかった、「平民の過去」「平民の歴史」こそがあきらかにされなければならないと主張した。[14]この立場から伝承資料を駆使して築かれた成果が、今日の私たちにとって、汲みつくせぬ宝庫であることはいうまでもないが、しかしそれをもって「平民の歴史」と称するには多少の違和感やもどかしさがあろう」[15]と、伝承資料の駆使によって民衆生活の何があきらかにされたのか否かを問題にする。「だが、柳田の学問の対象が、民衆生活の「窮乏刻苦の幾十代の集積」にあったとすれば、飢饉は、その「窮乏刻苦の幾十代の集積」においてどのような意味をもち、百姓一揆や打ちこわしも、その中からどのように成立しえたのだろうか。飢饉も、一揆も打ちこわしも、かりにそれらが民俗学の主要な関心事たりえないことを承認したとしても、それが民衆の生活のなかから生まれたものであるかぎり、文書記録からはとらえられない洞察を、民俗学に期待してもよいはずではなかろうか」と、民俗学独自の課題を論じ、「民俗学に期待するほかはない」そうした事例研究が一部はあるとはいえ手つかずのありように「柳田の残した著作では大した関心事になっていない」と断じる。そして有泉氏と同様に「こうした領域〔飢饉、一揆、打ちこわし〕を関心対象から除くことで、その独特の常民概念が成立しているように思える」という評価を下し、「柳田の常民概念はこうした領域を捨象した平穏な日常性の世界を民俗学的世界として措定し、そのことによって、民俗学の対象と方法とを固有な仕方で安定化させている」が、「そこに無限の努力が積みかさねられても、私たちがたずねあぐんでいる「平民の歴史」には到達しないだろう」と締めくくっている。[16]

また、有泉論文で引用されている中村哲氏の「これは原始以来の民俗学的習俗に過ぎない祖先崇拝に向かって、彼自身の生命観であり、宗教観であるものに任せなければならないとともに、一方において彼の近代的精神はこのような祖先崇拝の限界と思想史上の位置づけを知っていたのである」[17]という一節に再び出会い、柳田国男の、祖先崇拝の認識におけるアンビヴァレントなambivalent〔両価性の〕思考様式の問題点を検討する機会を得ることになった。[18]私は報告で「畢竟、報告者には「国の固有信仰」とは、日本人の「情念」〔「民族固有の観念」〕そのものを指しているように思える。彼〔柳田国男〕は宗教のあり方ではなく、「情念論」を語っていると思えば、一見した考証の豊富さ、そのさいの着想力には納得がいく」と指摘したのだが、そこには、柳田が祖先崇拝を語るとき、その考証〔着想力〕を裏づける彼一流の論理展開の凄さは感じながら、仏教がもつ宗教的影響力をことさら低く見積もっているような、彼の宗教認識の曖昧さがうかがえ、またその究極の真意を推し量ることができないところがあったからである。

彼を支える知性（思惟）と、情念のどこかアンビヴァレントな（悪く言えば、結構矛盾に満ちた）側面を感じざるをえなかった。ただ、それが彼のどういう認識に起因するのかはよくはわかっていなかった。その有泉論文がきっかけで、柳田の「祖霊信仰」論の問題点の指摘（私の報告）の至らぬ点を補強しているくれるのではないかと期待し、中村哲『新版柳田国男の思想』に目を通すことにした。そこで得られたものはきわめて大きかった。私の稚拙で、不十分な認識をまるで推理小説の謎解きのごとく解き明かしてくれ、一部の指摘を除き［後述］ほとんど合点のいくものだった。説明的すぎるキライはあるものの、西洋・東洋思想に造詣が深く、また社会科学全般に関して確かな基礎認識を身につけた中村哲氏ならではの解析の鮮やかさによるところが多く、[19]それはある一面の評価かもしれないが、柳田と個人的な付き合いのあった彼ならではの回想も折り込まれており、思想信条に関して《柳田国男とはこういう人間だった》と納得させてくれる。そこでは「天皇制に対する多少の政治的な回避と遠慮」（中村）とともにイギリスの政治思想家・エドモンド・バーク[20]にもつながる彼の「保守性」の在りかがよくわかる。もちろん私はそれを全面的に受け入れるわけではないが…

上記でも述べたように報告にはかなり稚拙で、不十分な認識が垣間見えるが、それを反映した記述を確認することも重要だと思い、主として報告のなかの「祖霊信仰」論に関してはおおむねそのまま取り上げることにした。

二、「通俗道徳」の概念——〝常民〟の捉え方に関連して

上記で、取り上げた「通俗道徳」の概念の所在を〝常民〟との関連で確かめていきたい。そもそもの安丸さんの「通俗道徳」の発想の根源は、彼の出自と出口なおの「お筆先」[21]にある。「もし「通俗道徳」論の由来が何にあったのかということを僕の体験の中に探してみれば、それは自分の生まれた農村での農民の生活意識についての自分の知

識と、それから「お筆先」を通してみた出口なおという人間なんですね」[22]と言うように、農民（民衆）の地を這うような息遣いを体得した精神のあり方のもとに彼の民衆思想研究は成立している。そこを基点に日本の近代における人間の主体性のあり方とはどういうものかに考察が及ぶが、その際に無視できないのが政治思想史研究者・丸山真男の存在である。「徂徠から宣長を経て福沢にいたり、丸山自身につながるような近代的思惟の系譜が丸山好みの主体性ですね」、「これは例えば共同体という言葉を使うにしても、民衆の中で作り上げてきた規範のなかで作り出される諸関係というものを重んじて考えていますので、丸山さんの共同体の意味とは非常に違ってきます」[23]。明治の近代国民国家の形成と近代天皇制の確立のもとで、どのような主体の動機が歴史の動因として働いているのか、近代的思惟が顕著な日本の政治思想の系譜のなかでとかく無視されてきた民衆の主体性の構築の歴史に光を当てて、民衆思想史として近代の歴史を捉え返すのが安丸さんのモチーフである。その点では、〝常民〟のあり方に注目して、歴史を捉える柳田の問題意識とオーバーラップする部分はある。

安丸さんの「通俗道徳」の概念は、両義的な性格をもっており、把握するのに結構骨が折れるが、そこに安丸さん独自の概念構成の仕掛けがある。それは勤勉、倹約、孝行などの日常的な生活規範を指すのだが、一面では自己訓練による主体形成である一方、その反面で厳しい自己抑制と内面化という両義的性格を有している点である。そしてそれは歴史的達成物でありながら、そのことがまた抑圧と支配の拠点になっている。つまり、抑圧性の側面は、社会史的に若者組や祭礼などの伝統的民俗文化への抑圧とそのことによって地域社会の支配秩序に組み込まれた編成原理として機能していることからも理解できる。したがってそれ自体としては、秩序維持的な要素を色濃くもつ。しかし、奢りや遊惰への願望が、商品経済の浸透や共同体的な生活規則の弛緩のなかで、擡頭してきたときには、「家」や「村」の生活をこうした動向から守り、それに対抗する編成原理として「通俗道徳」は機能する。それればかりか、農民に対する収奪・搾取による農村の疲弊などの困難や矛盾に直面したとき、自己訓練による主体形成の側面は、その困難や矛盾自体に立ち向かう力になりうる要素をもちあわせている。ただ、自己訓練はおこなわれるものの、もちろんそれは厳しい形で実践されたわけではない。それは目前の利得や楽しみを求め、自分たちの「家」や「村」の安寧を願うきわめて現実的な意識の上に成り立っている。そこで、次の点が安丸さんの仕掛けとして重要な意味をもつ。商品経済が発展すると目の前の利得や楽しみが増える一方で、人々は古い規範を破って、多様な欲求をもったより個別的な主体として登場せざるをえない現実が生まれたこと、しかし、何らかの方法による一時的な利益を得て、喜びを見出したとしても、それが没落と不幸の原因になるという意識が民衆自らの経験でわかったこと、その二つの事実を立論の前提としていることである。それを踏まえて「近世後期以降の市場関係の進展が小経営の自立性を強め、家族の凝集力を高める」(24)と、「こうした状況のもとでは、眼前の利得や喜びにうちまかされずに、みずからと「家」や「村」の繁栄・永続にふさわしく、みずからの生を一つの首尾一貫した生き方として編成する様式が必要だと意識されていくのだが、「通俗道徳」とは、こうした生の場での様式のことである」(25)という認識に至る。「大部分の日本人は、一方では、さまざまな社会的な規制力や習慣によって、他方では、何らかの自発性にもとづいて、こうした通俗道徳を自明の当為として生きてきた」(26)のだが、「近代社会のさまざまな困難や矛盾」がきっかけで、後者を梃にそうした事態に立ち向い、従来の規制や習慣を変革する力が生まれる。

その際、それに立ち向かう農民にとって必要なことは「さまざまな困難や矛盾〔近世後期の農民に対する収奪・搾取による農村の疲弊〕(27)は、私の生活態度＝実践倫理に根拠をもっているかのような幻想」の「虚偽性〔イデオロギー的幻想〕を見抜くこと」である。それは何といってもこの時代にはこのような幻想の虚偽性を見抜くことは極端に困難だったからである。通俗道徳を当為（規範）として身につけることによって（いわば梃の役割）それがはじめて可能になる。「〔原畜過程がもっとも激烈に進展し、新興の民衆的諸宗教抬頭の経済的背景をなす時期に〕人々は苦難を乗り超えるに足りる原理を求め、苦難を乗り超えるに足る主体の確立を求めずにはおられなかったのである」[28]〔傍点：原著者〕。それは、安丸さんの強力な主張点であり、大本教の教祖・出口なおに対する彼の共感もそこにある。

「〔ここで押さえるべきは〕通俗道徳的生活規律は封建思想・前近代思想一般に解消すべきものではなく、近代社会成立過程にあらわれた特有の意識形態であること〔「この幻想過程は大衆の存在様式を逆立ちさせた意識過程の独自性として展開されている」という指摘を踏まえている〕、この意識形態は、支配階級のイデオロギーである儒教道徳を通俗化しつつ村落支配者層を通じて一般民衆まで下降せしめたものという規定性をもちながら〔天皇制イデオロギーは、こうした通俗道徳のうえに構築された〕、しかも実は民俗的習慣を変革させて広汎な民衆を新たな生活規範―自己鍛錬へと駆り立てる具体的な形態であったことなどである」[29]。

しかし、次の記述を見ると「通俗道徳」概念は概念構成上のある欠点を孕んでいる。「勤勉や倹約や孝行などは、ある意味では歴史とともに古い民衆の生活態度だったのであろう。だがそれらが、伝統的生活習慣として存在していることと、人々が自覚的におこなうべき規範、倫理であることは区別しなければならない。前者の意味では、それらは、単なる生活事実であって、思想史の対象とすることは難しい。後者の意味で初めて、それらは思想表現され、独自な世界観の構成要素として、多かれ少なかれ統一的に把握される」[30]。この指摘は「「通俗道徳」は規範であって、人々の生活意識の内実そのものではない」[31]を意味している。

「通俗道徳」概念の語法上の意味を捉えていくと、（a）人々の規範、意識のあり方、（b）方法上の分析道具の二つの要素がある。（b）の要素を重視すれば、その概念の厳密な方法的定義を過度に求めることは野暮なことかもしれない。多少の瑕疵はあっても、そこを基点として、さまざま領域〔研究〕へと展開する方法的な可能性もあるからである。しかし、（a）の要素を考えると、ある問題点が浮かび上がる。「人々が自覚的におこなうべき規範、倫理」を重視すると、自覚的な「少数者」の民衆の姿を基準に分析することにならざるを得ず、「のっぺりした、ベタな」民衆の姿は分析から零れ落ちてしまうおそれがある。どうしても、「通俗道徳」論は人々の主体的契機→主体の形成（変革）という構図に位置づけられているキライがあり（「主体の確立」という表現に端的な）、この概念には主体の動因的な色合い（仕掛け）が強く滲み出ている。その点で、下記の二人の論者、宮田登氏、島薗進氏の指摘は、嚆矢を射ている。

（イ）宮田登氏の指摘

「禁欲とか自己鍛錬になじまないまま、日常生活を送る大部分の民衆に対して、著者はこれを通俗道徳の基準からはずし、民俗的世界への埋没ということで説明しようとした。ただ民俗的慣習を変革する態度が明確になった事例によってのみ通俗道徳へのつながりを見ようとしているかのようだ。民衆思想が人間の無限の可能性を喚起させるものならば、その根にあたる日常生活の民俗的なあり方を、単にマイナスの面でとらえることだけでは済まされないように思える」[32]という宮田氏の指摘に対する安丸さんの応答は「これは的を射た批評である。拙著でも「通俗道徳」型の諸規範が、「ある意味では日本の民衆の伝統的な生活慣習にほかならず、それ自体としては少しも珍しいことではなかった」などという指摘を何回もしながらも実際には一般民衆の側のそうした側面（「通俗道徳」はこうした日常規範と呼応するもの）」については、具体的なイメージを提示することができず、それゆえにまた、一般民衆が「通俗道徳」を受容する根拠についても、十分には説得ではなかったと考える」[33]。私は安丸さんが「日常生活の民俗的なあり方を、単にマイナスの面でとらえ」ていたとは全く思わないが、「「通俗道徳」を受容する根拠」に関しては、下記の島薗さんの指摘とも関連するが、確かに説得性を欠いていると思う。そこでは、「通俗道徳」の概念における両義性のもつ転化の力学の形が説明されているだけで、その観念が民衆内部へと入り込む、精神、心性のありようは必ずしも明確でないように思える。

しかし、その一方で柳田の「祭礼と世間」の語り方を見ると、一揆、打ちこわしのような既成秩序（の打破）との境界線にあるような行為を柳田は〝常民〟（この際はひとまず「普通に生きる〝ただの人〟」とおさえておこう）のもとにどこまで射程に収めているのだろうか？この問いかけは下記の（ロ）の項目の後で議論する。

（ロ）島薗進氏の指摘

「安丸の研究は、近代化を支えた大衆的倫理革新がどのようなものであったという点について、ウェーバー的な視角の偏りを補うものをもっているように思われる。ウェーバーは市民層の倫理革新をその典型として掲げ、労働者の倫理革新をもそれに準ずるものとして扱ったのだが、安丸の研究は民衆（労働者はその重要な構成要素である）の倫理革新というもう一つの型を提示したものといえるであろう。この視角から近代化と宗教の関わりを捉えようとするとき、ウェーバーとは異なる理論的枠組みが要請されてくるのではないか。しかし安丸自身の論述は、この点について十分突き止められていない。安丸は超越神的な宗教伝統を欠く日本の社会[34]においては、宗教が大衆の倫理革新に積極的な役割を果たすことが少なかったとみている。大衆的な倫理革新をひきだした「『心』の哲学」［唯心論］は、むしろ無神論に近いものであり、その人間中心的な思想傾向によって妖術否定が主張されたという。（中略）ここでは妖術からの解放とほぼ同義なのである」[35]［傍点：原著者］。

それはM・ウェーバーの『プロテスタンティズムの倫理と資本主義の精神』のエートス論の背景と関わる。安丸さんはウェーバーのエートス論に「通俗道徳」論の着想の一部を借りている。プロテスタンティズム（キリスト教）の超越神は人々の精神のもとに内面化（血肉化）し、それを受容する人々はそこから自分の倫理（エートス—禁欲、節約、労働意欲）を形成し、それが資本主義発展を担う主体の動因 agent になる。この場合、両者とも主体のエートス—「範型」を抽出しているのだが、プロテスタンティズムを受容する（キリスト教文化圏の）「市民層」と「通俗道徳」を体現する民衆とでは、己の倫理・道徳を展開し、体現する層の広がりと深さという点で、そのありようはかなり異なると思われる。その際、重要なポイントは主体における「内面的なものの権威」（安丸）のあり方の強度にある。どこまでそれらを受容・体現しているのか、安丸さんが民衆宗教を取り上げるさいに、その過程の分析はやや欠如している印象を受ける。これは「ないものねだり」なのだが、安丸さんにはそれゆえにというべきか「思い入れ」が勝ち、そこから民衆の主体的契機➡主体の形成（変革）という構図を描いてしまうところはある。でもこれは歴史に投企する主体のあり方を中心に歴史—思想を構成する安丸「民衆思想史」の特徴であって、私は肯定的に受け止めたい。

ここで「既成秩序（の打破）との境界線にあるような行為を柳田は〝常民〟のもとにどこまで射程に収めているのだろうか？」という先の問いかけを取り上げる。安丸さんは「祭礼と世間」における「ザットナ」をめぐる柳田の言説を検討しているのだが、一揆、打ちこわしのような領域での現行秩序の境界線を脅かす諸行為について、その真意がどこにあるのかはよくわからないところがある。ただ、これも少なくとも〝常民〟の行為である。「柳田は、これ［子供が主役になっているとはいえ、その土地の有力者にたいして遠慮なく批判することが祭礼として制度化されている］を、神輿などが日頃から遺恨をもつ家などへ暴れこむ習慣と結びつけ、神意をかりて日頃の怨念をはらし世間の常識的な規範を守らせように強制する伝統が民衆生活のなかに根深く存在していたのだ、と考える」(36)。柳田のこの認識には「新しい風俗」を一応受けとめる進取の精神は認められる。ただ、「この際で、土地で権力のある一官吏は、親しい友人に向かってこういうことを言ったそうである。どうも祭りの日だけは警察の動きが常の通りでは行かぬと論じたという。もちろん観ようによっては、これは半旧式の妥協である。不徹底ないしは非論理的である。しかも我々は一方において、古い物が何ほど残存し、古い人がどこまで力を具え、さらにまた今の世間で立てられなければならない階級に、どれだけの新し［い］味がちょうど頃合いであるのかを、考えた上でなければ、この役人のこの言葉を批判することができない。それでこういう風変わりの感想録を、書いてみようという気にもなったわけである」(37)と柳田が述べているのを見ると、「どれだけの新し〔い〕味がちょうど頃合いか」の中味と「是非」の判断の分からない、どこまでも婉曲的な言い回しである。それに対して、安丸さんは「集団の力をかり、また神意をかりて日頃の怨念をはらし欲求を実現するこうした伝統を実現するこうした伝統は、一揆や打ちこわしを道徳的にも悪とする封建イデオロギーに対抗してそれを肯定し待望する意識の系譜を暗示するものではなかろうか。若者組が村ぎめの休日を要求したり、村役人の村落支配を破壊するのも、ひろい意味ではこうした系譜の意識といえよう。そして、こうした変革を肯定し待望する意識の伝統と前述したきびしい道徳主義が結合するところに、一揆や打ちこわしの巨大な政治的社会的エネルギーが生まれたのではなかろうか。そのばあい、支配者にも道徳の厳しい実践を要求する論理は、運動を支える論理としての一貫性と説得性をもっているが、広汎な大衆をいっきょにかつ熱狂的に運動に参加させる点では弱いだろう[38]」と受け止め、いまだ自覚的な少数者の運動にとどまるものの、民衆運動へと発展する契機を見出している。これがまさに安丸さんのいう「通俗道徳」が体現されている場である。ここで安丸さんは、若者組のような運動に対して、ケとハレの対比の図式を用いて、その抑圧／解放の境界線（転化の構造）を説明し、「ハレの行事や習俗こそ、社会体系の全体にとって周縁的な現実態であって、そこでは、社会の日常的な秩序原理とは異質な原理が支配していて、人びとの欲求・願望・不安などが直截に表現されていく活力にみちた次元であったことに注目すれば、それがとりわけ抑圧の対象とされなければならなかった理由も、ほとんど自明ではなかろうか。他方、日常の生活と労働からなるケの生活は、社会の階層的秩序が支配する抑圧的な次元であり、一つの社会は、ハレの行事を抑圧してケの生活に人々の生活を一元化することで、抑圧的な生活を強化することができたのである[39]」というハレとケのせめぎあいの対抗の構図を描いている。「ここで柳田は、幟、神輿、芝居その他の催物を伴う祭りが農村部に入ったのは、近世的現象と考えているが、華麗な祭りが競いあって展開するのは、近世中期以降に顕著となる現象だったと思われる。そのさい、上記の引用で柳田がのべているような起源の問題は忘れられ〔起源の性格は変化し〕、若者組が主要な担い手となって、華麗な祭礼を競うことに膨大なエネルギーが注ぎ込まれて、祭礼は広汎な人びとの欲求を解放するハレの時空となったのであろう。もちろんそうなっていても、御霊信仰やそれと結びついた除災招福の民俗行事などは独自におこなれており、疫病除けの牛頭天王が勧請されて村や町の氏神となることもあった」[40]。その意味では、この華麗な祭りは「オージー的祝祭」〔精神の高揚を伴うハチャメチャな気分〕（安丸）の要素を伴うものであったろう。

オージー的祝祭という側面をみると、そこには、オージー的な祝祭のもつ行き過ぎにより、よかならぬ、ならず者、ごろつきのような者も紛れ込んでくるであろう。それはこうしたオージー的な行為には不可避である。そして祭りとオージー的祝祭との関連でいえば、近世の民衆運動の基底に「農耕文化の季節祭における祓浄儀礼とそれにともなうオージー的要素があることを明快に指摘した」堀一郎についての安丸さんの次の言及が示唆に富む。「堀は一九六〇年代の大衆運動・学生叛乱に思いをいたしながら、社会変革の時代に出現するメシア的カリスマの登場と、それをとりまく広汎な人びとの「オージー的高揚」の重要性を指摘し、「被圧迫者の宗教現象も、宗教社会史の立場から追求」できる、と考えた」[41]。

堀の論旨に沿って安丸さんは論を進める。「〔…〕十六世紀を境として日本人の宗教意識に大きな転換があったのだが、それにもかかわらず、なにか大きな不幸があると、それは遺執を残して死んだ人の亡霊を祟りだとする心意は近世にはいってもつよく存続しており、それはとりわけ民衆の宗教意識を規制し続けた」のだが、季節祭における祓浄儀礼である正月と盆の行事に関して「だが、この二つの季節祭りを〔柳田のように〕祖霊と田の神の信仰だけ結びつけ、それが子孫の繁栄と家の永続をもたらす守護霊だという側面を強調すると、オージー的祝祭は見えてこない。ところが、祖霊崇拝と田の神信仰のさらに基底に、共同体の中に住みついたり、外から共同体を狙っている、災厄をもたらす亡霊をおき、それを悪魔として共同体の外に追放する心意を見てみると、オージー的祝祭はきわめて重要な意味を担うことになるはずである。これらの季節祭りで、被差別民が重要な役割を果たすのも、彼らが悪魔を身に着けたスケープ・ゴートであり、彼らはそのような者として物乞いの権利をもつとともに、災厄の原因を追い払って家と共同体にもたらされた平安を祝いことほぐという両義的存在だからである」[42]。このような共同体の祭りの基底の側面に思いを巡らすと、亡霊を追い払う側面ゆえにオージー的になる祝祭、およびそこに参加する「被差別民の重要な役割」という秩序の仕切り線を超える行為が浮かんでくる。要は、この秩序の仕切り線を超えた行為に何を見るかである。

つぎに、「自由の権」（自由民権運動）に対する柳田のスタンスを少し見てみる。「[…]酔っぱらいは愈々強く踏みしめて、自由の権だいという文句を何遍か高く唱えた。是が私の此語を学び始めた日であったが、それから今日まで此語はきらいである」[43]。この秩序の仕切り線を超える放縦な行為（自由のはき違え）に対しては、柳田はどこか不寛容である。このメンタリティーは、前述の「祭礼と世間」における婉曲的な言い回しとともにどう考えればよいのか？柳田は、ここから先、果たして何を見ているのか？その問いは「何が明らかにされ何が明らかにされないかを区別できない方法的音痴」という安丸さんの指摘と多少結びついている。「[…]自由とは、法や制度の次元をはるかにこえて、多様な人々のアモルフな願望に訴えかけて「すべてが可能だ」と煽動するメッセージだったのであろう。もちろん、この言葉がそうした衝撃力をもつためには、社会が大きな転換期にさしかかっていることが人々に予感されていなければならないが、しかし、「すべてが可能だ」とするほどの自由のメッセージをうけとった人びとが、「本当にすべては可能だろうか」という疑惑や不安にとらわれていたものは、ほとんど必然的なことだったろう」[44]。厳しい言い方だが、この境界線における人々の自由に関する揺らぎの状態（心境）を柳田も見据える必要はあったのであろう。

彼の〝常民〟がよかならぬ者も含めてアモルフな（無定形な）領域にある者の姿にも対応しているなら、よくわかるけれども、柳田の思考ではどうも秩序という仕切り線が働いて、その者たちは射程の外に追いやられている印象を受ける。その一方で、柳田はいわゆる「罪人」の特赦を論じる場合、中村哲氏が「実証の学としての民俗学といわれているにもかかわらず、柳田の感性による、柳田の論理の意識分析の学であって、心理学の性格を帯びている」、「いわゆる「物語り」といわれる語り物についても、柳田は口承によって伝えた座頭の心理に立ち入って考えようとしている」(45)と指摘するように、「罪人」という座頭の心理に寄り添い、表層にでてこない人間の非合理、機微、罪業を的確に取り出しており、そこから〝常民〟の在り方を深く描写している。そこにはヒューマンで(46)（その意味ではある種リベラルな）、優れた彼の文学的資質が反映されていると思う。それは私も高く評価する。

しかし、「柳田の天皇制に対する思想的立場の限界」（中村）を慮りながらその語りを見ていくと、天皇制下での、単なる「罪人」ではない思想犯の転向に伴う特赦の問題をどう語るのか、少し意地悪だが柳田に聞いてみたくなる。というのは、そこでは単なる個人の罪業を超えてそこに投影される社会の問題にまで言及することが不可避になってくるからだ。〝常民〟の在り方は単なる個人、あるいは日本人の心理、特性の問題にとどまるわけではない。絶えずその存在を拘束（規定）している歴史的・社会的文脈との関連が問われる。ましてや既成秩序の境界線を超えた、あるいは侵犯した者の行為に対してはなおさらそうである。そう考えるとき、下記の中村哲氏の一連の指摘はきわめて示唆的である。

1.「柳田にあっては個別者の尊重ではなく、歴史上の共同体である士族あるいは村落共同体につらなる家の集団を基礎としており、西欧のように良心を通じて神と対決する個別者が単位となっていない。あくまで歴史上の共同体における人間が対象である。それは理性と意志的行動の主体である個別者を認めるのではなく、感性的な人間を自然性において認めるのであって、自然的人間を歴史の経過において観察し、肯定しているにすぎない」(47)。

2.「柳田の立つ伝統主義はエリオットなどのいう欧州の古典主義とは、むしろ異質なもので、伝統を自然相続的なものと解釈する歴史主義であった(48)。従って、この歴史主義の中には、人間の理性と主体的行動による社会への働きかけを失わせ、時には運命論となり、時には人間の間の差別の肯定となりかねず、アントロポロス［人間学］を語りながら、実際には狭い国民主義の限界をぬけきることの出来ないものを背負っている」[49]。

3.「柳田国男が日本の良識と考えているのは普通選挙による平等な国民よりも、分別とその伝統主義に身を体した地主層であって、そのような政治エリートに対する期待は、その後も大きな変化を見せているとは思われない。それは、この種の地方名望家が中心となって将来にわたって祖先の祭祀をまもりつづけるものと考えているためであった。柳田国男の保守主義とみられるものの精神的支柱は、このような祖先崇拝があって、彼の保守主義は究極において宗教的な心情を基とする保守主義であった」[50]。

これらは、柳田の〝常民〟に関する捉え方の本質を的確に言い当てており、中村哲氏は随所でその学識をはじめとして柳田の認識に対する尊敬の念を示しながらも、結構柳田の本質を見抜いた辛辣な見方をする。それは、私が後述の「祖霊信仰」論で指摘したことをさらに抉り出して、敷衍してくれている。

項目1—「感性的な人間を自然性において認めるのであって、自然的人間を歴史の経過において観察し、肯定している」とは、彼の〝常民〟観そのものである。先にひとまずおさえた「普通に生きる〝ただの人〟」とは、このことを指しているのであろう。それは、自然のもとにおかれた人間〔自然的人間〕を彼の文学的、美的感覚に基づく「天才の個人芸」（中村）により「歴史の経過において〔それも歴史貫通的に〕観察し、肯定しているにすぎない」。したがって、その抽象性を帯びる捉え方は、彼の術中にあり、実際には我々が定義することなどはかなり難しい性格のものである[51]。あえてそれを換骨奪胎して理解するとすれば、先に述べたように「〝常民〟とは極論すれば江戸時代における「小農民の一般的形成」に伴い成熟するあり方であり、歴史貫通的な日本人の普遍的特性からのみ論じられるべきものではない」と捉えるのが妥当であろう[52]。

項目2—彼の「伝統を自然相続的なものと解釈する歴史主義」が「人間の理性と主体的行動による社会への働きかけを失わせ」るという指摘は、きわめて重要である。これは私も柳田の「祖霊信仰」論で述べたのだが、彼の論理には人間学を語りながら社会、自然に働きかける主体の契機がない〔後述〕。したがって「既成秩序の境界線を超えた、あるいは侵犯した者の行為」に対しては、そこには多くの社会運動がそうであるように誤りもあるだろうが、当事者の主体的契機に思いを寄せて、過誤も含めてその行為を社会的文脈の中で再解釈するという動機（発想）は生まれない。それが、「祭礼と世間」のザットナ、「自由」を振りかざす輩に対する見方、対応によく現れていると思う。「人間の間の差別の肯定」とはいわゆる被差別民に対する彼の眼差しを指しているのであろうが、有泉氏はその根拠を次のように説明する。「だが、〝祖先崇拝＝家永続の願い〟を共有できない部分が日本人のなかにたしかに存在し、しかもかれらが差別されているという歴史と現実は〝祖先崇拝＝家永続の願い〟を核に、日本人の精神生活の再構築と意味づけを進めて行こうとする柳田にとって、なんとも認めることに忍びないことであったに違いない。この問題を引き入れれば、〝柳田学〟の世界が美しく結晶することは不可能となる。その果てに柳田は被差別民の問題を、彼の学問の世界から追放する道を選んだと見ることができるのではないか」[53]。この物言いにはなんとも厳しいものがあるが、被差別民への言及が当初は存在したものの、「祖先崇拝」論の進展とともに彼の射程から消えていくことだけは事実である[54]。

項目3―日本の良識＝「分別とその伝統主義に身を体した地主層」の良識、であると捉えられているが、それは中村氏の理解では柳田の「政治的エリート」としての認識のあり方そのものを指している。つまり「柳田は伝統の保有のためには改良は必要だという持論で、改良に重点があるのではなく、既成権力保存の時代的順応をいっているものである。従って、この大正末期には大正デモクラシーといわれる下からの動きや米騒動に触れることはなく、民衆の声をもっともだとする肯定は見られない。いかなる場合にも為政者あるいは為政者に準じた上からの改良意見であって、〔…〕宮廷政治家の牧野伸顕がいう上流社会人としての明治官僚の感覚の延長である」[55]。この評価の仕方は、近代化の波にあって疲弊していく農村のあり方に思いをはせたその柳田の姿とどこで折り合いがつくのか少々疑問になるところもあるが、[56]抜きがたく存在する「政治的エリート」の感覚＝日本の良識＝保守主義の支柱としての祖先崇拝という等式では、「分別とその伝統主義に身を体した地主層」、すなわち地方名望家にその期待を寄せた部分は想像しうる。その脈絡で柳田の言動を理解すれば、柳田はザットナ、「自由」を振りかざす輩にシンパシーをもって接することなどは到底できなかったことであろう。こう理解するのもちょっと辛くて、楽しくない話ではあるが…

三、柳田国男の「祖霊信仰[57]」論

これが私の主題であり、主として「先祖の話」を中心にして検討するが、ここでは私の認識の過程を確認する意味で、先の報告をほとんど踏襲し、一部中村哲氏の指摘事項を取り入れて論じる。

近世以降の民俗信仰のあり方をどう捉えるのかという問題を考えるとき、安丸さんの「信長、秀吉、家康らの超越的神仏につながる諸勢力で圧伏して以後、神仏の権威は大幅に失われ、日本人の意識はいちじるしく此岸化した[58]」という指摘は、きわめて重要だと思われる。超越的な神仏の権威についての観念は江戸時代に入り失われたわけではなく、民俗信仰的な側面は逆に強くなった。上記のような普遍的な世界観を追求すれば「超越的な神仏よりも此岸的な天・天地をよりどころとせざるをえない時代が到来した[59]」のである。「絶対神の伝統なき日本」では、近世に入り、民俗信仰が人々の安心の居所を形成し、それは今日まで引き継がれている。その人々の安心とは、一方で、有泉氏の先の指摘の「中世から近世への日本史の展開［つまり、それ以前の戦国時代とは異なる、農民にとって〝年貢さえすまし候徳ハ百姓程心易きものは無之〟（慶安触書）強制的非武装（農民は武器をもたせてもらえない）平和の時代とそれに伴う小農民経営の一般的進行の状況のもとでは］は祖先崇拝を成熟させるきわめて特異な環境を創りだした[60]」ことに対応しているともいえる。そうすると、世情が比較的落ち着いた江戸時代においては、安丸さんのいう民俗信仰と、柳田のいう祖先崇拝は

重なる形で併存したと一応考えることができるのではないか。そのことは柳田の「祖霊信仰」論の展開の根拠を解く鍵にもなりうるように思える。

①柳田における「自然」概念――「先祖の話」[61]を中心にして

柳田研究者には「釈迦に説法」なところがあるが、柳田の「祖霊信仰」論に関する私なりの理解をまず要約しておく。「国の固有信仰」、この語の含意は、我が国独自という意味以上に、「国」（我が邦、もちろん国家ではない）として古代連綿と続いていると考えられる信仰を指している。国―大地（土地）―農耕社会（稲作）のもとにあって、自然は柳田の基底概念である。

人間は自然の近くにいる→人間のほうから神（自然）に接近（人間が神を祀る）→人間と自然との融合→霊として自然に溶け込む→先祖の霊→子孫を護る、という連関において、「祖霊の融合単一化」がなされる。そこでは、「この日山登りに、亡くなった人の霊を迎えに行く」ように、「つまりは、一定の年月を過ぎると祖霊は個性を棄てて融合して一体となる」。先祖の霊に対する信仰とは「一つの霊体」である。「無難に一生を経過した人の行き処は、これよりももっと静かで清らかでこの世のざわめきから遠ざかり、かつ具体的にあのあたりと、おおよそ望み見られるような場所でなければならぬ」。それが柳田の霊地観であり、霊地観の考え方ゆえに柳田は神社統一政策、「神社合祀」あるいは「敬神」の問題性を絶えず問いかけている。「遠い先祖の霊を故土に繋ぎ付けるには、水と米との二つが最も有力な、かつ親しみの深い絆」という認識を基礎に、氏人―先祖―家を中心とした共同体が人々（〝常民〟）の民主的なつながりを可能にし、そのことによって平和な、人々の「民主主義」的共同体が実現できる。[62]それは柳田の理想であり、その意味で「家の永続」が重要であるという認識である。

この「国の固有信仰」を柳田がことさら強調する大きな理由は、なんといっても仏教の影響力の大きさに対して、霊融合という古来からの我が邦の信仰を護ろうとすることにある。この「先祖の話」でも記述の背後にたえず仏教の影響力の大きさ（仏教との絶えざるせめぎ合い）が暗示されている。

そもそも柳田の言う主体（人間）―神の関係とはどういうものなのか？　それはキリスト教のような超越神の神、また唯心論あるいは唯物論のような世界内的存在論の一元論との関係とは明らかに異なる。唯心論では「神の実質的な内容はすでに人間の心」であり、唯物論では人間―自然の循環関係にあり、両者とも自然（農耕、穀）との関係において人間という存在の主体的契機が成立する。柳田の神とは所与の（あるがままの）自然であるが、主体（人間）のほうから神（自然）に接近し、人間は先祖の霊を通して、自然と融合し、一体のものとなる。一見、主体（人間）と神（自然）は循環する関係のように見えるが、そうではなく両者は「べったりと」融合する（溶け合う）関係にある。そこでは、主体は神（自然）と対峙する（場合によっては対決する）関係にはなく、そこには人間という存在の主体的契機はない。だから死者の「弔い」も「仏教のように遠い処［あの世］へ送り付ける」のではなく、それを手元においておくため、天に近いところで（大地）の傍でおこわれる。これが彼の霊地観である。その融合する関係は、「我が民族」の個性（「日本人の志」）からすると、人間にとって幸せな（人間のやさしさを体現する）取り結び方であり、そのことが共同体（氏神―氏子を基礎とする）における人々の民主的なつながりを保証すると言っているかのようである。

柳田の「自然」の捉えかたは、稲作―農耕社会の安寧を願うという意味で「水と日の光恵み」という自然を基軸に成立しており、その限りではよく理解できる。しかし、自然というのは、主体との関係で存在し、そこには主体の営為が反映され、ある時間（時代）に生きる人間の歴史的、社会的な背景が投影されている。その意味では、彼の「自然」の捉え方はあまりにのっぺりしている。自然ともいえども所与ではないのである。主体的契機がなければ、当然、主体の形成→主体の変革という過程は成立すべくもない。それは柳田の「祖霊信仰」論がすべての事象に関して主体を取り巻く歴史的、社会的文脈（構造）をたえず捨象していることと結びついており、そのことは、彼の語りが日本人の心性の追究ということに終始し、その意味で超歴史的な、また人間存在（および現実の人間存在）と切り結ばない言説であることに大きな原因がある。柳田の自然の捉え方—宗教観を「宇宙大的な生命性に神性を求め、人間の本性をそれと一致するもの」とするという考え方との対比で捉えると、中村哲氏の次の指摘は当たっている。「柳田は民俗学にみずからを限局することによって哲学や宗教の問題を回避し、思想の次元で対決しなければならない人間の究極的な生き方の問題に触れることがなかった」(63)、「今日民間伝承を伝える人でさえ、信じきれぬ祖霊のアミニズムを説くことによって、宣長が曲がりなりにも説明した宇宙創造の宗教的原因をも語りえないである」(64)。あるいは、「宗教は人間存在の意味を追求する極限の思想である」が、「しかし、［柳田民俗学の場合］その根底には宗教的な欲求があるというよりも、この国においてすぎさった人々への愛慕と、この後につづく子孫たちへの愛情をもって踏み分けられていった学問だというところに特徴がある。それは救済を求める強い宗教的欲求や真理への哲学的探究があるのではなかった」(65)。その通りだと思う。

そこで「国の固有信仰」（この場合「神道」）における「固有」という表現の語法上の意味をひるがえって考えてみると、柳田にあっては二つの意義が一応認められよう。

1．日本人の生活の事実のなかに独自の信仰や考え方（日本人の心性）を見出すことができるが、それを日本人独自の宗教観として提唱することがきわめて重要であること

2．それは歴史的に古代連綿と継承されている宗教習慣、習俗として位置づけることが可能であり、他の宗教にまさる日本人固有の信仰であること

第一の項目は、彼の心情、願望に近いところもあるから同意するかどうかは別として、一応理解はしうる。ただし、第二の項目には、歴史認識の正当性という意味できわめて大きな問題がある。まずは、問題なのは、次々と具体的事象が語られて理論的展開がなされているように見えるが、民俗学でありながら実際には「古代連綿と継承されてい

る」という歴史的事実そのものを実証していないことである。そこにはどちらかというと「柳田のイデオロギー的作為」[66]に近いものを感じる。つぎに、神仏習合という事実に注目すると、柳田自身もその宗教習慣が歴史的に、今日でも存在することを承知しながら、[67]第一の項目に引っ張られ、レトリックとして横滑りさせてこの用語を使用している面が認められる。自覚的であるかどうかは別として、それは国家神道政策との関係で捉えるときわめて「政治的な」色彩を帯びることになる。

第二の項目で特に気になるのは、仏教の宗教的影響力をことさら低く見積もり、否定している点である。しかし、なぜそうなのかの理由を、歴史的、社会的文脈に沿って検証し、突き止める作業をおこなっていない。そこで、その点に関する安丸さんの次の記述を紹介しておきたい。

「だが、江戸時代に仏教が初めて国民的規模で受容され、日本人の宗教意識の世界が圧倒的に仏教色にぬりつぶされるようになったのは、権力による庇護のためだけではなかった。民衆が仏教信仰を受容するようになった民俗信仰的根拠は、さしあたり次の二点から理解することができよう。第一は、仏教と祖霊祭祀の結びつきで、これを集約的に表現するのが仏壇の成立である。第二は、多様な現世利益的祈禱と仏教との結びつきである。〔…〕もちろん、現世利益的な祈願は、仏教系のものにだけ捧げられたのではないが、神道系や修験系のものなども仏教との習合がいちじるしく、区別することが困難なことが多かった。各種の参詣講、飲食や娯楽の機会ともなった地域の講、開帳や縁日もふくめて、民衆の日常生活のなかにさまざまな願望が、仏教の様式をかりて表出されていた」[68]。安丸さんのみならず、多くの論者が江戸時代において（それ以前においても）さまざまな形で仏教の宗教的影響力が圧倒的に高かった事実を指摘している。そのことは、明治時代になり国家神道政策に基づく神仏分離（→廃仏毀釈）によりなぜ仏教が抑圧されなければならなかったかの要因の証明にもなりうる。そして実際に「出羽三山、吉野、富士山などで神仏分離がきびしく実施されたのは［明治］六年から八年のことで、仏像をとり除き、山中の地名から仏教色を払拭するなどのことが行われれた。富士山頂の浅間神社がかっては大日堂であったこと、［…］月山頂上では神社の形式のなかで今も修験の伝統が守られていることなどは、観光客として訪れる今日の私たちにも容易に気づきうる事実であるが、それらはいずれも山岳信仰に色濃い仏教色を抑圧して神道へと類別されたことの、今に残る証拠の一部である」(69)。もちろん、それればかりでなく、民俗信仰的な要素も抑圧の対象となった。「村レベルで考えるとき、氏神（仏）の神格や神像をめぐる問題のほかに、氏神と小祠の統合の問題があった。当時の村には、氏神のほか、多様な民俗信仰的な神仏が存在していたからである」(70)、「ところで、祖霊信仰と氏神祭祀に民衆の宗教意識を集約させ、それを国家的な祭祀に連結しようとする宗教政策からすれば、氏神の合併と小祠の併合だけが重要なのではなかった。こうした国家祭祀体系に対立するのは民俗信仰と民俗信仰的な行事・習俗の全体であるから、廃絶の対象とされた」(71)。

神道国家政策によるこうした仏教、民俗信仰の抑圧という冷厳な事実に対して、柳田はなにを語っているのか？そのこと自体に関して柳田はなにも言及してはおらず(72)、それゆえ渦中で執筆した「神道私見」(73)で神道国家政策に対する対応を確認していくことにしよう。

柳田のスタンスは非常に微妙であり、屈折している。その背景を理解するために、まず安丸さんの指摘を取り上げる。「維新政権の宗教政策［神仏分離政策→廃仏毀釈］は復古の名によっておこなわれたが、それがなんら復古ではなく、民衆の現実の宗教生活に対する尊大な無理解のうえにあたらしい宗教体系の創出の試みだったことは、柳田国男も指摘したことだった。柳田は、「新しい一つの改革案の、まだ研究の余地あるもの」と独特の婉曲さで述べているが、そのことにかかわってこそ、柳田の民俗学に含意された天皇制国家へのもっとも根本的な批判があったことは明らかであろう」［傍点：原著者］(74)。「神道＝非宗教を欺瞞的なものとする点では、例えば柳田国男も、「内務省の人々は、決して未解決ではない、神社を拝むのは宗教でないと極って居ると一応は答へるであろうと存じますが、然らば祈禱を容れ札を出し供物を享け、神官氏子の祝詞《のりとう》を聞き給ふ神様は何であるか、何れの時代でも理窟ばかりで世中のことを解釈出来ぬ例は多いが是程顕著なる事実を無視すると云ふはあまりだと考へます」と述べ、[75]［…］」。

　これらはいずれも、柳田は明治政府の「信教の自由」の規定に関して「矛盾したもの、きわめて不十分なもの」と批判する立場にたっているが、さりとて、あくまでも婉曲的な言い回しで、根本的な異議申し立てをしたわけではない。というのも、彼の所説は「明治政府は神道を宗教として認めない、日本の神道の教育は不徹底である」こと［上記の「是程顕著なる事実」とは、「国の固有信仰」という事実を指している］に批判の重きが置かれており、国家神道を中心に据える明治政府の宗教政策と完全に不適合であったわけではないからである。それは、明治政府の宗教政策の政治的な欺瞞性（諸宗派の宗教性（活動）を一応考慮して「信教の自由」を表向き認めるが、内実は国家神道を国家のイデオロギー体系の中心に据える）[76]をあくまでも問題にしているのであって、柳田の姿勢は「我々」の思いがちな批判の論旨とは真逆で、捻じれている。

　上記の安丸さんの「そのことにかかわってこそ」という言い回しは意味深長である。というのも、「もし〜であったら、〜だろうに」（反実仮想）という、そうならなかった現実を示唆しているからである。私は、本来「民俗学に含意された天皇制国家へのもっとも根本的な批判」のはずだったが、実際にはそれをおこなわなかった、と読解する。

　つぎに、柳田の「神道私見」のモチーフと、それを支える状況認識およびその変遷を見ていこう。それを考える際に、黛友明氏の「「神道」をめぐる政治—思想としての民俗学その1—」[77]が非常に役立った。周知のように、柳田は明治政府のきわめて政治主義的な（レトリックで満ちた、欺瞞的な）宗教政策（国家神道政策）[78]—「祭祀と宗教の分離」という神社非宗教論、神社合祀—に対して「「神道」を「国民生活」の側へと取り戻す」ことを意図してこのテクストを書いた。そこでは「先祖の霊」に象徴される祖霊信仰＝「神道」を時の政府が政治主義的な宗教政策に基づく対応により、学校の宗教教育として公認しないことに対してかなり激烈な不満を表明している。そこに柳田独自の民俗学の知見が動員されていることは想像に難くない。そのラディカルな姿は一応評価しよう。しかし、重要なことは、柳田にあっては、祖霊信仰＝「神道」は宗教として認識されていることであり、当時日本ではヨーロッパにおけるキリスト教神学の宗教としての影響力が畏怖として受け止められ、キリスト教神学、および俗流「西洋化」の席捲に対抗するために日本における民間信仰（「神道」）の宗教としての意義を強調したと考えられる。その点で、黛氏の次の指摘は正鵠を射ている。[79]「河野にとって、「神道」とは近代国民国家のイデオロギーの支柱であり、〝私たち〟を導いてくれるからこそ、価値がある。それはきわめてナショナルな語りであると同時に、社会は一方向に向かって発展していくのであるという西洋中心主義によって形成された認識も見て取れる。柳田が河野への応答で、最も強く反発したのはこのような理解であった」「柳田は、信仰の問題を介することで、〝それまで通りのことができなくなっている〟生活レベルの現実を発見し、それに依拠することで、近代日本の根本的問題―西洋中心主義をまとった枠組みをどのように受容し適応するかということに思考が束縛されること―まで踏み込んでいた」[80]。

しかし、「神道私見」以後の柳田の「先祖の話」、「新国学談」三部作に至る「祖霊信仰」論を見ていくと、ここでは詳述しないが、その論議は「神道私見」のモチーフをかなり踏襲しつつも、国家神道のそれと響き合うところがみられる。「これが[81]、どのように変容し戦後に至るのかは、今後の課題である。ただ、今回も注意したが、国家神道の言説は何か確固とした定義ができるというよりも、時代によって拡大・浸透していき、そのあり方を変えていくのであり、たとえ同じことを言っていても、後の時代では別の意味を獲得することもあることに注意しなければならない[82]」。この国家神道の融通無碍さ（「天皇制」もまさしくそうである）に対して柳田が十分自覚的であったかは甚だ疑問であり、その言説に回収されてしまう面は見受けられる。こう語るとき、もちろん、我々が今日の高みから、当時の時代に生きた人間の歴史的存在被制約性を考慮せず、跡づけ的論理でその人間の言動を批判（ときに断罪）する愚は避けなければならない。ただ、その緊張感のもとに語るとしても「神道私見」以後の言表自体に変容はうかがえ、それは批判的に受け止める必要があると思う。もっとも、その響き合う原初形態はすでに「神道私見」の中に見られた。

「ひとつ、「神道私見」について気がかりなのは、日露戦争と大嘗祭を具体例とし、そこに信仰の発露を見ようとしていることである。天皇の問題は論じられているが、日露戦争の問題はのちのアジア太平洋戦争下という状況も、柳田にとって、ある意味で古い信仰〔日本古来の信仰〕の表出を観察する機会としても捉えられていた。しかし、このような理解は、かなり危ういもののように思われる」[83]。

それは、次の認識として結実している。

「ただ、私などの力説したいことは、この曠古《こうこ》の大時局に当面して、目覚ましく発露した国民の精神力、ことに生死を超越した殉国の至情には、種子とか特質とかの根本的なるもの以外に、それを年久しく培い育てて来た社会性、分けても常民の常識と名づくべきものが、隠れて大きな働きをしているのだということである。現在はそれが最も著しい変化を始めているけれども、ともかくも今はまだ過去の原因を遡り探ることができる。今日の実状が効果を生ずるのは、さらに若千年も後のことであろう。〔…〕歴史を鏡と言った理由はここにあり、また民俗学をもって反省の科学なりと、しばしば私たちの唱えている意味もこの外には出ない。人を甘んじて邦家のために死なしめる道徳に、信仰の基底がなかったということは考えられない。そうして以前にそれがあったことが、我々にはほぼ確かめられるのである」[84]。ただ、報告者には彼の「憂国」の情を考慮するとしても「何をか、言わんや」である。「先祖の話」は、昭和二十年十月の執筆完了、終戦を予期して連日の空襲警報のもとで書かれたということだが、それを考慮しても、これは駄目である。

畢竟、私には「国の固有信仰」とは、日本人の「情念」(「民族固有の観念」)そのものを指しているように思える。彼は宗教のあり方ではなく、「情念論」を語っていると思えば、一見した考証の豊富さ、そのさいの着想力には納得がいく。

②柳田国男の国家の神道―神社政策に対する問題提起―「氏神と氏子」[85]

「新国学談」三部作の第三部であり、「氏神と氏子」（昭和二十一年七月）「敬神と祈願」（昭和十九年十月）「祭と司祭者」（昭和十八年六月）「窓の燈」（昭和二十二年六月）からなる。いずれの論稿も、終戦を覚悟しているせいか、あるいは敗戦後間もなくの解放された雰囲気のせいか、過去の自己の言動に関して「私は紛うことなき首尾一貫した思想信条を生きてきた」[86]と言わんばかりに、老いの一徹で本音を語っているところが結構見受けられる。昭和十九年時点でも独特の婉曲的な物言いはありながらもあけすけに国家の神道―神社政策を批判しており、そこはよく読むといろいろな含意が分かり結構面白いところである。

そのなかでこれまでの私の言及に関連する箇所だけを取り上げ、論じることにする。

1．氏神と氏子

「氏神と氏子」で柳田は、敗戦直後のＧＨＱの「神道指令（一九四五年十二月）」[87]にともない、神社神道全般が否定される社会的・政治的雰囲気の醸成のなかで「憂国の情」から「国の固有信仰」を擁護するために、国家の神道―神社政策をめぐり、統一政策―神社合祀の問題、敬神のあり方を取り上げ、その一部を批判しつつ、民間敬神の意義と推進を提起している。そこには「神道指令」に対する根本的批判が込められている。

「そういう中でも、国の固有信仰の展開に対する回顧が、今までは甚だしく不完全であったことなどは、こういう際でもないとお互いに心付かずまたこれを補充して行こうとする熱情が燃えない。全国の神社の数は、十万以上、今度の変革［ＧＨＱの神道指令］で目に見えた影響を受ける者は、二千とないであろう。民間の敬神は、なお持続し、ただそれがだいぶ以前から、少しずつ動揺していただけである」。

八月十五日の一周年の直前での靖国神社での講演であるが、ＧＨＱの神道指令により民間の敬神に多少の動揺はあるが、それでも、この「千古に絶する一大国難」に際して「災いを転じて福と成」し、「国の進路」を見出す必要があると説く。柳田は「歴史の学問」（「未来の史学」）は「一つの有望な兆候である」という認識に基づいて、これからの国の固有信仰の展開―神社神道のあり方について意気軒高と所説を展開している。そのなかで「今までの神道講究」は「学問とは言いがたい」と断じ、そうしたなかで「頑固ないい気になった旧弊人よりも志は抱きながらも実行に憶病であり、または目的達成に悠長過ぎた者が、一番に責められるべきあった。彼らは世の常の戦犯の中には算えられないが、内心はかなりの苦悩を嘗めている。こうして白状すれば自分などもその一人であった。それを懺悔しても今は詮もない。それよりも急いで罪滅ぼしをしなければならない」[88]（「神道学者の責任」）。ただ、この表明は何となく可笑しい。靖国神社でこの講演がおこなわれたこともあるが、それは悲惨な戦争の責任を痛感しているというよりも（もちろん全く感じてないということではないが…）、「国の固有信仰」の展開という目的はもっと徹底されるべきだったのに、実際には自分は臆病で、その意味では自分たちのやるべきことができず「戦犯」になった人に本当に申し訳ないと、も読めるからである。その思いを出発点として、戦後の神道史研究を進めようと誓ったのであろう。

そこで「突発的なる今回の大変革は、これら大きな神社［官国幣社二〇〇幾つ、府県社一二〇〇社以内］にとっても、まことに容易ならぬ事件であることは申すまでもないが、この数は実は数が少ない」、問題とすべきは無格社をはじめ全国の十万以上の神社が「これからどうなっていくのか」という懸念のもとに、それらの成立、あるいは信仰の現状を「幾つかの種類に分けて」把握する必要性を強調している。そう捉えていくと、「遠い他地方の小さな神社はどういうものか」に考えは及び、そこには「新たなる発見」がある。「だから今度の変革［GHQの神道指令］では不幸とは言いながらも、国民の総体をして自ら知らしめる、願ってもない好機会であったのである。自分はそういう悦びの心をもって微力ながらもあえて日本人なるがゆえの一致、または決して偶然でない遠方の類似というものを説いて、一つの案内役を勤め、行く行くこの問題を考えてみてくれられる人を、少しでも多くしておきたいと思うのである」[89]と、自分の願望を語っている。この願望を見ると、ともかく「首尾一貫した思想信条」の持ち主であるとは映る。この「遠方の類似」という表現は、彼の神社神道の認識を考える上で重要な意味をもつ。というのは「神社に関する国民の常識が、これから先なお大いに深められ得る点は、実にこの区域にある。自分などのもっとも大きな感銘は、土地を相隣する二つ以上の神社の間に、かくまで著しい性質の差があるにもかかわらず、それがかえって遠く隔絶した、全国隅々の神社の間にまねもかぶれもしたのではない現状の類似が幾つともなく見いだされる」[90]からである。それゆえ、統一方式による「集合祭場の方式」、神社合祀のあり方に異議を唱えている。その意味で「神を単一に引戻すこと［統一政策］が、国の固有信仰を純化するに必要な方法」[91]なのかどうかを考える必要性を問いかけている。

2．敬神と祈願

「敬神と祈願」では、その当時柳田の可能とする限りで国家の神社—神道政策の批判をおこない、そのなかで敬神と祈願の関係と、後者から前者が導出されるべきことを強調している。柳田の霊地観からすれば、その限りでは説得力のある議論である。敬神、祈願と何か、それはどう関連するのか、まず確認しておこう。本来は「敬神と祈願と、二つは別のものであり、のちには一続きに繋がってしまった」というその柳田の要因分析の言明は省くが、本来の敬神の姿は、柳田によると次のようなものだった。『延喜式』公布の時代には、全国の神社を一つ一つに集めて「祈願を籠める」ことは、当時の交通網では不可能であり、朝廷としても必要のないことであった。そこでは「年久しい縁故に基づいて、神の威徳を信ずることもっとも厚き人々をして、誠実にその毎季の祭を奉仕せしめ、皇室は御自ら最高唯一の祖廟と、特に御因みの深い神々とのみを御祭りなされて、大いなる手本を御示しなされたので、敬神はいわば国民それぞれの承認であった。いかなる匹夫匹婦の祈願といえども、おのおののその心からなる信仰に発する限り、これを軽んじまたは抑圧することなく、完成せしめることを趣意とせられ、ただ徐々たる指導と垂範とによって、国家存立の大目的に合致せしめようとするなされたものと我々は拝察している」[92]。これが柳田の理想的な「国家」敬神—祈願の関係であり、民間敬神（—神社神道）という表現（考え方）につながっている。ここで敬神、祈願に関する柳田の要点を確認すると、「日本ではあるいは中古の曲解によって変貌を来たし、またはやや不当に強制せられていたかも知れぬが、結局するところ敬神は一つの道徳であって、ただ外部の形だけからでも律することができる。これに反して祈願は意思であり信仰はまた受け身の感覚であって、まったく形体の上に現れぬものである」[94]。これこそが柳田の最大の含意である。先に述べた敬神の理想は忘れされ、外部からの押しつけだけが人びとの前に立ち現れ、一方、人びとの意思、信仰は、「形体の上に現れぬ」ゆえに、「受け身の感覚」と映るゆえに、無視されている。だから柳田は「[…]ここで政府がなお試みる途はあると思う。私はそれを一つの定まった型の中へ、はめ込もうというこれまでの方針ではなく、むしろその反対に信仰が自由に発露する余地を、聞き与えることにあるかと考えている」[95]と言わざるをえなかった。

その批判は「悲しむべき経験」という節に集中している。ここでは、明治前半期の国家神道政策の動機が「まさしく国を愛する情から出ていた」ことを柳田は容認しながらも、敬神と祈願の関係を「これらの老政治家たちは省みなかった〔正しく捉えていなかった〕」[96]とし、その「解釈はおのおのその時代の要求から出発したもので、世が改まればそれも改まるのは当然だとしても、一方には現におのおの村の氏神社に、祈願し信頼する者がかくのごとく多いという事実を無視しているのみか、さらに我々の同胞が過去二千年を通じて、完全なる信教自由のもとに、というよりもむしろ仏教に対する片びいきの政策下において〔国家神道政策の政治主義的な色合いの批判、ただし柳田はそこに「仏教に対する片びいき」という見方をしている〕、一貫して固有信仰の歩みを続けてきたという、最も輝しい民族の特質さえ認めないで、我から進んで自分の能力に不信用を抱くに至ったのは、恥ずべきことだったという点である。地方多数の農漁民等の信仰と、諸君の抱いておられる敬神思想とは、両々相対するものだということを認めずして、この非常の時局に臨むことは、〔戦争をしている当の日本の〕また一つの弱点ではないかと気づかわれる」と、痛烈な批判をしている。というのも「信ずればこそ人は祈願をする。そうしてその祈願の必ず容れられるべきことを信じ得る。しかも平生彼らが教えられているものは、敬神であって信心ではない。現実に信じているのは産土の神、それ以外の神々は詣る者が少なく、それも多くは一身の願い事であった」[97]からである。そうした事情に疎い人たちが「寄ってたかって、総国祈願を説くということがあまりに政治的でないか」と指摘する。その点で「民族統一の必要から割り出しても、敬神という言葉の内容の変遷を詳《つまび》らかにし、ことにその濫用に注しなければならない時代であると思う。この意味において、三十余年前の合祀政策などは、あるいは好ましからぬ影響を与えているのではなかろうか」[98]と、捉える。「その濫用」とは「［…］一大字一村社というような劃一的な原則［三十余年前の合祀政策］を立てたことは間違っている。お蔭でせっかく活きていた祭りは絶え、ただ見物のつもりで出かける者、まるきり参列し得ぬ女や老人が多くなったという事実もある。これなどはひいきの引き倒し、敬神政策が消極的に固有信仰に干渉した例」[99]などを指している。そこで「今日の事態に対処する政策［必要なる措置］としては、いま少し信仰の自然の展開を期すべきであり、それには小さな端々の多数神社の実状が、無視せられすぎるということが言いたかったので、それで差し当たりは次の二つの点に[100]、手を下してみてはどうだろうかといったのである」[101]。禱る→氏神の所在の確認→信仰が、国民信仰の自然な姿であり、そのことがひいては本来の年久しき国家敬神の本旨に近づくと最後に締めくくっている。「ゆえに禱るとするならば必ず氏神ということを明らかにするのは、やがてはまた国民信仰の自然にも合致し、かつまた年久しき国家敬神の本旨にも近いものである」（同）。

3．警下抄［警報体制下］の事（「窓の燈」）

「そういう機縁は特に信仰生活の方面に多く、しかも道義や経済、その他あらゆる変遷と絡みあっているということが、わずかな注意の向け方によって、いとも手軽にわかってくる。人が近世史の無知を恥としなかった気風、これがあるいは敗戦の主因だったかもしれない。それも十日の菊六日の菖蒲、もう後の祭りだという嘆きは深く、何もかも新規蒔きなおしという類の、思い切りのよい人は、少々はあるけれども、それは到底全体に通用する考え方ではない。［…］この戦に生き残ったら、遅まきながら大いに説き立てねばならぬと、思うようなことが段々にたまっていた。ただ、戦争中は問題の選択が実に煩わしく、大きなことを言うときはいつも隣人の鼻息を窺い小さい事でも必ず遠回しに、いわゆる愚にもつかぬ話から始めねばならなかった」[102]。

この「警下抄［警報体制下］の事」は、昭和十九年ごろの心境（書き溜めたもの）を回想しているもので、柳田の本心が現れていて非常に興味深い。敗戦を覚悟している心境だが、敗戦の主因は「国の固有信仰」の不徹底にあると捉え、日本の戦争行為の問題性はほとんど考慮にはないかのようである。それでも言論統制下においては、彼といえども自由な言論活動はできず、柳田も息苦しさを感じている様子が窺える（だから、書き溜めたのだが…）。この記述の後、この警下抄で「子供の抱くような素朴な疑問を提出して、［…］大抵は危険思想に陥らずにすんだ」と言って、彼は「ごく小さな問題」――「つま楊枝というものの根源」を好事家的な関心で追究していく。ここが非常に面白い。思うに、柳田民俗学の面白さとは、習俗（表象）→謂われ→変遷（系譜）→原初の意味を突き止める着想力にある気がする。

四、「複数の柳田国男[103]」

中村哲氏の示唆を通して、彼の一面的な評価かもしれないが、柳田国男の言説の所在をある程度確認できたように思う。なによりも、その言説の読解で我々が振り回され、悩まされるのは、基本的には保守的な思想の持ち主であるが、リベラルな見方もときにのぞかせること（その点頑固な「伝統主義者」では決してない）、「祖霊信仰」論のように、ある部分、自分の情念を語りながら、他方で、主体の契機→信仰を歴史に投企させる思い入れはないこと[104]、農政官僚、農政学者として当時の農村社会の疲弊の状態の解決に思いを馳せたが、その後農政学から民俗学へと転向し、自己の研究をそれに特化し、「祖霊信仰」論が成熟するにつれ、その当時はおこなっていた社会・経済分析などが影を潜めるようになったこと、そもそもなにゆえに民俗学に特化するようになったか、そのこと自体がかなり謎であることと等、以上のような点にある。言説、変遷自体にグラデーションがあり（究極の真意は摑みにくいところがある）、多面的な相貌の持ち主である。もちろん知の巨人であるが、「どれが本当の柳田国男なのか」ということになると「怪物」でもある。その点で、中村哲氏の次の指摘は柳田国男を語る論者への見方を把握するうえで示唆的である。「[…]柳田の科学的精神は、瞑想的になる一歩手前のところにおいての民俗学の時点で自らを抑制している。学問は、機能的方法による実証主義を目指しながら、その発想は浪漫主義的であるという不調和の結合果実として、その学問体系には、ある種の不安感を抱かせるものがぬぐい切れないけれども、しかし、それが人によっては魅力として感じられ、人によってはまた近づき難い体質的なものの距離を感じさせることになっている」[105]。私は率直に言って、後者である。

最後に、柳田の所論におけるアンビヴァレントな思考様式の問題性を踏まえて、先に私が指摘した問題点、また中村哲氏も未解決なまま残っていると指摘する課題、あるいは疑問点を改めて論点化しておきたい。

1. 神仏習合の認識

「柳田国男が日本人固有のものの考え、生き方を求めるために、作られた神道教義の思想の領域から、つとめて外来的な「トックニブリ」［外国風］を排している意味はわかるが、日本人のなかに現実に生きている宗教心情を求めようとする以上、それが仏教や儒教と結びついている事実を民俗学の対象として、ありのままに認識することも必要だったのではなかろうか」[106]。それは私も読んでいて痛切に感じた。「常民の民間信仰としては祖先崇拝を中心とする神道と仏教の習合があるが、柳田は、それを起源に遡って、神道的なものに還元したけれども、そのことによって自己の宗教的確信が得られたのではない。［…］これが日本人の死後の生活はわからぬという短い表現になって示されたものと私は思っている。実はこのことが柳田民俗学の限界であって、神道の純粋化の操作を行うにもかかわらず、それによっては、歴史研究の一つの素材は提供されるが、日本人の生の哲学の解決になっていないのであるい。［…］実はこのため祖先崇拝がそのような思想的変貌［民間信仰である神道が仏教の教義や神道家の思想体系によってたえず教義化されたこと］を遂げなければならなかった経路と問題点を明らかにし、日本人の現在における複雑な宗教意識を認識することも民俗学に含まれる問題であったと思われる。しかし、それは部分科学としての民俗学の果たす領域を超えており、人間が生きるための総合的な学問は、この民俗学の素材の上に構築されねばという遠望は柳田にはあったのであろう」(107)。これは、柳田の「祖先崇拝」論は、神仏習合による祖先崇拝の思想的変貌を解明すべきなのに、実は柳田はそれをなしえていない、それゆえ日本人に哲学的・宗教的な根拠（示唆）を与えるには十分でないという、思想・哲学研究者の中村哲氏ならではの見方である。根拠不十分という点では、柳田は祖霊を神の起源とみているが、「先祖の話」、「人を神に祀る風習」でも、習俗として伝承されているとみなされる部分（前者では田の神、山の神）には言及するが、人間は死によってなぜ神となるかは十分に説明していない、ことである。そこが、西洋思想の影響を受けた者たちにはしっくりと納得できない点であり、やや過剰な要求とはいえ、その説明は彼の所論が説得力をもつうえでの重要な構成要素であると考える。

2．伊勢信仰、祖先崇拝、天皇制

・柳田民俗学においては、もともと政治国家の観念が希薄で、個別家族のみがあるといって良く、それが統一神を構想することもなく、個別主義の祖先崇拝と氏神信仰にとどめることにもなるのである(108)。

・個別神と普遍神が論理の上では対立しながらも、性質の上では同一であることは、どのような意味をもつものであろうか。政治国家の普遍神とみられる太陽崇拝の伊勢信仰も、その実は天皇家の個別家族の穀物信仰にすぎないというのであろう(109)。

・しかし、それにしても、柳田は、政治国家としての天皇家の祭祀の問題であるだけに、〔伊勢信仰に〕特別な政治的分析を向けるべきであった。日本人の間においては人種的対立や征服関係や氏族間の集団復讐の抗争が顕著にみられないとして、雑種民族であることから総親和的であったというのであろう。が、これをいう場合でも、柳田民俗学の分析の眼には、これらのものをかぎわける鋭い社会史的観察があってよかったと思う。[110]

この中村氏の一連の言及には「柳田は天皇制に抵触することは慎重な表現をしているけれども、彼の民俗学からすると、個別的な家があって、そこには神としての祖霊があり、論理をおしつめて行けば国や天皇とは矛盾するものを含んでいる」という柳田の論理矛盾の指摘を通じての彼なりの天皇制問題へのスタンス（批判）の側面がある。この見方は私も共有する。これ以上言っても野暮なのだが、中村氏の「祖霊信仰」論の評価のとどのつまりは「柳田には家の論理はあるが、国の道理というものが希薄であって、そこに祖霊信仰の個別主義に立脚した家父長制の家を中心とした民俗学の特徴がある」[111]。「国の道理というものが希薄」であることは、明治の近代国民国家形成における彼の国家の認識（の欠如）と大きく関わる問題でもある。

3.「殉国の至情」

上記の言及に関連するが、先に私が憤慨して語った「先祖の話」の「殉国の至情」の表現にはオチがある。戦争中、柳田国男の家で彼と論議をしたときのことを中村氏が回想している。「彼には、あの戦争というものが納得されるものではなく、それをいう根拠は家の継続ということであった。若い人々が家を離れて再び国土に還ってこないということがあっていいものであろうかというのである。〔…〕彼にはこういう戦争をする国家というものへの疑問があるというのであった。この『先祖の話』のなかでも、このこと〔私の引用した当該箇所〕を注意深く読めば柳田の平和な心情と家想いの思想を汲みとることができる」。その後中村氏は「戦争を正当化しているわけではなく、そういうものを、一朝にして培われたのではなく、〔…〕家族共同体の一人とし、自我を没する共同的規制の心情に、注意を向けているのである〔この後「特攻隊を頭に浮かべてのことだろうが、」に言及する〕。〔…〕後の人がこの文章の背後を読みとることは、今後においてはなかなか出来難いことだと思われるので、ここに私事であるが、戦時中の柳田国男の言葉を思い出して触れておくのである」(112)。そう言われると、私の誤読の部分は確かにあるかもしれない。私の「先祖の話」の引用個所である「人を甘んじて邦家のために死なしめる道徳に、信仰の基底がなかったということは考えられない」とは、「自我を没して、共同的規制〔邦家の規制〕によって甘んじて死に赴くことを引き受けたとすれば、それは間違った道徳であり、そうさせた信仰のあり方に問題がある」と読めるからである。「国の固有信仰」が正しくと継承されていれば、こうはならなかったと柳田は言いたいのであろう。その婉曲的な物言いに潜む心情は十分に慮ることはできる。しかし、柳田には家の継続の意識はあっても、日本国が国家として対外〔侵略〕戦争をしている意識は極めて希薄なことはこの行間からもうかがえる。そのことを、中村氏もその後で「柳田民俗学においては、もともと政治国家の観念が希薄で、個別家族のみがある」という言い方で、言外のニュナンスながら仄めかしているように思える。

4.「天才の個人芸」

中村氏は本著〔一九七四年刊〕の意義について「柳田の民俗学が日本の学問に対して今後ますます影響の大きいものになって行くであろうと考えるだけに、その本来の問題からは、むしろ外れて、その学問的成果をみるときに捨象しなければならない柳田国男個人のイデオロギーの側面をここに問題にしたにすぎない」(113)と締めくくっているが、それは重要な指摘であると思う。私もそれに引っ張られる形で、やや尻馬に乗りすぎたキライはあるが、柳田国男の言説の所在を確認してきた。外野から見ると民俗学の分野では、柳田の物語作家としての卓越さに魅了されて(114)、それが多分に「天才の個人芸」に負う部分があるにもかかわらず、それゆえにというべきか、結果として「柳田国男個人のイデオロギーの側面」に呪縛されている印象なきにしもあらずである。「天才の個人芸」ゆえにそこには優れた着想もあり、また彼特有のイデオロギーも生まれているのだが、その優れた着想を「捨象しなければならないイデオロギーの側面」とともに、切り分け、今後に引き継ぐべき論点として分節化する作業が不可欠だと思う。表記に関わる中村氏の論点を列挙しておきたい。

・柳田国男の日本民俗学は新しい国学として外来的な習俗を一切捨象する形で行われてきたのであって、それは、この種の学問の性質から来るものであるが、柳田国男の個性の強い発想がからみついているために、とくに日本の風土にふさわしい学問となっているところがある。(115)

・今日の断片的な民間伝承には記紀に見られるようなまとまりがないために、これを統一し、連関させるのは一人柳田国男個人の思考力と構想力にかかることになった。柳田は天才ゆえにそれをある程度はなし得たけれども、まさにその綜合と整理の中にこそ、古代人の思惟ではなく、明治大正期の開明官僚であり、民俗学者以前に法制家である柳田のイデオロギーが混在することになっている。(116)

・〔…〕とくに柳田の民俗学の特色をついているのは［家永三郎の指摘］、民俗学による資料の蒐集という点では他の学界に見られぬほどの共同研究がなされ、優れた成果をあげながら「認識の統一という最終作業に当たっては、まったく天才の個人芸に依存せざるを得なかった」点を指摘していることである。それは柳田という天才の個人芸にたよっており、科学というより芸術だと評している。〔…〕民俗学の方法については、私がここに論議する筋合いではないが、家永のいう芸術と評する部分こそ、私が取り上げてきたイデオロギーとか思想といわれるものに他ならず、それは思想の美的構想といっていいものである。(117)

・それ［柳田の学問］は哲学的であるよりも、多分に人生論的である。しかも民間伝承の資料といわれるものさえ、それが［資料という］物としてではなく、常民の意識や物の考え方を取り扱っているのであって、これを分析し、整理する主体は他ならぬ個性の強い柳田その人である。実証の民俗学といわれているにもかかわらず、柳田の感性による、柳田の論理による意識分析の学であって、心理学のもつ性格を帯びている。(118)

・彼の文章は当初の部分は多少とも計画的であり、意欲的であって、概説的に整理されているが、やがて、つぎかららつぎへと細かな各論に入って、とめどなく具体例の連鎖で話が進められて行く。それは理論とか思想というよりは、信ずるものの独白のようにして、時には憑かれたもののように、その口調には託宣のような音波があって無体系のままに述べられて行く。それは時代と環境によって制約されながら表白される柳田国男のイデオロギーであって、時には理想郷を過去に託して語っているような夢でさえあった。(119)

私の下手な注釈など不要である。とくに家永三郎の指摘である「天才の個人芸にたよっており、科学というより芸術」が全てを言い当てている。今、柳田の優れた着想、眼目のどこを切り分け、論点として分節化するか（活かしていくか）は私の能力を超えている。ただ、中村氏は柳田民俗学の方向性に関して次のように言う。「これ［先に引用した人によって受け止め方が異なること］こそ［彼の］浪漫主義が西欧の古典主義に対して、また合理主義思惟に対して、異質的なものの魅力とされることであり、同時に欠陥とみられるものである。［…］従って日本の民俗学の将来は柳田国男の民俗学から、柳田個人の浪漫主義を脱皮することによって発展しなければならないし、他の隣接学問は、柳田民俗学の未完成ゆえに、［…］本来の社会科学が開拓して行かねばならない素材を多く含んでいることを認める」(120)［傍点：原著者］。そこで、その「柳田個人の浪漫主義を脱皮する」ための一助として、「他の隣接学問」である社会科学の側から「浪漫主義」的な発想ゆえに未整備、未完成であるものの、探究の素材の宝庫であるような民俗学の諸領域に取り組むことは当然必要であろう。

その一方で、民俗学の側からも「他の隣接学問」との学際的な連携を図る必要性を感じる。それを佐藤健二氏は

「比較の方法性」に基づく「「インターディシプリナリー［inter-disciplinary］」、すなわち脱領域的な分析[121]」と呼んでいる。それは「比較という方法の可能性そのものが、内なる常識の認識論的な切断を含む」ことに意味がある。そこではそれは「概念に内在する社会制度や文化の時代的・構造的な制約をあらわにせざるをえ」ず、その作用は「既存の基礎概念の外側に出て、その枠組みを相対化する」。まさに「柳田個人の浪漫主義を脱皮する」方法そのものである。そこでは「「学際性」と呼ばれたような、境界横断の特質が生まれざるをえない。すなわち、経済史や政治史、宗教史、国語史といった単一の概念に囲い込まれない、相互連関的で脱領域的な歴史認識を［柳田が］開拓していることこそ、私が柳田国男を「民俗学」においてではなく、歴史社会学としてあらためて評価する有力な理由の一つである」。確かに、柳田には「相互連関的で脱領域的な歴史認識」かどうかは別として、「経済や労働の問題から政治、さらには宗教の領域までを論じていく幅広さ[122]」の側面はある。もちろん、私がここで佐藤氏の言を引用するのはあくまで民俗学における「相互連関的で脱領域的な歴史認識」の可能性のことである。

最後に私が柳田民俗学で惹かれる要素を語っておきたい。先に「柳田民俗学の面白さとは、習俗（表象）→謂われ→変遷（系譜）→原初の意味を突き止める着想力にある気がする」と述べたが、拙い私のラカン読解[123]を通して柳田の語法を捉えると、柳田にあっては、心意諸現象に立ち現れるミクロの事象の言葉の意味が日本語固有の論理にしたがって、そこでは隠喩の力が働いて、マクロの事象の大きな意味へと展開していく点を評価している（彼自身それを実行する力技の持ち主であった）。その展開には「象徴が言語のすべての意味素の根底にあり」（ラカン）、当然、柳田にあっても象徴的なもの（シンボル）の呼び出しが常におこなわれている（少ない著作の読み取りながら、極論すれば全篇その試みであるという印象を受ける）。だから「この技法を学び自家薬籠中のものとするには、ひとつの言語が蓄積してきた言語資源に、とりわけ具体的には詩的テクストとして形を結んだものに、深く精通する必要がある」（ラカン）のである。「ひとつの言語が蓄積してきた言語資源」（ラカン）の探求は、まさに柳田の得意とするところであった。パロール parole は、単なる言葉（言語）ではなく、対話における「話しことば」と捉えるべきであろう。柳田はその点を重視し、その考察の方法では大きく貢献したと思う。

注

（1）『柳田国男全集』第25巻「月報」所載（筑摩書房二〇〇〇年二月）
（2）有泉貞夫「柳田国男考─祖先崇拝と差別」（『展望』一九七二年六月号）
（3）有泉同上二一一頁
（4）有泉同上二一九頁
（5）それに対して柳田は「進歩史学が基礎としている社会経済構造の変化の中に習俗の変遷が起因することは認めないし、上部構造という分析方法ももたない」（中村哲『新版柳田国男の思想』一三五頁）（二〇一〇年新装版による、初版一九七四年）。
（6）安丸1─①三五四頁（「民衆的規範の行方」）
（7）安丸同上一八六頁（「「民衆思想史」の立場」）
（8）安丸同上一八七頁
（9）民俗学研究者には「彼は［…］日本人の独自の発想をもって、民族の内部から対象を観照しようとするという態度をとった。それは彼のいう常民文化について有史以前の自然状態における人間から、今なお引き続いているものを、古代人に心理的共感を感ずるかのようにして観察するという多分に詩人的な発想である」（中村同上五頁）という中村哲氏の指摘に沿うかのような見方をする傾向が強いように思える。しかし、多分にその〝常民〟把握はそこに何か奥深い歴史的基層の本質があるかのような発想であり、日本、あるいは日本人というものの本質論議にとどまってしまうのではないか…ほぼ同様の指摘は、「そこに［社会史でいう心性史に］「民族」とか「エトノス」という集合表象概念に、学問的性格規定の全体を預けてしまう依存が随伴している。しかし心性のみの取りだしは無益な抽象化であり、現実の社会関係に対する分析を衰弱化させる。［…］民俗学もしくは郷土生活研究の方法の理念にとって、不可欠だったのは「自己認識の学」としての徹底のみであったからである。［その意味で］「日本」を超歴史的な連続性として定数化してとらえることが、民俗学的思考の不可欠な前提であるかのように論ずるのは、少なくとも柳田国男のテクストの今日における読み方としては、おそらくかたよった貧しい自己限定といわざるをえない」（佐藤健二『柳田国男の歴史社会学』二四八頁）。

（10）安丸同上一一二頁（「日本の近代化と民衆思想」）

（11）有泉同上二〇九頁

（12）この捉え方は、柳田の古代連綿とつながる考証と着想力をかなり狭めている印象をもつかもしれない。しかし、こう捉えるのも「どのような研究も、固有の問題設定と分析のための論理的次元をもつものであろう。［…］柳田のばあいは、日本の常民の生活や生活意識一般である。それを抽象的すぎるとか具体的でないと批判するとすれば、それは、こうした抽象次元を設定することによって何が明らかにされ何が明らかにされないかを区別できない方法的音痴というものだろう。「通俗道徳」論は、私なりに設定された方法的論理的な問題設定の次元をもっており、そこから照射しうる問題群と照射しえない問題群をもっている」（「民衆思想史の立場」安丸1—①二〇〇頁）と安丸さんが語るように、その「問題群」の内実を明らかにする必要があると考えるからである。

（13）安丸良夫「民衆運動」（『柳田国男研究資料集成20昭和篇』後藤総一郎編昭和五十年）三〇五頁

（14）安丸さんは「こうした柳田の［歴史学に対する］文献史学批判は、記録が残されるための歴史的条件への洞察から、歴史研究の方法に鋭く迫ったもの」（同上三〇六頁）と受け止める。

（15）安丸同上三〇六頁〜三〇八頁

（16）次の安丸さんの指摘は民俗学の独自的意義と隣接諸科学との協働（学際的な営為）の必要性という点で示唆的である。

「ここで注意すべきは、一致や打ちこわしのような歴史事象は、民俗学の立場からだけでは理解しきれないが、さりとて、経済史学などの社会科学の個別の一部門からだけでも把握しきれないものだということである。他の諸科学と交錯せざるをえない領域をその対象から除去すること〔その関心対象から取り出すこと〕は、民俗学に独自の対象領域と方法とを確保させることになったはずである」（同上三〇八頁）。同様に「日本の歴史学では、民俗的なものの研究は民俗学という別の学問の領域とされ、民俗学の側では、国家の政策や近代化の問題はその学問対象の外にあるものとされる傾向は、今も強いが、〔…〕」（安丸1―④八七頁）という指摘を強く受けとめるべきであろう。

(17) 有泉同上二一六頁、中村同上五六頁

(18) 小村 出「柳田國男の宗教意識―回心なき回向型宗教としての先祖教について」（『佛教文化学会紀要』一九九六年）のなかで、中村哲氏の前掲書の当該部分が引用されているのを知り、報告でも紹介したのだが、単なる指摘にとどまり、その著作は読まずじまいだった。

(19) 中村哲氏の論及の仕方は、柳田の考証を歴史学、民俗学の視点に立って検討するというよりも、考証に立ち現れた柳田の知のあり方、思考様式の問題（体質）を抉剔することに力点が置かれているように思える。私が、彼の論述を参考にするのも主としてその点である。

(20) エドムンド・バーク（Edmund Burke、一七二九年一月一二日～一七九七年七月九日）。主著は一七九〇年の『フランス革命の省察』（原題：Reflections on the Revolution in France）であり、この本は保守主義のバイブルとされる。フランス革命を全否定して、ジャコバン派の完全追放のため、革命フランスを軍事力で制圧する対仏戦争を主導した。また文壇に出るきっかけとなった論文の『崇高と美の観念の起源』は、英国で最初に美学を体系化したものとして有名である。ここでは「崇高美」というひとつの美意識が定義されている。（以上、Wikipedia より）

(21) 安丸良夫『出口なお』（朝日新聞社〈朝日選書〉一九七七年、洋泉社ＭＣ新書、二〇〇九年）

(22)安丸良夫1―①三五一頁（「民衆的規範の行方」）
(23)同上三四七頁、三五〇頁
(24)安丸1―④五〇頁（「『文明化の経験』序論 課題と方法」）
(25)安丸1―①一八七頁（「「民衆思想史」の立場」）
(26)安丸同上三頁（「日本の近代化と民衆思想」）
(27)安丸同上
(28)安丸1―①一七頁
(29)安丸1―①三二頁
(30)安丸1―①一二頁
(31)安丸1―①三〇五頁
(32)安丸1―①一九三頁（宮田登『志林』第58巻3号よりの安丸さんの引用）
(33)同上一九四頁
(34)安丸さんが日本で「超越神的な宗教伝統」に唯一近い存在として浄土真宗を考えていたというフシはある。ご存命なら確認できたのだが…
(35)安丸1―③（『第3巻 宗教とコスモロジー』の巻末解説三五九頁）
(36)安丸1―①八七頁（「民衆道徳とイデオロギー編成」）
(37)柳田国男「祭礼と世間」（『柳田国男全集13』ちくま学芸文庫）五四九頁
(38)同上
(39)安丸1―④五五頁（「民俗の変容と葛藤」）

(40) 安丸4 七九頁(『近代天皇像の形成』)

(41) 安丸4 七四頁、堀一郎『日本のシャーマニズム』(講談社現代新書一九七一年)よりの引用。ただし、上記の安丸さんの言及箇所に関してこの著作で直接堀一郎が語っている部分は見当たらない。しいて挙げれば、「[…]吹き荒れた東大紛争とその余波は、わたくしから全く執筆の余裕を奪ってしまったが、私はこの紛争を通して、新宗教運動とは別個に生き続けるシャーマニズム的要素の存在を確認し得たように思う」(同上まえがき、堀一郎は一九六九年当時東大宗教学科教授であった)。安丸さんの言及はあくまで彼の読み取りなのか、それとも堀一郎との私的な会話のなかでえた感触なのか…

(42) 安丸4七七頁(『近代天皇像の形成』)

(43) 柳田国男『故郷七十年』(神戸新聞総合出版センター)五頁

(44) 安丸1—①二四九頁(「生活思想における「自然」と「自由」」の注(9))

(45) 中村同上一四〇頁

(46) 永池健二「柳田国男と「特赦の話」—民俗の思想と「根」を求めて—」(姫路大学人文学・人権教育研究所『翰苑』二〇一七年十月 vol.8)参照。この論稿は柳田国男の優れた文学的資質を的確にとらえている。

(47) 中村上記一三三頁

(48) トマス・スターンズ・エリオット(Thomas Stearns Eliot、一八八八年九月二十六日~一九六五年一月四日)は、イギリスの詩人、劇作家で文芸批評家である。代表作には、5部からなる長詩『荒地』(一九二二年)[戦後、鮎川信夫、田村隆一らが立ち上げた詩人サークル「荒地」はこれに由来する]がある。有名な「四月は残酷きわまる月」で始まる長編詩『荒地』で第一次世界大戦後の不安を描きだした。保守主義の思想家としても知られ、エリオットは「詩人とは表現するべき個性を持たず、特定の表現手段を持つ人で、それは個性ではなく手段であり、その中で印象や経験が特殊な予期せぬ状態で結合する」と述べている。(以上、Wikipedia を参考にした)

(49) 中村上記一三七頁

(50) 中村上記一五九頁

(51) この点で、以下の橋川文三の指摘はきわめて参考になる。後の私の指摘とも関わるので長くなるが引用しておきたい。「保守的思考における価値の基準は「持続」「生成」ということであった。そして、柳田の場合には、その理念の母胎をなしたものが「常民」の存在にほかならなかった。[…]ただ、柳田は、[ヘーゲルとは異なり]そこから歴史と思考の弁証法を展開することはしなかった。「常民」理念に含まれる一種静的な性格はそのことと関連しているのであろう。[…]柳田の抱懐する「常民」は、歴史的現実の中に与えられた存在ではなく、民族的存在の持続のモメントを集成した方法的理念であった。それは悠久に常なるものの形象化であり、変化によってかえってその内包性を拡大する性質のものであった。それは「身分」とか「階級」の存在と結びついた体験様式ではなく、すべての制度を超え、時間的規定性を超えた原初的理念であった。それは一切の体制・制度の作為的性格をかえって自らの疎外形態とみなす性質のものであった。したがって体制の大変動[太平洋戦争→GHQ指令]によってなんらの「転向」を必要としなかったのである」（橋川文三『柳田国男論集成』作品社二〇〇二年一八一頁）。橋川の柳田の〝常民〟概念の捉え方は正しい。またその一方で、人里離れた山間、岬などに、虐げられている人の中にも自ら草履で分け入って伝承に関する民俗採集をし、また、朝日新聞在籍時代に〝常民〟の生活に触れて「地方のどんな村の字の名前も記憶し、一たび会った人々を記憶する博覧強記の丹念さで、全国を歩き回り」（中村同上一六〇頁）、論説を書いた（それも中村哲氏によると「政治・社会・農村問題など」であった）柳田を思うと、「彼の文学的、美的感覚に基づく「天才の個人芸」」と標定するだけでは済まされない問題も伏在している。そうすると、〝常民〟の生活の探究の中に、何の目的で、何を見出そうとしたのか？　それは疲弊した農村の問題究明の一助となるためなのか？

(52) 民俗学研究という立場に立つとき、この捉え方は「かなり乱暴である」という誹りを免れないおそれがある。その点で佐藤健二氏の次の指摘を参考にしたい。彼はこれまでの常民の捉え方を三つの軸で整理しているのだが、重視すべきは、そのうちの第一の軸、「非文字性の問題である。文字を解し使いこなす知識層ではない「目に一丁字」もない民衆で、口から耳へと知識を伝えつづけてきた、文字以外の層において常民が位置づけられていく」（佐藤同上一三九頁）側面である。その層も含めて〝常民〟は民間伝承という文化の担い手であるゆえに、それを捉えるには文書のみならず「採訪」による事実の掘り起こしは基本的な作業であろう。そのことは、〝常民〟を捉えるさいの大前提である。ただし、その際、従来の「民俗学のたいへん図式的な「常民」の理解」で「対象である「民俗」を「伝承」という名の残存文化の研究に押し込め、その文化の担い手を失われつつある「常民」として措定する」（同上二三八頁）ような愚だけは避けたいと思う。

(53) 有泉同上二一六頁

(54) 有泉同上二一四頁〜二一五頁　有泉氏の立論の趣旨を基本的に了解しているが、ただ一点問題があるように思える。それは、祖先信仰の可能性を現実に転化させる契機になったのが、被差別民の存在であるという指摘である。推定の表現を用いているように、その原因―結果の関係は必ずしも十分に立証されていないことである。その問題点は立論の上での課題として残る。いずれにしても、柳田が途中から被差別民の問題に言及しなくなったその要因は、柳田民俗学の究明すべき大きなテーマであろう。

(55) 中村同上一五九頁

(56) 地方名望家に村での祖先崇拝の先導者としての役割を期待する面があるとしても、この見方は一面的過ぎて、柳田に対してやや気の毒な理解であるという印象をもつ。それは、明治の官僚主義的な地方政策―「地方改良運動」に伴う共同体（ムラ）の危機に際して、「村落二重構造論」における「自然にできた村」の擁護者としての役割を地方名望家に期待した時期があり、そこには、リベラルな発想と保守的な発想が混在する形ではあるが、その地方政策に対抗したことがうかがえるからである。

(57) ここでは、祖先崇拝と、「人に神に祀る風習」の主題である御霊信仰の双方を含む語法として「祖霊信仰」という用語を使用する。もちろん引用のなかでは原著者の語法をそのまま踏襲する。
(58) 安丸同上二〇六頁
(59) 安丸同上二〇六頁
(60) 有泉同上二一九頁。有泉氏の論の立て方では、この一節の前に次の記述がある。「中世から戦国の動乱期、殺戮、疫病、飢饉による非日常的な死が巷にみちていた時代に、日本人一般が祖先崇拝にだけ安心立命できなかったことは、この時代の真宗教団の発展を見ただけでもあきらかであろう」（二一九頁）。それだけにこの真宗集団の反権力としての宗教的影響力を評定することは、その後の影響力も含めて日本の宗教のありようを考える意味で非常に重要なのではないか。言及したい誘惑にかられるけれども、能力不足でとてもできない。
(61) 「先祖の話」（『柳田国男全集13』ちくま学芸文庫）。一九四五年（昭和二十年）の執筆。
(62) 「神人合一観」、「自然村的秩序」（神島二郎『近代日本の精神構造』岩波書店）
(63) 中村上記一三〇頁
(64) 中村上記一三一頁
(65) 中村上記五五頁
(66) 安易に中村哲氏の議論の尻馬に乗る愚は避けなければならないが、次の指摘はきわめて重要だと受け止めている。「柳田はトーテミズムとみられる痕跡を日本の民俗にみとめるにかかわらず、祖先崇拝ひとすじを強調する。それは父系の家長制［注：トーテミズムのテーマ、デュルケーム『宗教生活の原初形態』（原著一九一二年）参照。表記は「宗教生活の基本形態―オーストラリアにおけるトーテム体系」］に結びつく祖先崇拝を過去にさかのぼって理由づけようとする柳田のイデオロギー的作為とみられる。柳田自身はそのことに気づいていたかどうかは別として、柳田のいう民俗学は祖先崇拝と核とするという規定づけをして、自ら動きのとれないものにしているように思われる。それには、なんといっても、柳田自身のそれに対する敬心と、この後のものへの祖先崇拝の願望があるからであって、ここに柳田民俗学の特徴があるようにみえる」（中村同上八四頁）。この議論の前提は「トーテミズムは自然現象の恐怖のなかから人間を救済するための信仰であって、人間の力ではなしえない力をもつているとと考え」（同上）ていることにある。柳田は「人を神に祀る」という捉え方のように神に対して人間自身が左右する力を認めているという意味で、トーテミズムと異なると中村氏は捉えているのであろう。ただ、中村氏のこの言及は、結構意味深長である。というのも、「柳田がその民俗学をみずから新国学と名のるように」（同上一〇九頁）、柳田は新国学の作風を受けついでいるので、本来なら新国学→「父系の家長制」の脈絡でトーテミズムの民俗学を構築していいはずだが、日本の風土に合わせて、あえて祖先崇拝ひとすじの論法をつくりあげた、と読めるからである。その意味で柳田の「祖先崇拝」論を「イデオロギー的作為」と捉えているように思える。総体としてそのイメージが強いことは疑いえない。もう一つの理由は、「日本の仏教習俗が日本人古来の祖先崇拝との積極的な習合を試みた」ように、「祖先を敬愛し、その墳墓を尊重することだけならば、社会体制や国民性を超えた人間社会の秩序であって、ことさらに祖先崇拝という観念をもちだす必要はない」（同上一〇七頁）からであり、それは「西欧社会において祖先を敬愛し、墳墓を尊敬することのなかにも祖霊信仰的な要素が全く無関係であるとはいえない」（同上）ことにある。「柳田の民俗学は祖先崇拝を取り上げるにあたって、日本の現実の習俗となっている仏教と神道の習合した現実的な意味をそのまま把えるのではなく、つとめて純粋に古神道的なものにひきもどすことに日本民俗学の使命があるように考えているようにみえる」（同上一〇九頁）。

（67）仏教の影響→神仏習合に関して近世の神道学者ですらそれに異議を唱えないことに柳田はかなり痛烈な批判をしている。「もっと露骨な言葉を使うならば、神の功績の分業というべきものが、いつとはなしに他氏の神をも信ずるようになる素地は作っていた。そうしてさらに今一歩進めて、わが神の御力及ばず、たまたまある区域にはそれよりもさらにすぐれた神があるらしいと、考えるようになったのは仏教の感化であるといってよい。近世の神道学者は、こういう風に考えることを非常に嫌い、神すらなお仏の徳を認めたまうと説くことをもって、迷妄または冒瀆であると論破しなければ止まなかったが、その正しいか否かは別にして、それが中世久しきにわたっての神に奉仕する者までの常の考え方であったことは事実であって、［…］」（「氏神と氏子」『柳田国男全集14』ちくま学芸文庫五六二頁）。もっともその一方で日本の宗教習慣に神仏習合があることを認めている。「仏教も宗旨によってひどく雑業雑修を制止するが、これにさえいろいろな抜け道があった。古く入っている宗派では自由に日本の神々を拝ませ、また自らもその祭りに参加している。本来の国風がお互いに他人の信仰を認め、家々の異なる神々を敬い合うという特徴を、いわゆる正法の樹立に利用したものかと思われる。これは宗教史学の一課題として今後も我々の心を潜めて考究しなければならぬ事柄であるが、少なくともこの併存状態の起源は遠く、また決してある一つの民俗に限られたる特色でもない」（同上五九九頁）。神仏習合の問題が「宗教史学の一課題」であり、いまだ持ち越しになっている現状を暗に認めている。

(68) 安丸2二六頁（『神々の明治維新』岩波新書）

(69) 安丸1―③二六二頁（「近代転換期における宗教と国家」）

(70) 安丸1―④一六八頁。これに関連して安丸さんは「こうした小祠が村内のいたるところにあって、日常的な村民の信仰の対象となっている状況を、民俗学の教えるところによって、私たちは容易に知ることができる」（同一六九頁）と指摘する。

(71) 安丸同上一七一頁。

(72) 当時の明治政府の神祇政策に関して「廃仏毀釈は荒っぽいやり方だ」という趣旨だけは語っている。柳田が取り上げているのは、「人の信仰の現在のごとく複雑し、また抵触しやすい状態」では「国民生活の統一を図るということはよほど難しい」、そうなると「以前の廃仏毀釈みたいな荒っぽい権力を行使するか、［他には神祇政策の］外形の点ばかりやかましく言う」（「氏神と氏子」同上六三六頁）ようなことになりかねない、という文脈においてである。「仏教、民俗信仰の抑圧」に対する表立った言明はない。

(73) 「神道私見」（『柳田国男全集13』ちくま学芸文庫）。執筆は一九一八年（大正七年）

(74) 安丸1―③一三二頁(「天皇制下の民衆と宗教」)

(75) 安丸同上二八五頁(「近代転換期における宗教と国家」)

(76) 柳田の実際の認識は昭和十九年当時の回想に基づくが、以下である。「今日からふり回ってみると夢のようであるが、明治の前半期、いわゆる治外法権を撤廃させて欧米と対等の条約を結ぼうということは、困難な事業と認められて、老輩は皆苦労をしたのである。これには何よりもキリスト教国人を安心させるために、信教自由の根本法則を掲げなければならぬのであるが、それでは年久しい国内の神々が、どうなって行くのだろうとかということが、譬えようもない憂慮の種であったゆえに、ぜひとも神社の解釈をこう決めなければならなかったので、動機はまさしく国を愛するの情から出ていたのである」(「氏神と氏子」同上六〇六頁)。これを読むと、国家神道政策の動機を大半において肯定していることがよく分かる。

(77) 柳田国男研究会関西例会「戦後思想と民俗学の変貌」(二〇一六年三月二一日)での報告。国家神道をめぐる柳田の所論の在りかとその問題点を確認できる優れた論稿である。

(78) それはいうまでもなく、明治の近代国民国家の形成における国民統合原理である「天皇制」及びそのイデオロギーを根幹から支える政策であった。

(79) 河野省三(こうのせいぞう、一八八二年八月十日~一九六三年一月八日)は、日本の神道学者。國學院大學学長を務めた。著書に「国民道徳要論」「神道の研究」「国学の研究」「国体観念の史的研究」「神道文化史」「日本精神発達史」「国学史の研究」「旧事大成経に関する研究」「近世神道教化の研究」「神道研究集」などがある。

(80) 黛同上一一頁

(81) 1. 神道私見論争において宗教「概念」がまだ十分自覚されていない違和感という柳田の視点、2. 「国民」の設定により神道を新しく語りなおすこと、3. 「神道私見」以後に展開される、祭礼や人神の問題も国家神道の言説との関連で読む必要があること(以上は黛氏の論点の要約)

(82) 黛同上一五頁
(83) 黛同上一五頁
(84) 「先祖の話」同上一六四頁
(85) 『柳田国男全集14』ちくま学芸文庫
(86) 当人の中でこの姿勢が可能なのは、根本的には「柳田の抱懐する「常民」」は、「歴史的現実の中に与えられた存在ではなく、民族的存在の持続のモメントを集成した方法的理念」、「「身分」とか「階級」の存在と結びついた体験様式ではなく、すべての制度を超え、時間的規定性を超えた原初的理念」ゆえに、「体制の大変動によってなんらの「転向」を必要としなかった」（橋川文三同上一八一頁）からであり（いわば不動の拠点）、現実的には「日本の祭り」の論述に見られるように、祭りが祖先を祭る季節祭り（↓日本の神が人々の氏神）であることを当人が論証しえたという強烈な自負にある。したがってその点で「柳田の戦前と戦後は一筋につながっており、「先祖の話」もその例外ではなかった」（同一七九頁）。当然なことながら「のちになって柳田が自認したところでも、柳田が少なくとも戦争という国民総体の運命に関わる大きな疑問に対してほとんど答えることがなかったこと」（同六七頁）が大きな動機として働いている。
(87) その具体的内容は島薗進『国家神道と日本人』（岩波新書）一一九頁～一二〇頁参照
(88) 「氏神と氏子」（『柳田国男全集14』ちくま学芸文庫）五一二頁
(89) 同上五一三頁
(90) 同上五一三頁
(91) 同上五六〇頁
(92) 同上五九〇頁
(93) ただしこの「中古の曲解」という表現は言いがかりに近く、問題含みである。この文章は、前述の注の箇所で引用した「宗教史学の一課題」（同上五九九頁）を受けて語っており、それは仏教が中世において神を敬う習慣のなかに紛れ込んで、神仏習合のあり方とともに敬神のもともとの意味を変形させた一つの要因（そこには「強制的」な信仰という意味合いが含意されている）であると主張しているからである。

(94) 同上五九九頁

(95) 同上六〇〇頁

(96)「神社は宗教にあらずという見解が国是のごとく固定していて、一人や二人では変えられない」ということで、「山県［有朋］老公」にそれを変えるための具申をしようと親しい人に相談したところ、「［…］彼［山県］の口吻までを真似して、私の希望をはねつけた。つまりは国民一般の道徳となっている伊勢大廟などへの敬神と、新たなる内外の教会に出入りする信仰とが、二つ取りの選択になっては大変だという意味で、これが憲法以上の信教自由の条項の解釈と絡みついた問題で、［…］今さら討論の余地のないもののように、少なくともこの人たちは考えているのであった」（同上六〇五頁）と、追想している。この憤激ぶりには結構本音で語っているところが窺え、なんとも可笑しい。

(97) 同上六〇七頁

(98) 同上六〇七頁

(99) 同上六〇八頁

(100) 二つの点とは「1．祭の奉仕者を、現実に信じている者の中から選ばしめること、2．露地で祭をおこなう祭式を制定」のことである。

(101) 同上六〇九頁

(102) 同上六七七頁

(103) この表題は佐藤健二氏の著作のある節の見出しから借りている（二七四頁）。そこでの「柳田国男もまた、ただ一つの統合された思想ではない」という見解に同意する。彼にとっては「もうひとりの柳田国男」、つまり「もう一人の柳田国男を描きだすこと自身が、歴史社会学という方法の一つの希望の実験でもありうる。この「もう一人」は単数形に限定されない、alternatives である」（同二八三頁）。

(104)「[…] 柳田にはこの意味の自然宗教というものがないだけでなく、救済宗教を別に求めていた気配もほとんど無い。現に後の世の祭事をなんら示すことなく、この世を去ったのである。最後まで信仰を求める心情はあったとしても、それは何の決断も必要としないほどむしろ無宗教的であり、科学主義の立場であった」（中村同上二三四頁）、「柳田は神話も客観的に観察していた人で、折口のように神話のなかに自分をおいた人ではなかった」（同二八一頁）、「柳田という人はその本来の気質は非合理的であるが、その生い立った精神環境が一九世紀の科学的実証主義の時代であったために、その思考するところが実証主義的であったのであり、その学問的方法は機能的であったが、その人の根にあったのものは、およそ、それとは反対の予断的なものであったと感じられる」（同一四〇頁）。悟性（知性）と情念（予断的なもの）とのアンビヴァレント、我々はこの側面を柳田に対しては絶えず注視しなければならないのであろう。

(105) 中村同上二四八頁
(106) 同上一一二頁
(107) 同上二三六頁
(108) 同上七五頁
(109) 同上九六頁
(110) 同上九三頁
(111) 同上九八頁
(112) 同上九九頁

(113) 同上二四九頁
(114) 想像するに、柳田の語りにおいて、素朴なままに示される太古の姿を、とり残された山間僻地の〝常民〟に発見しようとし、そこで初期において柳田が好んで山の妖怪や魔物を素材に取り上げたことが、自然界を通して人間の始原的な本性に遡及することにあったとすれば、そこには大いに魅力(ロマン)を感じるかもしれない。それはよく理解できる。
(115) 同上五一頁
(116) 同上一三二頁
(117) 同上一三九頁
(118) 同上一四〇頁
(119) 同上一四二頁
(120) 同上二四九頁
(121) 佐藤同上一三二頁
(122) 佐藤同上一三三頁。この捉え方は柳田の学際的資質をやや過大に評価しているという気がしなくもない。それならば、「祖霊信仰」論のような見方は生まれなかったと思うからである。隣接学問領域に専門家並みに精通していることと、学際的な認識を有していることとは、当の佐藤氏の説明からしても、別のことである。佐藤氏は柳田の専門家並みの学識を高く評価して、こういう言い回しをしているのであろう。
(123) ジャック・ラカン『精神分析におけるパロールとランガージュの機能と領野 Fonction et champ de la parole et du langage en psychanalyse(一九五三年九月)』に準拠している。邦訳として『精神分析における話と言語活動の機能と領野』(新宮一成訳 弘文堂二〇一五年)がある。

参考文献

1.『安丸良夫集第1巻～第6巻』（岩波書店二〇一三年）
①第1巻 民衆思想史の立場（安丸1）
②第2巻 民衆運動の思想（安丸2）
③第3巻 宗教とコスモロジー（安丸3）
④第4巻 近代化日本の深層（安丸4）
⑤第5巻 戦後知と歴史学
⑥第6巻 方法としての思想史
2. 安丸良夫『神々の明治維新』（岩波新書一九七九年）
3. 安丸良夫『天皇制―歴史・王権・大嘗祭』（安丸良夫、網野善彦、色川大吉、赤坂憲雄　河出書房新社『文芸』特集一九九〇年）
4. 安丸良夫『近代天皇像の形成』（岩波書店一九九二年、岩波現代文庫二〇〇七年）
5. 有泉貞夫「柳田国男考―祖先崇拝と差別」（『展望』一九七二年六月号）
6. 有泉貞夫「「柳田国男考」補遺」（『柳田国男全集』第25巻「月報」所載　筑摩書房二〇〇〇年二月）
7. 中村哲『新版柳田国男の思想』（法政大学出版局二〇一〇年新装版による、初版一九七四年）
8. 島薗進『国家神道と日本人』（岩波新書二〇一〇年）
9. 佐藤健二『柳田国男の歴史社会学』（せりか書房二〇一五年）
10. 橋川文三『柳田国男論集成』（作品社二〇〇二年）

柳田国語科教科書と教師用指導書

佐野　比呂己

一　はじめに

授業において、教師用指導書の存在は非常に大きいものがある。授業の準備の際、教科書を活用する際、教師用指導書を参照し、構想を立てるケースが多く見られる。時には、教師用指導書そのままに単元を構想し、授業を展開するケースも見られる。特に、全教科の授業を受け持つ小学校では、教科担任制である中学校、高等学校に比し、教師用指導書に依存する傾向がさらに強くなることはいうまでもない。事実、教師用指導書を絶えず持って授業を行っている場面にも一度ならず遭遇している。

柳田国語科教科書に柳田国男の国語観、国語教育論、教育観が反映されている。そのことを教員はどうとらえ、どう展開したか、柳田国語科教書の教師用指導書から考えてみたい。

本稿で取り上げる教師用指導書は、『「新しい国語」学習指導の研究　小学六年下』（昭和二十五年（一九五〇）七月東京書籍　東書文庫蔵）である。教科書が昭和二十五年（一九五〇）四月から使用されており、教師用指導者はそれから遅れること三ヶ月で発行されている。情報化社会である現代に比し、当時は教師用指導書に依存する傾向は強いものがあったと推測される。

その中でも柳田の国語観が最も反映されている「標準語・方言」を扱った単元を取り上げることとする。

二　国語教室における「標準語・方言」指導

当時の「標準語・方言」の指導について、教育界、学校現場ではどうとらえられていたのか、確認する。

藤原宏は、昭和二十二年（一九四七）に文部省から発行された「学習指導要領　国語科編（試案）」に示された記述と昭和二十六年（一九五一）に改訂された「小学校学習指導要領　国語科編（試案）」に示された方言に対する考え方を整理し、次のように解説を加えている。(1)

いかにも「共通語は正しい語法をそなえているが、方言はそうではない。」「共通語はよい言葉だが、方言は野卑な言葉と同じようにしないほうがよい。」などと曲解されやすい述べ方である。

そしてこのような示し方や方言に対する考え方が、方言使用を早く脱することが国語指導の効果と考えたり、方言を使うことにひけ目を感じたりといった誤った結果をもたらしたことも事実であったろうと思われる。

これは、昭和二十年代から三十年代にかけての国語教室における「標準語・方言」の指導の実際を如実に示すものである。

稿者は、以前「単元「人間とことば」の国語観」（『語学文学』第四十六号　北海道教育大学語学文学会　平成二十年（二〇〇八）三月　三一―四六頁　稿者注…以下「前稿」と略す）の中で、昭和二十五年（一九五〇）に東京書籍から発行された小学校用国語科教科書『新しい国語』第六学年下巻に配当されている単元「人間とことば」の分析・考察を試みるとともに、この単元に集約された国語観を『新しい国語』の監修者である柳田国男の国語観と比較・検討し、この単元の特徴を抽出したことがある。

管見では、国語科教科書において「標準語・方言」を題材にした嚆矢となるものである。

前稿から単元「人間とことば」の「標準語・方言」観を摘記する。

① 標準語のもととなった東京のことばにも方言が入り混じっている例をあげ、方言が劣った言語であるという方言蔑視の言語観の払拭を図っている。(2)

② 標準語は学校で学ぶものである（中略）家庭や地域においては方言を使用することは当然であり、方言を使用することを許容するのである。(3)

③ 家庭や地域という限られた空間では方言を用い、違う土地の人間とのコミュニケーションには標準語を用いるというようにコミュニケーションの場により方言と標準語を使い分けるだけであって、方言を標準語よりレベルの低いものであるとしていない。(4)

単元「人間とことば」を見る限り、藤原のいう「方言使用を早く脱することが国語指導の効果と考えたり、方言を使うことにひけ目を感じたり」といった内容にはなっていない。当時の国語教室を熟知していた藤原の認識とのずれを確認できる。

単元「人間とことば」が実際にはどのような指導がなされたのか、検討する必要があるだろう。本稿では、教師用指導書の記述を参照し、当時の国語教室では、この単元をどのように指導していこうと考えたのか明らかにしていく。

前述した通り、「標準語・方言」は国語科教科書においてそれまで取り立てて題材とされたことはなく、当時の教員にとって「標準語・方言」に対する考え方を児童に指導することはかなり不慣れであったと推測する。そのように考えると教師用指導書の存在はかなり大きいものとなるはずである。

尚、単元「人間とことば」においては、「共通語」ではなく「標準語」という語が用いられている。柳田国語科教科書では、「標準語」とは学校で学ぶものであり、「日本中の人みんなにわかるようなことば」、「日本中の人たちがみんなで使うことば」であるとしており、「共通語」とほぼ同義で用いられている。本稿では、教科書本文、及び教師用指導書において、「標準語」という語のみ記述されていることもあり、引用の便宜からすべて「標準語」という語を用いることとする。

三　教師甲指導書

教師用指導書の「編集にたずさわった人」（稿者注…以下、「指導書著者」と略す）として、次の五人の名前が奥付に記されている。

国立国語研究所員　岩淵悦太郎
民俗学研究所理事　大藤時彦
東京杉並第四小学校校長　上飯坂好実
東京都立西高校教諭　鳥山榛名
東京杉並第七小学校校長　吉田瑞穂

教科書編集委員として名を連ねていた岩井良雄（当時東京師範学校）、望月久貴（当時東京第一師範学校）の名が消え、吉田が加わっている。

最も大きいことは、教科書監修者である柳田国男の名前が指導書著者には記されていないということである。教師用指導書作成からは、柳田は一歩引いた立場でいたということになる。

しかし、指導書著者と教科書編集委員に重なりが確認できるから、教師用指導書には、教科書編集の際に話し合われたであろう単元構成、題材のねらい、学習活動等が生かされていると考えてよかろう。

一方で、柳田の冠が外されているわけであるから、柳田の目が十分に行き届かなったとも考えることできるし、指導書著者がある程度自由に記述できる環境にあったとも考えることができるであろう。

四　単元「人間とことば」

『新しい国語』第六学年下巻は次の六単元で構成されている。

一、ふるさとの秋
(一)　利根川のせの音
(二)　北国の秋
(三)　小柿
二、私たちの図書館

（一）私たちの図書館
（二）書物の話
三、つくられるまで
（一）茶
（二）紙
四、美しさを求めて
（一）玉虫のずしの物語
（二）おかぐらのふえ
五、人間とことば
（一）方言と標準語
（二）新しいことばと外来語
（三）学生のことば
六、新しい世界
（一）先生の手紙
（二）心に太陽を持って

上下巻二冊に分かれていることから、この教科書は十月から六ヶ月間使用すると考えられるだろう。単元配列の順に年間計画を立てたとすれば、「人間とことば」は第六学年の二月に学習することになるであろう。小学校卒業まで一ヶ月という時期にあたる。教師用指導書においてはこの単元の位置づけについて次のように記されている。

この単元では六年生最初の課題であり、また、小学校の「新しい国語」の最後の課題である「ことば」について、六か年の国語学習力を結集してまとめようとする意図が考えられる。国語学習ということをせんじつめれば、ことばの学習ということになるからである。（四九頁）

第六学年においてはもちろん、小学校の国語科学習の集大成として位置づけていることがわかる。指導書著者は「人間とことば」と前単元の「美しさを求めて」とを対照的にとらえている。

はなしことばは、造型美術のように、形をとらえることはできない。音楽のように時間とともに消えうせるものだが、音楽のように芸術性を持つものではない。はるかに実用的なものである。（中略）前者はあくまでも情緒的であり後者は理知的な考え方ではあるだろうが、それでもなお、人間とことばについて考えるというはたらきには、美を求めてやまないような心のゆたかさとともに、するどさや強さが望まれるのではなかろうか。（四九頁）

言語と芸術を単純に「芸術と実用」、「情緒と理知」に分けられるか否かについては疑問の残るところであるが、両単元ともにある対象について考えるという点では共通していることがうかがえよう。

前単元「美しさを求めて」においては、音楽や美術といった当時の子どもたちの実態から一歩はなれたものを題材としている。

一方、単元「人間とことば」では、児童の力で解決できるように配慮がなされている。

教科書巻末の「学習のてびき」には、次のような課題が記されており、ここでの子どもたちの学習活動が見てとれる。

（一）方言と標準語

●おさない子供のことばを調べて、おもしろく思ったことを発表しましょう。

●あなたの住んでいる土地のことばから、標準語とちがっているものをさがし出して発表しましょう。

（二）新しいことばと外来語

●あなたの知っている外来語をたくさん集めて、表にしてみましょう。

（三）学生のことば

●「てんでうまい」というようなはやりことばを、あなたがたは使っていませんか。使っていたら、それを帳面に書いてみましょう。

●「はやりことばを使ってよいかどうか。」という題で、討論会をしてみましょう。（一五八頁）

自分の身のまわりの「ことば」を調べたり、集めたりすることを出発点とし、それらを整理するという活動が示されている。整理する中で、「ことば」について自ら考え、そこから発表し、討論させようというのである。

これらの学習活動を通して、指導書著者は次のようなねらいを持って単元を構想している。

この単元では、そうしたことばの哲学的なせんさくをさせようというのではなく、いろいろことばについて見わたし、正しく、美しく、確かなことばにしようとする実践力を個人個人に持たせようというのである。そして、ことばに対する関心を持ち、興味が感じられれば、やがて深い考えを掘り下げていくための機会をあたえることになる。（四九—五〇頁）（注　傍線は稿者が施した。）

学習を通して、「ことば」への関心・興味を高めることが第一であり、今後の言語生活に資することをねらいとしていると言えよう。

「ことば」を題材とし、「ことば」そのものを見つめなおし、「ことば」で考えるという単元となる。

五　「正しく、美しく、確かなことば」

さて、ここで注目したいのは「正しく、美しく、確かなことばにしようとする実践力」を各々に持たせようということをねらいとしている点である。

「……にしようとする実践力」とあるから、この単元である方向に向かう実践力をつけさせようとしていることがわかる。

ある方向にあたるのが「正しく、美しく、確かなことば」である。それでは、「正しく、美しく、確かなことば」とはいったい何なのだろうか。

教師用指導書の「方言と標準語」の項を確認することとする。

幼児語の観察から説いて方言と標準語の説明におよび、結局、標準語がわれわれの共通語で、それを身につけなければならないということを感じさせるようになっている。（五〇頁）

おさない子供のことばに覚えちがいや言い違いがあるが、これを直していくのはおとなである。ところがそのおとなは方言で育っているためにいろいろの不便がある。標準語でなければおたがいの気持を十分に通じ合うことができないものである。（五一―五二頁）

ここでは、「方言と標準語」が対立構造の図式で描かれている。標準語は「身につけなければならない」ものであり、標準語でなければ十分なコミュニケーションが成立しないというのである。

標準語を身につけるために、「予想される学習活動」として、具体的に提示されている。

グループにわけて、ある日の新聞について、わからないことばとか、よく使われていることばなどを集録分類して、それを話題とし話し合いをしながら、本文の読解にはいることもできる。

その他、今までの教科書の中から、ことばあつめをしたり、低学年児童の作文のことばづかいと高学年児童の作文のことばづかいのちがいを調べたり、方言あつめをしたり、いろいろのことばの調べをしてそれを話題とし、ことばというものについて、いろいろの意見を交換するということもおもしろいと思う。（五一―五二頁）

新聞、教科書などに標準語を求め、自分の身のまわりのことば、方言と比較、考察することによって、標準語が自ずと身につくことを期待している。

そこには、子どもたちの言語生活において、標準語を用いることをすすめ、身のまわりのことば、方言を排除していこうという方向性がうかがえる。

これは、前稿で論じた前述の「標準語・方言」観と大きく異なるものである。

例えば、教科書において、コミュニケーションの問題について、次の記述が確認できる。

同じ日本語でありながら、土地土地でことばがちがっていると、ちがった土地の人がおたがいに話をするのには、不便が起ってくる。そこで、どうしても日本中の人みんなにわかるようなことばが必要になってくる。私たちは、学校に行くと、日本中の人たちみんなで使うことばを学ぶ。このことばは、標準語といわれるものである。自分の家族の人たちや、土地の人たちと話をする時には、方言を使ってよいが、ほかの土地の人と話をしたり、大勢の人の前で話をしたりする時は、どうしても標準語を使わなければならない。みなさんは、大きくなってから、代議士になって、國会で日本の國の大事なことがらを相談し合うようになるかも知れない。代議士は、方々の土地から選び出されて来るのであるが、代議士が、みな、方言で話したのでは、おたがいの気持を十分に通じ合うことができないであろう。（一二七—一二八頁）

標準語は、違った土地の人や不特定多数の大勢の人とのコミュニケーションの際の不便を解消するものであるとし、その必要性を説いている。この点は教師用指導書も前稿も同様の解釈となっている。

前稿においては、「どうしても」という語を「方言が使用できないので、やむをえず」という意味で解釈した。そこから、母語としての方言を前提として、家庭や地域という限られた空間では方言を用い、違う土地の人間とのコミュニケーションには標準語を用いるというようにコミュニケーションの場により方言と標準語を使い分けるという図式であり、方言と標準語は対等のレベルにあるとと論じた。(5)

前稿でのこれらの論は、全て柳田の「標準語・方言」観に由来するものであった。(6)

柳田にとって国語は重要な位置を占めており、ものごとを思考する上で言葉というものは切っても切れないものがあると考えていた。柳田の考える理想の国語とは、思考を中心に据えた言文一致である。

現存する方言の中には、長い時間をかけ、淘汰されて残ったものがいくらでもある。なぜ残ったかと言えば、常民にとってそれらの言葉が自分の心情をそのまま表せるものであり、美しい響きがあるからこそ、選択されたのだと柳田はいう。したがって、思考の言語の観点から言えば、日本全国の生活語からよいと思う言葉を自主的に選択し、それらの言葉を標準語とすべきであると柳田は考えるのである。いわば、トップダウン式による性急な標準語制定ではなく、ボトムアップ式によるそれを求めていたということになる。

柳田にとっての「正しく、美しく、確かなことば」とは、ボトムアップ式による成立する標準語であったはずである。

柳田が『国語の将来』（創元社　昭和十四年（一九三九）九月）の中で外国語の翻訳のような標準語教育は思考が介在しないとの揶揄があったが、教師用指導書の記述は正に柳田が批判したトップダウン方式による標準語教育の記述となっているのである。

六　教科書と教師用指導書の乖離

教師用指導書にとっての「正しく、美しく、確かなことば」とは、方言よりも一段高いレベルにある標準語ということになる。

そういった意味では、この教師用指導書を参照し、授業において「人間とことば」を題材とした場合、藤原のいう「方言使用を早く脱することが国語指導の効果と考えたり、方言を使うことにひけ目を感じたりといった誤った結果」

をもたらすことは言うまでもないことである。

これは、柳田の「標準語・方言」観と大きく乖離するものである。柳田自身が監修した国語科教科書を使用する国語教室において、柳田の年来の主張と全く真逆の考えが展開されることになるのである。

大藤によれば、国語科教育に対する熱意が教科書編集にあたってよくあらわれていたとして次のように述べている。

根本方針や単元編成はもとより、教材の選定や取材範囲などについてもいちいち具体的に指示され意見を述べられた。(7)

監修者であり教科書編集に熱心に携わったにもかかわらず、教師用指導書は皮肉な内容となっている言わざるを得ないところである。

指導書著者には、教科書編集委員も務め、柳田も全幅の信頼を置いた岩淵悦太郎、大藤らもいるのである。当然、岩淵や大藤は柳田の「標準語・方言」観については稿者以上に熟知していたはずである。岩淵、大藤がわざわざ柳田の考えを無視したとは考えがたい。

岩淵は、当初国語科教科書づくりを引き受ける際、東京書籍に柳田から共同監修者となることを求められたというほどであるから、その存在や役割は大きいものがあったはずである。(8)教師用指導書作成にあたってはその責任をになう立場であったはずである。

指導書著者は、教師用指導書作成にどれほどのかかわりがあったのだろうか。教師用指導書の成立については、十分に吟味、精査する必要があるだろう。

単元「人間とことば」において、教師用指導書では柳田の「標準語・方言」観が反映されていない。杉本は、その要因として「学習指導要領」による制約をあげている。そのことは当時の検定状況からみても明らかである。[9]しかし、教師用指導書に対しては教科書ほどの制約はなかったはずである。柳田の「標準語・方言」観を展開することは可能であったと思われる。

「標準語・方言」の扱いについては、教師用指導書は柳田の「標準語・方言」観が全く反映されておらず、教師用指導書を参照し授業を展開した教室が大多数であったと推測する次第である。

杉本仁は、前稿を検討し、単元「人間とことば」の「標準語・方言」観について次のように述べている。

標準語をすすめるために、土地のことば、方言を排除しなければならないというニュアンスが強調されている。[10]

前稿においては、柳田の「標準語・方言」観を前提として単元「人間とことば」を論じたきらいがある。裏を返せば、単元「人間とことば」をその前提をなくして学んだ場合、前稿で述べた「標準語・方言」観に至ることとは困難である。そういう意味でも柳田国語科教科書の「標準語・方言」観と教師用指導書の「標準語・方言」観との乖離があったことは残念でならない。

注

（1）藤原宏「教育と標準語・方言」（『標準語と方言』文化庁　昭和五十二年（一九七七）九二頁）
（2）佐野比呂己「単元「人間とことば」の国語観」（『語学文学』第四十六号　北海道教育大学語学文学会　平成二十年（二〇〇八）三月　三五頁）
（3）注2　三五頁

（4）注2　三六頁
（5）注2　三六頁
（6）佐野比呂己「柳田国男の標準語観」（『解釈』第五十巻第五・六号　解釈学会　平成十六年（二〇〇四）六月　四三―四九頁）
（7）大藤時彦「柳田先生と国語教育」（『教室の窓』東京教育研究所　昭和三十七年（一九六二）十月　七頁）
（8）田中正明『柳田国男と教科書―児童と生徒へのまなざし』（開成出版　平成十八年（二〇〇六）四月　一〇―一一頁）
（9）佐野比呂己「柳田国男監修高等学校国語科教科書の編集方針をめぐって」（『国語教育史研究』第十三号　国語教育史学会　平成二十四年（二〇一二）十二月　一―一二頁）
（10）杉本仁『柳田国男と学校教育―教科書をめぐる諸問題』（梟社　平成二十三年（二〇一一）一月　二三四頁）

附記　本稿は、「単元「人間とことば」の指導観」（『語学文学』第五十号　北海道教育大学語学文学会　平成二十四年（二〇一二）三月）を加筆・修正したものである。

本稿はＪＳＰＳ科研費ＪＰ１８Ｋ０２５１７の助成を受けたものである。

豪農と地域の教育文化活動——三河古橋家三代を中心にして

西海　賢二

稲武と豪農古橋家

旧稲武町域（現・愛知県豊田市稲武町）の教育・文化面さらには勧業に目を転じると、近世中後期以降は間違いなく豪農古橋家の存在なくして語ることはできないであろう。

古橋家は十八世紀初頭の享保二年（一七一七）に初代義次（正保四「一六四六」年～元文三「一七三八」年七月二十五日）が貞享三年（一六八六）以降三河、遠江・信濃・美濃に局地的に秋葉信仰が燎原の火のごとく展開するなかで、美濃中津川から正徳四年（一七一四）遠州の秋葉大権現参りの途次たまたま稲橋村に歩をやすめた時に村内の酒屋の経営が思わしくないことから村民も難儀をしているとの情報を得たことが引き金になって、酒造株を買い求め当地（稲橋）に定住することになり本年（二〇一九）には三百三年目を迎えたことになる。その間代々の当主は酒・味噌の醸造を生業としてきた。なかでも六代目当主源六郎暉皃《てるのり》（文化十「一八一三」年～明治二十五「一八九二」年十二月二十四日）は低迷していた家計を立て直すための家政改革に着手するとともに、天保初年から自費で購入した杉苗を村内各戸に配り共有山（入会山）への植林を行った。

また、天保の飢饉（一八三三年と三五～三七年の冷害による凶作を頂点とした前後五年間に及ぶ飢饉）の体験を踏まえ、籾四

三俵を出資して各戸に備荒貯蓄を勧めたことで知られている

国学の地域的展開と古橋家

その一方で暉皃は国学者の考えに傾倒し、文久元年（一八六一）には尊王攘夷「尊王攘夷者、実志士仁人尽忠報国之大義也」（弘道館記述義・一八五二）を主張し、現在の奥三河一帯を中心に呼びかけ農兵隊を組織した。下って文久三年（一八六三）八月二九日、「文久三年助郷一件書類」（古橋懐古館蔵）によると暉皃は稲橋組合村の惣代として、助郷免除の嘆願を主たる目的として江戸へ出て、平田篤胤の養子平田銕胤（伊予国の人・一七九九～一八八〇）の門下へ入門し、江戸滞在中に国学者・儒学者・勤王の志士などの書画を多数購入していた。その内訳をみると和書一〇六部、漢書二六部、洋書一七部、その他一六部であった、和書が約六割を占め、内容は国学関係三〇部、神道関係一四部、歌集一六部、有職故実、随筆類一九部、国史関係一〇部、時事政治一七部となっている。さらに神道関係に目を転じれば、平田系国学書一六冊、本居宣長系国学書五冊、大国系国学書二冊、平田篤胤・銕胤門人系国学書七冊が確認され、いかに暉皃が平田国学の影響を受容していたかを推察することが出来る。

平田門は文久三年『古史伝』上木が企てられたが、これと暉皃の江戸上京とは連動しておらず、後の暉皃の教育文化実践の礎になっていることの実践は四年後の伊勢神峠（近世までの表記は石亀峠）の「伊勢の遙拝所」の設営が終了を待ちかねるようにして平田の運動に関与していく経緯を確認することができる。すなわち暉皃がこの運動に参画するのは、慶応三年（一八六七）になってからであり、幕末の世相を読み取るのに熟慮したことも併せて考えられ、この間は、志士に対する支援（援助）に尽力していることが特質でもある。その最たる人物が後の明月清風校の校長となる佐藤清臣その人であり、古橋家と地域社会における教育と文化の遡源であったのである。

前掲したように『古史伝』上木の企てと、暉皃の江戸上京とは連動していないことを紹介したが、重複するが文久三年の暉皃の平田門入門はその後、稲橋だけでなく奥三河全体に関わって平田学の門人としての活動がその後の教育文化活動に関わっているので、ここで今一度、入門以降の暉皃の動向を古橋家所蔵の文書から紐解いておこう。

　暉皃の平田門入門は文久三年（一八六三）九月十九日である。この入門経緯は三河の幕末における国学者の指導的立場にあった、吉田（豊橋）の神官羽田野敬雄の紹介によるものであったことは古橋家文書研究会にも数回の調査経験のある沼田哲「変革期における一豪農の思想形成―三河・北設楽・古橋暉皃の場合―」（『青山史学』三号・一九七三）をはじめ、その後古橋暉皃の幕末維新期の活動を暉皃の日記を五十年間にわたる徹底した調査から詳細に論じた高木俊輔の『明治維新と豪農』（吉川弘文館・二〇一一年）同『近世農民日記の研究』（塙書房・二〇一三年）によると、直接入門に関わる記事は、九月一六日が初出で、その記述によれば平田銕胤を訪ね、酒料金一〇〇疋を持参している。しかし、この時、銕胤に遠国からの客人がすでにおり、挨拶を交わしただけで帰宿に戻っている。その翌日再度暉皃は銕胤を訪ね、当時の政情、攘夷、大砲入用、長州・薩摩の敗走などの話を聞いたことを記している。当日の日記には銕胤の言は政情への関することに終始したものであり、門人への手続きなどは周囲の門人が執り行ったことを認めている。

　暉皃が平田の下を退出すると、直ぐさま平田の使者が来て平田篤胤の上木新板を購入するようにとの指示があったことが記されている。このときの使者が、甲斐国巨摩郡苅沢村田中貞治（天保十二年平田門入門）らであったことが後の交友関係から明らかにされている。

　翌一八日には、加賀前田屋敷内の広瀬達太郎と会い、頼山陽などの評判を聞くとともに山陽らの短冊がどの程度の相場で買い求めることができるかなどの指導を受けたようで、この日を境にして暉皃の国学者や志士らの書画などの購入がはじまったとみて間違いないであろう。

　入門当日の九月十九日は、平田篤胤の例祭が日延べされていたことから、神酒料二朱を献じて参拝している。当日の夕刻になって前掲した甲斐国田中貞治の「取次」により正式に入門となったようである、この時の日記に「右入門金先日申聞百疋より壱両迄、門人披露壱朱より弐朱迄被申ニ付、入門金弐百疋、披露金弐朱（中略）先大人御入門思召与有之御霊拝有之、入門帳認方羽田野ヒタチ紹介三州古橋源六郎暉皃、右ニ而先生神霊拝有之、手前厚拝シ方平手二ッ拝シ又平手弐ツ、其後盃いたし帰宿」と記している。

入門後の暉皃は、在府中足繁く平田家に顔を出し、その間は加茂真淵・本居宣長らの古筆を購入している。その後、江戸西川岸の須原屋にて「金六両真淵・宣長、金四両内二分まけ契沖・山陽・金壱両壱分弐朱月照、〆金拾両三分弐朱渡し、東磨たくさん預り置其外ハ相返し候」とあるなど、その後もこの須原屋から多くのものを系統だって購入している。

その後の購入は平田篤胤にはじまり、村役人必携書、さらには慶応期に入ると頼三樹三郎をはじめ志士関係、さらには神武天皇や皇陵崇拝、そして水戸学の徳川斉昭・藤田東湖・会澤正志斎をはじめとして、とくに幕末の志士に拘ったものを多く購入しており、是迄にも言い尽くされてきたことだが、彼が尊王攘夷的な心情を暖めていった時期となる。この期間が文久三年から慶応四年（明治元）までの足かけ六年の国学をベースにした教育文化への芽生えとなっていったことを想起することができる。

この足かけ六年余において多くの国学に関わる書物などを求めたが、暉皃が国学書を読み始めたのは安政六年（一八五九）四七歳頃と言われている。そのきっかけになったのが家庭内の問題からだと言われるが、それが「直毘霊」である。伝記史料である「積小録」の一文にこうした記述が散見している。「暉皃長女志那ト談シテ曰ク、我等父子不徳ニシテ良養子ヲ得ルコト能ハズ、是ニ因テ考フルニ、先ツ良養子ヲ求メンヨリ父子共ニ志ヲ誠正ニシ善事ヲ積ムニシカスト。偶本居宣長大人ノ著述セシ直毘霊ヲ読ミ、大ニ感スル所アリ」とあり、国学傾倒の引き金は、家庭内の長女にかかわるものであり、この間にあった養子を迎えたが離縁となったことによることからその後、四年間に暉皃は多くの国学書を読みつつ、文久三年の江戸上京によって平田門人となった経緯を知ることができる。この四年間の幕末の世情が大きく転換するのと連動して暉兒の国学をめぐる多くの書画を求めることとなった事は明かであろう。
さらにこの間の経緯をみると、暉兒が国学に傾倒しつつ、稲橋村だけでなく三河という地域を射程においてその後の教育文化に関わる、今日も取りざたにされている「地方創生」を彷彿とさせるような三河人への傾倒も注目することができる。

国学の実践としての郷教育

それが、地域史を根幹におきつつ情報を発信していたことをいくつかの書物に対する興味からも推察することができる。それらが『三河志』二冊、『参河志』二九冊、羽田野敬雄『参河国官社考集説』一冊、佐野知尭『三河二葉松』二冊、夏目可教、久田高登編『三河国名所図会』一四冊、大久保忠教「三河物語」らが古橋会に所蔵されていること、さらに暉兒没後に『三河国蚕絲振興説』一冊（三河皇道義会　明治二十七年七月三十日）が刊行されるなど暉兒がいかに地域を軸にすえての活動であったかを知る時に、明治五年以降の教育文化の実践がすでに幕末維新期に醸成されていったことを再確認することができる。

暉兒の幕末維新期のなかで、天保の飢饉を家政改革の一環としてとらえ、さらには古橋家の再興が稲橋村全体の復興になることを実践したことを彼自身の人間形成の主題にしていたことを確認しておきたい。この人間形成の背景には羽田野敬雄の存在なくして語ることはできない。このことがその後教育文化活動の出発点でもあったからである。

羽田野敬雄は三河吉田（豊橋）の平田門の有力指導者であった。寛政十年（一七九八）二月十四日、三河国宝飯郡西方の山本家に生まれている。通称常陵のち栄木、文政元年（一八一八）四月十日、二一歳のとき渥美郡羽田村の羽田野上総敢道の養子となる。羽田野家は御厨の神明社、同別宮羽田八幡宮両宮の社家であった。文政八年（一八二五）には父茂義のすすめにより本居太平門人となり、翌々文政十年（一八二七）七月二十一日に平田篤胤門人となっている。

彼は国学への傾倒だけでなく、神典学習やその門人の地盤である農村（農業）さらには農書にも強い関心を寄せ、新田開発に深く関わった人々との交流を深めるなど、農業経営や賦税関係にも通ずる人でもあった。その結果がその後の蔵書にも農業関係書物を多く残すこととなっている。このあたりもその後の暉皃との深い交友関係がうまれ、文人的文化人として生きるだけでなく実践的文化人として生きる先達でもあった。

羽田野敬雄の実践的文化人として、農業経営や農書（農業技術書）に関心を寄せ、嘉永元年（一八四八）五月、邸内に羽田文庫づくりをして、安政二年（一八五五）には一〇〇〇部、文久初年には八〇〇〇部ほどの文庫となっていた。この文庫蔵書運動は、移設図書館建設と連動しており、かつ三河の古典学習センター的なものとなり、この運動の一人の参画者であったのが前掲した暉皃の幕末期の国学・志士などの書画などの購入とも軌を一にするものであったことは明かである。

次に、明治維新後の暉皃と七代当主となる義眞（一八五〇～一九〇九）「嘉永三年～明治四二年」父子の郷学校設立の経緯と、我が国の「学制」領布以前のあらましを紹介する。暉皃・義眞父子の郷学校への歩みは前掲した幕末維新以降の状況を踏まえるならば明らかに明治国家の政策よりも一歩も二歩も先んじていたことがあげられる。稲橋においても郷学校が父子の尽力によって出来たものを、明治新政府の「学制」に取り込まれ、やがては公立小学校へ切り替えられていったことが稲橋の特徴である。

稲橋村及びその周辺に明治以前に寺小屋・私塾と呼ばれる民間教育機関が開設されていたという文献は皆無に等しい、ただあくまで伝承の域を出るものではないが、七代当主が幼少の頃というから一八五十年代の後半と思われるが稲橋にある臨済宗瑞龍寺の僧から論語などの教示をされたことが語られているにすぎない。明治五年（一八七二）の「八大区三小区設楽郡稲橋村一覧表」によると「学文所無之」とある。この明治五年（一八七二）七月、六代当主古橋源六郎は、これまでの「百年の計は山に木を植え、国家千年の大計は人物を養成するにあり」という考えを実践するために「近傍村々之儀、山間僻地頑陋之風俗、御布令等弁解致兼候者巳ニ而自然当時之御趣意柄不弁より、心得違之不少候間、教養之ため」(明治五壬申七月「学校設立願」)額田縣御庁宛)とあり、郷学校を建てることを額田県に出願して受理されたことが知られる。武節町村の武節城址近くにあった無住一円寺を校舎として佐藤清臣らを教師として、八月十五日に明月清風校を開校している。ここで同時期古橋父子は実践的教育文化の事業の推進とあわせて、植林だけでなく茶・煙草の栽培、養蚕・産馬などの殖産興業に対応し、後の大日本農会の母胎となった座談会(農談会)を開催していることは村の教育文化普及と村のあるべき生業との整合性をもちあわせた推進事業であったことを認めるべきであろう。

古橋父子と佐藤清臣による明月清風校の開設

ここで、古橋家六代、七代、八代の三代(明治五年から同四十三年)と、とくに当地(古橋家)と教育文化に甚大な影響を与えた佐藤清臣(一八三三～一九一〇)「天保四年四月一六日～明治四三年三月一七日」について、ごく概略に触れておく。美濃大垣新田藩士の子として生まれる。幼名を泰蔵、保造、姓は高橋(旧野村藩中)ついで大関・三浦(美濃大井)、藤原、岩井(武州氷川神社)と称し、のちに佐藤姓に復した。名は秀波、穂波、倭文雄、昌信、靱負で、明治期に清臣と改められている。号は神琴、家号を真澄廼舎と称した。ここで言う「神琴」という号は一絃琴にすぐれていたことよりつけられたものか詳らかではない。清臣の生涯を劃した赤報隊時代には「神道(みち)三郎」という姓名ももちいており、悪五郎といった時代もあったという。こうした姓名は波乱の生涯を象徴しているようでもある。この間の経緯については芳賀登「明治国家と佐藤清臣」大阪教育大紀要17—2・一九七三年)に詳しい。

佐藤清臣は前掲したように紆余曲折の前半生をすごしたものの明治五年から四三年まで後半生の三十八年余は稲橋に定住して氏神様をはじめとして近隣村々の神主として、かつ教育文化の推進役を三代にわたる古橋家の全面的なバックアップがあって活動したことが今日の一般財団古橋会の様々な動きと連動していることも間違いない事実である。

さて話を明治五年八月十五日に開校した郷学校に戻そう。郷学校「明月清風校」が開校した日はたまたま十五夜のお月見の日に当たり、また、今はおおはしが架かっている近くにあった校舎の傍らに名倉川が流れ、その涼風に因んで、「明月清風校」と定めたといわれている。一般的には「明月清風校」とされているが住人たちは親しみをこめて「稲橋郷学校」あるいは「稲橋義校」などと書き記されて使用されているが明治新政府の学制制度によって成立した学校ではなく稲橋という地域住民の願望が暉皃・義眞父子ら、そして佐藤清臣という民間人の指導によって開校されたものは当地の教育文化を語る時のエポックを画するものであったのである。

この郷学校は、旧幕・天領時代以来組合村として関係が密であった周辺の大野瀬・野入・夏焼・押山・川手・桑原・武節・御所貝津・武節・黒田・小田木・中当と稲橋を合わせて一二カ村の子弟教育のためのもので、それに要する経費はほぼ全額を古橋家が負担することとしていた。まさに父子の全面的協力のもとこの事業を推進していることの一端は一四七年を経た今日も（平成二十九年度まで）中高生らの交通費らの負担などが持続されていることは私個人が調査対象とした約六〇〇余の自治体でもそうした事例を聞いたことがない、このことだけでも今日いうところの「地方創生」の実践としての教育文化の嚆矢であったといっても過言ではないであろう。

因みに暉皃・義眞父子の明治五年七月十日に額田県庁宛の嘆願書によれば、この経費（計画）については、無尽講を向こう一〇カ年にわたって催し、その利を積み立てて金一〇〇〇両余を得、明月清風校の将来の経営の基金としようとしたものであったことが「奇特之儀ニ付聞届候条精ニ盛大ニ可取行事　壬申七月十日　額田縣令林厚德（印）額田縣参事石黒務（印）」と郷学校「取建許可願」の後段に記されていることからも国の政策に先んじた父子の教育文化に対する先見性を見いだすことが出来るであろう。

以下に具体的な郷学校の組織について触れておこう。郷学校は七代当主である古橋義眞が「取締」に任じられ、周辺村々の副戸長らが「義校周旋方」となり学校運営に当たっていた。前掲したように、この「郷学明月清風校」の設立が企てられたのは我が国の「学制」成立以前のことであり、公の「小学校」として初等普通教育の機関制度が法定される以前の事であることにその特異性が認められる。それを可能ならしめたのはいうまでもなく、六代、七代の古橋父子が稲橋をはじめとして近隣の村々の子弟教育を最優先するために思いついた教育機関が「郷学校」の設立であり、その数ヶ月後に「学制」にもとづく「小学校」の先駆的な役割を果たしてきたことを高く評価すべきことであることも忘れてはならないであろう。

明月清風校が学制に先んじた背景には、明治近代国家のなかでも、額田県下での郷学校に向けての指導が水面下で進んでいたことも認めざるを得ない。その間の経緯は明治元年から五年初頭までの暉皃の伊那県をはじめとして、県庁に出仕していることが影響しており、吉田（豊橋）、そして足助などで官員生活を送っていた時でもあり、かつ明治五年に暉皃は還暦を迎えるのをきっかけに世代交代として二三歳になった義眞に家督を譲ることと、五年近くの官員生活の中で近隣においても学校設立の状況を充分に熟知した上での国、県に先んじた明月清風校の創設であったことが確認されるであろう。

その後、郷学校の発展は「学制」頒布後「公立小学校」へときりかえられている。しかし、「学制」が制定されてから、頒布するにはとくに地方における教育文化の取り組む姿勢が千差万別で徹底するまでには若干の時をまたなければならない現実もあった。愛知県（額田県は明治五年「一八七二」十一月に併合された）当局は「学制」頒布後七ヶ月を経た明治六年三月になって「義校周旋方」「義校周旋方取締」を任命している。これに関連して明月清風校のように郷学校としてそのまま認知し、これを助成する方向性をとったようである。さらに明治六年五月、再度私塾、家塾の廃止を布達し、「小学校世話方」を任命していることからも、ようやくにして国による「小学校を中心とした地方教育行政」が胎動し始めたのである。

愛知県は「学制」にともない第二大学区となり、明治六年の五月以降になって県内の学区割も進められ、設楽郡一帯（当時、愛知県第十三大区）は加茂郡・八名郡とともに第九中学区に編入された。

第九中学区には五〇校の小学校を設置する計画であった。同区域内にはすでに三四の郷学校があり、これらを公立小学校に切り替えることから「学制」による学校体制が進められることになった。

その経緯を経て同年十一月に、郷学明月清風校は改めて愛知県庁に願書を提出し許可され正式に「第九中学区第四十三番小学」となっている。これは学校の名称変更ではなく、種々の法令、教育内容も規制され名実ともに「正規」の小学校のスタートとなったのである。

明けて明治七年（一八七四）八月十六日には、明月清風校船出の日として盛大な開業式典が開催されており、古橋家文書のなかにも当時の式典の詳細を記した文書が残されており、これによっても六代暉皃の引いた路線を二十五歳になった七代義眞らが推進していったことが確認される。

第九中学区第四十三番小学校開業式の記録「紀元二千五百三十四年八月十六日　当小学校開業記」（一般財団法人古橋会所蔵文書）によると、開業式に先立つ四日前の八月十二日に古橋暉皃・義眞父子、古橋義周、古橋信四郎、今泉佐四郎、太地治郎平、松井友吉らが開業式の準備に関わる入念な打ち合わせを行った記録が散見している。

開業式の式次第を紹介する。

参列者　神社参拝

教士読祝文

学区取締読祝文　　佐藤清臣謹説

第九中学区取締古橋源六郎

助教読祝文

松井春城

正副戸長読祝文

副戸長古橋義周

幹事試補読祝文

生徒三名代衆之読

大島正徳一名祝文ヲ読ム

他校他村教員役員生徒各進読祝文

学区取締読規則　　一々答辞

生徒一人代衆答ルニ以誓言

教員読告論示教育大要

生徒一人進テ答文

藤原清臣のる

饗祝酒

幹事呼休息　　各休息

撃鼓　　就席

掛図（掛図問答）

即課（素読・暗誦・書取）

講説（博物新篇・日本外史他）
算術（三率比例・転比例・除算）
席書
幹事饗祝酒
幹事喚退場　　各以順席退席
撃鼓（一般財団法人古橋会所蔵）

とあり、郷学校としての私塾とは異なる「学制」を背景にした村（地域）の行事を前面に出し、かつ小学校としての祝事と産土としての八幡様の神事を取り込み、かてくわえて「学制」最大の目的である学校教育の披露（今日でのカリキュラム）を公開するなど江湖に知らしめるものであったことがわかる。

明月清風校と地域社会

当時のカリキュラムや教員の選択、科目一覧などはすべてではないが『稲武町史　資料編近現代』（一九九九年・稲武町）によって概略を知ることができるのでその一部を紹介する。

明月清風校（稲橋義校）の通学範囲
通学村名　夏焼村　野入村　中当村　武節町村　桑原村　御所貝津村　川手村　黒田村　清水村　加茂郡明川村
足原村　美濃国恵那郡岩村　支校無之
（前掲書287頁）

小学校建設願（明治六年十一月）

　第一条　学校位置

愛知県下第八大区内小三区設楽郡稲橋村二六四一番地

氏神八幡神社籠舎　当時同郡武節町村廃寺一円寺ヲ以ス

　第二条　学校名称

第九中学区内四十三番小学明月清風校

　第三条　学校費用之概略

教員三人（句読・算術・習字）――中略――

　第四条　教員履歴

当国設楽郡稲橋村平民

句読教員　佐藤清臣

当十一月四十一年

天保十三年八月ヨリ明治元戊辰年迄都合廿四年五ヶ月

皇学ヲ平田鉄胤ニ学ヒ漢籍ヲ佐藤椿園ニ従ヒ修学去壬申

年八月旧額田県許可ニヨリ当村旧義校設立之節より教員

ヲ務ル

当国設楽郡御所貝津村

習字教員　松井春城

当十一月四十七年八月

弘化四丁未年正月安政元申寅年十二月迄都合八年之
間遠江国敷智郡入出村久保田養碩ニ従ヒ医学ノ傍書法修
学去壬申八月旧額田県許可ニヨリテ当村旧義校設立之節
ヨリ教員ヲ務ル

当国渥美郡畑村士族
算術教員　伊藤方正
当十一月二十二年四月

明治三午年ヨリ同五申年之間岐阜県貫属士族
小林進志ニ従ヒ研究当年二月ヨリ当村旧義校教員ヲ務ル

——中略——

右之通開業仕度此段奉願上候也
明治六年十一月　稲橋村副戸長介
古橋信四郎（印）
〔朱筆〕代印　古橋源六郎
小学校開業御差許　武節町村副戸長介
松井友吉（印）

（以下略）

（前掲書289〜290頁）

こうした史料から当時の学校運営が具体的にどのように行われたか覚束ないが「学制」が施行される以前の私塾としての明月清風校（郷学校・義校）の開設後に愛知県と額田県とのせめぎ合いがあったことが残された資料からも確認される。しかし、学制が施行された後も教員の採用をはじめ稲橋村と、さらには氏神組織などをも教育文化の実践にたくみに組み込んでおり、脱「寺子屋」としての初等教育から一歩先んじた近代国家にも対応しようとする古橋父子と、稲橋村と武節町村とによる共存共栄をめざす連繫した教育文化の育みであったことは注目されよう。

さて、前掲した明月清風校の教員スタッフに佐藤清臣があることは資料でも紹介したが、この清臣の存在はこと稲橋周辺の学校教育だけでなく、村人たちに産土神の存在を徹底させたことも、その後の稲武地域だけでなく、現在の行政単位で言えば豊田市（旧稲武町域）、北設楽郡設楽町、東栄町、豊根村、岐阜県恵那市岩村周辺の学校教育の展開には忘れてはならない事実である。この清臣の存在に注目したのが古橋父子であったことが背景にあるが、すでに紹介したようにこの間を取り持ったのが吉田（豊橋）の羽田野敬雄であり、彼をして清臣の学識・人柄を嘱望して、郷学校の教育の全面教育を委ねていくための人物として招聘したものと思われる。

佐藤清臣と古橋家

佐藤清臣が稲橋の地に最初に現れたのは明治元年（一八六八）九月頃に三浦秀波と名乗り尊攘派志士として、稲橋の古橋家を訪ねていることが前掲した高木俊輔氏研究によって知られている。二度目の稲橋へ現れた時は岩井清臣と名乗り明治五年五月三日に現れたことが暉皃の日記に認められている。この日記には暉皃がいかに清臣の再訪を歓喜したのであろうか、当日の日記には二度にわたって「岩井清臣来る」と記しているという。

この明治五年五月三日以降に郷学校の具体的な作業が始まったことは確実であろう。これまでの制度的な「学制」制度の準備が水面下動いていたことも事実だが、何よりも特筆しておきたいのは形式ではなく、現実に当時の情勢下の稲橋周辺で、教育を通して人間形成を図り、新しい時代に対処しながらよき指導者を得て教育を推進していくことの実践に奔走していったのである。

明月清風校が開設された当時の稲橋周辺の地は、三信美（三河・信州・美濃）国境の山間地域にあり、信州飯田から南下し、阿智、浪合、平谷、根羽、大野瀬、野入を経て稲橋、武節町、足助、岡崎に至る中馬街道が貫通する要所であり、江戸中期以降にはかなりの賑わいを見せていたことが知られている。

明治五年（一八七二）に提出された「額田県八大区三小区一覧表・稲橋村」（古橋会蔵）によれば「村高百二十九石九斗八合（中略）戸数四十六戸　人員二百六人（男百五人女百一人）、牛無之　馬牝七十五疋、田反別五町四反九畝二十八歩　畑反別七町七反二畝十三歩、管林（字井山一ヶ所）四百八町歩、村林（林十ヶ所反別不相分、雑木立つ秣山反別不相分）但村持、（中略）学文所無之（後略）」（『稲武町史通史編』二〇〇〇年・七一二〜七一三頁）とみえ、典型的な畑勝地であり農業経営の基本は林業に委ねなければならない土地柄であった。といってこの林業においてもかつて天保年間以降暉皃が再三にわたって山林の抜本的な指導を展開したものの、明治初年にはその価値はほとんど認められない現実があったなかでの教育文化を推進しようとする現実があったことも認めざるを得ない。前述したように明月清風校の運営に「無尽講」を導入してその利息によって運営を行った点も注目すべきものであるが、このあたりのことは是迄の研究ではほとんど紹介されていないばかりか、多くの研究論文、書籍は天保以降の林業がはやくに成功したような記述なっているが前掲にある「四百八町歩」の御林一万数千本はいまだ雑木が目立ち、林業をして村落の成立は不可能でその対処策として、地域政策の更生事業を担うものとして人間形成の場としての「明月清風校」の開設を行ったことは注目されるのである。

若くして家督を継いだ古橋暉皃は天保九年（一八三八）二十六歳で稲橋村の名主となっている。父である五代当主義教の頃より傾きつつあった家産の再建に励み、この間に未曾有の天保の飢饉を体験している。この体験をもとに村の名主としてなにをすべきかを模索し、具体的には博打遊戯の禁止、年中行事・人生儀礼・祭礼などの削減を試み、村民一丸となって備荒貯蓄に尽力している。しかし、村民のなかにはこの備荒貯蓄のあり方が当地域での祭礼などが消滅していった事を語り伝えている事実もある。

この明月清風校の開設される過程において、暉皃の片腕となったのが七代当主古橋義眞（一八五〇～一九〇九）である。義眞は父の意志を受け継ぎ、よくその生業を発展させている。明治元年（一八六八）、一九歳で稲橋村名主、同五年額田県八大区三小区（稲橋村周辺一二カ村・ほぼ平成一七年豊田市合併以前の稲武町域）戸長、同六年第九中学区域取締に就任した。同七年には愛知県第十三大区区長、翌年第十四大区区長、同十年北設楽郡郡長を歴任するも、同十二年には郡長を辞任し、以後は家業に専念するも、人望をかわれて地域のさまざまな役職を兼任していた。

義眞は父暉皃、佐藤清臣のバックアップもあって、明治十一年（一八七八）全国に先駆けて、近隣一二カ村の老農たちを自宅に招いて「農談会」（農談の間として現存）を開催し、また養蚕製糸の伝習所を開くとともに、かねてから親交のあった農学者織田完之の紹介で知るようになった品川彌二郎（一八四三～一九〇〇、長州藩の下級藩士、松方正義内閣の内務大臣・子爵）のすすめに従い、富田高慶（一八一四～一八九〇、相馬中村藩士・農政家、二宮尊徳の娘婿にして一番弟子）福住正兄（一八二四～一八九二、日本の農政家・相模湯本福住旅館主・二宮尊徳の弟子）という二人の尊徳思想の実践者と交わり、古橋家には二人と義眞の往復書簡が多く残っている。こうした交流をもとに、明治十四年（一八八一）には「三河国北設楽郡報徳本会」を創立するに至っている。その後も三河農会開設、産馬事業振興、稲橋銀行設立、さらには信参鉄道の企画に参画するなど、父と同じく郷土（地域）の振興、産業開発に尽力している。その後三十年近くにわたって政府の要人や中央・地方の各界と知己を得、古橋懐古館にはそれを象徴するように元田永孚・副島種臣・品川彌二郎・井上毅・角田忠行・福地源一郎・志賀重昂・杉浦重剛・谷干城・山崎延吉・柳田國男らの書画・遺品・書簡などが展示、所蔵されている。

豪農古橋源六郎の名は、明治十一年（一八七八）、内務少品川彌二郎より「天下三篤農」として、富田高慶、岡田良一郎（一八三九〜一九一五、遠江国佐野郡倉真村出身・日本の実業家、二宮尊徳の弟子として報徳思想の普及に尽力）と並び讃えられて世に知られた。その後大正十一年（一九二二）十月に刊行された『尋常小学終身書、巻五』の「第六課公益」の項で、「古橋源六郎は三河の稲橋村の人で、家は代々酒造を業としてゐました。我が国に市制・町村制が実施された時、村長に選挙されました。後に稲橋村が武節村と組合になってからも組合長に選挙され、死ぬまで引きつづいて、この職をつとめ、公益のために力を尽くしました。源六郎は三河の土地が馬を飼うに適してゐることを知って奥羽産や外国産の良い馬を数十頭飼い、馬の改良をはかりました。ところが、「改良馬は大きいばかりで、女や子供が使ふにも困るし、其の上にのろくて役に立たない。」と悪口言ひふらす者がありました。しかし源六郎は馬の市場を開きなどして、改良馬が大きくて力も強い上に、おとなしくて、使ひやすいことを世間に知らせたので、悪口を言ふ者がなくなりました。其の後組合をつくってだんだん事業をひろげて行くうちに、一時に馬のねだんが下って大損をしました。源六郎は長い間、昼夜苦心してその回復をはかったのでとうとう損をとりかえすことが出来ました。三河に良い馬をたくさん産するやうになったのは源六郎の力であります。源六郎は又父の志をついで、此の地方の人々に養蚕を勧めて、繭の産額が村の内だけでも、年々八九万円以上になるまでにしました。又自分で多くの費用を出して山に木を植ゑさせました。それが今ではりっぱな森林になってゐます。源六郎は農事の改良をはかる為に、まだよそにないうちに村内に農会を設けて、その発達に力を尽くしました。農会はそれからだんだん全国にいきわたりました。源六郎は又村に勤倹貯蓄の風を興さうとつとめました。或時、村の人々と申し合わせて毎日一厘づつ積み立てる一厘貯金といふことを始めました。それを賛成する者が多く、後には二万円以上の貯金となりました。又村に悪い風がはいって来て、仕事を嫌って遊ぶ者や借金に苦しむ者が出来ました。源六郎はそれを心配して、村の人々と規約を設け力をあはせて、この悪い風をなほすことに骨折ったので、村の風儀もよくなりました。」とあるようにとくに次世代を担う子供たちにやさしく産馬・養蚕・植林および勤倹貯蓄運動に関する古橋義眞の事蹟が紹介され、その名は父子ともども全国に知られるようになった。（高木俊輔『明治維新と豪農』吉川弘文館・二〇一一年）

この二人の意志を継いだのが八代当主となる義眞の長男古橋道紀（ちのり）（一八八一～一九四五）である。明治四二年（一九〇九）に義眞が亡くなったあと三十六年余を古橋家の屋台骨を支えてきたというより六代、七代父子の蒔いた種を開花させ軌道に乗せた功績は甚大である。このように古橋家は幕末維新期以降、幾度かの経営危機も克服して今日に至っている。第二次世界大戦後は急逝した道紀の遺言をもとに昭和二一年（一九四六）三月から平成二十五年（二〇一三）までの六十年余をまさに教育・文化の全面的な活動を行ったのが初代財団法人古橋会理事長川村貞四郎（一八九〇～一九八七・元山形県知事・稲武町名誉町民）二代理事長古橋茂人（一九二四～二〇一二・元稲武町長・稲武町名誉町民）・古橋懐古館二代目館長古橋千嘉子（一九二四～二〇一三）、そして三代目一般財団法人古橋会理事長古橋源六郎（一九三二～・大蔵省を経て元総務事務次官）である。一九四五年以降の財産は社会事業を目的とする一般財団法人古橋会の管理するところとなっている。

十九世紀中葉以降、古橋家は酒造・質屋・味噌などの営業を手広く行い、周辺地域へ出荷するなどして収益をあげ、山林・田畑の集積を行い、稲橋村を中心に山間部の医療施設の設置、保養施設の開設、稲武まつりの開催、さらには昭和四十年代以降には七代義眞没後五十年祭の記念事業の一環として財団の所蔵する古文書・書画・民具・書簡・刀剣など（約三万点）の公開施設としての古橋懐古館の開館をはじめ、それと連動した農業構造改善事業をはじめ、林業構造改善事業などを積極的に推進している。また、自動車製造に関連した企業を誘致するなど若者たちの移住定住政策などにも取り組み、さらには昭和五十七年に、これも全国に先駆けて町内の小学校を統合して、オープンスクール稲武小学校を開設するなど文化教育面にも財団が中心となって可能な限り援助を惜しまなかったことは「三河尊徳」と称された七代義眞らの郷学教育という文化活動に繋がっているのであろう。

あとがき

本書は、柳田国男研究会の論集としては八冊目となります。最初の論集『柳田国男・ジュネーブ以後』（三一書房）が世に出たのは、当会の創立メンバーである後藤総一郎が存命していた一九九六年です。爾来、これまで平均して三年に一度の割合で研究成果を公表してきたことになりますが、近年は会員の減少や中心メンバーの多忙さにかまけ、そのペースが落ちてしまったことを遺憾に思います。

それ以上に、柳田国男という近代日本史上に屹立する思想家への関心が薄れてきている点も、一因として指摘できると思います。私個人は、柳田に対しては関心というよりも、慕情に近い想いを抱いてまいりましたが、その魅力を自分の言葉で、多くの人に伝えなかったことが、最大の反省点として浮かび上がっています。

当会は、昭和が終わる前年の一九八八年に世に問うた『柳田国男伝』（三一書房）以降、その分担執筆者が中心となり、各自の研究成果をさらに深める意図で活動してまいりました。そして二冊目の論集『柳田国男・ことばと郷土』（一九九八年、岩田書院）において新会員を広く募り、今日に至っています。したがって当会の活動期間は、奇しくも「平成」という時代とほぼ重なっています。

近代・近世・中世・古代といった時代区分が、歴史学や国文学研究における便宜上のもので、それぞれ単体で切り取って論じることに、さほどの意味はないとする見方もあります。となれば、天皇の代替わりをもって時代を区切り（しかもそれは「近代」以降の新しい制度であり慣習）、その元号に時代のすべてを象徴させる物言いも、世界史的にみれば意味のあることではないのかもしれません。しかしながら、当会の活動期間が、偶然にも平成時代と重なっていたように、日本が平成であったこの三十年は、日本社会の変革期に相当しています。まず、平成がはじまった一九八九年は、ベルリンの壁が崩壊し、それまで戦後の国際秩序をある意味で保ってきた東西冷戦体制の終焉が予兆されました。実際に、それからまもなく東西ドイツが統一され、ソヴィエト連邦が消滅し、その後、しばらくアメリカの一強体制が続きました。また翌一九九〇年にはバブル経済が崩壊し、戦後日本の成長神話に暗雲が立ち込め、長期にわたる不況感が日本社会全体を覆いました。

社会学者の吉見俊哉は、平成の三十年間に日本社会で起きた変化のほどを、次のように略説しています（吉見俊哉二〇一九「昭和の終焉」吉見編『平成史講義』ちくま新書）。

グローバル化こそ、この時代を貫いた最も重要なモメントだった。ポスト冷戦の楽観ムードを新自由主義とグローバル資本主義がのみ込み、国民国家に生じていった無数の亀裂のなかで貧困とテロリズム、新たな差別主義が擡頭した。ネット社会が、この時代を貫いたもう一つのモメントだったことにも異論はないだろう。リアルとヴァーチャルが溶融し、後者の影響力が急伸するなかで既存の多くの制度が機能不全に陥っていった。さらに人口構造の急速な変化、少子高齢化のなかで社会は継続的な危機を迎えていった。つまり「平成」とは、グローバル化とネット社会化、少子高齢化のなかで戦後日本社会が作り上げてきたものが崩れ落ちていく時代であり、それを打開しようとする多くの試みが挫折していった時代であったと、とりあえずは要約できる。

こうした日本社会の構造的変化と、日本をとりまく国際情勢の変化は、普通に生活していれば皮膚感覚で理解できるはずです。現に私たちは高度情報通信技術の恩恵に浴し切っていますし、また人口構造の急速な変化は、国家財政の悪化や人手不足、その対応策としての外国人材の受け入れ、その反動としての「強い政府」を希求する動きというかたちで可視化しています。

換言すれば、「昭和」的な価値観が無化される過程が「平成」という時代であったのではないでしょうか。今から振り返ると、かつての民俗学の活気は、この「昭和」的な価値観が、日本人の大多数によって「常識」として理解されていた時代の裏付けがあったからだと思います。しかし、平成以後の日本社会のグローバル化は、国内的にもあらゆる局面で知・人・金の流動化をもたらし、結果として「昭和」的価値観の母体であった地域社会を解体したといえるでしょう。それ以前は、都鄙の差異は情報の格差だともいわれましたが、そうした状況は、少なくとも現在の日本では皆無といっても過言ではありません。

極言すれば、日本社会のグローバル化とは、従前の民俗学が対象としてきたフィールドの崩壊であったといえます。こと日本民俗学は退潮が指摘されて久しいですが、その一因は、かかる事態に対応した新たな視点や方法論を模索してこなかったことにあるのではないでしょうか。そこで私たちは、「平成」の民俗学を生み出せなかった大きな要因として、「昭和」の後期に提起され、その後の民俗学でスタンダードとなった福田アジオ氏の手法や視点の影響力を想定しました。本書で福田氏を囲んだ座談会を企画したのも、そうした理由からでした。

すでに福田氏の学問をめぐっては、二〇一〇年七月三一日に現代民俗学会で行なわれた企画「〈討論〉福田アジオを乗り越える―私たちは『二〇世紀民俗学』から飛躍できるか?―」において整理がなされており、その記録は、福田アジオ・菅豊・塚原伸治著『「二〇世紀民俗学」を乗り越える―私たちは福田アジオとの討論から何を学ぶか?―』(二〇一二年　岩田書院)として刊行されています。そのため本書では、そこで示しきれなかった論点について、とくに福田氏に語ってもらうことにしました。

その後、福田氏の学問に関する論考が数篇続いています。それらの内容は、座談会での福田氏の発言を鑑みると、若干の修正を施さなければならない点も散見されますが、あえてそのまま掲載しました。なぜなら、福田氏の学問に対する誤解や先入観も含め、それらすべてが民俗学の同時代史の記録たりえると考えるからです。

後半は、研究会のメンバーや外部寄稿者による論考を収めました。執筆者は若手の大学院生から練達のアカデミズム／在野の研究者まで多彩で、柳田国男研究会ならではのラインナップとなっています。いずれの論考も、鋭敏な切り口で対象に挑んだ意欲作であり、手前味噌ながら、柳田国男／民俗学研究のさらなる発展を予感させる玉稿が揃いました。大方のご批判、ご叱正をお願い申し上げます。おそらく今号が刊行されるころは「令和」となっているはずです。しかし私たちには、「平成」を相対化・検証し、未来に切り結んでいく仕事が待っています。

末筆となりましたが、出版不況といわれて久しい平成の末期も末期に、今号の出版を引き受けてくださった梟社の林利幸氏へ、衷心より感謝を申し上げます。

室井康成

二〇一九年四月二〇日

【執筆者紹介（五十音順）】

井出　幸男（いで・ゆきお）
一九四五年生れ。元高知大学教員。日本文学・日本歌謡史。
主要著書『宮本常一と土佐源氏の真実』（梟社）、『中世歌謡の史的研究―室町小歌の時代』（三弥井書店）、『新日本古典文学大系62巻　巷謡編』（岩波書店）。

影山　正美（かげやま・まさみ）
一九五七年生れ。元駿台甲府高等学校教員。民俗学・社会科教育。
主要論著「柳田国男におけるカミ観の「修正」問題―「人神考序説」（昭和二十七年）を手掛かりに」（柳田国男研究会編『柳田国男の学問は変革の思想たりうるか』　梟社）、「山梨県における粉食文化の一断面」（『山梨県史研究』三）。

加藤　秀雄（かとう・ひでお）
一九八三年生れ。成城大学民俗学研究所研究員。民俗学。
主要論著「柳田國男の伝承観と自治論」（『民俗的世界の位相―変容・生成・再編』慶友社）、「芸予諸島・鵜島における〝歴史〟の構成―伝承の仕組みと動態をめぐる考察」（『日本民俗学』二九二　日本民俗学会）、「伝承概念の脱／再構築のために」（『現代民俗学研究』四　現代民俗学会）。

川松　あかり（かわまつ・あかり）
一九九〇年生れ。東京大学大学院総合文化研究科博士課程。文化人類学・民俗学。
主要論著「「語り部」生成の民俗誌にむけて―「語り部」の死と誕生、そして継承」（『超域文化科学紀要』二三　東京大学大学院総合文化研究科超域文化科学専攻）。

佐野　比呂己（さの・ひろみ）
一九六三年生れ。北海道教育大学教員。国語科教育学・近代文学。
主要著書『豊かな言語活動が拓く　国語単元学習の創造　Ⅶ高等学校編』（共著、東洋館出版）、『子どもの〝総合的な能力〟の育成と生きる力』（共著、北樹出版）、『中学校・高等学校　文学創作の学習指導　実践史をふまえて』（共著、渓水社）。

杉本　仁（すぎもと・じん）
一九四七年生れ。元東京都立高校教員。民俗学・地域史。
主要著書『民俗選挙のゆくえ―津軽選挙VS甲州選挙』、『柳田国男と学校教育―教科書をめぐる諸問題』、『選挙の民俗誌―日本的政治風土の基層』（いずれも梟社）など。

永池　健二（ながいけ・けんじ）
一九四八年生れ。元奈良教育大学教員。日本文学・日本歌謡史・柳田国男研究。
主要著書『逸脱の唱声—歌謡の精神史』、『柳田国男—物語作者の肖像』（いずれも梟社）、編著『梁塵秘抄詳解　神分編』（八木書店）など。

西海　賢二（にしがい・けんじ）
一九五一年生れ。元東京家政学院大学教員。歴史学・民俗学。
主要著書『近世の遊行聖と木食観正』、『江戸の漂泊聖たち』（以上、吉川弘文館）、『近世のアウトローと周縁社会』（臨川書店）ほか多数。

福田　アジオ（ふくた・あじお）
一九四一年生れ。元神奈川大学教員。民俗学。
主要著書『日本村落の民俗的構造』（弘文堂）、『柳田国男の民俗学』、『現代日本の民俗学—ポスト柳田の五〇年』（以上、吉川弘文館）、『民俗に学んで六〇年—純粋培養民俗学徒の悪戦苦闘』（大河書房）ほか多数。

ルシーニュ、フレデリック（LESIGNE, Frédéric）
一九七〇年生れ。ストラスブール市ジャン・モネ高校日本語講師。日本民俗学。
主要論著「不合理性を通しての柳田国男の知的革新—主体と学問についての科学認識論的考察」（柳田国男研究会編『柳田国男の学問は変革の思想たりうるか』梟社）、共同執筆「只見町インターネット・エコミュージアムの可能性」（『年報非文字資料研究』七　神奈川大学非文字資料研究センター）。

黛　友明（まゆずみ・ともあき）
一九八八年生れ。千葉県市川市文化振興課。民俗学・民俗芸能研究。
主要論著「芸能・共同体・関係性—伊勢大神楽の事例を通じて」（『大阪大学日本学報』三三　大阪大学大学院文学研究科日本学研究室）、「神事芸能とその実践—伊勢大神楽講社加藤菊太夫組の事例から」（『待兼山論叢・日本学篇』四六　大阪大学大学院文学研究科）。

室井　康成（むろい・こうせい）
一九七六年生れ。民俗学・東アジア近現代史研究。
主要著書『事大主義—日本・朝鮮・沖縄の「自虐と侮蔑」』（中公新書）、『首塚・胴塚・千人塚—日本人は敗者とどう向きあってきたのか』（洋泉社）、『柳田国男の民俗学構想』（森話社）。

吉沢　明（よしざわ・めい）
一九四六年生れ。イタリア政治思想研究。
主要文著「『赤いテロリズム』を超えて」（『情況』二〇〇七年九・十月合併号）ほか。

柳《やなぎ》田《だ》国男《くにお》以《い》後《ご》・民俗学《みんぞくがく》の再生《さいせい》に向《む》けて
――アカデミズムと野《の》の学《がく》の緊張《きんちょう》

柳《やなぎ》田《た》国《くに》男《お》研究《けんきゅう》❽

2019年6月30日・第1刷発行

定　価＝3500円＋税
編　者＝柳田国男研究会
発行者＝林 利幸
発行所＝梟　社
〒113－0033　東京都文京区本郷2－6－12－203
振替00140－1－413348番　電話03（3812）1654　FAX 042（491）6568

発　売＝株式会社 新泉社
〒113－0033　東京都文京区本郷2－5－12
振替00170－4－160936番　電話03（3815）1662　FAX 03（3815）1422

制作・久保田 考
印刷／製本・萩原印刷

柳田国男 物語作者の肖像

永池健二

A5判上製・三二二頁
三〇〇〇円＋税

柳田国男の民俗学は、「いま」「ここ」を生きる人びとの生の現場から、その生の具体的な姿を時間的空間的な拡がりにおいて考究していく学問として確立した。近代国家形成期のエリート官僚として、眼前の社会的事実を「国家」という枠組みでとらえる立場にありながら、柳田の眼差しが、現実を生きる人びと一人ひとりの生の現場を離れることはなかった。「国家」や「民族」という枠組みに内在する上からや外からの超越的な視点とも、「大衆」や「民族」といった、人びとの生を数の集合として統括してしまう不遜な視点とも無縁であった。そうした彼の眼差しの不動の強さと柔らかさは、そのまま確立期の彼の民俗学の方法的基底となって、その学問の強靱さと豊かさを支えてきたのである。――日本近代が生んだ異数の思想家、柳田国男の学問と思想の、初期から確立期へと至る形成過程を内在的に追究し、その現代的意義と可能性を探る。

神樹と巫女と天皇

初期柳田国男を読み解く

山下紘一郎

四六判上製・三四九頁
二六〇〇円＋税

大正四年の晩秋、貴族院書記官長であった柳田国男は、大正の大嘗祭に大礼使事務官として奉仕していた。一方、民俗学者として知見と独創を深めてきた彼は、聖なる樹木の下で御杖を手に託宣する巫女こそが、列島の最初の神聖王ではなかったかと考えていた――。フレーザー、折口信夫を媒介にして、我が国の固有信仰と天皇制発生の現場におりたち、封印された柳田の初期天皇制論を読み解く。

民俗選挙のゆくえ

津軽選挙VS甲州選挙

杉本　仁

四六判上製・三四八頁
二六〇〇円＋税

選管を制する者が、選挙を制する―。津軽の激烈な民俗選挙に翻弄され、大地主の父祖累代の富を蕩尽しつくした太宰治の長兄、津島文治。一方、義理と贈与と相互扶助の甲州選挙を身をもって生きた政界のドン、金丸信。カネと盲動、中傷と謀略が渦巻く、津軽と甲州の選挙祭りが行きついた対照的な悲喜劇。そのゆくてに、ありうべきポスト近代選挙を模索する。

選挙の民俗誌

日本的政治風土の基層

杉本　仁

四六判上製・三一〇頁・写真多数
二二〇〇円＋税

選挙は、四年に一度、待ちに待ったムラ祭りの様相を呈する。たとえば、「カネと中傷が飛び交い、建設業者がフル稼働して票をたたき出すことで知られる甲州選挙」（朝日新聞07・1・29）。その選挙をささえる親分子分慣行、同族や無尽などの民俗組織、義理や贈与の習俗――それらは消えゆく遺制にすぎないのか。選挙に生命を吹き込み、利用されつつも、主張する、したたかで哀切な「民俗」の側に立って、わが政治風土の基層に光を当てる。

柳田国男研究❻

柳田国男
主題としての「日本」

柳田国男研究会編

A5判上製・二九一頁
三〇〇〇円＋税

大正から昭和の時代に、柳田国男が新しい学問、「民俗学」を構想した時、彼をとらえた最も重い課題は、日本とは何かという命題だった。この列島に生きる人びとはどこから来たのか。我々の今につながる、生活文化の伝統や信仰の基層にあるものは？　そして何よりも、現在から未来へ、わが民の幸福はどう遠望しうるのか？　安易な洋学の借用や偏狭な日本主義を排して、柳田は日本人の暮らしと心意伝承のこしかたを、「民俗」の徹底した採集と鋭い直観、卓出した解読によって明らかにし、課題にこたえようとしたのである。本書は、本質的なるがゆえに、左右の誤読と誹謗にまとわれてきた柳田の「日本」という主題を検証し、真の「日本学」の現代的意義を問い直すものである。

柳田国男研究❼

柳田国男の学問は
変革の思想たりうるか

柳田国男研究会編

A5判上製・三八〇頁
三五〇〇円＋税

先住の山人、山の民や漂泊する民、定住する農耕民の文字に残されてこなかった伝承や伝説、生活と心意、信仰の世界を掘り起こし、名もなき人々の生き生きとした歴史と文化に光を当てた柳田国男。だが、氏が逝って50年。私たちの社会は高度に発達し、伝統的な制度や価値観は変貌して、柳田の学問、民俗学を生み出した時代から遠い地平にまで歩みいたったかに見える。戦前から戦後の時代の曲り角で、柳田は幾度も見直されてきたが、私たちの時代は今ふたたび、柳田国男の思想とその学問を、改めて問い直し、今日的課題に向かいあう時をむかえている。